U0876105

本书编写人员

主　　编　邹首民

副 主 编　陈善荣　曹立平

编　　写　李启家　郭红欣　杨　迪　赵　柯

　　　　　李　铮　李　丹（女）

参加编写　杨子江　阎景军　史庆敏　孙振世

　　　　　张辉钊　李　丹　郑　懿　刘　伟

　　　　　王玉宏　王　华　刘　静　杨　蕾

　　　　　肖　静　吴　雄　戴双玉　朱博恒

　　　　　宋千里　姜　瑞　唐海刚　云利刚

　　　　　左忆娜　高雷利　邢晓江　于海涛

　　　　　穆　亮　谢长如　叶枝茂　张　辉

　　　　　王建平　唐　宣　王兆祥　张　琰

　　　　　廖　晗

环境行政处罚办法释义

环境保护部环境监察局　编

中国环境科学出版社·北京

图书在版编目（CIP）数据

环境行政处罚办法释义/环境保护部环境监察局编．—北京：中国环境科学出版社，2010.12

ISBN 978-7-5111-0419-9

Ⅰ．①环…　Ⅱ．①环…　Ⅲ．①环境保护—行政处罚—条例—法律解释—中国　Ⅳ．①D922.685

中国版本图书馆 CIP 数据核字（2010）第 230272 号

责任编辑　黄晓燕
责任校对　扣志红
封面设计　玄石至上

出版发行　中国环境科学出版社
（100062　北京东城区广渠门内大街 16 号）
网　　址：http://www.cesp.com.cn
联系电话：010-67112735
发行热线：010-67125803，010-67113405（传真）
印　　刷　北京中科印刷有限公司
经　　销　各地新华书店
版　　次　2011 年 1 月第 1 版
印　　次　2011 年 1 月第 1 次印刷
开　　本　880×1230　1/32
印　　张　18.25
字　　数　470 千字
定　　价　80.00 元

【版权所有。未经许可请勿翻印、转载，侵权必究】
如有缺页、破损、倒装等印装质量问题，请寄回本社更换

前言

日前，国务院召开了全国依法行政工作会议，温家宝总理强调所有行政行为都要于法有据、程序正当；要进一步完善行政执法程序，规范工作流程，依法细化、量化自由裁量权。周生贤部长在2010年全国环境保护工作会议上指示，要强化执法，加大责任追究力度，确保环境违法行为整改到位。张力军副部长在2010年全国环境执法工作现场会上指出，要紧紧围绕环境保护中心工作，加大环境监管与执法力度，着力推进环境执法和行政处罚工作的规范化工作；各地要以新修订的《环境行政处罚办法》的颁布实施为契机，进一步规范环境行政处罚行为。

环境行政处罚是环保部门或者经授权的环境监察机构，对违反环保法律规定的单位或个人给予的行政制裁。为贯彻执行《行政处罚法》，原环保总局1999年发布了《环境保护行政处罚办法》（总局令第7号），对规范环保部门的行政处罚工作、强化环境执法起到了巨大的推动作用。顺应党和国家对依法治国、依法行政的新要求和环境执法实践的新发展，环境保护部修订颁布了《环境行政处罚办法》（环境保护部令第8号）。

新《办法》由原来的5章53条增加到8章82条，进一步规范了处罚程序，细化了执法操作，既保障环境执法人员依法行使职权，又维护当事人的合法权益。为便于学习贯彻新《办法》，环境保护部环境监察局组织参与修订工作的专家和执法人员共同编写了本书，力图对新《办法》每一条款的修订背景、主要内容、疑难之处、相关法规链接做详尽描述，并附短小案例40多个。

在办法修订和本书编写过程中，得到了环境保护部政策法规司的指导和各地环保部门的帮助，在此谨表谢意。

由于水平所限，疏漏之处难免。敬请批评指正，联系邮箱zhaoke98@tom.com。

编　者

2010年10月15日

目　录

第一章 总 则

第一条 【立法目的】为规范环境行政处罚的实施，监督和保障环境保护主管部门依法行使职权，维护公共利益和社会秩序，保护公民、法人或者其他组织的合法权益，根据《中华人民共和国行政处罚法》及有关法律、法规，制定本办法。

【条文主旨】本条是对立法目的的规定。

【条文理解】本条是行政处罚法立法目的在环境保护领域的具体化。

环境行政处罚是环境保护主管部门或者其他行政主体，对违反环境法律、法规或者规章规定的单位或个人给予的行政法律制裁。环境行政处罚直接限制或者剥夺违法行为人的权利或者资格，是环境保护主管部门日常管理中实施频率很高的一种具体行政行为。鉴于其制裁性、经常性和重要性，历届国务院环境保护主管部门均将其作为规范重点。1992 年 7 月 7 日，原国家环境保护局发布《环境保护行政处罚办法》（国家环保局令第 8 号）。第八届全国人大第四次会议于 1996 年 3 月 17 日通过《中华人民共和国行政处罚法》后，原国家环境保护总局即于 1999 年 8 月 6 日发布了《环境保护行政处罚办法》（国家环境保护总局令第 7 号），对行政处罚做出了环境保护领域的细化。《环境保护行政处罚办法》的实施，对规范环境保护主管部门的行政处罚工作、强化环境执法起到了推动作用。

后来，在国家法律政策层面，《中华人民共和国海洋环境保护法》（1999 年）、《中华人民共和国大气污染防治法》（2000 年）、《中华人民共和国环境影响评价法》（2002 年）、《中华人民共和国清洁生产促进法》（2002 年）、《中华人民共和国放射性污染防治法》（2003 年）、《中华人民共和国固体废物污染环境防治法》（2004

年)、《中华人民共和国水污染防治法》(2008 年)相继制定或者修订，对环境行政处罚的设定进一步丰富和严格。国务院还先后发布了《国务院关于全面推进依法行政的决定》(1999 年)、《全面推行依法行政实施纲要》(2004 年)、《国务院关于加强市县政府依法行政的决定》(2008 年)等文件，在行政执法裁量权、行政执法程序、听证制度、信息公开、监督检查等方面提出了新的要求。同时，在环境行政处罚实践层面，各地积极探索制定了有关地方性法规、地方政府规章和环境保护主管部门工作制度；针对执法人员遇到的疑难问题，环境保护部(含原国家环境保护总局)有针对性地做出了多项执法解释，这些经执法实践检验证明行之有效的执法解释和地方经验有必要提升为部门规章的规定，对《中华人民共和国行政处罚法》做有环保特色的进一步补充和完善，增强可操作性和指导性。基于以上原因，环境保护部根据国家有关法律、法规的规定，顺应环境保护主管部门执法实践的需要，修订发布了《环境行政处罚办法》(环境保护部令第 8 号)。

结合环境行政处罚的实际，本办法的立法目的有四项：

一、规范环境行政处罚的实施

我国依法行政的现状与依法治国的客观要求之间还有差距，主要表现是对行政行为的监督制约机制不够健全，一些违法或者不当的行政行为得不到及时、有效的制止或者纠正，行政管理相对人的合法权益受到损害得不到及时救济；一些行政机关工作人员依法行政的观念还比较淡薄，依法行政的能力和水平还不高。为此，《全面推行依法行政实施纲要》等规范性文件均要求加快行政程序建设，规范行政执法行为，并提出了明确而具体的要求。

环境行政处罚可以限制或者剥夺违法行为人的权利或者资格，具有惩罚性和强制性。一旦违法或者不当实施环境行政处罚，将直接侵犯当事人的合法权益。因此，有必要对其予以严格限制和规范。规范环境行政处罚的实施是本办法的直接目的。

二、监督和保障环境保护主管部门依法行使职权

“监督”和“保障”是相互关联、密不可分的两个侧面。为突出对环境行政处罚的监督，本办法设了专章，在第七十二条至第七十六条做了具体规定。一是行政处罚决定必须向社会公开（除国家机密、技术秘密、商业秘密和个人隐私外），为公众所知晓，这是外部监督的基础。公众、媒体可以通过举报、检举等途径，对环境保护主管部门实施行政处罚的行为进行监督，提出意见和建议。二是上级环境保护主管部门应当对下级环境保护主管部门的行政处罚工作情况进行监督检查和评议，并建立行政处罚备案制度。三是对违法或者显失公正的处罚决定，上级环境保护主管部门应当督促其纠正，或者通过行政复议程序依法撤销、变更。四是环境保护主管部门可以通过案件评查等方式评议行政处罚工作。

保障环境保护主管部门依法行使行政处罚权，是本办法的立法重点。本办法以环境执法人员为本，为保障一线执法人员行使职责，明确规定了案件调查人员的职权（第二十九条）、规定了证据形式和取证的程序要求（第三十二条至第三十七条），并对先行登记保存、查封扣押等措施的实施程序进行了细化（第三十八条至第四十二条）。为方便一线执法人员正确判断，明确了 7 种情况下如何处理，如行使自由裁量权的考虑情节（第六条）、回避与否的判断标准（第八条）、管辖权的判断及争议处理（第十四条至第二十一条）、立案与否的判断标准（第二十二条）、终结调查与否的判断标准（第四十四条）、结案与否的判断标准（第六十七条）、违法所得的认定标准（第七十七条）等。为破解执法难点，在一个违法行为同时违反两个以上条款如何适用法律、超标排污拒不改正等继续性和连续性违法行为能否再次处罚、在线监控数据能否作为认定违法事实的证据、现场即时采样监测结果是否可以作为判定污染物排放超标的证据、调查取证时当事人拒不到场如何处理、企业分立合并资产重组等情形下如何执行等方面，本办法做了尝试性规定。

三、维护公共利益和社会秩序

社会由众多个体组成，不同个体有其价值取向和利益需求。众多个体的权利与自由的相互制约、有机组合、和谐相处构成了社会发展所必需的秩序。对和谐社会秩序的需求和维护，是大多数社会成员的共同利益和要求。如果某个个体的权利和自由超越边界，必然会影响其他个体的权利与自由，进而损害公共利益和社会秩序。因此，有必要对个体权利与自由的行使予以有限度的限制和规范。环境行政处罚通过惩罚违法行为人，预防环境违法，限制个体权利的恶性膨胀，创造公平的市场竞争环境，实现维护其他个体的环境权益、维护公共利益和社会秩序的目的。维护公共利益和社会秩序是本办法的终极目标。

四、保护公民、法人或者其他组织的合法权益

本办法突出以当事人为本，在依法惩罚违法行为人的同时，注重保护其合法权益。坚持教育与处罚相结合，对及时纠正且危害后果轻微的违法行为，不予行政处罚。坚持服务与管理相结合，对相对人的有关技术秘密和商业秘密，依法予以保护。从办案程序上对案件办理人员严格要求，从制度设计上避免侵犯当事人合法权益，如案件调查必须客观、公正，证据获取不得采用违法手段，做出处罚决定前必须充分听取并审核当事人的陈述、申辩意见和理由。对经济困难的当事人可以决定延期或者分期缴纳罚款。实施查封、暂扣等行政强制措施和做出处罚决定，必须告知当事人有申请行政复议和提起行政诉讼的权利。查封、暂扣的财物必须妥善保管，严禁动用、调换、损毁或者变卖，并依法及时解除。

本办法还明确有关职权和程序，破解执法障碍，从而加大行政处罚力度，通过惩罚违法来保护违法行为的受害者（包括现实的受害者和潜在的受害者）。保护包括环境违法行为人在内的公民、法人或者其他组织的合法权益，是本办法的重要目的。

【要点提示】

1．本条是实施环境行政处罚的出发点和立足点。实施环境行政处罚，应当符合本条规定的立法目的。

2．行政处罚并非环境管理的目标，只是环境管理的手段之一，且非最佳手段。实施行政处罚要正确处理管理目标与管理手段的关系。

3．实施行政处罚既要注重责任追究，又要注重利益维护（包括对违法行为人合法利益的维护）。

4．在依法实施行政处罚的前提下，还要有对利益的判断和衡量。如果在惩罚违法的同时损害了公共利益和社会秩序，就背离了立法的初衷。

【法规链接】

● 《中华人民共和国行政处罚法》

第一条 为了规范行政处罚的设定和实施，保障和监督行政机关有效实施行政管理，维护公共利益和社会秩序，保护公民、法人或者其他组织的合法权益，根据宪法，制定本法。

【相关案例】

案例一 某公司焦化项目违反“三同时”制度案

[本案要点] 考虑到该公司余热为居民提供冬季采暖，为维护群众利益，环境保护部决定将“责令停止生产”缓期执行。

[基本案情] 环境保护部接到群众举报，称某公司焦化项目未向环境保护主管部门申请环保验收，即于 2008 年 12 月擅自投入生产。

经调查核实，群众反映的情况属实。环境保护部在立案、调查后向该公司送达了《行政处罚听证告知书》，告知该公司违法事实、处罚依据和拟作出的处罚决定，并告知该公司有权进行陈述、申辩和要求听证。

该公司放弃听证要求，在陈述意见中承认违法行为，接受罚款处罚，但请求暂缓停止生产，理由有：一是焦炉炉体将因停产受到严重损坏，导致无法恢复使用；二是公司副产品焦炉煤气主要供应陶瓷厂生产和为居民小区供暖，如果停产将影响陶瓷厂的正常生产和居民正常生活。

环境保护部向地方环境保护主管部门核实后认为，该公司提出的陈述申辩意见和理由不影响对违法事实的认定和处理，但对停止生产将影响居民正常生活予以考虑。

[处理结果]《中华人民共和国大气污染防治法》第四十七条规定，建设项目的大气污染防治设施没有建成或者没有达到国家有关建设项目环境保护管理规定的要求，投入生产或者使用的，由审批该建设项目的环境影响报告书的环境保护行政主管部门责令停止生产或者使用，可以并处一万元以上十万元以下罚款。环境保护部根据上述规定，对该公司罚款十万元，并责令焦化项目停止生产。

对“责令停止生产”的履行方式和期限，环境保护部予以了特别处理：鉴于该公司焦化项目停止生产将影响群众利益，故将“责令停止生产”缓期至采暖季结束之后执行。在此期间，要求该公司采取切实有效措施防止环境污染，并主动接受项目所在地环境保护主管部门的监督管理。

第二条 【适用范围】公民、法人或者其他组织违反环境保护法律、法规或者规章规定，应当给予环境行政处罚的，应当依照《中华人民共和国行政处罚法》和本办法规定的程序实施。

【条文主旨】本条是对适用范围和适用对象的规定。

【条文理解】本条体现了处罚法定原则。

《中华人民共和国行政处罚法》本质上是一部行政处罚的程序法，主要规定了实施行政处罚的基本程序，包括一般程序（含听证程序）、简易程序。本办法在遵循《中华人民共和国行政处罚法》有关程序规定的基础上，做了有环保特色的进一步细化。实施环境行政处罚，应当适用本办法的规定。本办法未规定的，适用《中华人民共和国行政处罚法》的一般规定。不依照法定程序实施行政处罚的，将产生处罚决定无效等不利的法律后果。

经对法律、行政法规和部门规章的梳理汇总，环境保护部于2009年9月1日印发了《法律、行政法规和部门规章设定的环境保护主管部门行政处罚目录》（环办[2009]107 号），详细列举了环境保护主管部门有权实施的304项行政处罚。各地方也对地方性法规、地方政府规章设定的环境行政处罚进行了梳理汇总，形成本地方的环境保护主管部门行政处罚目录。这两个目录相互补充，汇总了环境保护主管部门的行政处罚职权。

环境行政处罚的适用对象是公民、法人或者其他组织，这意味着个人和各种组织形式的单位均可为被处罚对象。

违反环境保护法律、法规或者规章规定的行为，并不一定都给予环境行政处罚，而应区分不同情况分别处理，如情节严重构成犯罪的，追究刑事责任；情节轻微的，不予处罚等。

【要点提示】

1. 本办法针对的是违反法律、法规和规章规定且依法应当或者可以给予处罚的行为。

2. 处罚对象为公民、法人或者其他组织。是否具有法人资格、是否取得营业执照不影响行政处罚的实施。

3. 程序正当是结果公正的前提和基础。不遵守法定程序的，行政处罚可能被行政复议机关和人民法院撤销。

4. 本办法仅仅是对行政处罚程序的规范。采用其他手段（如行政命令等）处理环境违法行为的，环境保护主管部门可以自行决定是否参照本办法规定的处罚程序办理。

【法规链接】

● 《中华人民共和国行政处罚法》

第二条 行政处罚的设定和实施，适用本法。

第三条 公民、法人或者其他组织违反行政管理秩序的行为，应当给予行政处罚的，依照本法由法律、法规或者规章规定，并由行政机关依照本法规定的程序实施。

没有法定依据或者不遵守法定程序的，行政处罚无效。

● 《法律、行政法规和部门规章设定的环境保护主管部门行政处罚目录》（环境保护部2009年9月1日，环办［2009］107号）

第三条 【罚教结合】实施环境行政处罚，坚持教育与处罚相结合，服务与管理相结合，引导和教育公民、法人或者其他组织自觉守法。

【条文主旨】本条是对罚教结合原则的规定。

【条文理解】就性质而言，环境行政处罚是一种法律制裁，通过对违法行为人的财产、能力或人身自由予以一定的剥夺或者限制，实现维护环境管理秩序、保护公共利益和他人合法权益的目的。环境行政处罚只是一种管理手段，制裁和惩罚违法行为人并非环境管理的最终目的。

实施环境行政处罚时，要寓教育于惩罚之中，通过惩罚违法来预防可能的再次违法，引导违法行为人遵守法律规定，自觉维护环境管理秩序。同时，通过实施环境行政处罚来教育他人自觉遵守法律要求、主动履行法律义务。本原则体现在实施环境行政处罚的各个环节，要求执法人员在处罚过程中与当事人充分沟通，如在告知阶段，要告知当事人违法事实、相关的法律规定，对其进行法律宣传教育；在听证阶段，要利用听证会陈述违法事实、列举相关证据、援引法律条款、争论法律问题的机会，以生动、形象的形式宣讲法律，使当事人和其他听证参与人从中受到教育。

实施环境行政处罚时，要寓服务于管理之中。政府的权力来源于人民，政府必须服务于人民。政府从本质上应该是“服务员”角色。政府的政策和措施，应该为人民利益服务。环境保护主管部门在实施环境行政处罚的同时，可以为管理对象提供相关法律咨询和守法咨询服务，有针对性地对其进行违法预防、提醒、警示。环境保护主管部门通过实施行政处罚，为市场参与者创造公平的市场竞争环境，为社会公众提供优良的环境产品，这都体现出服务与管理相结合的现代行政理念。

【要点提示】

1．处罚与教育相结合、服务与管理相结合并不意味着以教代罚，重服务轻管理。二者功能不同，不可偏废。

2．对违法行为只教育不处罚、只履行服务职能而不依法履行管理职责，其后果是教育难以发挥效果，管埋难以实现目标。

3．处罚违法，目的是预防违法、促进守法。

【法规链接】

> ● 《中华人民共和国行政处罚法》
>
> **第五条**　实施行政处罚，纠正违法行为，应当坚持处罚与教育相结合，教育公民、法人或者其他组织自觉守法。

第四条　【维护合法权益】实施环境行政处罚，应当依法维护公民、法人及其他组织的合法权益，保守相对人的有关技术秘密和商业秘密。

【条文主旨】本条是对维护当事人合法权益的规定。

【条文理解】环境行政处罚针对的是违法行为，惩罚的是违法行为人。但即使是违法行为人也有其合法权益，环境保护主管部门在实施环境行政处罚时要注意予以保护，不可随意限制或者剥夺。当事人的合法权益主要有两类：

一是当事人的实体权利，如在查处环境违法案件中所涉及行政相对人的有关技术秘密和商业秘密。根据《中华人民共和国反不正当竞争法》的规定，商业秘密是指不为公众所知悉，能为权利人带来经济利益，具有实用性并经权利人采取保密措施的技术信息和经营信息。涉及有此类信息的环境行政处罚，执法人员调查取证时要注意为其保密；保守听证不公开举行，不允许无关人员旁听，也不允许新闻媒体采访报道；处罚文书中也不载明该信息内容。

二是当事人的程序权利，如：（1）陈述权和申辩权。对当事人不利的行政决定必须听取其意见，在作出行政处罚决定之前要明确告知当事人违法事实、将给予处罚的理由和依据，使当事人有条件和可能为自己的行为进行陈述和申辩。（2）申请行政复议或提起行政诉讼的权利。当事人不服行政处罚决定，有权申请行政复议和提起行政诉讼的权利。环境保护主管部门必须告知当事人申请行政复议和提起行政诉讼的途径和期限。（3）要求行政赔偿权。环境保护主管部门违法实施行政处罚损害当事人合法权益的，当事人有权依法获得赔偿。

【要点提示】

1．在实施环境行政处罚时，应当依法维护当事人的实体权利和程序权利，不得随意限制或剥夺。

2．在实施环境行政处罚时，应特别注意保守相对人的技术秘密和商业秘密。

3．一旦侵害或剥夺了相对人的合法权益，环境保护主管部门将承担不利的法律后果。如：剥夺相对人的陈述和申辩权将导致行政处罚无效；泄露商业秘密后果严重的，将依据《中华人民共和国刑法》第二百一十九条追究刑事责任。

【法规链接】

●《中华人民共和国行政处罚法》

第六条 公民、法人或者其他组织对行政机关所给予的行政处罚，享有陈述权、申辩权；对行政处罚不服的，有权依法申请行政复议或者提起行政诉讼。

公民、法人或者其他组织因行政机关违法给予行政处罚受到损害的，有权依法提出赔偿要求。

第五条 【查处分离】实施环境行政处罚，实行调查取证与决定处罚分开、决定罚款与收缴罚款分离的规定。

【条文主旨】本条是对查处分离原则和罚缴分离原则的规定。

【条文理解】对权力及其行使程序进行适当的分解和分配，实现权力分段行使，形成相互制约和监督，有助于环境保护主管部门公平公正地实施行政处罚。因此，有必要结合行政处罚的实际，将环境行政违法案件的调查取证权与决定处罚权赋予不同的执法人员、将决定罚款权与收缴罚款权赋予不同的机构，以形成对行政处罚实施全过程的监督制约，预防执法腐败。

同时，环境行政违法行为种类繁多，环境法律规范内容较多，调查取证与处罚决定分别由不同执法人员来实施，客观上也细化了分工，提高了工作流程的专业化程度，还有利于统一有关尺度和标准。

【要点提示】

1．查处分离原则和罚缴分离原则是实施行政处罚必须遵循的重要原则。

2．调查取证与决定处罚分开是环境保护主管部门的内部分工，即调查取证与决定处罚分别由环境保护主管部门内部的不同人员实施。

3．决定罚款与收缴罚款分离是环境保护主管部门与其他部门的外部分工，即环境保护主管部门不自行收缴罚款，罚款直接缴至财政部门或由金融机构代收后缴至财政部门。

4．违反查处分离原则、罚缴分离原则的，环境保护主管部门将承担不利的法律后果。

【法规链接】

●《中华人民共和国行政处罚法》

第四十六条 作出罚款决定的行政机关应当与收缴罚款的机构分离。

除依照本法第四十七条、第四十八条的规定当场收缴的罚款外，作出行政处罚决定的行政机关及其执法人员不得自行收缴罚款。

当事人应当自收到行政处罚决定书之日起十五日内，到指定的银行缴纳罚款。银行应当收受罚款，并将罚款直接上缴国库。

●《国务院关于贯彻实施〈中华人民共和国行政处罚法〉的通知》（国务院 1996 年 4 月 15 日，国发［1996］13 号）

五、积极探索建立有利于提高行政执法的权威和效率的行政执法体制。各省、自治区、直辖市人民政府要认真做好相对集中行政处罚权的试点工作，结合本地方实际提出调整行政处罚权的意见，报国务院批准后施行；国务院各部门要认真研究适应社会主义市场经济要求的行政执法体制，支持省、自治区、直辖市人民政府做好相对集中行政处罚权工作。各地方、各部门都要认真执行听证制度、调查取证与处罚决定分开制度、罚款决定与罚款收缴分离制度，要根据行政处罚法的规定确定听证的范围，明确主持听证的人员，制定听证规则；确定行政机关内部比较超脱的机构对调查结果进行初步审查；改革行政执法机关经费管理体制，改变行政处罚与行政执法机关及其执法人员的利益直接挂钩的做法。

●《罚款决定与罚款收缴分离实施办法》

第六条　【规范自由裁量权】行使行政处罚自由裁量权必须符合立法目的，并综合考虑以下情节：

（一）违法行为所造成的环境污染、生态破坏程度及社会影响；

（二）当事人的过错程度；

（三）违法行为的具体方式或者手段；

（四）违法行为危害的具体对象；

（五）当事人是初犯还是再犯；

（六）当事人改正违法行为的态度和所采取的改正措施及效果。

同类违法行为的情节相同或者相似、社会危害程度相当的，行政处罚种类和幅度应当相当。

【条文主旨】本条是规范环境行政处罚裁量权的规定。

【条文理解】本条是公平公正原则的具体体现，是在环境保护部2009年3月11日《规范环境行政处罚自由裁量权若干意见》和原国家环境保护总局《环境保护行政处罚办法》第七条基础上的进一步细化规定。

环境行政处罚自由裁量权，是指在查处环境违法行为时，依据法律、法规和规章的规定，根据有关情节酌情决定对违法行为人是否实施处罚以及选择处罚种类和幅度的权限。具体而言包括三种情形：（1）依法自主决定对违法行为是否实施行政处罚；（2）依法自主决定选用何种处罚种类；（3）依法自主决定处罚幅度。

环境行政处罚自由裁量权的存在是立法和执法的客观需要。社会生活纷繁芜杂且处于发展变化之中，法律不可能一一规定、时时修订；法律保持相对的稳定性才能发挥其指引作用；中国之大，社会经济发展很不平衡，不能“一刀切”；违法行为人的自身情况、行为动机、危害后果各不相同。执法人员拥有一定的自由裁量权，才能贯彻法律宗旨、落实立法意图、实现立法目的。

为了规范环境行政处罚自由裁量权的行使，有必要对裁量的考虑情节和标准予以明确，即在符合立法目的的前提下，综合考虑各种因素，如当事人自身状况、过错程度、违法手段、改正效果、危害后果等。因此，本条明确规定了行使行政处罚自由裁量权必须综合考虑的六种情节。其中，第一项是违法行为造成的危害后果；第四项是违法行为危害的具体对象，这将对危害后果产生影响；第三项是违法行为的行为方式；第二项、第五项和第六项是当事人的主观因素。

此外，环境保护部还制定了《主要环境违法行为行政处罚自由裁量权细化参考指南》，用于指导地方环境保护主管部门细化自由裁量权的工作。

环境保护主管部门行使环境行政处罚自由裁量权，应当把握公平公正原则，全面考虑本条规定的六种情节，执行各地方制定的环境行政处罚自由裁量权细化标准，避免不同情节同种处理和相同情节不同处理。同类性质案件处理结果要平衡，对同类违法行为的情节相同或者相似、社会危害程度相当的，行政处罚的种类和幅度应当相当，避免“因人施罚”“同案异罚”“畸轻畸重”等不公现象。

【要点提示】

1．环境行政处罚自由裁量权包括三种情形：一是依法自主决定对违法行为是否实施行政处罚；二是依法自主决定选用何种处罚种类；三是依法自主决定处罚幅度。

2．行使环境行政处罚自由裁量权，应当结合立法目的，把握公平公正原则，将主客观相结合，全面综合考虑。

3．行使环境行政处罚自由裁量权，应当对违法情节全面取证，严格执行本地方的自由裁量权细化标准。

4．对同类性质和情节的案件，处理结果要平衡。

【法规链接】

●《关于印发〈规范环境行政处罚自由裁量权若干意见〉的通知》（环境保护部 2009 年 3 月 11 日 环发［2009］24 号）

环境保护主管部门在行使行政处罚自由裁量权时，既不得考虑不相关因素，也不得排除相关因素，要综合、全面地考虑以下情节：

（1）环境违法行为的具体方法或者手段；

（2）环境违法行为危害的具体对象；

（3）环境违法行为造成的环境污染、生态破坏程度以及社会影响；

（4）改正环境违法行为的态度和所采取的改正措施及其效果；

（5）环境违法行为人是初犯还是再犯；

（6）环境违法行为人的主观过错程度。

● 《主要环境违法行为行政处罚自由裁量权细化参考指南》（环境保护部办公厅2009年9月1日，环办［2009］107号）

第七条　【不予处罚情形】违法行为轻微并及时纠正，没有造成危害后果的，不予行政处罚。

【条文主旨】本条是对不予处罚的规定。

【条文理解】本条对《中华人民共和国行政处罚法》第二十七条第二款的重申，是处罚与教育相结合原则和公正原则的具体体现。

“不予处罚”是指经调查发现当事人实施了环境违法行为，在满足一定条件的前提下，免除其行政处罚，不作出行政处罚决定。不予处罚的适用条件有三：（1）违法行为轻微；（2）及时纠正；（3）没有造成危害后果的。以上三个条件必须同时具备。

因其违法情节很轻、社会危害性很低、主观恶性很小，对违法行为人进行批评教育即可实现行政管理目的，有利于节约有限的执法资源、降低执法成本。

需要说明的是，虽然“不予处罚”和“不处罚”都不作出行政处罚决定，但二者有重要区别。“不予处罚”的适用情形是：已经构成环境违法本应处罚，但具备了违法行为轻微、及时纠正、没有造成危害后果这三个法定条件；“不处罚”的适用情形有：（1）经调查未发现环境违法行为；（2）法律有禁止性规定，但无相应处罚条款。

【要点提示】

1. 是否“不予处罚”是环境保护主管部门的自由裁量权之一。

2. 决定“不予处罚”前，必须严格审查是否符合条件，即同时符合违法行为轻微、及时纠正、没有造成危害后果。上述三个条件只要有一项不符合的，就不得决定“不予处罚”。

【法规链接】

●《中华人民共和国行政处罚法》

第二十七条 当事人有下列情形之一的，应当依法从轻或者减轻行政处罚：

（一）主动消除或者减轻违法行为危害后果的；

（二）受他人胁迫有违法行为的；

（三）配合行政机关查处违法行为有立功表现的；

（四）其他依法从轻或者减轻行政处罚的。

违法行为轻微并及时纠正，没有造成危害后果的，不予行政处罚。

第八条 【回避情形】有下列情形之一的，案件承办人员应当回避：

（一）是本案当事人或者当事人近亲属的；

（二）本人或者近亲属与本案有直接利害关系的；

（三）法律、法规或者规章规定的其他回避情形。

符合回避条件的，案件承办人员应当自行回避，当事人也有权申请其回避。

【条文主旨】本条是对回避制度的规定。

【条文理解】本条是新增条款，是公正原则的具体体现，是对《中华人民共和国行政处罚法》第三十七条的细化。

回避是指案件承办人员因某种事由可能影响案件的公正处理而退出该案件办理。为了保护环境行政相对人的合法权益，保证环境保护主管部门客观公正地处理违法案件，预防案件承办人员徇私护短，有必要借鉴我国的诉讼法中的回避制度。

《中华人民共和国行政处罚法》第三十七条对回避事由概括规定为“有直接利害关系”。本条采取了列举与概括的方式对“有直接利害关系”做了细化：

一、案件承办人员是本案当事人或者当事人近亲属的。案件承办人员是指具体办理该处罚案件的人员，包括调查人员和审查人员。本案是指该案件承办人员正在办理的某个具体案件。当事人是指正在接受调查处理的环境行政管理相对人。近亲属是指夫、妻、父、母、子、女及同胞兄弟姐妹等。

二、案件承办人员本人或者其近亲属与本案有直接利害关系的。如案件承办人员的哥哥与违法企业存在合同关系，将会因违法企业的停产而遭受直接的经济损失。

另外，对法律、法规、规章规定的其他回避情形，本办法还做了兜底性叙述。

如有本条规定的回避情形之一的，该案件承办人员应当提出回避申请，当事人也可提出申请要求其回避。有关回避的审批权限和程序，本办法未做规定，环境保护主管部门可以自行制定具体办法。

【要点提示】

1. 符合回避条件的，案件承办人员必须回避。违反回避制度的，环境保护主管部门将承担不利的法律后果。

2. 案件承办人员应当主动提出，当事人也可提出申请。

3. 有关回避的审批权限和程序，环境保护主管部门可以自行规定。

【法规链接】

● 《中华人民共和国行政处罚法》

第三十七条 行政机关在调查或者进行检查时，执法人员不得少于两人，并应当向当事人或者有关人员出示证件。当事人或者有关人员应当如实回答询问，并协助调查或者检查，不得阻挠。询问或者检查应当制作笔录。行政机关在收集证据时，可以采取抽样取证的方法；在证据可能灭失或者以后难以取得的情况下，经行政机关负责人批准，可以先行登记保存，并应当在七日内及时作出处理决定，在此期间，当事人或者有关人员不得销毁或者转移证据。执法人员与当事人有直接利害关系的，应当回避。

【相关案例】

案例二　某执法人员违反回避制度案

［本案要点］环境执法人员刘某是餐馆老板的哥哥，在处罚该餐馆时没有回避，不予处罚决定被法院判决撤销。

［基本案情］某区环保部门接到群众举报，称某餐馆闲置油烟处理设备，油烟污染周围居民。执法人员刘某和另一名执法人员进行了现场调查取证。经查，该餐馆油烟处理设备偶发故障，第二天即修复，恢复正常使用。区环保局以该餐馆违法行为轻微并及时纠正，没有造成危害后果为由，决定不予处罚。居民李某了解到环境执法人员刘某是该餐馆老板的哥哥，因此对不予处罚决定不服，向法院提起诉讼。

法院审理认为，执法人员刘某违反了回避制度。刘某依法应当回避，不得参与此案的处理活动。区环保部门的不予处罚决定违反了基本的正当程序要求，不能保证决定的公正性。

［处理结果］法院以违反法定程序为由判决撤销区环保局的不予处罚决定。

第九条　【法条适用规则】当事人的一个违法行为同时违反两个以上环境法律、法规或者规章条款，应当适用效力等级较高的法律、法规或者规章；效力等级相同的，可以适用处罚较重的条款。

【条文主旨】本条是对规范竞合适用规则的规定。

【条文理解】本条是新增条款。

当事人的一个违法行为同时违反两个以上不同环境法律、法规或者规章的现象，在理论上称为规范竞合，是由于不同法律规范对同一领域的社会关系进行交叉调整所导致。对于规范竞合的适用原则是考虑规范的效力等级，上位法优于下位法，特别法优于普通法。

在实施环境行政处罚遇到规范竞合时，应当优先适用效力等级高的规范，即法律的效力高于法规、规章，行政法规的效力高于地方性法规、规章，地方性法规的效力高于本级和下级地方政府规章。

对于效力等级相同的规范，应当选择其一适用；从行政处罚的惩戒目的出发，可以适用处罚较重的条款。

【要点提示】

1. 不同效力等级的规范竞合时，应当优先适用效力等级较高的规范。

2. 效力等级根据“上位法优于下位法，特别法优于普通法”的原则确定，详见《中华人民共和国立法法》第七十八条至第八十六条。

3. 同等效力等级的规范竞合时，可根据具体情况选择适用。可以适用处罚较重的规范，也可以适用其他规范。

【法规链接】

●《中华人民共和国立法法》

第七十八条 宪法具有最高的法律效力，一切法律、行政法规、地方性法规、自治条例和单行条例、规章都不得同宪法相抵触。

第七十九条 法律的效力高于行政法规、地方性法规、规章。

行政法规的效力高于地方性法规、规章。

第八十条 地方性法规的效力高于本级和下级地方政府规章。

省、自治区的人民政府制定的规章的效力高于本行政区域内的较大的市的人民政府制定的规章。

第八十一条 自治条例和单行条例依法对法律、行政法规、地方性法规作变通规定的，在本自治地方适用自治条例和单行条例的规定。

经济特区法规根据授权对法律、行政法规、地方性法规作变通规定的，在本经济特区适用经济特区法规的规定。

第八十二条 部门规章之间、部门规章与地方政府规章之间具有同等效力，在各自的权限范围内施行。

第八十三条 同一机关制定的法律、行政法规、地方性法规、自治条例和单行条例、规章，特别规定与一般规定不一致的，适用特别规定；新的规定与旧的规定不一致的，适用新的规定。

第八十四条 法律、行政法规、地方性法规、自治条例和单行条例、规章不溯及既往，但为了更好地保护公民、法人和其他组织的权利和利益而作的特别规定除外。

第八十五条 法律之间对同一事项的新的一般规定与旧的特别规定不一致，不能确定如何适用时，由全国人民代表大会常务委员会裁决。

行政法规之间对同一事项的新的一般规定与旧的特别规定不一致，不能确定如何适用时，由国务院裁决。

第八十六条 地方性法规、规章之间不一致时，由有关机关依照下列规定的权限作出裁决：

（一）同一机关制定的新的一般规定与旧的特别规定不一致时，由制定机关裁决；

（二）地方性法规与部门规章之间对同一事项的规定不一致，不能确定如何适用时，由国务院提出意见，国务院认为应当适用地方性法规的，应当决定在该地方适用地方性法规的规定；认为应当适用部门规章的，应当提请全国人民代表大会常务委员会裁决；

（三）部门规章之间、部门规章与地方政府规章之间对同一事项的规定不一致时，由国务院裁决。

根据授权制定的法规与法律规定不一致，不能确定如何适用时，由全国人民代表大会常务委员会裁决。

【相关案例】

案例三 某药厂焚烧高浓度医药母液案

［本案要点］某药厂焚烧高浓度医药母液，同时违反了《中华人民共和国固体废物污染环境防治法》和《中华人民共和国大气污染防治法》的有关规定，环境保护主管部门可以选择其一适用。

［基本案情］经市环保局调查核实，某药厂未按照《环境影响报告书》及环保局批复的要求，将高浓度医药母液交第三方处置，而在厂区内进行焚烧，厂区外 50 米处即为居民村庄。市环保局认定该药厂既违反《中华人民共和国固体废物污染环境防治法》的规定，又违反了《中华人民共和国大气污染防治法》的规定，拟分别处以 3 万元和 2 万元罚款。

该药厂听证时辩称：焚烧高浓度医药母液的行为虽然同时违反了《中华人民共和国固体废物污染环境防治法》和《中华人民共和国大气污染防治法》，但为同一行为，不应该“一事两罚”。

［处理结果］应省环保局的请示，国家环保总局作出《关于对同一行为违反不同法规实施行政处罚时适用法规问题的复函》（环函［2002］166号）。对上述同时违反《中华人民共和国固体废物污染环境防治法》和《中华人民共和国大气污染防治法》的一个违法行为，环境保护主管部门可以对违法行为人依照两种法律规定中处罚较重的规定，定性处罚。

据此，市环保局依据《中华人民共和国固体废物污染环境防治法》对该药厂处以 3 万元罚款。

第十条　【处罚种类】根据法律、行政法规和部门规章，环境行政处罚的种类有：

（一）警告；

（二）罚款；

（三）责令停产整顿；

（四）责令停产、停业、关闭；

（五）暂扣、吊销许可证或者其他具有许可性质的证件；

（六）没收违法所得、没收非法财物；

（七）行政拘留；

（八）法律、行政法规设定的其他行政处罚种类。

【条文主旨】本条是对环境行政处罚种类的列举和概括。

【条文理解】《中华人民共和国行政处罚法》第八条规定，行政处罚种类只能由法律和行政法规设定。经对现行环境法律、行政法规中设定的行政处罚进行梳理，本条列举了七种主要的环境行政处罚种类，分别是：

一、“警告”通过对违法行为人的名誉造成一定损害实现惩戒目的，是环境行政处罚种类中惩罚最轻的一种，一般针对情节轻微的违法行为。实施警告处罚应当作出书面决定。口头警告可以理解为批评教育的一种方式，不能认定为行政处罚。警告一般只需单处，不必与其他处罚种类并处。如《中华人民共和国环境保护法》第三十五条规定，拒绝现场检查或者在被检查时弄虚作假的，可以给予警告。

二、“罚款”通过剥夺违法行为人经济上的既得利益、使其财产受到货币上的损失来实现惩戒目的。罚款是对因违法行为所造成社会利益损失的一种补偿，是适用最普遍的行政处罚种类。如《中华人民共和国水污染防治法》第七十条规定，拒绝监督检查，或者在接受监督检查时弄虚作假的，处一万元以上十万元以下的罚款。

三、“责令停产整顿”通过责令违法行为人停止正常生产进行整顿来实现惩戒目的。如《中华人民共和国水污染防治法》第七十五条规定，对在饮用水水源保护区内设置排污口且逾期不拆除的、私设暗管或者有其他严重情节的，责令停产整顿。

四、“责令停产”、“责令停业、关闭”通过责令存在违法行为人停止正常生产、停止营业、关闭企业来实现惩戒目的。如《中华人民共和国环境保护法》第三十九条规定，对经限期治理逾期未完成治理任务的企业事业单位，可以责令停业、关闭。《中华人民共和国放射性污染防治法》第五十七条规定，未经许可擅自从事贮存和处置放射性固体废物活动的，责令停产停业。

五、“暂扣许可证”通过暂时限制管理相对人从事被许可活动的权利或资格来实现惩戒目的，“吊销许可证”通过使管理相对人丧失从事被许可活动的权利或资格来实现惩戒目的。如《中华人民共和国环境影响评价法》第三十三条规定，环评机构弄虚作假致使环境影响评价文件失实的，吊销其资质证书。

六、“没收”通过剥夺违法行为人经济上的既得利益，使其财产受到货币上或者实物上的损失来实现惩戒目的。违法所得是指违法行为人从事违法活动所获得的收益。从事违法活动的物品、违法工具、用具、违禁品等是非法财物的一种表现形式。如《中华人民共和国固体废物污染环境防治法》第七十七条规定，无经营许可证或者不按照经营许可证规定从事收集、贮存、利用、处置危险废物经营活动的，没收违法所得。

七、“行政拘留”通过在短期内剥夺违法行为人的人身自由来实现惩戒目的，行政拘留只能由公安机关实施。

考虑到将来法律、行政法规的制定和修订，本条还做了概括性规定：法律和行政法规可以在上述七类行政处罚种类之外设定新的种类。

【要点提示】

1．这七种行政处罚种类是现行环境法律、行政法规的设定。本办法作为部门规章无权设定行政处罚种类，在此仅仅是将现行环境法律、行政法规的设定梳理列出。

2．在具体案件办理中选用何种行政处罚种类，应当结合违法行为的性质、情节和法律、法规、规章的具体条款来判断。

3．责令停产整顿、责令停业关闭、行政拘留属于环境法律法规设定的行政处罚，虽然不由环境保护主管部门实施，但环境保护主管部门可借助其行政处罚权遏制环境违法行为，故列出。

【法规链接】

● 《中华人民共和国行政处罚法》

第八条 行政处罚的种类：

（一）警告；

（二）罚款；

（三）没收违法所得、没收非法财物；

（四）责令停产停业；

（五）暂扣或者吊销许可证、暂扣或者吊销执照；

（六）行政拘留；

（七）法律、行政法规规定的其他行政处罚。

●《中华人民共和国水污染防治法》

第七十五条 在饮用水水源保护区内设置排污口的，由县级以上地方人民政府责令限期拆除，处十万元以上五十万元以下的罚款；逾期不拆除的，强制拆除，所需费用由违法者承担，处五十万元以上一百万元以下的罚款，并可以责令停产整顿。

除前款规定外，违反法律、行政法规和国务院环境保护主管部门的规定设置排污口或者私设暗管的，由县级以上地方人民政府环境保护主管部门责令限期拆除，处二万元以上十万元以下的罚款；逾期不拆除的，强制拆除，所需费用由违法者承担，处十万元以上五十万元以下的罚款；私设暗管或者有其他严重情节的，县级以上地方人民政府环境保护主管部门可以提请县级以上地方人民政府责令停产整顿。

第九十条 违反本法规定，构成违反治安管理行为的，依法给予治安管理处罚；构成犯罪的，依法追究刑事责任。

●《关于〈水污染防治法〉第二十二条有关"其他规避监管的方式排放水污染物"及相关法律责任适用问题的复函》（环境保护部 2008 年 12 月 20 日，环函［2008］308 号）

《水污染防治法》第二十二条第二款规定："禁止私设暗管或者采取其他规避监管的方式排放水污染物。"在实际工作中，"采取其他规避监管的方式排放水污染物"有多种情形，我部认为，以下几种情形可以理解为属于"采取其他规避监管的方式排放水污染物"：

1. 将废水进行稀释后排放；

2. 将废水通过槽车、储水罐等运输工具或容器转移出厂、非法倾倒；

3. 在雨污管道分离后利用雨水管道排放废水；

4. 其他擅自改变污水处理方式、不经法定排放口排放废水等规避监管的行为。

依据《水污染防治法》第七十五条第二款，私设暗管或者有其他严重情节的，县级以上地方人民政府环境保护主管部门可以提请县级以上地方人民政府责令停产整顿。

●《对违法排污行为适用行政拘留处罚问题的意见》（全国人大常委会法工委2008年5月23日，法工委复［2008］5号）

依照《治安管理处罚法》第三十条关于对违反国家规定处置爆炸性、毒害性、放射性、腐蚀性物质或者传染病病原体等危险物质的行为给予行政拘留处罚的规定，第十八条关于“单位违反治安管理的，对其直接负责的主管人员和其他直接责任人员依照本法的规定处罚”的规定，以及《水污染防治法》第九十条关于“违反本法规定，构成违反治安管理行为的，依法给予治安管理处罚”的规定，排污单位违反国家规定，向水体排放、倾倒毒害性、放射性、腐蚀性物质或者传染病病原体等危险物质，非法处置危险物质违反治安管理行为的，可以由公安机关对单位直接负责的主管人员和其他直接责任人员依法给予行政拘留处罚。

●《关于申请解释固体废物污染环境防治法第七十七条有关规定的答复意见》（全国人大常委会法工委2005年12月21日，法工委复字［2005］34号）

《固体废物污染环境防治法》第七十七条对无经营许可证或者不按照经营许可证规定从事收集、贮存、利用、处置危险废物经营活动规定的“没收违法所得”，是指没收违法行为人违法收集、贮存、利用、处置危险废物所获得的收益。

【相关案例】

案例四　某纸厂不服行政处罚决定案

［本案要点］“严格执行《县人民政府关于对未按期完成环保治理任务的重点污染企业进行处理的决定的通知》的要求”既非法定处罚种类，也无法定依据，被复议机关撤销。

［基本案情］某纸厂采用化学制浆从事生产，被列为省“一控双达标”重点企业。县政府发布了《关于对未按期完成环保治理任务的重点污染企业进行处理的决定的通知》，要求该公司“若要恢复生产，必须停止化学制浆，落实终端废水环保措施，治理达标，经环境保护主管部门验收认可”。

2001 年 6 月 28 日，省环保局发现该公司采用化学制浆，造纸黑液及废水泡沫未进行任何治理直接外排，所排废水 COD 和悬浮物浓度超过国家规定的排放标准，作出如下处罚：（1）严格执行《县人民政府关于对未按期完成环保治理任务的重点污染企业进行处理的决定的通知》的要求；（2）罚款 10 万元。纸厂不服，向国家环保总局申请行政复议。

［处理结果］国家环保总局作出复议决定：（1）省环保局《行政处罚决定书》规定的第 1 项处罚，即“严格执行《县人民政府关于对未按期完成环保治理任务的重点污染企业进行处理的决定的通知》的要求”，既非法定处罚种类，也无法定依据，予以撤销；（2）省环保局《行政处罚决定书》规定的第 2 项处罚，即“罚款 10 万元”，认定事实清楚，证据确凿，适用依据正确，程序合法，内容适当，予以维持。

第十一条　【责令改正与连续违法认定】环境保护主管部门实施行政处罚时，应当及时作出责令当事人改正或者限期改正违法行为的行政命令。

责令改正期限届满，当事人未按要求改正，违法行为仍处于继续或者连续状态的，可以认定为新的环境违法行为。

【条文主旨】本条是对同一违法行为认定问题的规定。

【条文理解】本条第一款是重申《中华人民共和国行政处罚法》第二十三条，第二款是新增条款。

责令改正违法行为，是指环境保护主管部门要求违法行为人作为或者不作为，使其终止实施违法行为，使违法行为人履行其法定义务或者以其他方式达到与履行义务相当的状态。改正环境违法行为一般包括三个方面：（1）停止实施环境违法行为；（2）消除环境违法行为所造成的不良后果；（3）恢复环境违法行为实施之前的状态。责令改正违法行为与行政处罚既有区别，又相联系。

责令改正违法行为与行政处罚的联系主要有二：（1）都是由管理相对人的违法行为而引起；（2）实施目的都是维护公共利益

和行政管理秩序，保护公民和组织的合法权益。二者的区别有四：（1）实施目的不同，责令改正违法行为侧重于纠正违法，实施行政处罚侧重于惩罚违法；（2）性质不同，责令改正违法行为并无惩罚性，二者同属于具体行政行为。但在具体行政行为的分类上，责令改正违法行为属于行政命令，不属于行政处罚；（3）形式不同，责令改正违法行为的具体形式如本办法第十二条所列举，行政处罚的具体种类如本办法第十条所列举；（4）实施程序不同，责令改正违法行为可以不适用行政处罚程序的规定，可以不经告知、听取陈述申辩、听证等行政处罚的必经程序。

在责令改正违法行为与行政处罚适用的先后顺序上，有三种不同形态：（1）在绝大多数情况下，责令改正与行政处罚并行适用。因为仅仅实施行政处罚，不足以恢复正常的环境管理秩序；仅仅责令改正违法行为，不足以惩戒违法行为人。二者并行才能够实现管理目的。（2）在特殊情况下，只能适用其一，如对法规有禁止性规定但无罚则的违法行为，就只能责令改正而无法实施行政处罚；对已经无法改正或者改正已无必要的违法行为，就只需实施行政处罚。（3）责令改正是行政处罚的前置程序，经责令改正逾期未改正的，才能实施行政处罚。

责令改正是一种具体行政行为，一经作出就具有执行力，管理相对人必须履行。责令改正期限届满，当事人的违法行为应当终止。因此，当事人的违法行为可因该行为本身的结束而终止，也可因环境保护主管部门责令其改正的期限届满而终止。责令改正期限届满，当事人未按要求改正的，可以认定为新的环境违法行为。

【要点提示】

1．责令改正违法行为属于行政命令，与行政处罚既有区别，又相联系。

2．改正环境违法行为一般包括三个方面：（1）停止实施环境违法行为；（2）消除环境违法行为所造成的不良后果；（3）恢复环境违法行为实施之前的状态。

3．责令改正违法行为的决定一经作出就具有执行力。因此，环境保护主管部门可以认定违法行为因责令改正期限届满而终止。

4．对认定的新的环境违法行为，环境保护主管部门应当另行立案调查，依法处罚。

【法规链接】

●《中华人民共和国行政处罚法》

第二十三条 行政机关实施行政处罚时，应当责令当事人改正违法行为或者限期改正违法行为。

【相关案例】

案例五 某电厂不服行政处罚决定案

［本案要点］北京市环保局对某电厂的超标排污行为先后处罚 5 次，该电厂不服，向国家环保总局申请行政复议。经审理，国家环保总局维持了北京市环保局的处罚决定，理由是：超标排污的继续状态随着改正限期的结束而中断，对改正期限届满之后的超标排放行为，可以认定为新的违法行为。

［基本案情］北京市环保局 2002 年 12 月 3 日现场监测发现某电厂燃煤锅炉二氧化硫排放超标，作出处罚决定："责令立即采取有效措施，达标排放，并处罚款 10 万元。"2002 年 12 月 26 日市环保局再次监测发现二氧化硫排放超标，再次作出处罚决定："责令立即采取有效措施，达标排放，并处罚款 10 万元。"该电厂不服，向国家环保总局申请行政复议。

国家环保总局经审理认为：（1）该电厂具备采取相应改正措施的条件但并未改正；（2）超标排放的继续状态，应当随着行政处罚决定规定的改正期限的结束而中断；（3）对限期过后仍然存在的行政违法行为，可以认定为新的违法行为。因此，该电厂 2002 年 12 月 26 日发现的超标排放行为，可以认定为新的违法行为，北京市环保局实施处罚并无不当。

[处理结果] 国家环保总局作出行政复议决定：前 3 次处罚决定已过复议期限。北京市环保局 2002 年 12 月 3 日和 2002 年 12 月 26 日的行政处罚决定书对该电厂“责令立即采取有效措施，达标排放，并处罚款十万元”的处罚，事实清楚，证据确凿，适用法规正确，程序合法，内容适当，我局决定予以维持。

第十二条 【责令改正形式】根据环境保护法律、行政法规和部门规章，责令改正或者限期改正违法行为的行政命令的具体形式有：

（一）责令停止建设；

（二）责令停止试生产；

（三）责令停止生产或者使用；

（四）责令限期建设配套设施；

（五）责令重新安装使用；

（六）责令限期拆除；

（七）责令停止违法行为；

（八）责令限期治理；

（九）法律、法规或者规章设定的责令改正或者限期改正违法行为的行政命令的其他具体形式。

根据最高人民法院关于行政行为种类和规范行政案件案由的规定，行政命令不属行政处罚。行政命令不适用行政处罚程序的规定。

【条文主旨】本条是对责令改正违法行为形式的列举和概括。

【条文理解】经对现行环境法律、行政法规和部门规章（不含地方性法规和地方政府规章）的梳理，本条列举了八种主要的责令改正违法行为的具体形式：

1．责令停止建设，如《中华人民共和国环境影响评价法》第三十一条规定，建设单位未依法报批建设项目环境影响评价文件，擅自开工建设的，责令停止建设；

2．责令停止试生产，如《建设项目环境保护管理条例》第二十六条规定，试生产建设项目配套建设的环境保护设施未与主体工程同时投入试运行，经责令限期改正而逾期不改正的，责令停止试生产；

3．责令停止生产或者使用，如《中华人民共和国环境保护法》第三十六条规定，建设项目的防治污染设施没有建成或者没有达到国家规定的要求，投入生产或者使用的，责令停止生产或者使用；

4．责令限期建设配套设施，如《中华人民共和国大气污染防治法》第六十条规定，排放含有硫化物气体的企业，不按照规定建设配套脱硫装置的，责令限期建设配套设施；

5．责令重新安装使用，如《中华人民共和国环境保护法》第三十七条规定：未经环境保护行政主管部门同意，擅自拆除或者闲置防治污染的设施，污染物排放超过规定的排放标准的，责令重新安装使用；

6．责令限期拆除，如《中华人民共和国水污染防治法》第七十五条规定，在饮用水水源保护区内设置排污口的，责令限期拆除；

7．责令停止违法行为，如《中华人民共和国水污染防治法》第七十六条规定，向水体排放剧毒废液，或者将含有汞、镉、砷、铬、铅、氰化物、黄磷等的可溶性剧毒废渣向水体排放、倾倒的，责令停止违法行为；

8．责令限期治理，如《中华人民共和国水污染防治法》第七十四条规定，排放水污染物超过国家或者地方规定的水污染物排放标准，或者超过重点水污染物排放总量控制指标的，责令限期治理。

需要说明的是，责令改正违法行为在性质上属于行政命令，其的目是制止环境违法行为，不具有惩戒性。如《中华人民共和国环境影响评价法》第二十五条规定，建设项目的环境影响评价文件未经批准，建设单位不得开工建设。因此，对环境影响评价文件未经环境保护主管部门批准擅自开工建设的建设项目，责令其停止建设并要求其限期补办环评手续，只是督促其回归合法状态，不具有任何惩罚性。又如《中华人民共和国水污染防治法》第十七条规定，建设项目的水污染防治设施应当经过环境保护主管部门验收合格，验收不合格的，该建设项目不得投入生产或者使用。因此，对水污染防治设施验收不合格而主体工程投入生产或者使用的建设项目，责令其停止生产或者使用，同样只是督促其回归合法状态，不具有任何惩罚性。

从结果看，“责令停止生产”和“责令停产”对当事人的影响基本一致。但两者有以下几点不同：（1）字面不同，“责令停止生产”与“责令停产”在文字表述上不同，字数不等。（2）适用条件不同，结合具体法律条款分析，“责令停止生产”适用于新建项目配套环保设施未经验收、主体工程即投入生产或者使用的情形，如《中华人民共和国水污染防治法》第七十一条规定，建设项目的水污染防治设施验收不合格而主体工程即投入生产或者使用的，环境保护主管部门责令其停止生产或者使用，直至验收合格。“责令停产”适用于对严重环境违法经责令改正而逾期不改正违法行为的情形，如《中华人民共和国放射性污染防治法》第五十五条规定，放射源丢失、被盗后，不按照规定报告的，环境保护主管部门责令限期改正；逾期不改正的，责令停产。（3）针对对象不同，“责令停止生产”针对的是建设项目，“责令停产”针对的是单位。（4）法律性质不同，在具体行政行为分类上，“责令停止生产”属于行政命令，而“责令停产”则属于行政处罚。

在具体案件办理时，环境保护主管部门实施行政处罚必须严格遵守告知、听取陈述申辩、听证等法定程序；“责令改正违法行为”则尚无有关告知、听取陈述申辩、听证的法律要求，环境保护主管部门可以自行决定是否进行告知、听取陈述申辩、听证。

【要点提示】

1．责令改正违法行为在性质上属于行政命令，其目的是制止环境违法行为，不具有惩戒性。

2．环境保护主管部门在作出责令改正违法行为的决定前，可以自行决定是否进行告知、听取陈述申辩、听证。

3．环境保护主管部门作出责令改正违法行为决定的，应当告知当事人申请行政复议或者提起行政诉讼的权利。

4．责令改正违法行为的行政命令，可以单独制作法律文书，也可以写入行政处罚决定书。

5．责令改正违法行为的行政命令可以申请人民法院强制执行。

【相关案例】

案例六 某印染公司违反“三同时”制度案

［本案要点］人民法院依据市环保局的申请，将责令停止生产和罚款8万元的决定强制执行到位。

［基本案情］某印染公司污染防治设施未经验收，擅自投入生产。某市环保局依据《建设项目环境保护管理条例》第二十八条，责令该公司停止生产，罚款 8 万元。该公司在法定期限内未履行，未申请行政复议，也未提起行政诉讼。市环保局遂向当地法院申请强制执行。

在法院审查过程中，对责令停止生产是否属于法院强制执行受理范围产生了争议。一种意见认为责令停止生产不具有给付内容，不予受理。另一种意见认为，责令停止生产作为行政命令，属于具体行政行为的一种形式，根据《中华人民共和国行政诉讼法》第六十六条“公民、法人或者其他组织对具体行政行为在法定期限内不提起诉讼又不履行的，行政机关可以申请人民法院强制执行”的规定，应当受理。

［处理结果］法院最终依据第二种意见裁定受理市环保局的责令停止生产和罚款8万元的强制执行申请，并执行到位。

第十三条 【处罚不免除缴纳排污费义务】实施环境行政处罚，不免除当事人依法缴纳排污费的义务。

【条文主旨】本条是处罚不免除缴纳排污费义务的规定。

【条文理解】排污费是排污单位因占用环境容量、污染破坏环境的一种补偿，是污染者付费原则的具体体现。缴纳排污费是排污单位应尽的义务。征收排污费在具体行政行为分类上属于行政征收，是环境保护主管部门依法向排污单位征收的一种治理污染费用，是环境保护主管部门行使管理权，不具有惩罚性。而环境行政处罚是以排污单位环境违法为前提，具有惩罚性。征收排污费与行政处罚二者性质不同，适用条件不同，既不能相互排斥，也不能相互代替。因此对违法行为人实施环境行政处罚，并不免除当事人依法缴纳排污费的义务。

【要点提示】

1. 环境行政处罚和征收排污费同为具体行政行为，但其性质、适用条件不同，二者既不相互排斥，也不能相互代替。

2. 环境保护主管部门实施行政处罚和征收排污费，应遵照法律法规规定的程序和条件，分别进行。

3. 环境行政处罚决定书所载义务和缴纳排污费的义务互不影响，当事人应当分别履行。

【法规链接】

● 《中华人民共和国行政处罚法》

第七条 公民、法人或者其他组织因违法受到行政处罚，其违法行为对他人造成损害的，应当依法承担民事责任。

违法行为构成犯罪，应当依法追究刑事责任，不得以行政处罚代替刑事处罚。

【相关案例】

案例七 某热电厂诉省环保局行政诉讼案

[本案要点] 一审法院在维持省环保局 5 万元罚款的同时，撤销了对该电厂征收 20 万元排污费的内容。二审法院撤销了一审判决，维持了省环保局对该电厂 20 万元排污费的征收。

[基本案情] 某热电厂将粉煤灰倾倒、堆放在涧河岸边，造成水体污染。省环保局依法责令某热电厂尽快清除倒入涧河的粉煤灰，处 5 万元罚款，同时下达《排污费缴纳通知单》，征收排污费 20 万元。某热电厂不服，提起行政诉讼。一审法院认定，向涧河倾倒污染物，违反有关法律规定，应当处警告或罚款；省环保局在处以罚款的同时又征收排污费，属法律适用有误；判决维

持 5 万元罚款，撤销排污费 20 万元的征收。

省环保局不服，提起上诉。同时向原国家环保总局就排污费和罚款能否同时适用的问题提出请示。原国家环保总局认为：罚款和征收排污费二者性质不同，适用条件不同，既不能互相排斥，也不能相互代替。一方面，不能因为已对排污单位征收排污费而免除其依法应当承担的法律责任；另一方面，也不能因为已对排污单位处以罚款而免除其依法应当履行的缴纳排污费的法定义务。如果企业事业单位实施了法律明确禁止的排污行为，环保部门在执法过程中，可在按照规定收取排污费的同时，针对其排污行为的违法性和具体情节，处以适当的罚款。根据法律规定，如果排污单位不按规定缴纳排污费，环保部门也有权对其处以一定罚款，同时还应当依照规定征收排污费。二审法院采纳了上述意见。

［处理结果］二审判决：撤销一审判决，维持省环保局对某热电厂排污费 20 万元的征收。

第二章 实施主体与管辖

第十四条 【处罚主体】县级以上环境保护主管部门在法定职权范围内实施环境行政处罚。

经法律、行政法规、地方性法规授权的环境监察机构在授权范围内实施环境行政处罚，适用本办法关于环境保护主管部门的规定。

【条文主旨】本条是对实施主体的规定。

【条文理解】本条是处罚法定原则在实施主体上的具体体现，其中第二款为新增条款。

环境行政处罚直接限制或者剥夺违法行为人的权利或者资格，在性质上属于法律制裁，具有惩罚性和强制性。一旦违法或者不当实施，将侵犯当事人的合法权益。因此，有必要对其予以严格限制和规范。本条即是对实施主体的严格限制。

本条明确界定了环保系统实施行政处罚的主体有两类：（1）在一般情况下，环境行政处罚由县级以上环境保护主管部门实施；（2）在法律、行政法规、地方性法规授权的情况下，环境行政处罚由环境监察机构实施。虽然行政处罚工作都由具体的工作人员个人来完成，但对外都必须以县级以上环境保护主管部门和经法律、行政法规、地方性法规授权的环境监察机构的名义实施。

一、县级以上环境保护主管部门

《中华人民共和国行政处罚法》第十五条规定，行政处罚由具有行政处罚权的行政机关在法定职权范围内实施。这一规定包含了三层含义：（1）作为一项特殊的行政权力，行政处罚权是在一般情况下只能由行政机关行使；（2）有权行使行政处罚的行政机关是特定的，什么样的行政机关拥有什么样的行政处罚权，有着明确而具体的规定；（3）行政机关各有其职权范围，只能在其职权范围内实施行政处罚。因此县级以上环境保护主管部门是环境行政处罚的主要实施主体。

《中华人民共和国环境保护法》及各环境保护单行法律法规具体规定了环境保护主管部门实施行政处罚的职责权限。经梳理，环境保护部 2009 年 9 月 1 日印发了《法律、行政法规和部门规章设定的环境保护主管部门行政处罚目录》（环办[2009]107 号）。各地方也分别梳理印发了地方性法规和地方政府规章设定的环境保护主管部门行政处罚目录。

二、经法律、行政法规、地方性法规授权的环境监察机构

《中华人民共和国行政处罚法》第十六规定，法律、法规授权的具有管理公共事务职能的组织可以在法定授权范围内实施行政处罚。这一规定包含了三层含义：（1）该组织必须经法律、法规（含行政法规、地方性法规）授权；（2）该组织具有管理公共事务的职能；（3）该组织必须在授权范围内实施行政处罚。因此，经法律、行政法规、地方性法规授权的环境监察机构，也是环境行政处罚的实施主体。

目前，我国尚无将环境行政处罚权授予有关组织的法律和行政法规规定，但已有地方性法规将环境行政处罚权授予环境监察机构实施的规定，例如《重庆市环境保护条例》第八条第二款规定："市环境保护行政主管部门行使的行政处罚权，可以由市环境监察机构依照本条例规定实施。"

【要点提示】

1．环境行政处罚的实施主体有两类：（1）县级以上环境保护主管部门；（2）经法律、行政法规、地方性法规授权的环境监察机构。它们都可以以自己的名义实施环境行政处罚。

2．授权环境监察机构实施处罚的文件类型只能是法律、行政法规或者地方性法规，其他文件（包括规章）不得进行授权。

3．环境保护主管部门必须在法定职权范围内行使处罚权，经授权的环境监察机构必须在授权范围内行使处罚权，不得越权处罚。

4．经法律、行政法规、地方性法规授权的环境监察机构，实施行政处罚时在法律地位上同环境保护主管部门。

5．未经授权的环境监察机构可以承担行政处罚的具体工作，但不得以自己的名义实施处罚。

【法规链接】

●《中华人民共和国行政处罚法》

第十五条 行政处罚由具有行政处罚权的行政机关在法定职权范围内实施。

第十七条 法律、法规授权的具有管理公共事务职能的组织可以在法定授权范围内实施行政处罚。

●《法律、行政法规和部门规章设定的环保部门行政处罚目录》（环境保护部2009年9月1日，环办［2009］107号）

第十五条 【委托处罚】环境保护主管部门可以在其法定职权范围内委托环境监察机构实施行政处罚。受委托的环境监察机构在委托范围内，以委托其处罚的环境保护主管部门名义实施行政处罚。

委托处罚的环境保护主管部门，负责监督受委托的环境监察机构实施行政处罚的行为，并对该行为的后果承担法律责任。

【条文主旨】本条是对委托处罚的规定。

【条文理解】行政管理的事务繁杂而行政机关的编制、人员有限。为提高行政效率，委托有关组织协助行政机关实施行政处罚成为必要。为取其利而避其害，防止出现违法乱处罚侵害当事人权利的情况，有必要对委托处罚予以限制。

《中华人民共和国行政处罚法》第十八条和第十九条对组织条件、委托程序、委托机关责任等作了严格规定。环境监察机构符合《中华人民共和国行政处罚法》第十九条所列条件，环境保护主管部门可以将法律、法规、规章设定的环境行政处罚权予以委托，由环境监察机构承担行政处罚的具体工作。结合《中华人民共和国行政处罚法》第十八条和第十九条的规定，委托处罚应当注意以下七点：

第一，委托处罚必须有法律、法规（含行政法规、地方性法规）或者规章（含部门规章、地方政府规章）的明文规定。没有法律、法规或者规章规定的，不得自行委托。目前法律、行政法规尚无委托处罚的明文规定，地方性法规、地方政府规章的情况各异，本办法作为部门规章对此作了规定，环境保护主管部门可以依据本条委托环境监察机构承担行政处罚的具体工作。

第二，环境保护主管部门只能在其法定权限内进行委托。环境保护主管部门能委托的，只能是法律、法规和规章赋予的行政处罚权。环境保护主管部门不得超越法律、法规和规章的规定，将其并不拥有的权力委托出去，否则构成越权委托而无效。

第三，受委托的组织是环境监察机构，不得是个人。《中华人民共和国行政处罚法》第十九条明确规定了组织所应具备的条件，本办法处罚权委托给环境监察机构。

第四，环境监察机构只能在委托范围内从事行政处罚的具体工作，不得超越委托范围。超越委托范围的，该处罚行为无效，且由环境监察机构自行承担责任。

第五，环境监察机构只能以委托的环境保护主管部门的名义实施处罚，而不得以自己或者其他机关的名义。以环境监察机构自己的名义实施处罚的，该处罚无效，且由环境监察机构自行承担责任。

第六，接受委托的环境监察机构不得再委托其他任何组织或者个人。因为环境监察机构自身并不具有行政处罚权，只是代表具有法定行政处罚权的环境保护主管部门从事具体工作。环境监察机构不能将自己并不拥有的权力委托出去。

第七，受委托环境监察机构在委托范围内从事的具体行为，在法律上视为委托的环境保护主管部门的行为。基于委托与被委托的关系，环境保护主管部门与环境监察机构之间还产生了监督与被监督的关系，环境保护主管部门有责任监督环境监察机构是否在委托权限范围内、是否依照法定目的、程序、种类、幅度实施处罚。如果环境监察机构违法处罚，则由委托的环境保护主管部门承担法律后果，包括行政复议、行政诉讼、国家赔偿等的法律后果。

需要说明的是，在法理学和宪法学领域，“授权”与“委托”并无严格区别，如“授权立法”又称“委托立法”；在民商法领域，“授权”与“委托”常常连用，如“授权委托书”。但行政法领域，“授权”与“委托”的含义完全不同。以行政处罚为例，二者的区别有：（1）权力来源不同，授权指权力直接来源于法律、法规的授予，委托指权力直接来源于行政机关的委托，即法律、法规或者规章将权力授予行政机关，行政机关又把其中的一部分委托出去；（2）实施名义不同，授权是以自己的名义实施，委托是以他人名义实施；（3）承担法律后果的主体不同，授权是被授权人承担后果，委托是委托人承担后果；（4）法律依据不同，只有法律、法规（含行政法规和地方性法规）能够授权，委托则法律、法规（含行政法规、地方性法规）、规章（含部门规章和地方政府规章）均可；（5）对组织性质的要求不同，委托限于事业组织，授权则无此限制，企业组织、事业组织均可。

【要点提示】

1．委托实施环境行政处罚的委托人为环境保护主管部门，受委托人为环境监察机构。

2．环境保护主管部门可以根据具体情况决定将其拥有的行政处罚权的全部或者一部分委托给环境监察机构。

3．环境保护主管部门应在其法定权限内进行委托，环境监察机构应在委托范围内从事行政处罚的具体工作。

4．委托不发生职权职责、法律后果、实施主体资格的变化和转移。行政处罚的职责仍由环境保护主管部门行使，而非受委托的环境监察机构；行政处罚的法律后果仍由环境保护主管部门承担，而非受委托的环境监察机构；行政处罚的实施主体仍为环境保护主管部门，而非受委托的环境监察机构。

5．受委托的环境监察机构应以委托其处罚的环境保护主管部门名义实施行政处罚。

【法规链接】

●《中华人民共和国行政处罚法》

第十八条　行政机关依照法律、法规或者规章的规定，可以在其法定权限内委托符合本法第十九条规定条件的组织实施行政处罚。行政机关不得委托其他组织或者个人实施行政处罚。

委托行政机关对受委托的组织实施行政处罚的行为应负责监督，并对该行为的后果承担法律责任。

受委托组织在委托范围内，以委托行政机关名义实施行政处罚；不得再委托其他任何组织或者个人实施行政处罚。

第十九条　受委托组织必须符合以下条件：

（一）依法成立的管理公共事务的事业组织；

（二）具有熟悉有关法律、法规、规章和业务的工作人员；

（三）对违法行为需要进行技术检查或者技术鉴定的，应当有条件组织进行相应的技术检查或者技术鉴定。

【相关案例】

案例八　环境监察机构实施处罚案

［本案要点］某县环境监察机构以自己的名义作出行政处罚决定，法院审查认为是执法主体错误，对其申请的强制执行不予受理。

［基本案情］某县环境监察机构根据个体工商户李某的排污申报，核定其 1～3 月应交排污费 4 560 元。根据排污费征收制度有关规定，向李某下达了《排污费缴纳通知单》。李某未在规定时间内缴纳，县环境监察机构又向李某下达了《排污费限期缴纳通知书》，李某仍拒不缴纳，县环境监察机构对李某下达了《行政处罚决定书》决定罚款 9 120 元。上述法律文书，均加盖的是县环境监察机构的公章。由于李某在法定期限内既不申请复议，也不向人民法院起诉，又不履行缴纳排污费和罚款的义务，县环保局将该案申请人民法院强制执行。法院审查认为上述法律文书的

送达都应当加盖县环保局的公章，以县环保局的名义作出并送达，而本案中却是以县环境监察机构的名义作出并送达，属于此案执法主体错误。

［处理结果］法院根据《最高人民法院关于执行〈中华人民共和国行政诉讼法〉若干问题的解释》第八十六条第一款第（三）项及第二款之规定，作出不予受理此案的行政裁定。

第十六条 【外部移送】发现不属于环境保护主管部门管辖的案件，应当按照有关要求和时限移送有管辖权的机关处理。

涉嫌违法依法应当由人民政府实施责令停产整顿、责令停业、关闭的案件，环境保护主管部门应当立案调查，并提出处理建议报本级人民政府。

涉嫌违法依法应当实施行政拘留的案件，移送公安机关。

涉嫌违反党纪、政纪的案件，移送纪检、监察部门。

涉嫌犯罪的案件，按照《行政执法机关移送涉嫌犯罪案件的规定》等有关规定移送司法机关，不得以行政处罚代替刑事处罚。

【条文主旨】本条是对案件外部移送的规定。

【条文理解】移送管辖是指无管辖权的环境保护主管部门将案件移送到有管辖权的国家机关处理。对不属于环境保护主管部门职责范围内的案件，应当按照有关要求和时限移送有管辖权的机关处理。具体而言，可分为如下几种情况：

1. 作为人民政府的职能部门，环境保护主管部门不能将案件直接移送人民政府。对涉嫌违法依法应当由人民政府实施责令停产整顿、责令停业、关闭的案件，环境保护主管部门应当承担立案、调查取证等案件办理的前期工作，并提出处理建议报本级人民政府。

2. 行政拘留只能由公安机关实施，对涉嫌违法依法应当实施行政拘留的案件，应当移送公安机关。

3. 对涉嫌违反党纪、政纪的案件，移送纪检、监察部门。

4. 违法行为如果构成犯罪，根据刑事优先原则，应首先追究行为人的刑事责任。环境保护主管部门应当将案件移送司法机关，依法追究刑事责任，不能以罚代刑。这样才有利于实现刑罚的功能，有效地打击犯罪。其中，对吊销许可证等刑事制裁无法折抵的行政处罚，环境保护主管部门应当依法实施。移送涉嫌犯罪案件的具体程序，按照《行政执法机关移送涉嫌犯罪案件的规定》等有关规定执行。

【要点提示】

1．案件移送的目的，是为了放大执法效果，更有效地惩罚违法行为。

2．发现不属于环境保护主管部门管辖的违法行为，作为案件线索进行移送。

3．根据违法行为的类型和有关机关的职责权限，确定被移送的机关。

4．移送案件应当遵守有关程序和时限的要求。

5．报请人民政府处理的案件，环境保护主管部门应当做好立案、调查取证、提出处理建议等前期工作，不得将案件线索直接移送。

6．注意行政处罚与刑事处罚的衔接，既不能以罚代刑，也不能因刑误罚。

【法规链接】

●《中华人民共和国行政处罚法》

第二十二条　违法行为构成犯罪的，行政机关必须将案件移送司法机关，依法追究刑事责任。

●《中华人民共和国治安管理处罚法》

●《对违法排污行为适用行政拘留处罚问题的意见》（全国人大常委会法工委2008年5月23日，法工委复［2008］5号）

依照《治安管理处罚法》第三十条关于对违反国家规定处置爆炸性、毒害性、放射性、腐蚀性物质或者传染病病原体等危险物质的行为给予行政拘留处罚的规定，第十八条关于“单位违反治安管理的，对其直接负责的主管人员和其他直接责任人员依照本法的规定处罚”

的规定，以及《水污染防治法》第九十条关于“违反本法规定，构成违反治安管理行为的，依法给予治安管理处罚”的规定，排污单位违反国家规定，向水体排放、倾倒毒害性、放射性、腐蚀性物质或者传染病病原体等危险物质，非法处置危险物质违反治安管理行为的，可以由公安机关对单位直接负责的主管人员和其他直接责任人员依法给予行政拘留处罚。

● 《中华人民共和国公务员法》

● 《中华人民共和国行政机关公务员处分条例》

● 《中华人民共和国行政监察法》

● 《中华人民共和国行政监察法实施条例》

● 《环境保护违法违纪行为处分暂行规定》（监察部、环保总局令第 10 号）

● 《中华人民共和国刑法》

第一百五十五条 下列行为，以走私罪论处，依照本节的有关规定处罚:

（一）直接向走私人非法收购国家禁止进口物品的，或者直接向走私人非法收购走私进口的其他货物、物品，数额较大的;

（二）在内海、领海运输、收购、贩卖国家禁止进出口物品的，或者运输、收购、贩卖国家限制进出口货物、物品，数额较大，没有合法证明的;

（三）逃避海关监管将境外固体废物运输进境的。

第三百三十八条 违反国家规定，向土地、水体、大气排放、倾倒或者处置有放射性的废物、含传染病病原体的废物、有毒物质或者其他危险废物，造成重大环境污染事故，致使公私财产遭受重大损失或者人身伤亡的严重后果的，处三年以下有期徒刑或者拘役，并处或者单处罚金；后果特别严重的，处三年以上七年以下有期徒刑，并处罚金。

第三百三十九条 违反国家规定，将境外的固体废物进境倾倒、堆放、处置的，处五年以下有期徒刑或者拘役，并处罚金；造成重大环境污染事故，致使公私财产遭受重大损失或者严重危害人体健康的，处五年以上十年以下有期徒刑，并处罚金；后果特别严重的，处十年以上有期徒刑，并处罚金。

未经国务院有关主管部门许可，擅自进口固体废物用作原料，造成重大环境污染事故，致使公私财产遭受重大损失或者严重危害人体健康的，处五年以下有期徒刑或者拘役，并处罚金；后果特别严重的，处五年以上十年以下有期徒刑，并处罚金。

以原料利用为名，进口不能用作原料的固体废物的，依照本法第一百五十五条的规定定罪处罚。

第四百零八条 负有环境保护监督管理职责的国家机关工作人员严重不负责任，导致发生重大环境污染事故，致使公私财产遭受重大损失或者造成人身伤亡的严重后果的，处三年以下有期徒刑或者拘役。

- 《最高人民法院关于审理环境污染刑事案件具体应用法律若干问题的解释》
- 《最高人民检察院关于渎职侵权犯罪案件立案标准的规定》
- 《行政执法机关移送涉嫌犯罪案件的规定》
- 《关于环境保护行政主管部门移送涉嫌环境犯罪案件的若干规定》

第十七条 【案件管辖】县级以上环境保护主管部门管辖本行政区域的环境行政处罚案件。

造成跨行政区域污染的行政处罚案件，由污染行为发生地环境保护主管部门管辖。

【条文主旨】本条是对地域管辖和级别管辖的规定。

【条文理解】地域管辖，也称区域管辖或属地管辖，是确定同级行政机关之间实施行政处罚的权限分工。行政处罚确立了属地管辖原则，即由违法行为发生地的行政机关管辖。如《中华人民共和国行政处罚法》第二十条确定的关于管辖的基本原则和标准是“违法行为发生地”，即违法行为发生在何地就由何地的行政机关查处。违法行为发生地一般包括违法行为着手地、经过地、实施地、危害结果发生地。由违法行为发生地来确定管辖，便于行政机关调查取证、便于危害后果的消除、便于降低行政成本。《中华人民共和国环境保护法》第七条也明确县级以上环境保护主管部门对本辖区的环境保护工作实施统一监督管理，二者一致。

因此，本条对行政处罚案件的地域管辖原则做了明确：县级以上环境保护主管部门管辖本行政区域的环境行政处罚案件。对污染行为发生地和污染结果地不同的环境行政处罚案件，以污染行为发生地确定管辖机关，以便于对违法者的处理。

【法规链接】

●《中华人民共和国行政处罚法》

第二十条 行政处罚由违法行为发生地的县级以上地方人民政府具有行政处罚权的行政机关管辖。法律、行政法规另有规定的除外。

第十八条 【优先管辖】两个以上环境保护主管部门都有管辖权的环境行政处罚案件，由最先发现或者最先接到举报的环境保护主管部门管辖。

【条文主旨】本条是对案件优先管辖的规定。

【条文理解】以污染行为发生地确定环境行政处罚案件的地域管辖权是一般原则，实践中也会出现两个以上环境保护主管部门都有管辖权的情况。作为一般原则的补充，确定由最先发现或者最先接到举报的环境保护主管部门管辖，有利于环境保护主管部门及时发现并制裁违法行为，降低行政成本，提高行政效率。

第十九条 【管辖争议解决】对行政处罚案件的管辖权发生争议时，争议双方应报请共同的上一级环境保护主管部门指定管辖。

【条文主旨】本条是对管辖权争议予以指定管辖的规定。

【条文理解】指定管辖是指上级环境保护主管部门以决定的方式指定下一级环境保护主管部门对某一行政处罚案件行使管辖权。“管辖权发生争议”是指两个以上的环境保护主管部门在某一行政处罚案件上，互相推诿或者互相争夺管辖权，经协商仍达不成一致意见的情况。

发生管辖权争议后，争议方应当立足于有利于案件办理、有利于提高行政效率、有利于降低行政成本的立场进行充分协商，尽可能达成一致意见。实在不能达成一致意见的，报请共同的上一级环境保护主管部门，由上一级环境保护主管部门予以指定管辖。

【法规链接】

● 《中华人民共和国行政处罚法》

第二十一条　对管辖发生争议的，报请共同的上一级行政机关指定管辖。

【相关案例】

案例九　跨行政区处罚管辖权争议案

［本案要点］A 市某公司将废农药瓶（属危险废物）违法转移给 B 市某塑料厂，并造成人员中毒。A 市环保局和 B 市环保局对该公司的处罚管辖权发生争议，B 市环保局向省环保局申请指定管辖。省环保局裁定：该公司的违法行为由移出地 A 市环保局处罚，塑料厂的违法行为由接受地 B 市环保局处罚。

［基本案情］A 市某公司通过无执照、无经营许可证的个体户刘某，将废农药瓶（属危险废物）违法转移到 B 市某塑料厂，造成人员中毒。A 市环保局和 B 市环保局对该公司非法转移危险废物的行为分别处以了罚款。该公司认为 A 市环保局和 B 市环保局违反了《行政处罚法》第 24 条关于"一事不二罚"的规定，提起行政复议。两市环保局就该案管辖权产生争议。B 市环保局向省环保局申请指定管辖。省环保局依据"污染行为发生地管辖原则"进行了裁定。

［处理结果］省环保局作出裁定：该公司作为危险废物移出单位，未向移出地环保部门报告，其违法行为由移出地 A 市环保局处罚；塑料厂作为危险废物接受单位，无经营许可证并未向接受地环保部门报告，其违法行为由接受地 B 市环保局处罚。

第二十条 【指定管辖】下级环境保护主管部门认为其管辖的案件重大、疑难或者实施处罚有困难的，可以报请上一级环境保护主管部门指定管辖。

上一级环境保护主管部门认为下级环境保护主管部门实施处罚确有困难或者不能独立行使处罚权的，经通知下级环境保护主管部门和当事人，可以对下级环境保护主管部门管辖的案件指定管辖。

上级环境保护主管部门可以将其管辖的案件交由有管辖权的下级环境保护主管部门实施行政处罚。

【条文主旨】本条是对因事实原因予以指定管辖的规定。

【条文理解】在特殊情况下，管辖权并未发生争议，但由于事实上的原因，有管辖权的环境保护主管部门无法行使管辖权，上级环境保护主管部门亦可指定管辖。这些事实原因包括：案件重大、疑难；下级环境保护主管部门实施处罚有困难或者不能独立行使处罚权等。

上级环境保护主管部门可以将其管辖的案件交由有管辖权的下级环境保护主管部门实施行政处罚。与原办法相比增加了限制词“有管辖权的”，即上级环境保护主管部门不可将其管辖的案件交由无管辖权的下级环境保护主管部门实施处罚。因为这样会侵犯当事人的权利，如行政复议的层级权利，故予限制。

【要点提示】

1. 在案件重大、疑难、实施处罚有困难或不能独立行使处罚权，上一级环境保护主管部门可以指定管辖。

2. 下级环境保护主管部门可以报请指定管辖，上级环境保护主管部门也可以决定指定管辖。

3. 上级环境保护主管部门对下级环境保护主管部门管辖的案件指定管辖时，应当履行通知程序。

第二十一条 【内部移送】不属于本机关管辖的案件，应当移送有管辖权的环境保护主管部门处理。

受移送的环境保护主管部门对管辖权有异议的，应当报请共同的上一级环境保护主管部门指定管辖，不得再自行移送。

【条文主旨】本条是对案件在环保系统内部移送的规定。

【条文理解】发现案件属于环境保护主管部门管辖但本机关又没有管辖权的，应当移送给有管辖权的环境保护主管部门处理。

为了避免同级环境保护主管部门之间相互推诿，受移送的环境保护主管部门对管辖权即使有异议，也不得再自行移送，而应当报请共同的上一级环境保护主管部门予以指定管辖。

第三章　一般程序

第一节　立　案

第二十二条　【立案条件】环境保护主管部门对涉嫌违反环境保护法律、法规和规章的违法行为，应当进行初步审查，并在 7 个工作日内决定是否立案。

经审查，符合下列四项条件的，予以立案：

（一）有涉嫌违反环境保护法律、法规和规章的行为；

（二）依法应当或者可以给予行政处罚；

（三）属于本机关管辖；

（四）违法行为发生之日起到被发现之日止未超过 2 年，法律另有规定的除外。违法行为处于连续或继续状态的，从行为终了之日起计算。

【条文主旨】本条是对处罚案件立案条件的规定。

【条文理解】本条为新增条款。

规范的行政处罚程序是依法行政的重要保障。行政处罚程序，由行政处罚的方式、步骤、时间、顺序所构成的。一般体现为前后相互连接的几个阶段，每个阶段又有其相应的具体程序制度。为保证环境行政处罚过程客观公正，本办法对于环境行政处罚案件的立案、调查取证、案件审查、告知和听证、处理决定各个环节的具体要求作了全面、详尽的规定，环境保护主管部门在实施环境行政处罚时应当遵照执行。

立案是环境行政处罚程序的第一个环节，本办法对立案环节的审查内容进行了明确，符合所列四项立案条件的予以立案，并且符合立案条件的必须立案。

一、关于立案的条件

1．有涉嫌违法的行为。立案审查是对案件材料的初步审查，此时环境保护主管部门一般通过举报、媒体报道、其他机关移送、交办等途径发现了违法线索，但调查取证工作一般还尚未进行，环境违法行为的真实性、具体情节还尚不明确，也没有充分的证据支持。

2．有明确的处罚依据。处罚依据只能是法律、法规（含行政法规和地方性法规）、规章（含部门规章和地方政府规章）。除此以外的其他规范性文件，如行政机关（包括国务院、地方各级人民政府、各级环境保护主管部门）发布的规章以外的各类决定、命令、通知、方案等，都不能作为处罚依据。

3．立案的环境保护主管部门有管辖权。在职能管辖、地域管辖、级别管辖各方面均合法的，环境保护主管部门才能予以立案。

4．在法定追责期限内。在立案环节要对违法行为是否超过追责期限进行审查。行政处罚追责期限是指行政机关追究违法行为人行政法律责任的法定有效期限。规定行政处罚的追责期限，有利于督促行政机关提高行政效率、集中精力及时查处案件、有效提高行政管理效能。同时，也督促行政机关及时调查取证，查明案情，防止因时过境迁而增加案件调查取证的难度，减少行政处罚发生失误的可能性。

《中华人民共和国行政处罚法》第二十九条规定，违法行为在二年内未被发现的不再给予行政处罚（法律另有规定的除外）。这意味着违法行为超过追责期限的，不再追究行政法律责任。立案是追究行政责任的起始环节，对不再追究行政法律责任的环境违法案件，也就不需要立案。

追责期限的计算方法与《中华人民共和国行政处罚法》一致，即违法行为发生之日起到被发现之日止。所谓违法行为处于连续状态，是指同一违法行为人连续两次或者两次以上实施性质相同的违法行为；所谓违法行为处于继续状态，是指同一违法行为人在一定时间内所实施的处于继续状态的违法行为。

本条对“违法行为在二年内未被发现”作了具体的界定，即违法行为发生之日起到被发现之日止未超过 2 年。对于处于连续或继续状态的违法行为，认定行为终了之日为违法行为的发生之日，也就是从行为终了之日起计算期间。

另外，需要特别说明的是，本办法主要是规范环境行政处罚的实施，本条所规定的立案条件是针对依法应当或者可以实施处罚的违法行为。对没有明确处罚依据的违法行为，本办法没有对立案条件做具体规定。一般而言，有涉嫌违反环境保护法律、法规和规章的行为且属于本机关管辖，环境保护主管部门可以参照处罚案件的立案程序予以立案调查，责令当事人改正违法行为。

二、关于立案审查的期限

本条沿用了原《办法》7 日内决定是否立案的规定，并明确 7 日是工作日。即从环境执法检查发现或者接到举报、控告、移送、交办的环境违法线索的第二天起计算，到第八个工作日的工作时间结束时止，完成立案审查工作。这是对环境保护主管部门工作效率的要求。

【要点提示】

1．符合所列四项条件的，作为处罚案件予以立案。

2．符合第 1、3、4 项条件但无处罚依据的，应当参照处罚案件的立案程序予以立案调查，责令当事人改正违法行为。

3．立案审查时，只需案件线索显示存在违反环境保护法律、法规或者规章的行为即可，无需证据证明。

4．追责期限一般为二年，除非法律另有规定。

5．追责期限始于发生违法行为之日，止于发现违法行为之日。如果违法行为处于连续或继续状态的，追责期限始于行为终了之日。

6．决定立案的，应有书面记录并随卷归档，如制作“环境违法行为立案审批表”。

【法规链接】

●《中华人民共和国行政处罚法》

第九条 法律可以设定各种行政处罚。限制人身自由的行政处罚，只能由法律设定。

第十条　行政法规可以设定除限制人身自由以外的行政处罚。法律对违法行为已经作出行政处罚规定，行政法规需要作出具体规定的，必须在法律规定的给予行政处罚的行为、种类和幅度的范围内规定。

第十一条　地方性法规可以设定除限制人身自由、吊销企业营业执照以外的行政处罚。法律、行政法规对违法行为已经作出行政处罚规定，地方性法规需要作出具体规定的，必须在法律、行政法规规定的给予行政处罚的行为、种类和幅度的范围内规定。

第十二条　国务院部、委员会制定的规章可以在法律、行政法规规定的给予行政处罚的行为、种类和幅度的范围内作出具体规定。尚未制定法律、行政法规的，前款规定的国务院部、委员会制定的规章对违反行政管理秩序的行为，可以设定警告或者一定数量罚款的行政处罚。罚款的限额由国务院规定。国务院可以授权具有行政处罚权的直属机构依照本条第一款、第二款的规定，规定行政处罚。

第十三条　省、自治区、直辖市人民政府和省、自治区人民政府所在地的市人民政府以及经国务院批准的较大的市人民政府制定的规章可以在法律、法规规定的给予行政处罚的行为、种类和幅度的范围内作出具体规定。尚未制定法律、法规的，前款规定的人民政府制定的规章对违反行政管理秩序的行为，可以设定警告或者一定数量罚款的行政处罚。罚款的限额由省、自治区、直辖市人民代表大会常务委员会规定。

第十四条　除本法第九条、第十条、第十一条、第十二条以及第十三条的规定外，其他规范性文件不得设定行政处罚。

第十五条　行政处罚由具有行政处罚权的行政机关在法定职权范围内实施。

第二十九条　违法行为在二年内未被发现的，不再给予行政处罚。法律另有规定的除外。前款规定的期限，从违法行为发生之日起计算；违法行为有连续或者继续状态的，从行为终了之日起计算。

●《环境行政处罚主要文书制作指南》（环境保护部办公厅　环办［2010］51号）

【相关案例】

案例十　某公司违反环评制度案

［基本案情］某公司项目未经环境保护主管部门环评批复，于2000年12月1日擅自开工建设，并于2002年12月1日建成。环境保护主管部门于2002年12月10日发现该公司存在未批先建行为。

［提问］该违法行为是否超过法定追责期限？应否立案？

［解析］该案没有超过法定追责期限，应当立案。

因为未办理环评手续的违法行为处于连续状态。根据《中华人民共和国行政处罚法》的规定，违法行为有连续或者继续状态的，追责期限从行为终了之日起计算。国家环保总局1999年1月23日《关于如何认定建设单位违法行为连续性问题的复函》（环发［1999］23号）也规定，未按规定报批环境影响报告书、环境影响报告表或者环境影响登记表即擅自建设的，其行为违反了建设单位进行环境影响评价的法定义务；在其依法履行环境影响评价义务之前，其行为应被视为违法行为处于连续或继续状态。

第二十三条　【撤销立案】对已经立案的案件，根据新情况发现不符合第二十二条立案条件的，应当撤销立案。

【条文主旨】本条是对撤销立案的规定。

【条文理解】本条为新增条款。

对已经立案的处罚案件，环境保护主管部门必须按照处罚程序继续办理，不得随意终止处罚程序或者撤销立案。

决定是否立案依据的是案件线索材料。随着案件办理的深入，有可能发现新情况与案件线索材料不完全一致，如根据新情况发现该案件不符合立案条件。在这种情况下就应当撤销立案。撤销立案应当按照一定的程序进行，一般与立案审批的程序相同。

【要点提示】

1．撤销立案的条件为：根据新情况发现不符合《环境行政处罚办法》第二十二条规定的立案条件。

2．新发现无处罚依据的，不撤销立案。调查取证后责令当事人改正违法行为。

3．撤销立案的审批程序与立案审批的程序相同。

4．已经立案的，非经审批程序不得撤销立案。

5．决定撤销立案的，应有书面记录并随卷归档，如制作“环境违法案件销案审批表”。

【法规链接】

● 《环境行政处罚主要文书制作指南》（环境保护部办公厅　环办［2010］51号）

【相关案例】

案例十一　某纸品厂违反现场检查制度案

［基本案情］某县环保局2010年3月1日接到群众举报，称某纸品厂在环境保护主管部门现场检查时弄虚作假，提供虚假数据。县环保局于2010年3月5日立案。经调查发现，群众举报该纸品厂提供虚假数据、弄虚作假是发生在2007年5月25日县环保局现场检查时。

［提问］该案件应如何处理？

［解析］县环保局的调查结果显示，该纸品厂的确存在在环境保护主管部门现场检查时弄虚作假的违法行为。但该行为发生在2007年5月25日，被环境保护主管部门发现于2010年3月，已过2年的法定追责期限。根据县环保局调查发现的新情况，该案不符合立案条件，应报县环保局领导批准同意后撤销立案。

第二十四条　【紧急案件先行调查取证】对需要立即查处的环境违法行为，可以先行调查取证，并在7个工作日内决定是否立案和补办立案手续。

【条文主旨】本条是对紧急案件先行调查取证的规定。

【条文理解】本条为新增条款。

案件办理的一般程序为先立案，后调查。但在特殊情况下，如果不立即取证，证据可能灭失、危害后果可能扩大。日后再行调查，可能难以取得证据或者难以取得充分有效的证据，不利于查清违法事实、准确适用法律、正确实施处罚。因此，对此类环境违法行为，必须尽快调查取证，固定证据。在一般程序先立案，后调查的基础上，本条针对需要立即查处的环境违法行为做了例外规定，即在特殊情况下可以先行调查取证，后补充立案。

环境保护主管部门对紧急案件先行调查取证后，必须在 7 个工作日内决定是否立案和补办立案手续。这是对环境保护主管部门工作效率的要求，督促环境保护主管部门及时审查证据材料和决定是否立案，从而使环境行政处罚既体现效率要求，又体现规范要求，做到有序、高效。

【要点提示】

1．办理环境违法案件一般遵循“先立案，后调查取证”的程序。在特殊情况下，可以例外，即先行调查取证，后补充立案。

2．7 个工作日起算于环境保护主管部门结束调查取证的第二天，止于第八个工作日。

3．本办法对“需要立即查处的环境违法行为”未做界定，环境保护主管部门可以结合具体案情自行判断。

【相关案例】

案例十二　县环保局违反案件办理程序案

［基本案情］某县环保局接到群众举报，某小区周边的商业街中有家店铺播放广告音乐至凌晨，严重干扰居民休息。县环保局执法人员连夜赶到现场，用噪声监测仪器对当时的噪声值进行现场监测，取得了证据。县环保局在次日补办了立案手续。该店在申辩时提出：县环保局先取证后立案，违反了案件调查程序。

[提问] 县环保局先取证后立案是否违反案件办理程序？

[解析] 不违反案件办理程序。办理环境违法案件一般是“先立案，后调查取证”，但特殊情况下可以先取证后立案，这属于一般程序的例外。因为取证不及时，证据可能灭失。

第二十五条　【立案审查后的案件移送】经立案审查，属于环境保护主管部门管辖，但不属于本机关管辖范围的，应当移送有管辖权的环境保护主管部门；属于其他有关部门管辖范围的，应当移送其他有关部门。

【条文主旨】本条是对立案审查后案件移送的规定。

【条文理解】本条为新增条款。

一、案件移送的条件

案件移送是指无管辖权的行政主体向有管辖权的行政主体移送案件。案件移送是行政处罚的合法原则在行政处罚管辖中的具体体现，其目的在于确保行政主体的合法性。

环境保护主管部门经立案审查，可能发现某一违法行为不属于本机关管辖；也可能发现在有几个违法行为，部分属于本机关管辖的，部分不属于本机关管辖。对不属于本机关管辖的违法行为，需要移送有管辖权的机关依法处理。环境保护主管部门在移送案件时，应该遵守以下条件：（1）该违法行为已经环境保护主管部门立案审查；（2）该违法行为依法不属于进行审查的环境保护主管部门处理，即对该案没有管辖权；（3）受移送的机关应该为对该违法行为有管辖权的机关。

二、案件移送的分类

相对环境保护主管部门而言，案件移送可分为系统内部移送和系统外部移送两种情况。

系统内部移送是指对属于环境保护主管部门管辖而不属于本机关管辖的案件，应当移送有管辖权的环境保护主管部门处理。本办法第二十一条对系统内部移送作了规定。

系统外部移送是指对不属于环境保护主管部门职责范围的案

件，应该移送有管辖权的机关。本办法第十六条对系统外部移送作出规定。系统外部移送应分情况进行处理：（1）涉嫌违法依法应当实施行政拘留的案件，移送公安机关；（2）涉嫌违反党纪、政纪的案件，移送纪检、监察部门；（3）涉嫌犯罪的案件，按照《行政执法机关移送涉嫌犯罪案件的规定》、《关于环境保护行政主管部门移送涉嫌环境犯罪案件的若干规定》等有关规定移送司法机关。

案件移送处理的规定有助于环境保护主管部门充分运用多种渠道和力量全面惩处违法行为，放大环境执法效果。

【要点提示】

1．对符合立案条件的违法行为应予立案，对不属于本机关管辖的违法行为应移送有管辖权的机关。

2．是否属于本机关管辖，可以根据有关法律、法规、规章、本机关“三定”规定和本办法第十七条至第二十条来判断。

3．对涉嫌违法依法应当由人民政府处理的案件，环境保护主管部门应当立案调查，并提出处理建议报本级人民政府，不得直接移送。

4．移送案件应当制作“案件移送函”，连同已有材料一并移送。

【法规链接】

● 《中华人民共和国行政处罚法》

第二十二条 违法行为构成犯罪的，行政机关必须将案件移送司法机关，依法追究刑事责任。

● 《行政执法机关移送涉嫌犯罪案件的规定》

● 《关于环境保护行政主管部门移送涉嫌环境犯罪案件的若干规定》

● 《环境行政处罚主要文书制作指南》（环境保护部办公厅　环办［2010］51号）

【相关案例】

案例十三　某公司违法排污案

［基本案情］某市村民用河水浇地，结果发现 40 余亩麦苗、蒜苗受到不同程度的损害，部分麦苗、蒜苗死亡，同时土地受到严重污染，全盐含量临近盐碱地标准。市环保局调查发现，该区某化工有限公司排放的污水是导致东大岭村麦苗、蒜苗死亡的罪魁祸首。根据该公司违法排污并导致农作物损害的事实，该市环保局对其进行了行政处罚，并责令其立即停产整顿。同时，将该案移送公安机关，依法追究有关责任人的刑事责任。

［提问］该市环保局将该案移送公安机关是否合法？

［解析］该市环保局处理合法。根据《中华人民共和国刑法》和最高人民法院《关于审理环境污染刑事案件具体应用法律若干问题的解释》的规定，致使基本农田、防护林地、特种用途林地 5 亩以上，其他农用地 10 亩以上，其他土地 20 亩以上基本功能丧失或者遭受永久性破坏的，即涉嫌构成犯罪。

涉嫌环境犯罪的，环境保护主管部门应当将案件移送司法机关，依法追究刑事责任。

第二节　调查取证

第二十六条　【专人负责调查取证】环境保护主管部门对登记立案的环境违法行为，应当指定专人负责，及时组织调查取证。

【条文主旨】本条是对专人负责调查取证的规定。

【条文理解】“以事实为依据，以法律为准绳”是行政执法的重要原则。实施环境行政处罚必须有事实根据。因此，证据合法、充分、有效是行政处罚的基础和前提，调查取证是实施行政处罚的重要环节之一。

调查取证的目的主要表现在三个方面：

1. 查明违法事实。即具体查清环境违法事实是否存在、情节如何，如违法行为发生的时间、地点、危害结果、持续时间、改正情况等；

2．查明违法行为人。即查明该环境违法行为是由谁实施的，以便确定处罚对象；

3．获取与案件事实有关的各种证据，如书证、物证、证人证言等，以证实违法行为确实存在。

为提高效率和明确责任，本条要求对登记立案的环境违法行为，指定专人负责，及时组织调查取证。

【要点提示】

1．办案人员的具体执法行为以所属环境保护主管部门的名义进行。

2．办案人员代表国家履行环境行政管理职能，必须在权限范围内进行。

3．每一起处罚案件均应指定专人负责办理。

【法规链接】

●《中华人民共和国行政处罚法》

第三十六条 除本法第三十三条规定的可以当场作出的行政处罚外，行政机关发现公民、法人或者其他组织有依法应当给予行政处罚的行为的，必须全面、客观、公正地调查，收集有关证据；必要时，依照法律、法规的规定，可以进行检查。

第二十七条 【协助调查取证】需要委托其他环境保护主管部门协助调查取证的，应当出具书面委托调查函。

受委托的环境保护主管部门应当予以协助。无法协助的，应当及时将无法协助的情况和原因函告委托机关。

【条文主旨】本条是对协助调查取证的规定。

【条文理解】本条为新增条款。

《中华人民共和国行政处罚法》第二十条确定的关于管辖的基本原则和标准是“违法行为发生地”，而违法行为发生地又包括违法行为着手地、经过地、实施地、危害结果发生地等，它们可能并不在同一行政区内。环境保护主管部门直接到异地调查取证，取证难度和办案成本将大大增加，办案效率亦会受到影响。从执法实践看，环境违法案件往往并非局限于一个行政区，而是涉及多个行政区。

委托调查取证可以本地取证和外地取证同时进行，有利于加快调查进度，缩短办案周期。当地环境保护主管部门对位于本地的单位情况和案件情况也更加了解，取证更加迅速、充分、全面。尤其是对涉及跨区域污染和污染物异地排放的违法行为，有关行政区的环境保护主管部门之间协助调查取证十分必要。

【要点提示】

1. 规定协助调查取证的目的是强化环境保护主管部门之间的协同合力，提高行政效率。

2. 受托方应当是其他环境保护主管部门，如下级环境保护主管部门、异地环境保护主管部门，而不能是环境保护主管部门以外的其他机关、个人，也不能是环境保护主管部门的内设机构。

3. 委托调查的形式必须规范。委托机关应当出具书面委托调查函，写明委托机关、受托机关、委托事项、委托原因以及具体要求等，委托事项应明确、具体。

4. 受托方应当积极协助。确有困难无法协助的，应当及时将无法协助的情况和原因函告委托方。

5. 受托方应当按照法定程序进行调查，保证取得证据的真实性、合法性、有效性和关联性，并将证据材料及时反馈给委托方。

6. 委托方对受托方调查过程的合法性和证据材料的真实性、合法性承担法律责任。

【相关案例】

案例十四　某化工厂跨界污染案

［基本案情］A 县位于某条河流下游，该县居民反映，河流水质严重恶化，出现异味异色混浊等异常情况。经初步排查，污染源可能是上游 B 县沿河的一座化工厂。A 县环境保护主管部门

对污染损失进行了调查取证，并发出委托调查函请B县环境保护主管部门对该化工厂的基本情况及违法行为协助调查取证。B县环境保护主管部门未予理睬。

[提问] B县环境保护主管部门的做法是否适当？

[解析] 不适当。根据《环境行政处罚办法》的规定，B县环境保护主管部门应当予以协助。即使无法协助，也应当及时将无法协助的情况和原因函告A县环境保护主管部门。

第二十八条　【调查取证出示证件】调查取证时，调查人员不得少于两人，并应当出示中国环境监察证或者其他行政执法证件。

【条文主旨】本条是对调查取证出示证件的规定。

【条文理解】本条是公开原则的体现，是《中华人民共和国行政处罚法》第三十七条在环境行政保护领域的具体化。

了解执法人员的身份，是当事人的权利。相对应，向当事人表明执法身份，是执法人员的义务。《中华人民共和国行政处罚法》第三十七条规定，行政机关在调查、检查时，执法人员不得少于两人，并应当向当事人或者有关人员出示证件。出示证件、表明身份，是为了加强对行政处罚权的制约和监督，保证处罚权的合法实施，保护当事人的合法权益。

“中国环境监察证”是由环境保护部统一管理和核发给全国环境监察人员的执法证件。“其他行政执法证件”是指省级或地方政府核发的行政执法证件。针对“中国环境监察证”的效力问题，原国家环境保护总局 1999 年发出《关于环境监理部门使用执法证件问题的复函》（环函[1999]342 号）。“行政执法证件”是指用于表明环境行政执法人员身份的证件，“中国环境监察证”作为国务院环境保护行政主管部门统一规定的专业行政执法证件，应与省级人民政府制发的“行政执法证”具有同等的法律效力。

【要点提示】

1．调查取证时，调查人员不得少于两人。如果调查人员仅为一人，所取得的证据不能作为定案依据。据此证据实施处罚的，环境保护主管部门将承担不利的法律后果，如行政处罚决定被复议机关或人民法院撤销。

2．调查取证前，环境执法人员应当出示行政执法证件，表明身份，并记入笔录。未出示执法证件或者没有证据表明执法人员曾出示执法证件的，环境保护主管部门将承担不利的法律后果，如行政处罚决定被复议机关或人民法院撤销。

3．行政执法证件可以是“中国环境监察证”，也可以是地方人民政府认可的其他行政执法证件，二者具有同等效力。

【法规链接】

●《中华人民共和国行政处罚法》

第三十七条　行政机关在调查或者进行检查时，执法人员不得少于两人，并应当向当事人或者有关人员出示证件。

【相关案例】

案例十五　执法人员单独取证案

［基本案情］某县环保局一位工作人员到刘某的食品加工厂实施检查，发现该食品加工厂噪声扰民。该工作人员制作了现场检查笔录，县环保局依据该工作人员的现场检查笔录实施了行政处罚。

［提问］该执法人员调查取证是否合法？

［解析］不合法。根据《中华人民共和国行政处罚法》和《环境行政处罚办法》的规定，调查取证时调查人员不得少于两人。本案中，调查人员仅为一人，所取得的证据不能作为定案的依据。

第二十九条　【调查人员职权】调查人员有权采取下列措施：

（一）进入有关场所进行检查、勘察、取样、录音、拍照、录像；

（二）询问当事人及有关人员，要求其说明相关事项和提供有关材料；

（三）查阅、复制生产记录、排污记录和其他有关材料。

环境保护主管部门组织的环境监测等技术人员随同调查人员进行调查时，有权采取上述措施和进行监测、试验。

【条文主旨】本条是对调查人员职权的规定。

【条文理解】本条为新增内容。

证据是定案处理的基础，而证据是否合法、充分、有效取决于调查工作的成效。调查工作顺利与否将直接影响到案件的处理。为确保调查取证工作的顺利进行，本条根据有关法律法规的规定和行政处罚工作的实际需要，对调查人员的职权进行了列举：

1．进入有关场所进行检查、勘察、取样、录音、拍照、录像。环境违法行为通常发生在一定场所内，赋予调查人员进入有关场所检查、勘察、取样、录像、拍照、录像的职权，有利于调查人员查明有关违法事实，并固定相关证据。

2．询问当事人及有关人员，要求其说明相关事项和提供有关材料。询问当事人是一种常用的调查方法，其目的是为了收集和核对证据材料，查明案件的真实情况。对办案人员而言，询问当事人是弄清违法行为的具体情节、判明环境违法行为性质、查明案件事实真相的一种手段；对当事人而言，是一个阐明自己观点和为自己进行辩解的机会。除查清当事人是否有环境违法事实及情节外，询问当事人及有关人员还可以辨别其他证据真伪，并对当事人进行说服教育。

3．查阅、复制生产记录、排污记录和其他有关材料。复制是提取书证和视听资料的一种常用调查方法。采取复制方法取得的证据，同样具有法律效力。复制的方法主要包括：摘录、转录、复印、拍照等。经复制的书证应要求其持有人签名或盖章，并注明原件保存的地方。

环境保护主管部门组织的环境监测等技术人员协助案件调查人员进行调查取证，也有权采取上述措施。此外，技术人员还可进行有关监测、试验。

【要点提示】

1．现场检查、勘察、取样，应当制作笔录。

2．询问当事人及有关人员，应制作笔录。

3．调查人员可以采取录音、拍照、录像等方式记录询问、检查、勘察、取样情况，以作为证据。

4．证据应当符合法律、法规、规章和最高人民法院有关司法解释的要求。

5．阻碍调查人员履行职权的，将承担相应的法律责任。

【法规链接】

●《中华人民共和国行政处罚法》

第三十七条 行政机关在收集证据时，可以采取抽样取证的方法；在证据可能灭失或者以后难以取得的情况下，经行政机关负责人批准，可以先行登记保存，并应当在七日内及时作出处理决定，在此期间，当事人或者有关人员不得销毁或者转移证据。

●《中华人民共和国环境保护法》

第十四条 县级以上人民政府环境保护行政主管部门或者其他依照法律规定行使环境监督管理权的部门，有权对管辖范围内的排污单位进行现场检查。被检查的单位应当如实反映情况，提供必要的资料。检查机关应当为被检查的单位保守技术秘密和业务秘密。

第三十条 【调查人员责任】调查人员负有下列责任：

（一）对当事人的基本情况、违法事实、危害后果、违法情节等情况进行全面、客观、及时、公正的调查；

（二）依法收集与案件有关的证据，不得以暴力、威胁、引诱、欺骗以及其他违法手段获取证据；

（三）询问当事人、证人或者其他有关人员，应当告知其依法享有的权利；

（四）对当事人、证人或者其他有关人员的陈述如实记录。

【条文主旨】本条是对调查人员责任的规定。

【条文理解】本条为新增条款。

案件调查人员代表国家履行行政管理职能，在执法一线直接和当事人接触，调查人员的行为规范与否将直接影响当事人的合法权益、关系环境保护主管部门的形象。规定调查人员的责任，有利于规范调查取证行为、加强对调查人员的制约和监督，确保调查取证工作的合法实施。

本条规定了案件调查人员四方面的责任：

1．全面、客观、及时、公正调查。调查取证为行政处罚决定提供必需的事实证据，是行政处罚决定的基础和前提。调查人员只有全面、客观、及时、公正地调查，才能保证行政处罚的合法、公正。

2．依法收集证据。合法性是证据的基本属性之一，只有通过合法手段取得的证据才能作为认定事实的依据，而采取暴力、威胁、引诱、欺骗以及其他不正当手段获取证据，不能作为定案的依据。

3．告知法定权利。知情权是当事人的法定权利，告知当事人法定权利是调查人员必须履行的法定义务。调查人员向当事人及相关人员告知权利，应当依法、准确、全面、及时地进行。

4．如实记录。行政处罚决定必须建立在一定的证据基础之上，证据是否充分、真实、有效将直接影响到定案处理。对当事人、证人或者其他有关人员的陈述如实记录，才能保证证据的真实性，保障当事人的合法权益，既不冤枉好人，又不放纵坏人。

【要点提示】

1．调查要及时进行，避免证据灭失。

2．证据获取要全面，按照违法行为和裁量因素对当事人的基本情况、违法事实、危害后果、违法情节等全面取证，避免遗漏。

3．取证程序要合法，严重违反法定程序收集的证据不能作为定案依据。

4．取证手段要合法，以暴力、威胁、引诱、欺骗以及其他不正当手段获取的证据不能作为定案的依据，以偷拍、偷录、窃听等手段获取且侵害他人合法权益的证据不能作为定案依据。

5．调查人员未履行上述责任的，环境保护主管部门和调查人员将承担不利的法律后果，如行政处罚决定被复议机关或人民法院撤销，调查人员被给予行政处分。

【法规链接】

●《中华人民共和国行政处罚法》

第三十六条　除本法第三十三条规定的可以当场作出的行政处罚外，行政机关发现公民、法人或者其他组织有依法应当给予行政处罚的行为的，必须全面、客观、公正地调查，收集有关证据；必要时，依照法律、法规的规定，可以进行检查。

第三十一条　【当事人配合调查】当事人及有关人员应当配合调查、检查或者现场勘验，如实回答询问，不得拒绝、阻碍、隐瞒或者提供虚假情况。

【条文主旨】本条是对当事人配合调查规定。

【条文理解】本条为新增条款。

在行政处罚相关参与方中，当事人处于非常重要的地位。当事人及其他相关方的参与，对行政处罚的实施有着积极意义：（1）有助于环境保护主管部门全面了解案情、便利地收集证据、提高案件办理效率；（2）有利于当事人及相关人员表明自己的意见和主张，并出示相关证据，确保其陈述申辩权的实现；（3）有助于对当事人及有相人员进行法制宣传教育，更好地纠正和预防违法行为，引导当事人自觉守法。

当事人配合调查包括以下几个方面的内容：（1）配合执法人员进行调查、检查、现场勘验，不得采取种种借口拒绝、阻碍；（2）如实回答执法人员询问，不得隐瞒或者提供虚假情况。

【要点提示】

1．配合调查是当事人的法定义务，违反该法定义务将承担相应的法律责任。

2．如实回答询问是当事人的法定义务，违反该法定义务将承担相应的法律责任。

【法规链接】

●《中华人民共和国行政处罚法》

第三十七条 行政机关在调查或者进行检查时，执法人员不得少于两人，并应当向当事人或者有关人员出示证件。当事人或者有关人员应当如实回答询问，并协助调查或者检查，不得阻挠。询问或者检查应当制作笔录。

●《中华人民共和国环境保护法》

第十四条 县级以上人民政府环境保护行政主管部门或者其他依照法律规定行使环境监督管理权的部门，有权对管辖范围内的排污单位进行现场检查。被检查的单位应当如实反映情况，提供必要的资料。检查机关应当为被检查的单位保守技术秘密和业务秘密。

【相关案例】

案例十六 马某拒绝现场检查案

[基本案情] 某餐厅未取得排污许可证擅自排污。环境保护主管部门调查时，餐厅老板马某拒绝调查并阻止执法人员进入餐馆。

[提问] 马某的行为是否合法?

[解析] 《中华人民共和国环境保护法》《中华人民共和国行政处罚法》和《环境行政处罚办法》等均规定当事人及有关人员应当配合调查、检查或者现场勘验，如实回答询问，不得拒绝、阻碍、隐瞒或者提供虚假情况。

马某拒绝调查并阻止执法人员进入餐馆的行为违法，可依法予以处罚。

第三十二条 【证据类别】环境行政处罚证据，主要有书证、物证、证人证言、视听资料和计算机数据、当事人陈述、监测报告和其他鉴定结论、现场检查（勘察）笔录等形式。

证据应当符合法律、法规、规章和最高人民法院有关行政执法和行政诉讼证据的规定，并经查证属实才能作为认定事实的依据。

【条文主旨】本条是对证据类别的规定。

【条文理解】本条为新增条款，是《中华人民共和国行政诉讼法》规定的证据类别在环境保护领域的具体化。

证据是指用于证明有关案件事实的材料，是环境保护主管部门做出处罚决定的基础。环境行政处罚证据具有证据的一般特征，即真实性、合法性和关联性。真实性要求作为认定环境违法事实依据的证据必须属实，任何主观想象、猜测、假设或者捏造的情况，都不能作为证据。合法性要求证据是依法取得的，符合法律、法规、规章和最高人民法院的相关规定。关联性要求证据与环境违法案件相关联，与案件存在联系的事实才能证明案件。

关于行政执法证据的规定，主要由三方面的文件构成：（1）《中华人民共和国行政处罚法》、《中华人民共和国行政复议法》和《中华人民共和国行政诉讼法》的有关条款；（2）环境保护法律、行政法规、地方性法规、规章及规范性文件的相关规定；（3）最高人民法院的有关文件。

环境行政处罚证据的种类主要有以下七种：

1．书证是指以文字、符号所记录或表示的、以证明待证事实的文书，如合同、台账、责令改正决定书、行政处罚事先告知书等。

2．物证是指用物品的外形、特征、质量等说明待证事实的一部或全部的物品，如污水、废气、受污染的树木庄稼、仪器设备等。

3．证人证言是指证人以口头或书面方式对案件事实的陈述。

4．视听资料是指用录音、录像的方法记录下来的有关案件的事实材料，如用录音机录制的音响、语言；用录像机录取的人物形象及其活动；用电子计算机储存的数据等。但随着科学技术的发展和仪器设备的升级，计算机在环境执法中的应用也越来越普遍。为了突出计算机数据，本条将其单独列出。

5．当事人的陈述是指案件当事人提出的关于案件事实及相关情况的叙述。

6．鉴定结论是指专门机构对专门性问题通过技术鉴定作出的结论。由于监测报告是环境执法的常用证据，本条将其单独列出。

7．现场检查（勘察）笔录是指环境保护主管部门执法人员进行现场检查（勘察）时对现场情况所做的记录。

【要点提示】

1．本条是《中华人民共和国行政诉讼法》第三十一条在环境保护领域的具体化，并非新的创设性规定。

2．计算机数据属于视听资料的一种，是证据的一种表现形式。

3．证据的形式和取得应当符合法律、法规、规章和最高人民法院的有关规定。

4．证据经查证属实才能作为认定事实的依据。

【法规链接】

●《中华人民共和国行政诉讼法》

第三十一条 证据有以下几种：

（一）书证；

（二）物证；

（三）视听资料；

（四）证人证言；

（五）当事人的陈述；

（六）鉴定结论；

（七）勘验笔录、现场笔录。

以上证据经法庭审查属实，才能作为定案的根据。

●《最高人民法院关于行政诉讼证据若干问题的规定》

第十条 根据行政诉讼法第三十一条第一款第（一）项的规定，当事人向人民法院提供书证的，应当符合下列要求：

（一）提供书证的原件，原本、正本和副本均属于书证的原件。提供原件确有困难的，可以提供与原件核对无误的复印件、照片、节录本；

（二）提供由有关部门保管的书证原件的复制件、影印件或者抄录件的，应当注明出处，经该部门核对无异后加盖其印章；

（三）提供报表、图纸、会计账册、专业技术资料、科技文献等书证的，应当附有说明材料；

（四）被告提供的被诉具体行政行为所依据的询问、陈述、谈话类笔录，应当有行政执法人员、被询问人、陈述人、谈话人签名或者盖章。

法律、法规、司法解释和规章对书证的制作形式另有规定的，从其规定。

第十一条　根据行政诉讼法第三十一条第一款第（二）项的规定，当事人向人民法院提供物证的，应当符合下列要求：

（一）提供原物。提供原物确有困难的，可以提供与原物核对无误的复制件或者证明该物证的照片、录像等其他证据；

（二）原物为数量较多的种类物的，提供其中的一部分。

第十二条　根据行政诉讼法第三十一条第一款第（三）项的规定，当事人向人民法院提供计算机数据或者录音、录像等视听资料的，应当符合下列要求：

（一）提供有关资料的原始载体。提供原始载体确有困难的，可以提供复制件；

（二）注明制作方法、制作时间、制作人和证明对象等；

（三）声音资料应当附有该声音内容的文字记录。

第十三条　根据行政诉讼法第三十一条第一款第（四）项的规定，当事人向人民法院提供证人证言的，应当符合下列要求：

（一）写明证人的姓名、年龄、性别、职业、住址等基本情况；

（二）有证人的签名，不能签名的，应当以盖章等方式证明；

（三）注明出具日期；

（四）附有居民身份证复印件等证明证人身份的文件。

第十四条　根据行政诉讼法第三十一条第一款第（六）项的规定，被告向人民法院提供的在行政程序中采用的鉴定结论，应当载明委托人和委托鉴定的事项、向鉴定部门提交的相关材料、鉴定的依据和使用的科学技术手段、鉴定部门和鉴定人鉴定资格的说明，并应有鉴定人的签名和鉴定部门的盖章。通过分析获得的鉴定结论，应当说明分析过程。

第十五条 根据行政诉讼法第三十一条第一款第（七）项的规定，被告向人民法院提供的现场笔录，应当载明时间、地点和事件等内容，并由执法人员和当事人签名。当事人拒绝签名或者不能签名的，应当注明原因。有其他人在现场的，可由其他人签名。法律、法规和规章对现场笔录的制作形式另有规定的，从其规定。

第十六条 当事人向人民法院提供的在中华人民共和国领域外形成的证据，应当说明来源，经所在国公证机关证明，并经中华人民共和国驻该国使领馆认证，或者履行中华人民共和国与证据所在国订立的有关条约中规定的证明手续。

当事人提供的在中华人民共和国香港特别行政区、澳门特别行政区和台湾地区内形成的证据，应当具有按照有关规定办理的证明手续。

第十七条 当事人向人民法院提供外文书证或者外国语视听资料的，应当附有由具有翻译资质的机构翻译的或者其他翻译准确的中文译本，由翻译机构盖章或者翻译人员签名。

第五十三条 人民法院裁判行政案件，应当以证据证明的案件事实为依据。

第五十五条 法庭应当根据案件的具体情况，从以下方面审查证据的合法性：

（一）证据是否符合法定形式；

（二）证据的取得是否符合法律、法规、司法解释和规章的要求；

（三）是否有影响证据效力的其他违法情形。

第五十六条 法庭应当根据案件的具体情况，从以下方面审查证据的真实性：

（一）证据形成的原因；

（二）发现证据时的客观环境；

（三）证据是否为原件、原物，复制件、复制品与原件、原物是否相符；

（四）提供证据的人或者证人与当事人是否具有利害关系；

（五）影响证据真实性的其他因素。

第五十七条　下列证据材料不能作为定案依据：

（一）严重违反法定程序收集的证据材料；

（二）以偷拍、偷录、窃听等手段获取侵害他人合法权益的证据材料；

（三）以利诱、欺诈、胁迫、暴力等不正当手段获取的证据材料；

（四）当事人无正当事由超出举证期限提供的证据材料；

（五）在中华人民共和国领域以外或者在中华人民共和国香港特别行政区、澳门特别行政区和台湾地区形成的未办理法定证明手续的证据材料；

（六）当事人无正当理由拒不提供原件、原物，又无其他证据印证，且对方当事人不予认可的证据的复制件或者复制品；

（七）被当事人或者他人进行技术处理而无法辨明真伪的证据材料；

（八）不能正确表达意志的证人提供的证言；

（九）不具备合法性和真实性的其他证据材料。

第五十八条　以违反法律禁止性规定或者侵犯他人合法权益的方法取得的证据，不能作为认定案件事实的依据。

第五十九条　被告在行政程序中依照法定程序要求原告提供证据，原告依法应当提供而拒不提供，在诉讼程序中提供的证据，人民法院一般不予采纳。

第六十三条　证明同一事实的数个证据，其证明效力一般可以按照下列情形分别认定：

（一）国家机关以及其他职能部门依职权制作的公文文书优于其他书证；

（二）鉴定结论、现场笔录、勘验笔录、档案材料以及经过公证或者登记的书证优于其他书证、视听资料和证人证言；

（三）原件、原物优于复制件、复制品；

（四）法定鉴定部门的鉴定结论优于其他鉴定部门的鉴定结论；

（五）法庭主持勘验所制作的勘验笔录优于其他部门主持勘验所制作的勘验笔录；

（六）原始证据优于传来证据；

（七）其他证人证言优于与当事人有亲属关系或者其他密切关系的证人提供的对该当事人有利的证言；

（八）出庭作证的证人证言优于未出庭作证的证人证言；

（九）数个种类不同、内容一致的证据优于一个孤立的证据。

第六十四条 以有形载体固定或者显示的电子数据交换、电子邮件以及其他数据资料，其制作情况和真实性经对方当事人确认，或者以公证等其他有效方式予以证明的，与原件具有同等的证明效力。

第七十一条 下列证据不能单独作为定案依据：

（一）未成年人所作的与其年龄和智力状况不相适应的证言；

（二）与一方当事人有亲属关系或者其他密切关系的证人所作的对该当事人有利的证言，或者与一方当事人有不利关系的证人所作的对该当事人不利的证言；

（三）应当出庭作证而无正当理由不出庭作证的证人证言；

（四）难以识别是否经过修改的视听资料；

（五）无法与原件、原物核对的复制件或者复制品；

（六）经一方当事人或者他人改动，对方当事人不予认可的证据材料；

（七）其他不能单独作为定案依据的证据材料。

第三十三条 【现场检查笔录】对有关物品或者场所进行检查时，应当制作现场检查（勘察）笔录，可以采取拍照、录像或者其他方式记录现场情况。

【条文主旨】本条是对现场检查（勘察）笔录的规定。

【条文理解】本条为新增条款。

现场检查（勘察）笔录是执法人员对与案件有关的物品、场所进行检查（勘察）时，对现场情况进行的客观记录。现场检查（勘察）笔录是行政处罚的重要证据，在记录的准确性、全面性、时序性、逻辑性等方面都有着严格要求。

以拍照、录像记录现场情况是行政执法的重要取证手段，通过现场拍照、录像制作的照片、视频可以作为行政处罚证据使用。根据最高人民法院的规定，当事人向人民法院提供计算机数据或者录音、录像等视听资料的，应当注明制作方法、制作时间、制作人和证明对象等内容。

【要点提示】

1. 笔录只能由两名以上（含）持合法有效执法证件的行政执法人员同时在场制作，他人不能代替。

2. 符合《环境行政处罚办法》第八条规定回避条件的，执法人员应当自行回避；当事人申请其回避，应当审查同意。回避条件为以下之一：本案当事人或者当事人近亲属的；本人或者近亲属与本案有直接利害关系的；法律、法规或者规章规定的其他回避情形。

3. 一个案件有多处现场的，分别制作笔录；对现场需进行多次检查的，每次均制作笔录。

4. 笔录应当全面、如实记录现场检查（勘察）发现的情况。

5. 可以采取拍照、录像等方式记录检查（勘察）情况，以作为证据。视听资料应当注明制作方法、制作时间、制作人和证明对象等内容。

【法规链接】

● 《最高人民法院关于行政诉讼证据若干问题的规定》

第十五条　根据行政诉讼法第三十一条第一款第（七）项的规定，被告向人民法院提供的现场笔录，应当载明时间、地点和事件等内容，并由执法人员和当事人签名。当事人拒绝签名或者不能签名的，应当注明原因。有其他人在现场的，可由其他人签名。法律、法规和规章对现场笔录的制作形式另有规定的，从其规定。

第三十四条　【现场检查取样】需要取样的，应当制作取样记录或者将取样过程记入现场检查（勘察）笔录，可以采取拍照、录像或者其他方式记录取样情况。

【条文主旨】本条是对现场检查取样的规定。

【条文理解】本条为新增条款。

环境执法中往往需要取样进行分析化验，以确定被检查对象是否违法和违法程度如何。为保证样品与监测报告的对应关系，提高证据的证明力，有必要对取样过程进行记录。本条列举了两种记录方式：一是将取样过程记入现场检查（勘察）笔录；二是单独制作取样记录。具体采取哪种方式，执法人员可以自行选择。

以拍照、录像记录现场情况是行政执法的重要取证手段，通过现场拍照、录像制作的照片、视频可以作为行政处罚证据使用。根据最高人民法院的规定，当事人向人民法院提供计算机数据或者录音、录像等视听资料的，应当注明制作方法、制作时间、制作人和证明对象等内容。

【要点提示】

1．取样记录只能由两名以上（含）持合法有效执法证件的行政执法人员同时在场制作，他人不能代替。

2．符合《环境行政处罚办法》第八条规定回避条件的，执法人员应当自行回避；当事人申请其回避，应当审查同意。回避条件为以下之一：本案当事人或者当事人近亲属的；本人或者近亲属与本案有直接利害关系的；法律、法规或者规章规定的其他回避情形。

3．取样应当遵守有关资质和操作规程的要求。

4．多次取样的，每次均应制作笔录。

5．笔录应当全面、如实记录取样情况。

6．可以采取拍照、录像等方式记录检查（勘察）情况，以作为证据。视听资料应当注明制作方法、制作时间、制作人和证明对象等内容。

【法规链接】

● 《中华人民共和国行政处罚法》

第三十七条 行政机关在收集证据时，可以采取抽样取证的方法；在证据可能灭失或者以后难以取得的情况下，经行政机关负责人批准，可以先行登记保存，并应当在七日内及时作出处理决定，在此期间，当事人或者有关人员不得销毁或者转移证据。

第三十五条 【监测报告要求】环境保护主管部门组织监测的，应当提出明确具体的监测任务，并要求提交监测报告。

监测报告必须载明下列事项：

（一）监测机构的全称；

（二）监测机构的国家计量认证标志（CMA）和监测字号；

（三）监测项目的名称、委托单位、监测时间、监测点位、监测方法、检测仪器、检测分析结果等内容；

（四）监测报告的编制、审核、签发等人员的签名和监测机构的盖章。

【条文主旨】本条是对监测报告要求的规定。

【条文理解】环境监测包括以下四方面内容：（1）环境质量监测；（2）污染源监督性监测；（3）突发环境污染事件应急监测；（4）为环境状况调查和评价等环境管理活动提供监测数据的其他环境监测活动。环境监测的重要任务之一是对有关单位排放污染物的情况进行监视性监测。

监测报告是环境行政处罚的重要证据之一，往往是判断是否违法和违法程度的重要依据。环境保护主管部门组织监测的，应当提出明确、具体的监测任务，并要求提交监测报告。

环境监测报告是环境监测机构为其承担的专项监测任务出示的技术总结，是对环境承受影响程度的定性和定量的描述。环境监测的内容及成果通过监测报告反映出来，是环境责任的强有力的证据。因此，监测报告必须做到数据准确、分析透彻、表述清晰。监测报告必须载明下列事项：（1）监测机构的全称；（2）监测机构的国家计量认证标志（CMA）和监测字号；（3）监测项目的名称、委托单位；（4）监测时间、监测点位、监测方法、检测仪器；（5）检测分析结果；（6）监测报告的编制、审核、签发等人员的签名和监测机构的盖章。

【要点提示】

1．取样、检测应当遵守有关资质和操作规程的要求。

2．监测报告的形式、内容必须符合法定要求。

【法规链接】

●《中华人民共和国环境保护法》

第十一条 国务院环境保护行政主管部门建立监测制度，制定监测规范，会同有关部门组织监测网络，加强对环境监测和管理。国务院和省、自治区、直辖市人民政府的环境保护行政主管部门，应当定期发布环境状况公报。

●《环境监测管理办法》

第四条 县级以上环境保护部门对本行政区域环境监测工作实施统一监督管理，履行下列主要职责：

（一）制定并组织实施环境监测发展规划和年度工作计划；

（二）组建直属环境监测机构，并按照国家环境监测机构建设标准组织实施环境监测能力建设；

（三）建立环境监测工作质量审核和检查制度；

（四）组织编制环境监测报告，发布环境监测信息；

（五）依法组建环境监测网络，建立网络管理制度，组织网络运行管理；

（六）组织开展环境监测科学技术研究、国际合作与技术交流。国家环境保护总局适时组建直属跨界环境监测机构。

【相关案例】

案例十七　监测报告效力争议案

［基本案情］经市环保监测站监测，某墙纸公司烟囱废气超标排放。市环保局作出了罚款 1 万元的处罚决定。该公司不服，向市人民政府提起了行政复议，认为市环保局作出的行政处罚决定程序违法，监测人员不具法定资格，监测未公开进行，其监测结果不能作为处罚依据。人民政府经审查认定：监测报告的分析人并非市环保监测站工作人员，该监测报告不具有证明效力，决定撤销某市环保局的处罚决定。

［提问］本案中监测报告的效力如何认定？

[解析]市环保监测站作为具有环境监测资格的独立机构，应当根据市环保局的委托，指派本机构具有合法资质的专业人员进行监测。但该监测报告的分析人并非市环保监测站工作人员，该监测报告不具有证明效力。

第三十六条　【在线监测数据可为证据】环境保护主管部门可以利用在线监控或者其他技术监控手段收集违法行为证据。经环境保护主管部门认定的有效性数据，可以作为认定违法事实的证据。

【条文主旨】本条是在线监测数据可为证据的规定。

【条文理解】本条为新增条款。

通过在线监控等技术手段而获得的计算机数据应当符合证据的一般特性。环境保护主管部门在对计算机数据进行认定时，应当围绕真实性、合法性和关联性展开认定。

真实性是指证据的内容能够反映客观情况，环境保护主管部门的认定是确保数据真实性的重要途径。为保证监测数据的真实性，环境保护主管部门应当对通过在线监控等技术手段而获得的计算机数据加强审查：一是审查计算机数据的来源，包括数据形成的时间、监控仪器的位置、状态及数据形成的过程等；二是审查计算机数据是否为伪造或者经过篡改。

合法性是指证据的取得和形式是否合法，即证据是否通过合法手段收集，是否存在侵犯他人合法权益的情形。证据的合法性需要通过一些程序性手段予以保证。为确保计算机数据的形式合法，在收集作为行政处罚证据使用的计算机数据时，收集数据的人员不得少于二人，并制作检查（勘察）笔录，可以将数据收集过程通过拍照、录像或其他方式予以记录。

关联性是指证据与案件待证事实之间存在必要的联系，根据关联性程度的不同，证据可以分为直接证据和间接证据。如果某项计算机数据与案件事实之间存在内在的、密切的联系，则为直接证据，该证据可以用于独立证明待证事实；反之，若该证据不足以证明待证事实，则为间接证据。间接证据必须与其他证据相结合，形成“证据链”，才能证明待证事实。

《国家重点监控企业污染源自动监测数据有效性审核办法》（环发[2009]88 号）规定，国控企业污染源自动监测数据有效性审核是指环境保护主管部门对国控企业污染源自动监测设备定期进行监督考核，确定其自动监测设备正常运行。国控企业污染源自动监测设备在正常运行状态下所提供的实时监测数据，即为通过有效性审核的污染源自动监测数据。有效的国控企业污染源自动监测数据是国控企业计算主要污染物排放数量和确定达标排放的依据，是环境保护主管部门总量考核、监督执法、排污申报核定等工作的基础。

【要点提示】

1. 本条借鉴《道路交通安全违法行为处理程序规定》（公安部令第 105 号）的规定，肯定了在线监测数据可为证据。

2. 在线监测数据应当经环境保护主管部门进行有效性审核。

3. 有关数据有效性审核的规定见环境保护部《关于印发〈国家监控企业污染源自动监测数据有效性审核办法〉和〈国家重点监控企业污染源自动监测设备监督考核规程〉的通知》（环发[2009]88 号）。

【法规链接】

● 《最高人民法院关于行政诉讼证据若干问题的规定》

第十二条 根据行政诉讼法第三十一条第一款第（三）项的规定，当事人向人民法院提供计算机数据或者录音、录像等视听资料的，应当符合下列要求：

（一）提供有关资料的原始载体。提供原始载体确有困难的，可以提供复制件；

（二）注明制作方法、制作时间、制作人和证明对象等；

（三）声音资料应当附有该声音内容的文字记录。

● 《关于印发〈国家监控企业污染源自动监测数据有效性审核办法〉和〈国家重点监控企业污染源自动监测设备监督考核规程〉的通知》（环发［2009］88 号）

【相关案例】

案例十八　在线监测数据的效力争议案

[基本案情] 某纸业公司是市大型造纸企业。根据自动监测数据显示，该公司 2010 年 2~9 月间排放的污水化学需氧量（COD）及生化需氧量（BOD）两项指标均严重超标。据此某市环保局拟做出罚款 2 万元的处罚决定。该纸业公司申辩认为市环保局未出具监测报告作为证据，而在线监测数据无法定效力，不能作为处罚依据。

[提问] 该纸业公司的申辩意见是否成立？

[解析] 该纸业公司的申辩意见不成立。根据本条规定，经环境保护主管部门认定的有效性数据，可以作为认定违法事实的证据。

第三十七条　【现场监测数据可为证据】环境保护主管部门在对排污单位进行监督检查时，可以现场即时采样，监测结果可以作为判定污染物排放是否超标的证据。

【条文主旨】本条是对现场即时采样的认可规定。

【条文理解】本条为新增条款。

处罚必须建立在一定的证据基础之上，对违法排污的行为人实施处罚前需要掌握充分的、能够表明其排污种类、浓度和总量等信息。因为污染物质排放后在自然界中具有极大的易扩散性和不稳定性，这就要求上述数据信息只能在污染物排放发生之时取得，否则收集的信息不准确，将不能客观反映违法排污的情形和情节，有可能影响正确适用法律、准确行使行政处罚自由裁量权。

现行环境法律、法规和规章没有对现场即时采样作出明确规定。在环境执法实践中，现场即时采样是应用得较为频繁的一种取证方式，它对及时发现环境违法行为、客观反映违法排污的情形和情节、加大环境执法力度发挥着非常重要的作用。《中华人民共和国行政处罚法》第三十七条规定了抽样取证的方法，《关于环保部门现场检查中排污监测方法问题的解释》（国家环保总局公告 2007 年第 16 号）规定，环保部门在对排污单位进行监督性检查时，可以环保工作人员现场即时采样或监测的结果作为判定排污行为是否超标以及实施相关环境保护管理措施的依据。本办法顺应环境执法工作的需要，肯定了现场即时采样的取证方式和即时采样监测结果的效力。

【要点提示】

1．在《中华人民共和国行政处罚法》抽样取证的基础上，本办法进一步肯定了现场即时取样的取证方式。

2．现场即时采集的样本经专门的监测机构监测，监测结果可以作为判定污染物排放是否超标的证据。

【法规链接】

● 《中华人民共和国行政处罚法》

第三十七条 行政机关在收集证据时，可以采取抽样取证的方法；在证据可能灭失或者以后难以取得的情况下，经行政机关负责人批准，可以先行登记保存，并应当在七日内及时作出处理决定，在此期间，当事人或者有关人员不得销毁或者转移证据。

● 《关于环保部门现场检查中排污监测方法问题的解释》（国家环保总局公告 2007 年第 16 号）

【相关案例】

案例十九 现场即时采样的监测结果效力争议案

［基本案情］市环保局接到举报，称某化工厂一排污管道向黄河里排放红色污水，致使管道下游将近 1 公里的黄河水变成了红色。市环保局执法人员查看了现场，无法判断“红水”性质，于是将污水取样带回去检测。检测结果为：排污管水中 COD 为 440mg/L（标准值为 100 mg/L），氨氮为 42.45 mg/L（标准值为 15 mg/L），色度为 500（标准值为 50），油为 9.44 mg/L（标准值为 10 mg/L），硫化物为 1.4 mg/L（标准值为 1.0 mg/L）。市环保局依据监测结果拟对该化工厂作出处罚。化工厂不服。

［提问］现场即时采样的监测结果是否有证明力？

［解析］依据本条规定，环境保护主管部门在对排污单位进行监督检查时，可以现场即时采样，监测结果可以作为判定污染物排放是否超标的证据。

第三十八条　【证据的登记保存】在证据可能灭失或者以后难以取得的情况下，经本机关负责人批准，调查人员可以采取先行登记保存措施。

情况紧急的，调查人员可以先采取登记保存措施，再报请机关负责人批准。

先行登记保存有关证据，应当当场清点，开具清单，由当事人和调查人员签名或者盖章。

先行登记保存期间，不得损毁、销毁或者转移证据。

【条文主旨】本条是对证据先行登记保存的规定。

【条文理解】本条为新增条款，是《中华人民共和国行政处罚法》第三十七条在环境保护领域的具体化。

先行登记保存措施是环境保护主管部门进行案件调查时，在证据可能灭失或者以后难以取得的情况下，如当事人有可能采取转移、隐匿、毁损等不法手段，物证可能发生变质、腐烂从而失去证明作用等，及时、果断地予以处理的一种有效的行政手段。另一方面，登记保存措施直接影响到当事人的权益，必须谨慎采用，因此有必要对采取先行登记保存措施予以限制，如将前提条件限制为证据有可能灭失或者证据以后难以取得。

先行登记保存的实施手段是对需要保存的证据当场登记造册，根据证据的具体情况决定是就地保存还是异地保存。就地保存的，责令当事人妥为保管，不得动用、转移、损毁或者隐匿，等待环境保护主管部门进一步调查和做出处理。

在办理程序上，采取先行登记保存措施应当经过环境保护主管部门负责人批准。环境保护执法实践中，如果在紧急情况下也先报请批准再登记保存，往往容易延误时机，证据可能灭失，失去证明力，不能客观反映违法情节。因此，本法第二款规定了紧急情况下调查人员可以先采取登记保存措施，再报请机关负责人批准。这既遵循了行政程序，又保障了紧急情况下的行政效能，体现了程序性和灵活性的统一。

【要点提示】

1．采取先行登记保存措施的前提条件是“证据有可能灭失”或“证据以后难以取得”。不符合此条件的，不得采取先行登记保存措施。

2．采取先行登记保存措施应当经过环境保护主管部门负责人批准。在紧急情况下，调查人员可以先采取登记保存措施，再报请机关负责人批准。

3．先行登记保存证据应当制作“先行登记保存证据通知书”，当场清点物品制作清单，并由当事人和调查人员签名或者盖章。

4．就地保存的，由当事人负责保存，在向当事人送达《先行登记保存证据通知书》时，在证据物品上加贴环保部门封条，说明有关情况及应遵守的义务；异地保存的，注明保存地点。

5．可以采取拍照、录像或者其他方式记录现场情况，以作为证据。

6．先行登记保存的证据应当在七日内依法处理，有关措施见《环境行政处罚办法》第三十九条。

7．“先行登记保存证据通知书”一份送达当事人（使用送达回证），一份随卷归档（附送达回证）。

【法规链接】

● 《中华人民共和国行政处罚法》

第三十七条 行政机关在收集证据时，可以采取抽样取证的方法；在证据可能灭失或者以后难以取得的情况下，经行政机关负责人批准，可以先行登记保存，并应当在七日内及时作出处理决定，在此期间，当事人或者有关人员不得销毁或者转移证据。

【相关案例】

案例二十 未经机关负责人批准采取先行登记保存措施案

［基本案情］某市环保局接到群众投诉，反映一辆罐车正在江边倾倒污水。市环保局执法人员迅速出动到达事发现场，发现运输车正在进行倾倒。为防止证据灭失，执法人员当场采取了证据登记保存措施。

［提问］执法人员在未经负责人批准的情况下采取证据登记保存措施是否合法？

［解析］合法。倾倒污水的罐车移动性强，证据极易灭失。《环境行政处罚办法》规定在紧急情况下，执法人员可以先采取登记保存措施。但事后执法人员应当报请机关负责人批准。

第三十九条 【登记保存措施与解除】对于先行登记保存的证据，应当在7个工作日内采取以下措施：

（一）根据情况及时采取记录、复制、拍照、录像等证据保全措施；

（二）需要鉴定的，送交鉴定；

（三）根据有关法律、法规规定可以查封、暂扣的，决定查封、暂扣；

（四）违法事实不成立，或者违法事实成立但依法不应当查封、暂扣或者没收的，决定解除先行登记保存措施。

超过7个工作日未作出处理决定的，先行登记保存措施自动解除。

【条文主旨】本条是对先行登记保存措施后续处理的规定。

【条文理解】本条为新增条款，是《中华人民共和国行政处罚法》第三十七条在环境保护领域的具体化。

先行登记保存措施是一种临时性措施。在采取先行登记保存措施后，环境保护主管部门应当根据不同情况，分别处理：（1）采取记录、复制、拍照、录像等证据保全措施；（2）送交鉴定；（3）依法决定查封、暂扣；（4）违法事实不成立，或者违法事实成立但依法不应当查封、暂扣或者没收的，决定解除先行登记保存措施。

因为先行登记保存措施直接影响当事人利益，为保障其合法权益，本条延续《中华人民共和国行政处罚法》的规定，限定环境保护主管部门必须在 7 个工作日内作出处理决定，否则先行登记保存措施自动解除。

【要点提示】

1. 先行登记保存措施是一种临时性措施，环境保护主管部门应当及时进行后续处理。

2. 后续处理时限限定为 7 个工作日，即起算于采取先行登记保存措施的第二天，止于第八个工作日的工作时间结束时。

3. 解除先行登记保存措施的，应当制作“解除先行登记保存证据通知书”。

4. 超过 7 个工作日未作出处理决定的，先行登记保存措施自动解除，不必制作“解除先行登记保存证据通知书”。

5. 对解除先行登记保存的物品，当场清点后详细填写物品名称、规格、数量、生产日期（批号）、生产单位等信息。

6. 可以采取拍照、录像或者其他方式记录现场情况。

7.“解除先行登记保存证据通知书”一份送达当事人（使用送达回证），一份随卷归档（附送达回证）。

【法规链接】

● 《中华人民共和国行政处罚法》

第三十七条 行政机关在收集证据时，可以采取抽样取证的方法；在证据可能灭失或者以后难以取得的情况下，经行政机关负责人批准，可以先行登记保存，并应当在七日内及时作出处理决定，在此期间，当事人或者有关人员不得销毁或者转移证据。

【相关案例】

案例二十一　某县环保局先行登记保存后未采取后续处理措施案

［基本案情］某县环保局执法人员2008年5月5日现场检查时发现，某公司将危险废物混入非危险废物中贮存。为防止该公司转移证据，执法人员当场对固体废物采取了先行登记保存措施。因人手较紧，一直未作后续处理。5月20日，执法人员发现固体废物不见了踪影。当事人以县环保局未在法律规定的期限内作出处理决定、该登记保存措施视为解除为由，已于5月19日将固体废物转移处理。

［提问］该案有何启示？

［解析］在办理程序上，采取先行登记保存措施应当经过环境保护主管部门负责人批准。在紧急情况下，执法人员可以先采取登记保存措施，再报请机关负责人批准。本案中，执法人员采取先行登记保存措施后，应当报请县环保局负责人批准。

采取先行登记保存措施后，环境保护主管部门必须在7个工作日内采取后续措施，否则7个工作日后先行登记保存措施自动解除。本案中，执法人员未采取后续措施固定证据、作出处理，当事人正是利用了执法人员的疏漏规避了法律的制裁。

第四十条　【依法实施查封暂扣】实施查封、暂扣等行政强制措施，应当有法律、法规的明确规定，并应当告知当事人有申请行政复议和提起行政诉讼的权利。

【条文主旨】本条是对依法实施查封暂扣的规定。

【条文理解】本条为新增条款。

行政强制措施一般是指行政主体为了预防、制止可能发生或者正在发生的违法行为或者危险状态，对当事人的人身、财物及其他权利采取强制手段的临时性强制处分。行政强制措施与行政处罚的区别主要有：

1．性质不同。行政强制措施实质上是限制相对人某项权利的临时性控制措施，不是最终处理，满足一定条件后即可解除；行政处罚是对违法行为人的最终制裁，非经法定程序不得撤销、变更。

2. 表现形式不同。法律、行政法规赋予环境保护主管部门的行政强制措施主要有查封、扣押（暂扣），如《医疗废物管理条例》第三十九条和《消耗臭氧层物质管理条例》第二十六条的规定；行政处罚主要有警告、罚款、暂扣或者吊销许可证、没收违法所得或者非法财物等种类。

查封和扣押（暂扣）是环境保护主管部门在调查取证过程中使用的有效行政强制措施，对当事人利益影响巨大。一旦滥用，将可能造成当事人的重大损失和极坏的社会影响。因此，实施查封、扣押（暂扣）等行政强制措施，必须有法律、法规的明确规定。如果没有律、法规的明确规定，不得实施查封、扣押（暂扣）等行政强制措施。

《中华人民共和国行政复议法》和《中华人民共和国行政诉讼法》已将查封、扣押财产等行政强制措施规定为可提起行政复议和行政诉讼的事项之一。因此，本办法规定实施查封、扣押（暂扣）等行政强制措施，应当告知当事人有申请行政复议和提起行政诉讼的权利。

需要说明的是，为了突出“临时性”，本条用了“暂扣”一词，其意同“扣押”。暂扣的对象是涉案的设备、设施、物品，不同于暂扣许可证。

【要点提示】

1. 实施查封、扣押（暂扣）措施必须有法律、法规（含行政法规和地方性法规）的明确规定。没有法律、行政法规和地方性法规明确规定的，不得采取查封或者扣押（暂扣）措施。

2. 实施查封、扣押（暂扣）措施的，必须按照法律、行政法规和地方性法规规定的条件、程序和期限进行。

3. 采用其他措施就可以实现管理目的的，不得采取查封、扣押（暂扣）措施。

4. 实施查封、扣押（暂扣）措施的，应当制作《查封（扣押）

决定书》，并清点物品制作清单。

5. 实施查封、扣押（暂扣）措施时，可以采取拍照、录像或者其他方式记录现场情况，以作为证据。

6.《查封（扣押）决定书》一份送达当事人（使用送达回证），一份随查封（扣押）物品备查，一份随卷归档（附送达回证）。

【法规链接】

● 《中华人民共和国行政诉讼法》

第十一条 人民法院受理公民、法人和其他组织对下列具体行政行为不服提起的诉讼:

（一）对拘留、罚款、吊销许可证和执照、责令停产停业、没收财物等行政处罚不服的;

（二）对限制人身自由或者对财产的查封、扣押、冻结等行政强制措施不服的……

● 《中华人民共和国行政复议法》

第六条 有下列情形之一的，公民、法人或者其他组织可以依照本法申请行政复议:

（一）对行政机关作出的警告、罚款、没收违法所得、没收非法财物、责令停产停业、暂扣或者吊销许可证、暂扣或者吊销执照、行政拘留等行政处罚决定不服的;

（二）对行政机关作出的限制人身自由或者查封、扣押、冻结财产等行政强制措施决定不服的……

● 《医疗废物管理条例》

第三十九条 卫生行政主管部门、环境保护行政主管部门履行监督检查职责时，有权采取下列措施:

（一）对有关单位进行实地检查，了解情况，现场监测，调查取证;

（二）查阅或者复制医疗废物管理的有关资料，采集样品;

（三）责令违反本条例规定的单位和个人停止违法行为;

（四）查封或者暂扣涉嫌违反本条例规定的场所、设备、运输工具和物品;

（五）对违反本条例规定的行为进行查处。

●《消耗臭氧层物质管理条例》

第二十六条 县级以上人民政府环境保护主管部门和其他有关部门进行监督检查，有权采取下列措施：

（一）要求被检查单位提供有关资料；

（二）要求被检查单位就执行本条例规定的有关情况作出说明；

（三）进入被检查单位的生产、经营、储存场所进行调查和取证；

（四）责令被检查单位停止违反本条例规定的行为，履行法定义务；

（五）扣押、查封违法生产、销售、使用、进出口的消耗臭氧层物质及其生产设备、设施、原料及产品。

被检查单位应当予以配合，如实反映情况，提供必要资料，不得拒绝和阻碍。

【相关案例】

案例二十二 某市环保局扣押音箱案

［基本案情］某市环保局接到群众投诉，一个体户露天卡拉OK产生较强的环境噪声，因临近中高考，群众反映强烈。市环保局现场调查发现该个体户经营活动无任何环保审批手续，环境噪声污染事实存在，当即责令其停止违法行为，接受处理。该个体户置之不理，照常营业，继续产生噪声污染。市环保局数次警告后无效，为及时制止其噪声污染行为，依据地方性法规对个体户的音箱进行了扣押，并进行进一步调查处理。个体户不服，以市环保局非法没收他人财产为由，向当地法院提起行政诉讼。

［提问］如何认定某市环保局扣押音响的性质？

［解析］查封、扣押属于行政强制措施，是对当事人的人身、财物及其他权利和利益所作的临时性强制处分；而没收财产属于行政处罚，是最终处理，两者性质不同。

本案中，市环保局依据地方性法规扣押了个体户的音箱，并进行进一步调查处理，这是一种临时性的处分行为，并非最终处理，属于行政强制措施而非行政处罚。

第四十一条 【查封暂扣实施要求】查封、暂扣当事人的财物，应当当场清点，开具清单，由调查人员和当事人签名或者盖章。

查封、暂扣的财物应当妥善保管，严禁动用、调换、损毁或者变卖。

【条文主旨】本条是对查封暂扣实施要求的规定。

【条文理解】本条为新增条款。

环境保护主管部门实施查封、扣押（暂扣）措施，对当事人的财物产生一定的强制，如果实施不当，将会给当事人带来一定的损害或不利影响。因此，本条具体规定了查封、扣押（暂扣）的实施要求。

环境保护主管部门实施查封、扣押（暂扣）时，应当通知当事人到场，并出示查封（扣押）决定书。当事人拒不到场的，环境保护主管部门可以通知有关组织派员参加。执法人员应当会同当事人、在场见证人对被查封、扣押的财物查点清楚，开具清单，写明扣押物品的名称、规格、特征、数量等信息，当事人、执法人员签名或者盖章。

查封、扣押（暂扣）措施的实质在于限制当事人对涉案财物的处分权，在采取进一步的处理措施前，被查封、扣押（暂扣）财物的所有权仍然属于当事人，但是当事人对该财物处分权被限制行使。因此，在实施过程中，环境保护主管部门及其执法人员对被查封、扣押（暂扣）的财物负有妥善保管的义务，严禁动用、调换、损毁或者变卖。

【要点提示】

1．实施查封、扣押（暂扣）措施，应当当场清点，开具清单，由调查人员和当事人签名或者盖章。

2．实施查封，或者实施扣押且由当事人负责保存的，向当事人送达“查封（扣押）决定书”时，在场所（物品）加贴环保部门封条，说明有关情况及应遵守的义务。实施扣押且异地保存的，注明保存地点。

3．查封、暂扣财物的所有权仍然属于当事人，环境保护主管部门及其执法人员应当维护当事人的合法权益，不得动用、调换、损毁或者变卖。

【相关案例】

案例二十三 市环保局查封严重污染水环境设备案

［基本案情］某市环保局现场检查时发现某厂使用列入“严重污染水环境设备名录”中的设备，便予以了查封。

［提问］市环保局的查封行为是否合法？

［解析］实施查封措施应当有法律、法规的明确规定。目前，国家层面仅有《医疗废物管理条例》第三十九条和《消耗臭氧层物质管理条例》第二十六条赋予了环境保护主管部门查封、扣押（暂扣）有关场所、设备、物品的权力，在水污染防治领域尚无此规定。如果没有地方性法规的规定，市环保局的查封行为就没有法律依据，不合法。

第四十二条 【查封暂扣解除】经查明与违法行为无关或者不再需要采取查封、暂扣措施的，应当解除查封、暂扣措施，将查封、暂扣的财物如数返还当事人，并由调查人员和当事人在财物清单上签名或者盖章。

【条文主旨】本条是对解除查封暂扣的规定。

【条文理解】本条为新增条款。

解除查封、扣押（暂扣）作为对财物强制措施的最终阶段，标志着该措施的结束。由于对财物的查封、扣押（暂扣）措施具有暂时性和中间性，当法定解除事由或条件出现时，应及时解除查封、扣押（暂扣）措施。

解除查封、扣押（暂扣）条件是与违法行为无关或者不再需要采取查封、扣押（暂扣）措施，如：（1）案件处理完毕，查封、扣押（暂扣）措施自动解除；（2）经查证，被查封、扣押（暂扣）的财物与违法行为无关，应当立即解除强制措施；（3）撤销或改变原查封（扣押）决定的，必须立即解除强制措施。

解除查封、扣押（暂扣）措施的，应当制作“解除查封（扣押）决定书”，将查封、扣押（暂扣）的财物如数返还给当事人。如果对财物造成损毁的，环境保护主管部门应当依法赔偿。

【要点提示】

1. 符合解除条件的，应当立即解除查封、扣押（暂扣）措施。

2. 解除查封、扣押（暂扣）措施的，应将查封、扣押（暂扣）的财物如数返还当事人。

3. 解除查封、扣押（暂扣）措施的，应当制作“解除查封（扣押）决定书”。

4. 解除查封（扣押）措施的决定，应当由当初作出查封（扣押）决定的环境保护主管部门作出。

5.“解除查封（扣押）决定书”一份送达当事人（使用送达回证），一份随查封（扣押）物品备查，一份随卷归档（附送达回证）。

【相关案例】

案例二十四　某县环保局查封生产消耗臭氧层物质设备案

［基本案情］在针对消耗臭氧层物质的突击检查中，执法人员发现某厂违法生产消耗臭氧层物质，执法人员当即依据《消耗臭氧层物质管理条例》第二十六条对车间内的原料、产品和机器设备进行了查封处理。后经调查发现，有一批原料既与消耗臭氧层物质的生产无关，又非该厂所有，而是老板的朋友暂存于此。

［提问］请问对这批原料应如何处理？

［解析］应解除查封。经查明与违法行为无关的，应当解除查封措施，将查封的财物如数返还。

第四十三条　【当事人与现场调查取证】环境保护主管部门调查取证时，当事人应当到场。

下列情形不影响调查取证的进行：

（一）当事人拒不到场的；

（二）无法找到当事人的；

（三）当事人拒绝签名、盖章或者以其他方式确认的；

（四）暗查或者其他方式调查的；

（五）当事人未到场的其他情形。

【条文主旨】本条是对当事人与现场调查取证的规定。

【条文理解】本条为新增条款。

一般而言，环境保护主管部门调查取证时，应当通知当事人到场。一是体现“以人为本”，充分保障当事人的知情权；二是现场听取当事人的意见和主张，保障当事人的陈述权；三是保证证据的合法性，表明证据的获取是在当事人参与和监督下合法取得。当事人到场监督和参与环境保护主管部门调查取证，对于规范环境行政处罚程序，增强行政证据的真实性和合法性，具有非常重要的作用。

另外，在执法实际中，可能出现当事人拒不到场或者无法到场的情形。如（1）当事人不配合甚至故意阻拦、干扰环境保护主管部门调查取证；（2）找不到当事人；（3）当事人因客观原因不能到场等。不能因此而导致环境保护主管部门的调查取证工作无法进行，影响行政效率。因此，本条不完全列举了几种不影响调查取证的情形，分别是：（1）当事人拒不到场的；（2）无法找到当事人的；（3）当事人拒绝签名、盖章或者以其他方式确认的；（4）暗查或者其他方式调查的；（5）为兜底条款，以避免挂一漏万。

【要点提示】

1．环境保护主管部门调查取证时，应尽可能要求当事人到场。

2．当事人未到场的，不影响调查取证的进行。

3．制作《现场检查（勘察）笔录》时，当事人未到场或者拒绝签名、盖章的，应当注明原因。有其他人在现场的，可由其他人签名。

4．可以采取拍照、录像或者其他方式记录现场检查（勘察）情况，以作为证据。

【法规链接】

● 《最高人民法院关于行政诉讼证据若干问题的规定》

第十五条　根据行政诉讼法第三十一条第一款第（七）项的规定，被告向人民法院提供的现场笔录，应当载明时间、地点和事件等内容，并由执法人员和当事人签名。当事人拒绝签名或者不能签名的，应当注明原因。有其他人在现场的，可由其他人签名。法律、法规和规章对现场笔录的制作形式另有规定的，从其规定。

【相关案例】

案例二十五　王某拒绝现场检查案

［基本案情］某塑料加工厂利用收购回来的废旧塑料进行再加工，生产塑料胶粒。县环保局接到群众举报该加工厂擅自排污且噪音扰民，遂派两名执法人员到其工厂进行检查。塑料加工厂厂主王某不但不配合，反而将二人轰出厂，欲锁门而去。对此，执法人员将王某拒绝接受检查的时间、地点以及事情的起因、经过和结果制作成现场笔录，并让王某在笔录上签字，但被王某拒绝。于是执法人员将这些情况也在笔录上注明。

随后，县环保局根据该笔录以王某拒绝接受检查为由对其进行了行政处罚。王某不服，反而以其当时不在场、环保局不能对其进行行政处罚为由将县环保局告上法庭，并提供了一名证人为其作证。县人民法院根据原、被告双方提供的证据，经过审理作出了被告具体行政行为合法、原告败诉的判决。

［提问］当事人拒绝签名是否影响现场笔录的效力？

［解析］不影响。根据本条和《最高人民法院关于行政诉讼证据若干问题的规定》，当事人拒绝签名、盖章或者以其他方式确认现场检查笔录的，不影响调查取证的进行，可在笔录上注明原因。有其他人在现场的，可由其他人签名予以证明。

第四十四条　【调查终结】有下列情形之一的，可以终结调查：

（一）违法事实清楚、法律手续完备、证据充分的；

（二）违法事实不成立的；

（三）作为当事人的自然人死亡的；

（四）作为当事人的法人或者其他组织终止，无法人或者其他组织承受其权利义务，又无其他关系人可以追查的；

（五）发现不属于本机关管辖的；

（六）其他依法应当终结调查的情形。

【条文主旨】本条是对案件调查终结的规定。

【条文理解】本条为新增条款。

环境保护主管部门对案件进行调查后，在一定情形下，可以终结调查，调查取证环节完成。本条不完全列举了可以终结调查的六种情形，具体包括：（1）违法事实清楚、法律手续完备、证据充分的，即可进入案件审查环节；（2）违法事实不成立的，或者作为当事人的自然人死亡，或者是作为当事人的法人或者其他组织终止又无法人或者其他组织承受其权利义务且无其他关系人可以追查的，处罚程序已无继续进行的必要；（3）发现不属于本机关管辖的，则终结调查，按照本办法第十六条的规定移送有关部门处理。第六项为兜底条款，以避免挂一漏万。

【要点提示】

1．调查取证工作一般在立案后20个工作日内完成。

2．调查完毕，案件调查人员应当提交调查报告。调查报告的主要内容包括企业基本情况、查明的主要违法事实、初步处罚建议，并附上证据材料（如当事人营业执照和组织机构证代码复印件、调查询问笔录、现场检查（勘察）笔录、监测报告、照片、视听资料等）。

第四十五条　【案件移送审查】终结调查的，案件调查机构应当提出已查明违法行为的事实和证据、初步处理意见，按照查处分离的原则送本机关处罚案件审查部门审查。

【条文主旨】本条是对案件移送审查的规定。

【条文理解】本条是查处分离原则的具体体现。

权力配置上实行分权和权力制衡，权力行使上实行正当程序，是制约和控制权力滥用的良方。查处分离原则是实施行政处罚的基本原则之一，即在违法案件查处过程中，调查与审理相分离。“查处分离”的合理化设计应坚持职能严格分离、相互制约和相互配合。案件调查机构负责按规定的程序和要求对当事人实施调查，形成调查报告、取证记录和其他相关证据等调查材料，并对材料的真实性、准确性和完整性负责，承担检查不力和检查失误责任。案件审查部门负责对调查机构移交的已查明违法行为的事实、证据以及初步处理意见进行审查，区别不同情况提出处理建议供机关负责人决策，并承担审查失误、处罚不当、处罚不力的责任。

案件调查机构和案件审查部门既要各司其职，又要相互配合。终结调查的，案件调查机构应当向本机关处罚案件审查部门提交相关材料，以便审查部门开始审查工作。

【要点提示】

1．除适用简易程序当场处罚外，办理处罚案件应当遵循本条规定。

2．调查终结后，案件调查机构应当提出初步处理的意见和建议，供案件审查部门参考。

3．案件调查机构移送案件审查部门的材料，应当包括已查明违法行为的事实和证据、初步处理意见。

4．案件调查工作和案件审查工作分别由哪一级的哪个机构承担，本办法未作规定。环境保护主管部门可依据本机关“三定”方案自行确定。

【法规链接】

●《中华人民共和国行政处罚法》

第三十八条　调查终结，行政机关负责人应当对调查结果进行审查，根据不同情况，分别作出如下决定：

（一）确有应受行政处罚的违法行为的，根据情节轻重及具体情况，作出行政处罚决定；

（二）违法行为轻微，依法可以不予行政处罚的，不予行政处罚；

（三）违法事实不能成立的，不得给予行政处罚；

（四）违法行为已构成犯罪的，移送司法机关。

对情节复杂或者重大违法行为给予较重的行政处罚，行政机关的负责人应当集体讨论决定。

●《国务院关于贯彻实施〈中华人民共和国行政处罚法〉的通知》（国务院 1996 年 4 月 15 日，国发［1996］13 号）

五、积极探索建立有利于提高行政执法的权威和效率的行政执法体制。各省、自治区、直辖市人民政府要认真做好相对集中行政处罚权的试点工作，结合本地方实际提出调整行政处罚权的意见，报国务院批准后施行；国务院各部门要认真研究适应社会主义市场经济要求的行政执法体制，支持省、自治区、直辖市人民政府做好相对集中行政处罚权工作。各地方、各部门都要认真执行听证制度、调查取证与处罚决定分开制度、罚款决定与罚款收缴分离制度，要根据行政处罚法的规定确定听证的范围，明确主持听证的人员，制定听证规则；确定行政机关内部比较超脱的机构对调查结果进行初步审查；改革行政执法机关经费管理体制，改变行政处罚与行政执法机关及其执法人员的利益直接挂钩的做法。

【相关案例】

案例二十六　市环保局现场处罚案

［基本案情］某市环保局接到群众举报称某公司存在排污超标现象，执法人员立即赶赴现场调查。取证结束后，为及时制止违法行为，执法人员直接做出了“处以 1 万元的罚款”的处罚决定。

［提问］该环保局的处罚行为是否合法?

［解析］除适用简易程序当场处罚外，办理处罚案件应当按照查处分离原则。本案不符合简易程序的适用条件，执法人员不应直接作出处罚决定，而应将已查明违法行为的事实和证据、初步处理意见和建议移送本局的案件审查部门。

第三节　案件审查

第四十六条　【案件审查的内容】案件审查的主要内容包括：

（一）本机关是否有管辖权；

（二）违法事实是否清楚；

（三）证据是否确凿；

（四）调查取证是否符合法定程序；

（五）是否超过行政处罚追诉时效；

（六）适用依据和初步处理意见是否合法、适当。

【条文主旨】本条是对案件审查内容的规定。

【条文理解】调查程序完成后，案件审查部门要对管辖权、追诉时效、事实认定、法律适用等问题进行审查。与原办法相比，本办法保留违法事实是否清楚、证据是否确凿、调查取证是否符合法定程序三项审查内容，增加了本机关是否有管辖权和是否超过行政处罚追诉时效两项审查内容。因为立案时仅仅是根据案件线索初步认定有管辖权，在经调查了解的案情更清楚后，有可能发现本机关并无管辖权；立案时仅仅是根据案件线索初步认定未过追诉时效，在经调查了解的案情更清楚后，有可能发现已过追诉时效，故需再度审查处罚的适用依据和初步处理意见是否合法、适当。这样，案件审查的内容逐渐合理，具有可操作性。

【要点提示】

1．案件审查人员应当全面审查 6 个问题：本机关是否有管辖权、违法事实是否清楚、证据是否确凿、调查取证是否符合法定程序、是否超过行政处罚追诉时效、适用依据和初步处理意见是否合法、适当。

2．根据审查情况，案件审查部门分类作出处理：对本机关无管辖权的，予以撤销立案，移送有权机关处理；超过行政处罚追诉时效的，不处罚；对违法事实不清楚的、或者证据不确凿的、或者调查取证不符合法定程序，退回补充调查取证或重新调查取证；无上述情形的，进入下一步程序。

【法规链接】

●《中华人民共和国行政处罚法》

第三十条 公民、法人或者其他组织违反行政管理秩序的行为，依法应当给予行政处罚的，行政机关必须查明事实；违法事实不清的，不得给予行政处罚。

第三十八条 调查终结，行政机关负责人应当对调查结果进行审查，根据不同情况，分别作出如下决定：

（一）确有应受行政处罚的违法行为的，根据情节轻重及具体情况，作出行政处罚决定；

（二）违法行为轻微，依法可以不予行政处罚的，不予行政处罚；

（三）违法事实不能成立的，不得给予行政处罚；

（四）违法行为已构成犯罪的，移送司法机关。

对情节复杂或者重大违法行为给予较重的行政处罚，行政机关的负责人应当集体讨论决定。

第四十七条 【补充或重新调查取证】违法事实不清、证据不充分或者调查程序违法的，应当退回补充调查取证或者重新调查取证。

【条文主旨】本条是对补充或重新调查取证的规定。

【条文理解】案件审查部门处理案件的证据来源于案件调查机构的调查取证活动。调查获取的证据是否充分、是否足以支撑所认定的环境违法事实，是案件审查所要解决的首要问题。为确保行政处罚决定合法合理，案件调查机构必须提供充分的证据材料，做到违法事实认定清楚、证据充分。违法事实不清、证据不充分的，应该退回补充调查取证。

无论是对行政权的制约还是对当事人权利的保障，程序都是关键问题所在。将程序违法作为重新调查取证的情形，保障了当事人的程序利益，有利于规范环境保护主管部门的执法行为。

【要点提示】

1. 本条为案件审查部门根据审查情况分类处理的两种情形。

2. 对违法事实不清的、或者证据不充分的，退回补充调查取证。

3. 对调查取证不符合法定程序的，退回重新调查取证。

第四节　告知和听证

第四十八条　【处罚告知和听证】在作出行政处罚决定前，应当告知当事人有关事实、理由、依据和当事人依法享有的陈述、申辩权利。

在作出暂扣或吊销许可证、较大数额的罚款和没收等重大行政处罚决定之前，应当告知当事人有要求举行听证的权利。

【条文主旨】本条是对处罚告知和听证的规定。

【条文理解】告知是行政处罚的必经程序，是环境保护行政主管部门的法定义务。实施行政处罚，无论是适用简易程序，还是适用一般程序，环境保护主管部门必须进行事先告知。环境保护主管部门履行告知义务的时机，必须是在作出行政处罚决定之前。如果行政机关在作出行政处罚决定之后才告知，则违反了法定程序。

告知的内容包括：

1. 违法事实，即环境保护主管部门通过调查取证发现的违法行为的发生时间、地点、性质以及证明上述事实的相应的证据等；

2. 作出行政处罚决定的理由，即违反的法律、法规、规章的具体条款；

3. 作出行政处罚决定的依据，即依据哪个法律、法规、规章的哪个具体条款来作出处罚决定。

4. 当事人享有的陈述、申辩权利。陈述是当事人表明自己的意见和看法，提出自己的主张和证据。申辩是当事人进行解释、辩解，反驳对自己不利的意见和证据。环境保护主管部门在实施行政处罚的过程中，无论是适用简易程序，还是适用一般程序，当事人都享有陈述权和申辩权。对当事人而言，进行陈述和申辩是当事人所享有的法定权利，当事人有权为自己的行为作出陈述、说明、解释、辩解；对环境保护主管部门而言，听取当事人的陈述和申辩，是必须履行的法定义务，除非当事人不行使陈述申辩权。

对于暂扣或吊销许可证、较大数额的罚款和没收等重大行政处罚决定，当事人还有要求举行听证的权利。当事人在规定的期限内提出听证申请的，环境保护主管部门应当举行听证。有关听证的具体程序和要求，环境保护部正在制定“环境行政处罚听证程序规定”。

【要点提示】

1．事先告知是必须履行的法定程序。如果环境保护主管部门没有进行事先告知，则违反法定程序，行政处罚不能成立。

2．告知时间应当在作出行政处罚决定之前。

3．告知内容包括违法事实、处罚理由、依据和当事人的陈述、申辩权利，符合听证条件的还应当告知听证申请权。

4．为简化文书，符合听证条件的可不制作《行政处罚事先告知书》，而在《行政处罚听证告知书》中一并告知陈述申辩权。

5．听证程序的适用条件是暂扣或吊销许可证、较大数额的罚款和没收等重大行政处罚决定。符合听证条件的处罚案件，当事人在规定的期限内提出听证申请的，环境保护主管部门应当组织听证；不符合听证条件的处罚案件，当事人提出听证申请的，环境保护主管部门可以结合该案件的具体实际自主决定是否举行听证。

【法规链接】

●《中华人民共和国行政处罚法》

第三十一条 行政机关在作出行政处罚决定之前，应当告知当事人作出行政处罚决定的事实、理由及依据，并告知当事人依法享有的权利。

第四十一条 行政机关及其执法人员在作出行政处罚决定之前，不依照本法第三十一条、第三十二条的规定向当事人告知给予行政处罚的事实、理由和依据，或者拒绝听取当事人的陈述、申辩，行政处罚决定不能成立；当事人放弃陈述或者申辩权利的除外。

第四十二条 行政机关作出责令停产停业、吊销许可证或者执照、较大数额罚款等行政处罚决定之前，应当告知当事人有要求举行听证的权利；当事人要求听证的，行政机关应当组织听证。当事人不承担行政机关组织听证的费用。

● 《全面推进依法行政实施纲要》

20. 严格按照法定程序行使权力、履行职责。行政机关作出对行政管理相对人、利害关系人不利的行政决定之前，应当告知行政管理相对人、利害关系人，并给予其陈述和申辩的机会；作出行政决定后，应当告知行政管理相对人依法享有申请行政复议或者提起行政诉讼的权利。对重大事项，行政管理相对人、利害关系人依法要求听证的，行政机关应当组织听证。行政机关行使自由裁量权的，应当在行政决定中说明理由。要切实解决行政机关违法行使权力侵犯人民群众切身利益的问题。

【相关案例】

案例二十七　某公司违反“三同时”制度案

[基本案情] 某公司建设保温材料项目。市环保局环境监察人员现场检查时发现，该项目配套建设的污染防治设施未经验收合格，主体工程已投入生产。市环保局向公司送达了听证告知书，告知违法事实、处罚理由和依据、陈述申辩权利和听证申请权。该公司提交了书面报告一份，放弃听证权利，但提出：公司创业初期，以为污染不大，未立即建设污染防治设施，因资金困难，请求免予处罚。

市环保局研究后未采纳公司意见，依据《建设项目环境保护管理条例》第二十八条的规定，责令该公司停止生产，并罚款 4 万元。

[提问] 市环保局的处罚程序是否合法？

[解析] 在作出行政处罚决定前，应当告知当事人有关事实、理由、依据和当事人依法享有的陈述、申辩权利。在作出暂扣或吊销许可证、较大数额的罚款和没收等重大行政处罚决定之前，应当告知当事人有要求举行听证的权利。在本案中，市环保局依法进行了告知，当事人行使了陈述申辩权，放弃了听证的权利。本案处罚程序是合法的。

第四十九条 【当事人申辩的处理】环境保护主管部门应当对当事人提出的事实、理由和证据进行复核。当事人提出的事实、理由或者证据成立的，应当予以采纳。

不得因当事人的申辩而加重处罚。

【条文主旨】本条是对当事人申辩处理的规定。

【条文理解】本条是《中华人民共和国行政处罚法》第三十二条在环境保护领域的强调和细化。

当事人所享有的陈述申辩权利不仅在程序上要得到保障，在实体上也可能对行政处罚决定产生实质影响。为保障当事人陈述申辩权的真正实现，环境保护主管部门必须听取当事人的意见，对当事人提出的事实、理由和证据进行复核，并对其中成立的部分予以采纳。

为尊重当事人陈述申辩权的行使，确保陈述申辩权的实现，不得因当事人的申辩而加重处罚。

【要点提示】

1．听取当事人的陈述、申辩是环境保护主管部门的法定义务。如果环境保护主管部门拒绝听取当事人的陈述、申辩的，则违反法定程序，行政处罚不能成立。

2．进行陈述、申辩和提出听证申请是当事人法定权利。当事人可以行使该权利，也可以放弃该权利。

3．对当事人陈述、申辩意见，环境保护主管部门应当听取、复核，并对成立的意见予以采纳。

4．对当事人陈述、申辩意见，案件审查人员应当作出采纳与否的说明。

5．不得因当事人的申辩而加重处罚，最后的处罚不得重于告知的处罚种类和幅度（发现新的违法行为、新的证据的除外）。

【法规链接】

●《中华人民共和国行政处罚法》

第三十二条　当事人有权进行陈述和申辩。行政机关必须充分听取当事人的意见，对当事人提出的事实、理由和证据，应当进行复核；当事人提出的事实、理由或者证据成立的，行政机关应当采纳。行政机关不得因当事人申辩而加重处罚。

【相关案例】

案例二十八　某公司因申辩而被加重处罚案

［基本案情］某县环境执法人员发现该河水异常，随即对沿河排水口和企业进行检查。在对某冷拔钢公司检查中，发现该公司生产车间西侧酸洗槽破损，有渗透现象；车间西侧的雨水井内有废水流入。执法人员当即对雨水井采样，经县环境监测站检测，雨水井中废水 pH 为 3.35 呈酸性，COD 为 197 毫克/升，超过相关标准。县环保局送达了处罚告知书，根据《中华人民共和国水污染防治法》第 29 条和第 76 条规定拟罚款 8 万元。

该公司对厂区内酸洗废水渗进雨水井排口的事实予以承认，对采样监测结果无异议，但申辩认为污染不是该公司一家所为，对其处罚不公正，要求予以减轻。县环保局经过复核认定河水污染主要由该公司造成的，决定将罚款数额增至 10 万元。

［提问］县环保局的处理是否合法？

［解析］《中华人民共和国行政处罚法》和本办法均规定，不得因当事人申辩而加重处罚。县环保局将处罚数额增至 10 万元，违反了上述规定。

第五十条　【处罚听证的执行】行政处罚听证按有关规定执行。

【条文主旨】本条是对处罚听证规定。

【条文理解】听证程序，是指环境保护主管部门在作出重大行政处罚决定之前，以听证会这种特殊的形式听取当事人的陈述和申辩，由听证参加人就有关问题进行陈述、相互发问、辩论和反驳，从而查明案件事实的过程。听证程序赋予了当事人在言辞上和文字上为自己辩解的权利，为当事人充分维护自身的合法权益提供了程序上的条件和保障。在听证程序中，当事人有权充分表达自己的意见和主张，提出有利于自己的证据；有权为自己进行辩解，反驳不利自己的意见和证据；有权与案件调查人员进行对质和辩论。

由于加上有关听证的条款后篇幅过长，本办法对听证程序未做具体规定。环境保护部将制定专门的“环境行政处罚听证程序规定”，对听证程序予以细化。本条所称的“有关规定”，目前主要是指《中华人民共和国行政处罚法》第四十二条和各地方有关听证的地方性法规和地方政府规章的规定。另外，环境保护部正在制定“环境行政处罚听证程序规定”。

【要点提示】

1．环境行政处罚听证按照《中华人民共和国行政处罚法》第四十二条和各地方有关听证的地方性法规和地方政府规章的规定执行。

2．环境保护部正在制定“环境行政处罚听证程序规定”。

3．听证程序是一般程序的一个环节，是以听证会这种特殊的方式，当事人进行陈述申辩和环境保护主管部门听取当事人的陈述、申辩。

【法规链接】

●《中华人民共和国行政处罚法》

第四十二条 行政机关作出责令停产停业、吊销许可证或者执照、较大数额罚款等行政处罚决定之前，应当告知当事人有要求举行听证的权利；当事人要求听证的，行政机关应当组织听证。当事人不承担行政机关组织听证的费用。听证依照以下程序组织：

（一）当事人要求听证的，应当在行政机关告知后三日内提出；

（二）行政机关应当在听证的七日前，通知当事人举行听证的时间、地点；

（三）除涉及国家秘密、商业秘密或者个人隐私外，听证公开举行；

（四）听证由行政机关指定的非本案调查人员主持；当事人认为主持人与本案有直接利害关系的，有权申请回避；

（五）当事人可以亲自参加听证，也可以委托一至二人代理；

（六）举行听证时，调查人员提出当事人违法的事实、证据和行政处罚建议；当事人进行申辩和质证；

（七）听证应当制作笔录；笔录应当交当事人审核无误后签字或者盖章。

当事人对限制人身自由的行政处罚有异议的，依照治安管理处罚法有关规定执行。

【相关案例】

案例二十九　案件调查人员担任听证主持人案

[基本案情] 县环保局执法人员在对某化工厂的执法检查中，发现该厂在配套环保设施未经验收情况下擅自投入生产。根据《建设项目环境保护管理条例》第二十八条的规定，县环保局送达了听证告知书，告知拟责令停止生产、罚款 5 万元。

该化工厂接到听证告知书后，在法定时限内书面提出了听证申请，并委托两名代理人出席听证会。听证会上，代理人提出主持人是案件调查人员之一，要求其回避，但未得到支持。县环保局就该案召开局长办公会，根据听证情况，认定该厂违法事实属实，执法程序合法，引用法律依据正确，决定作出责令停止生产、罚款 5 万元的决定。

[提问] 该听证程序是否合法?

[解析] 不合法。根据《中华人民共和国行政处罚法》第四十二条的规定，听证应由行政机关指定的非调查人员主持，当事人认为主持人与本案有利害关系的，有权申请回避。本案中听证主持人由该案调查人员担任，违反了上述规定。

第五节 处理决定

第五十一条 【处罚决定】本机关负责人经过审查，分别作出如下处理：

（一）违法事实成立，依法应当给予行政处罚的，根据其情节轻重及具体情况，作出行政处罚决定；

（二）违法行为轻微，依法可以不予行政处罚的，不予行政处罚；

（三）符合本办法第十六条情形之一的，移送有权机关处理。

【条文主旨】本条是对审查后处理的规定。

【条文理解】本条是对《中华人民共和国行政处罚法》第三十八条第一款在环境保护领域的具体化。

在案件调查人员查明事实、案件审查人员提出处理意见后，由环境保护主管部门负责人进行审查，根据不同情况分别处理：

（一）作出行政处罚决定。违法事实成立，依法应当给予行政处罚的，结合其情节轻重等具体情况，依据法律、法规、规章和自由裁量标准，决定行政处罚的种类和幅度。环境行政处罚决定必须以事实为依据，以法律为准绳，与违法行为的事实、性质、情节以及社会危害程度相当。

（二）不予行政处罚。实施环境行政处罚应坚持教育与处罚相结合的原则，按照违法的性质、情节、危害程度区别处理。对符合本办法第七条所列不予处罚条件，即同时具备违法行为轻微、及时纠正、没有造成危害后果的，不给予行政处罚。

（三）移送有权机关处理。本法第十六条是关于外部移送的规定，对涉嫌违法依法应当由人民政府实施责令停产整顿、责令停业、关闭的案件，环境保护主管部门应当立案调查，并提出处理建议报本级人民政府；涉嫌违法依法应当实施行政拘留的案件，移送公安机关；涉嫌违反党纪、政纪的案件，移送纪检、监察部门。符合本办法第十六条情形之一的，应当移送有权机关处理。

【要点提示】

1. 违法事实成立，根据其情节轻重等具体情况，选择适当的处罚种类和幅度，制作《行政处罚决定书》。

2．符合本办法第七条所列不予处罚条件，可以不予行政处罚。是否制作“不予行政处罚决定书”，本办法未作规定，环境保护主管部门可以自行决定。

3．符合本办法第十六条所列情形之一的，根据案件性质和机关职权，制作《案件移送函》，选择有权机关进行移送。

【法规链接】

●《中华人民共和国行政处罚法》

第三十八条　调查终结，行政机关负责人应当对调查结果进行审查，根据不同情况，分别作出如下决定：

（一）确有应受行政处罚的违法行为的，根据情节轻重及具体情况，作出行政处罚决定；

（二）违法行为轻微，依法可以不予行政处罚的，不予行政处罚；

（三）违法事实不能成立的，不得给予行政处罚；

（四）违法行为已构成犯罪的，移送司法机关。

对情节复杂或者重大违法行为给予较重的行政处罚，行政机关的负责人应当集体讨论决定。

第五十二条　【重大案件集体审议】案情复杂或者对重大违法行为给予较重的行政处罚，环境保护主管部门负责人应当集体审议决定。

集体审议过程应当予以记录。

【条文主旨】本条是对重大案件集体审议的规定。

【条文理解】本条是对《中华人民共和国行政处罚法》第三十八条第二款在环境保护领域的强调和具体化。

随着环境违法行为及情节日趋复杂多样、当事人维权意识不断增强、国家有关依法行政的要求持续深入，客观需要环境保护主管部门的执法能力和执法水平进一步提高。为了切实做到依法行政，实现公平、公正处罚，本办法沿袭《中华人民共和国行政处罚法》的要求，规定对案情复杂或者对重大违法行为给予较重的行政处罚，环境保护主管部门负责人应当集体审议决定。该规定可以有效避免个人因素的影响、充分发挥集体的智慧、增强案件办理的公平性、准确性。

参加集体审议的成员对证据及事实认定、法律适用、自由裁量权等问题，发表对案件的处理意见，经集体审议讨论后作出决定。

集体审议过程应当予以记录，以规范行政处罚权的行使，方便监督。

【要点提示】

1. 集体审议的法定条件是案情复杂或者对重大违法行为给予较重的行政处罚。不符合上述条件的，环境保护主管部门可以自主决定是否进行集体审议。

2. 集体审议过程应当予以记录，对时间、地点、参加人、审议流程、主要意见、分歧等内容进行记录。

3. 集体审议记录应当存档，但不向社会公开。

第五十三条　【处罚决定书的制作】决定给予行政处罚的，应当制作行政处罚决定书。

对同一当事人的两个或者两个以上环境违法行为，可以分别制作行政处罚决定书，也可以列入同一行政处罚决定书。

【条文主旨】本条是对处罚文书制作的规定。

【条文理解】本条为新增条款。

行政处罚决定需要一个载体，以一定的形式表现出来。行政处罚决定书就是处罚决定的载体，是具体行政行为的形式要求。制作并送达行政处罚决定书，可以方便当事人充分、全面地了解被处罚的理由和依据，为监督环境保护主管部门依法行政和申请法律救济提供便利。

在执法实践中，可能出现当事人实施了若干个环境违法行为的情形。针对同一当事人的各个环境违法行为，环境保护主管部门应当分别实施处罚，可以分别制作行政处罚决定书。为提高行政效率、减少发文数量，也可以将上述处罚决定列入同一行政处罚决定书中。

【要点提示】

1．决定给予行政处罚的，必须制作行政处罚决定书。

2．对同一当事人的各个环境违法行为，应当分别处罚，可以分别制作行政处罚决定书，也可以列入同一行政处罚决定书。采取哪种方式，环境保护主管部门可以自行选择。

【相关案例】

案例三十　县环保局口头处罚案

［基本案情］某公司在生产过程中产生大量噪音，县环保局经调查取证认定该公司在城市市区噪声敏感建筑的集中区域内进行夜间禁止的作业，决定责令改正并罚款。因时间紧急，未制作书面文书，只是以电话通知该公司处罚内容。

［提问］该环保局在处罚程序上是否违法？

［解析］违法。《中华人民共和国行政处罚法》和本办法均规定，确有应受行政处罚的违法行为的，应当实施处罚，制作《行政处罚决定书》。本案中，县环保局未制作处罚决定书，以电话通知处罚内容，违反了上述规定。

第五十四条　【处罚决定书的内容】行政处罚决定书应当载明以下内容：

（一）当事人的基本情况，包括当事人姓名或者名称、组织机构代码、营业执照号码、地址等；

（二）违反法律、法规或者规章的事实和证据；

（三）行政处罚的种类、依据和理由；

（四）行政处罚的履行方式和期限；

（五）不服行政处罚决定，申请行政复议或者提起行政诉讼的途径和期限；

（六）作出行政处罚决定的环境保护主管部门名称和作出决定的日期，并且加盖作出行政处罚决定环境保护主管部门的印章。

【条文主旨】本条是对处罚决定书内容的规定。

【条文理解】本条是《中华人民共和国行政处罚法》第三十九条的细化。

环境行政处罚决定书是环境保护主管部门出具的、载明对当事人依法给予的行政处罚种类和幅度等有关内容的法律文书。根据《中华人民共和国行政处罚法》第三十九条和本条的规定，环境行政处罚决定书载明：

1．当事人基本情况，包括当事人姓名或者名称、身份证件号码或者组织机构代码、营业执照号码、地址等。当事人为法人或者其他组织的，填写名称和地址（与营业执照一致）、营业执照注册号、组织机构代码、法定代表人姓名；当事人为公民或者个体工商户、个人合伙的，填写姓名（营业执照中有经营字号的应注明登记字号）和地址（与居民身份证、营业执照一致）。

2．违反法律、法规或者规章的事实和证据。存在违法行为是追究法律责任的前提，在环境行政处罚决定书上应明确载明违法事实，如调查机构名称、调查时间、违法行为信息（时间、地点、行为、情节、动机、后果等）。证明上述事实的证据，如证据名称、提取（作出）时间、提供（作出）单位、证明内容等。违反的法律、法规、规章名称和条款序号。

3．行政处罚的种类、幅度和依据。行政处罚的种类主要包括本办法第十一条所列举的环境保护主管部门有权实施的环境行政处罚种类。实施行政处罚应当结合具体违法行为的性质和情节，选择适用合适的法律条款。处罚决定书必须写明是哪一种行政处罚种类、幅度是多少。同时还应写明处罚是依据哪部法律、行政法规或规章的哪一个条款。

4．行政处罚的履行方式和期限。按照《中华人民共和国行政处罚法》第四十四条的规定，行政处罚决定依法作出后，当事人应当在行政处罚决定书确定方式和期限履行。如缴纳罚款，是当事人按法定期限自己交到指定银行，还是由执法人员当场收缴；是一次缴清罚款，还是分期缴纳等。

5．申请行政复议或者提起行政诉讼的途径和期限。当事人不服行政处罚决定的，可以申请法律救济。《中华人民共和国行政复议法》和《中华人民共和国行政诉讼法》对行政复议和行政诉讼案件的管辖和提起行政复议、行政诉讼的期限都作了明确、具体的规定，但当事人可能并不完全了解，也就难以确定该向哪个地方、哪一级的哪个机关申请复议或提起诉讼。为方便当事人，有必要告知当事人申请法律救济的途径和期限。

6．环境保护主管部门的名称、印章和作出决定的日期。从事环境行政处罚工作的虽然是具体的执法人员，但其代表的是环境保护主管部门，行使的是环境保护主管部门的职权，因此，处罚决定要以环境保护主管部门的名义作出，并且加盖公章以体现其法律效力。

【要点提示】

1．行政处罚决定书应当载明本条所列的六项信息。

2．行政处罚决定书的样式，可以参照《环境行政处罚主要文书制作指南》（环办[[2010]51号）。

3．行政处罚决定一经作出，非经法定程序不得擅自变更或者撤销。

4．行政处罚决定书一份送达当事人（使用送达回证），一份随卷归档（附送达回证）。

【法规链接】

●《中华人民共和国行政处罚法》

第三十九条　行政机关依照本法第三十八条的规定给予行政处罚，应当制作行政处罚决定书。行政处罚决定书应当载明下列事项：

（一）当事人的姓名或者名称、地址；

（二）违反法律、法规或者规章的事实和证据；

（三）行政处罚的种类和依据；

（四）行政处罚的履行方式和期限；

（五）不服行政处罚决定，申请行政复议或者提起行政诉讼的途径和期限；

（六）作出行政处罚决定的行政机关名称和作出决定的日期。

行政处罚决定书必须盖有作出行政处罚决定的行政机关的印章。

● 《环境行政处罚主要文书制作指南》（环办［2010］51号）

【相关案例】

案例三十一　县环保局处罚决定书不规范案

［基本案情］：某公司在未建污染防治设施的情况下，擅自投入试生产，所排污染物严重超标。县环保局经调查取证，作出处罚决定全文如下："××公司：因你公司严重污染环境，现依法决定：一、自即日起，对你公司实行停业整顿，直至符合国家排放标准为止；二、罚款人民币八十万元。本决定为最终裁决。××县环保局（印章）。×年×月×日"

［提问］请问该处罚决定书在内容上是否符合法律规定？

［解析］根据《中华人民共和国行政处罚法》第三十九条和《环境行政处罚办法》第五十四条的规定，处罚决定书中应当包括当事人的基本情况，包括当事人姓名或者名称、组织机构代码、营业执照号码、地址等；违反法律、法规或者规章的事实和证据；行政处罚的种类、依据和理由；行政处罚的履行方式和期限；不服行政处罚决定，申请行政复议或者提起行政诉讼的途径和期限；作出行政处罚决定的环境保护主管部门名称和作出决定的日期，并且加盖作出行政处罚决定环境保护主管部门的印章。

本案中，县环保局所作处罚决定书存在四点不足：（1）未写明适用的法律条款；（2）处罚种类不规范；（3）未写明罚款的履行方式和期限；（4）剥夺了当事人法定的复议诉讼权。因此，该处罚决定书在内容上不符合法律规定。

第五十五条　【作出处罚决定的时限】环境保护行政处罚案件应当自立案之日起的3个月内作出处理决定。案件办理过程中听证、公告、监测、鉴定、送达等时间不计入期限。

【条文主旨】本条是对作出处罚决定时限的规定。

【条文理解】《中华人民共和国行政处罚法》对实施行政处罚的时限没有作出规定。为督促环境保护主管部门及时调查环境违法行为，追究违法行为人的行政责任，提高行政效率，本条沿袭原《环境保护行政处罚办法》的规定，将办案期限定为自立案之日起 3 个月。

听证、监测、鉴定等程序需要耗费一定的时间，本条在原规定的基础上，将听证、公告、监测、鉴定和送达的时间扣除，更加合理。

【要点提示】

1. 作出处罚决定的时限为 3 个月，从立案之日起算。

2. 案件办理过程中听证、公告、监测、鉴定、送达等时间不计入时限。

3. 超过 3 个月才作出处罚决定的，不影响处罚决定的效力。但作出决定的环境保护主管部门应当分析超期原因，提高行政效率。

第五十六条　【处罚决定的送达】行政处罚决定书应当送达当事人，并根据需要抄送与案件有关的单位和个人。

【条文主旨】本条是处罚决定送达的规定。

【条文理解】本条是对《中华人民共和国行政处罚法》第四十条的重申。

送达，是指行政机关依照法定的程序和方式将行政处罚决定书等法律文书送交当事人的行为。法律文书的送达与否和送达时间将影响到行政处罚决定的执行和当事人法律救济权行使。

要求环境保护主管部门将行政处罚决定书在一定的期限内交付当事人，既有利于当事人及时知晓处罚内容和履行处罚决定，也有利于保障当事人的合法权益，方便其及时申请法律救济。

与原《环境保护行政处罚办法》相比，抄送范围增加了与案件有关的个人，这样更加有利于保障与案件有关的个人的权益。

【要点提示】

1. 行政处罚决定书作出后，应当及时送达当事人，并使用送达回证。

2．与案件有关的单位和个人，如举报人、受害人等，作出处罚决定的环境保护主管部门可以根据需要自行决定是否抄送。

【法规链接】

●《中华人民共和国行政处罚法》

第四十条　行政处罚决定书应当在宣告后当场交付当事人；当事人不在场的，行政机关应当在七日内依照民事诉讼法的有关规定，将行政处罚决定书送达当事人。

第五十七条　【送达方式】送达行政处罚文书可以采取直接送达、留置送达、委托送达、邮寄送达、转交送达、公告送达、公证送达或者其他方式。

送达行政处罚文书应当使用送达回证并存档。

【条文主旨】本条是对送达方式的规定。

【条文理解】本条是对《中华人民共和国民事诉讼法》第七十七条的重申和补充。

送达行政处罚决定书是实施行政处罚法定程序的重要一环。根据《中华人民共和国民事诉讼法》第七十七条和本条规定，送达方式主要有以下几种：

1．直接送达。直接送达是最普遍的送达方式，环境保护主管部门指派本单位工作人员将行政处罚决定书直接送交当事人。将处罚决定书直接送交当事人，既体现行政执法的庄重性和严肃性，又给予了当事人全面了解处罚内容、陈述意见的机会。

2．留置送达。受送达人拒绝签收行政处罚决定书时，环境保护主管部门将处罚决定书留在受送达人的住所，即视为已经送达。采用留置送达的，环境保护主管部门应当邀请当地居民委员会或村民委员会等有关基层组织或者受送达人所在单位的代表到场，说明情况，在送达回证上记明拒收的事由和日期，由送达人、见证人签名或者盖章，将行政处罚决定书留在当事人的住处或者收发部门。

3．委托送达。直接送达确有困难的，可以委托有关单位向当事人送交行政处罚决定书。

4．邮寄送达。环境保护主管部门通过邮局，将行政处罚决定书以挂号信或者快递的方式寄给当事人。邮寄送达是一种简便易行的送达方式。

5．转交送达。如果受送达人是军人或者被监禁、劳动教养的，通过部队的政治机关、监狱或者劳动教养单位转交。

6．公告送达。受送达人下落不明，或者通过其他方式无法送达的，环境保护主管部门发布公告，经过六十日即视为送达。

7．公证送达。执法人员在送达执法文书时，同时邀请公证处两名公证人员一同前往。如果当事人拒签，执法人员在送达回证上记明拒收事实，将执法文书留置于现场，从而完成送达程序。公证送达的特点是公证人员现场见证，以证明已经将法律文书送达当事人的事实。公证送达是地方经实践检验的成功经验。

送达回证是送达活动的法定记录，必须存档。送达公告送达、公证送达或者以其他方式送达的，应当在案卷中记明原因和经过。

【要点提示】

1．法律文书的送达方式依照《中华人民共和国民事诉讼法》第七十七条的规定执行。

2．法律文书一般采用直接送达方式，直接送达有困难的可采取其他送达方式。

【法规链接】

● 《中华人民共和国行政处罚法》

第四十条 行政处罚决定书应当在宣告后当场交付当事人；当事人不在场的，行政机关应当在七日内依照民事诉讼法的有关规定，将行政处罚决定书送达当事人。

● 《中华人民共和国民事诉讼法》

第七十七条 送达诉讼文书必须有送达回证，由受送达人在送达回证上记明收到日期，签名或者盖章。

受送达人在送达回证上的签收日期为送达日期。

第七十八条 送达诉讼文书，应当直接送交受送达人。受送达人是公民的，本人不在交他的同住成年家属签收；受送达人是法人或者其他组织的，应当由法人的法定代表人、其他组织的主要负责人或者该法人、组织负责收件的人签收；受送达人有诉讼代理人的，可以送交其代理人签收；受送达人已向人民法院指定代收人的，送交代收人签收。

受送达人的同住成年家属，法人或者其他组织的负责收件的人，诉讼代理人或者代收人在送达回证上签收的日期为送达日期。

第七十九条 受送达人或者他的同住成年家属拒绝接收诉讼文书的，送达人应当邀请有关基层组织或者所在单位的代表到场，说明情况，在送达回证上记明拒收事由和日期，由送达人、见证人签名或者盖章，把诉讼文书留在受送达人的住所，即视为送达。

第八十条 直接送达诉讼文书有困难的，可以委托其他人民法院代为送达，或者邮寄送达。邮寄送达的，以回执上注明的收件日期为送达日期。

第八十一条 受送达人是军人的，通过其所在部队团以上单位的政治机关转交。

第八十二条 受送达人是被监禁的，通过其所在监所或者劳动改造单位转交。

受送达人是被劳动教养的，通过其所在劳动教养单位转交。

第八十三条 代为转交的机关、单位收到诉讼文书后，必须立即交受送达人签收，以在送达回证上的签收日期，为送达日期。

第八十四条 受送达人下落不明，或者用本节规定的其他方式无法送达的，公告送达。自发出公告之日起，经过六十日，即视为送达。

公告送达，应当在案卷中记明原因和经过。

● 《中华人民共和国公证法》

第二条 公证是公证机构根据自然人、法人或者其他组织的申请，依照法定程序对民事法律行为、有法律意义的事实和文书的真实性、合法性予以证明的活动。

【相关案例】

案例三十二 县环保局送达处罚决定书不规范案

[基本案情] 某大理石厂没有进行污染物排放申报登记和缴纳排污费。县环保局对拒绝申报和缴纳排污费的行为下达了行政处罚决定书。因法定代表人杨某不在家，县环保局工作人员将行政处罚决定书留在该大理石厂的雇工手中。杨某出差回来后，雇工未及时告诉杨某，致使杨某未能及时申请行政复议。县环保局以杨某在法定期限内既未申请复议，又未提起行政诉讼为由申请法院强制执行。杨某辩称并未收到处罚决定书，申请行政复议和提起行政诉讼的期限应当从自己知道之日起算，现在还不能强制执行。

[提问] 雇工代签收处罚文书能否视为送达?

[解析] 不能。法律文书一般采用直接送达方式，直接送达有困难的可采取其他送达方式。本案中，受送达人是大理石厂，应当由法定代表人或者该厂负责收件的部门签收。未经委托的雇工不能当然代表大理石厂签收行政处罚决定书。

第四章　简易程序

第五十八条　【简易程序的适用】违法事实确凿、情节轻微并有法定依据，对公民处以50元以下、对法人或者其他组织处以1 000元以下罚款或者警告的行政处罚，可以适用本章简易程序，当场作出行政处罚决定。

【条文主旨】本条是对简易程序适用条件的规定。

【条文理解】简易程序亦称当场处罚程序，是指在决定对较轻微的违法行为处以较轻的行政处罚时所遵循的简化处理程序。设置简易程序可以提高行政效率，但同时对其适用条件需要予以限制。适用简易程序的条件过宽，会造成简易程序的滥用，架空行政处罚的一般程序，违背程序正当原则；反之，适用简易程序的条件过窄，会使简易程序的作用受到限制，从而背离了提高行政效率的初衷。

《中华人民共和国行政处罚法》第三十三条规定了简易程序的适用条件是违法事实确凿并有法定依据，对公民处以五十元以下、对法人或者其他组织处以一千元以下罚款或者警告的行政处罚。本条结合环境行政处罚的实际，对环境行政处罚适用简易程序的条件进行了具体化：

一是违法事实确凿，它具有两层含义：有证据证明环境行政违法事实存在，并且证据应当清楚、充分。

二是情节轻微，即违法行为对社会危害性较小，对环境的负面影响较小。

三是处罚必须有法定的依据，即有法律、行政法规、地方性法规和规章作为处罚依据。

四是处罚的种类仅限于警告和罚款，罚款的幅度对公民限于50元（含）以下，对法人或其他组织限于1 000元（含）以下。

【要点提示】

1. 适用简易程序必须同时具备以下四项条件：违法事实确凿、情节轻微、有法定依据、处以警告和较小数额的罚款。只要有一项不符合的，不得适用简易程序。

2. 对公民和对法人及其他组织的罚款限额不同。对公民限于50元（含）以下，对法人或其他组织限于1 000元（含）以下。

3. 符合上述条件的，执法人员可以选择适用简易程序，也可以选择适用一般程序。

【法规链接】

●《中华人民共和国行政处罚法》

第三十三条　违法事实确凿并有法定依据，对公民处以五十元以下、对法人或者其他组织处以一千元以下罚款或者警告的行政处罚的，可以当场作出行政处罚决定。当事人应当依照本法第四十六条、第四十七条、第四十八条的规定履行行政处罚决定。

【相关案例】

案例三十三　某加工厂拒绝交纳排污费案

[基本案情] 某县环保局两名工作人员到刘某的加工厂，要其交纳600元排污费。刘某拒绝缴纳，工作人员拿出一张盖有县环保局公章的填空式行政处罚决定书，填上："你厂因拒缴排污费，违反了《中华人民共和国环境保护法》和《排污费征收使用管理条例》第21条的规定，处以1 200元罚款。"

[提问] 该环保局工作人员的行为是否违法？

[解析] 程序违法。根据《中华人民共和国行政处罚法》和本条规定，对公民处以50元以下、对法人或者其他组织处以1 000元以下罚款或者警告的行政处罚，才可以适用简易程序，当场作出行政处罚决定。本案处以1 200元罚款，超过了适用简易程序的罚款数额，不符合当场处罚的条件，应当适用一般程序。

第五十九条 【简易程序规定】当场作出行政处罚决定时，环境执法人员不得少于两人，并应遵守下列简易程序：

（一）执法人员应向当事人出示中国环境监察证或者其他行政执法证件；

（二）现场查清当事人的违法事实，并依法取证；

（三）向当事人说明违法的事实、行政处罚的理由和依据、拟给予的行政处罚，告知陈述、申辩权利；

（四）听取当事人的陈述和申辩；

（五）填写预定格式、编有号码、盖有环境保护主管部门印章的行政处罚决定书，由执法人员签名或者盖章，并将行政处罚决定书当场交付当事人；

（六）告知当事人如对当场作出的行政处罚决定不服，可以依法申请行政复议或者提起行政诉讼。

以上过程应当制作笔录。

执法人员当场作出的行政处罚决定，应当在决定之日起3个工作日内报所属环境保护主管部门备案。

【条文主旨】本条是对简易程序流程的规定。

【条文理解】简易程序不同于一般程序，是查处分离原则的例外，执法人员既负责调查取证又作出处罚决定。为加强规范和监督，有必要对简易程序做出具体规定。结合环境行政处罚实践，本条对《中华人民共和国行政处罚法》第三十四条作了具体细化，环境执法人员当场作出行政处罚决定，应当遵循以下程序：

1．表明执法身份。出示执法证件，这是执法程序的第一步。了解执法人员的执法身份，是当事人的应有权利。行政执法人员向当事人出示其执法证件，一则表明了执法人员身份的合法性，防止不法分子冒充执法人员招摇撞骗、敲诈勒索；二则表明了执法人员接受群众监督的主动性。执法证件既可以是中国环境监察证，也可以是其他的行政执法证件。

2．现场查清违法事实并取证。环境行政处罚必须建立在事实确凿、证据充分的基础上。为提高行政效率，简易程序简化了一些执法环节，要求执法人员当场查清违法事实，并依法取证。如果发现违法事实无法当场查清，则转入一般程序办理，终止简易程序。

3．事先告知。在现场查清当事人的违法事实后，根据相关法律、法规或者规章，执法人员形成了初步的处罚意见。在作出行政处罚前，执法人员向当事人告知查清的违法事实、行政处罚的理由和依据、拟给予的行政处罚，并告知陈述、申辩权利。

4．听取陈述和申辩。当事人就执法人员告知的违法事实、处罚理由和依据、拟给予的行政处罚进行陈述申辩，提出自己的主张和理由。当事人提出的陈述申辩意见，执法人员应当认真听取和复核。当事人提出的事实、理由或者证据成立的，执法人员应当采纳。

5．制作和交付行政处罚决定书。由于违法事实确凿、情节轻微，以简易程序办理的环境行政处罚案件的调查取证、事先告知、做出决定、交付文书等执法环节都可以当场完成。当场处罚使用的行政处罚决定书，应有预定的格式、编有号码、盖有环境保护主管部门印章，这样既方便执法人员现场使用，又可以有效地防止权力滥用，从文书形式上对执法人员进行监督制约。

填写行政处罚决定书并由执法人员签名或者盖章，即意味着环境行政处罚决定的作出。将处罚决定书当场交付当事人，即意味着处罚决定书的送达。

6．告知诉权。适用简易程序实施的环境行政处罚，同样对当事人的权利造成影响。当事人如对处罚决定不服，可以依法申请行政复议或者提起行政诉讼。执法人员应将此项权利告知当事人。

此外，为加强对适用简易程序的行政处罚的监督，本条还要求执法人员制作笔录，对办案过程进行记录。在处罚结束后，执法人员还应在 3 个工作日内报所属环境保护主管部门备案。至于环境保护主管部门内部接受备案的具体机构，《中华人民共和国行政处罚法》和本办法均未作规定，环境保护主管部门可根据本机关实际自行确定。

【要点提示】

1．简易程序是一般程序的例外，设置简易程序的目的是提高行政效率。

2．简易程序是查处分离原则的例外，执法人员既负责调查取证，又负责作出处罚决定。

3．适用简易程序有着严格的限制条件，即同时具备：违法事实确凿、情节轻微、有法定依据、处以警告和较小数额的罚款。只要有一项不符合，就不得适用简易程序。

4．适用简易程序当场作出处罚决定，同样是环境保护主管部门代表国家行使环境管理权的行为，而不是执法人员个人的行为。

5．为加强对适用简易程序当场处罚的监督，本章规定了严格的适用条件、执法程序和具体要求，执法人员应当遵照执行。

6．适用简易程序作出的处罚决定具有同等的法律效力，当事人必须及时履行。当事人逾期既不申请行政复议、也不提起行政诉讼、又不履行当场处罚决定的，作出处罚决定的环境保护主管部门应当申请人民法院强制执行。

【法规链接】

●《中华人民共和国行政处罚法》

第三十四条 执法人员当场作出行政处罚决定的，应当向当事人出示执法身份证件，填写预定格式、编有号码的行政处罚决定书。行政处罚决定书应当当场交付当事人。

前款规定的行政处罚决定书应当载明当事人的违法行为、行政处罚依据、罚款数额、时间、地点以及行政机关名称，并由执法人员签名或者盖章。

执法人员当场作出的行政处罚决定，必须报所属行政机关备案。

【相关案例】

案例三十四　某餐厅违法排污案

［基本案情］某县环保局一位工作人员到马某的餐厅进行检查，发现该餐厅油烟违规排放，遂当场决定罚款2 000元，并填写预定格式、编有号码、盖有环境保护主管部门印章的行政处罚决定书当场交付给马某。

［提问］该执法人员的行为是否合法？

［解析］不合法。第一，执法人员必须两名（含）以上，并应向当事人出示执法证件；第二，未进行处罚的事先告知，告知马某违法事实、处罚理由和依据、拟给予的行政处罚，并告知陈述、申辩权利。未听取陈述、申辩；第三，未制作笔录；第四，适用程序错误，适用简易程序当场处罚的，对公民不应超过50元，对法人和其他组织不应超过1 000元。

第五章　执　行

第六十条　【处罚决定的履行】当事人应当在行政处罚决定书确定的期限内，履行处罚决定。

申请行政复议或者提起行政诉讼的，不停止行政处罚决定的执行。

【条文主旨】本条是对处罚决定的履行规定。

【条文理解】环境行政处罚决定一经依法作出，就具有了法律效力，即公定力、拘束力、执行力。公定力，是指对行政处罚决定原则上推定为合法，在未依法予以撤销或者变更之前，任何人都不能否定其效力。拘束力，是指行政处罚决定在被依法撤销或者变更之前，环境保护主管部门和当事人都应当承认该决定有效并受该决定约束。执行力，是指当事人对依法作出的行政处罚决定负有自觉履行和按期履行的义务。

行政复议和行政诉讼是两种法律救济途径，是保证行政处罚结果合法、公正的事后监督和补救措施。当事人对行政处罚决定不服，有权申请行政复议和提起行政诉讼，但当事人申请行政复议或者提起行政诉讼后，行政处罚决定原则上不停止执行。这是因为：（1）行政处罚决定具有公定力，只有在被撤销或者变更的情况下才失去法律效力。在行政复议或者行政诉讼的进行过程中，在人民法院或者行政复议机关予以撤销或者变更前，它当然继续有效，有效的行政处罚决定理应得到执行。（2）行政管理必须具有稳定性和连续性，如果行政处罚决定因申请行政复议或提起行政诉讼而终止或间断执行，那么环境保护主管部门的工作将无法正常进行，环境法律关系将处于不稳定状态，环境管理秩序将混乱无序，公民的环境权益难以得到保障。

在行政复议或者行政诉讼期间，不停止行政处罚决定的执行，这是一般原则。在特殊情况下，也可以停止执行。根据《中华人民共和国行政诉讼法》和《中华人民共和国行政复议法》的规定，这些特殊情况包括：

（一）环境保护主管部门认为需要停止执行的，如环境保护主管部门认识到自己的处罚决定有明显违法、不当或者其他原因，继续执行会损害当事人利益和自身威信。

（二）复议机关决定或者人民法院裁定停止执行的，如当事人提出停止执行申请，执行会造成难以弥补的损失，并且停止执行不损害社会公共利益的。

（三）法律、法规规定停止执行的。

【要点提示】

1．当事人应当自觉履行处罚决定。

2．当事人应当按照确定的期限履行处罚决定。

3．当事人应当完全履行处罚决定，即按照处罚决定书载明的处罚种类和幅度逐一全部、足额地履行。

4．当事人不得以已经申请行政复议或者已经提起行政诉讼为由，拒不履行或者拖延履行行政处罚决定。

【法规链接】

●《中华人民共和国行政处罚法》

第四十四条　行政处罚决定依法作出后，当事人应当在行政处罚决定的期限内，予以履行。

第四十五条　当事人对行政处罚决定不服申请行政复议或者提起行政诉讼的，行政处罚不停止执行，法律另有规定的除外。

●《中华人民共和国行政诉讼法》

第四十四条　诉讼期间，不停止具体行政行为的执行。但有下列情形之一的，停止具体行政行为的执行：

（一）被告认为需要停止执行的；

（二）原告申请停止执行，人民法院认为该具体行政行为的执行会造成难以弥补的损失，并且停止执行不损害社会公共利益，裁定停止执行的；

（三）法律、法规规定停止执行的。

●《中华人民共和国行政复议法》

第二十一条 行政复议期间具体行政行为不停止执行；但是，有下列情形之一的，可以停止执行：

（一）被申请人认为需要停止执行的；

（二）行政复议机关认为需要停止执行的；

（三）申请人申请停止执行，行政复议机关认为其要求合理，决定停止执行的；

（四）法律规定停止执行的。

【相关案例】

案例三十五　某热镀锌厂拒不履行处罚决定案

［基本案情］某市环境监察大队对某热镀锌厂进行现场监察时发现，热镀锌项目在生产过程中大气污染物处理设施未正常使用。据此某市环保局责令其限期改正，并处以罚款。

接到处罚决定书后，该厂向市人民政府提起了行政复议。处罚决定书规定的履行期限到期时，该工厂以复议程序正在进行为由拒绝履行处罚决定。

［提问］该工厂能否拒绝履行处罚决定？

［解析］根据《中华人民共和国行政处罚法》第四十五条和《中华人民共和国行政复议法》第二十一条的规定，当事人对行政处罚决定不服申请行政复议的，行政处罚不停止执行。但有下列情形之一的，可以停止执行：（一）被申请人认为需要停止执行的；（二）行政复议机关认为需要停止执行的；（三）申请人申请停止执行，行政复议机关认为其要求合理，决定停止执行的；（四）法律规定停止执行的。

因不具有上述法定情形，该热镀锌厂不能以复议程序正在进行为由拒绝履行处罚决定。

第六十一条 【强制执行的适用】当事人逾期不申请行政复议、不提起行政诉讼、又不履行处罚决定的，由作出处罚决定的环境保护主管部门申请人民法院强制执行。

【条文主旨】本条是对强制执行的规定。

【条文理解】强制执行是相对于自觉履行而言，指依照国家法律的有关规定，运用国家强制力量，迫使当事人履行义务或者达到与履行义务相同状态，实现生效法律文书所确定的内容。强制执行涉及当事人的人身或者财产，对其权益将产生重大影响。因此，法律对强制执行的主体、依据、程序、措施均作了严格的规定，避免滥用强制执行权可能对当事人权益的侵害。

根据现行法律规定，我国采取的是以法院执行为主、行政机关为辅的强制执行权分配模式。人民法院的强制执行权是普遍的，行政机关的强制执行权是特定的、有限的，只能在法律、法规有明确规定时才能行使。特别直接强制权，仅赋予了公安、税务等少数行政机关。我国的现行法律赋予环境保护主管部门的强制执行权极其有限，且均属于间接强制，如《中华人民共和国固体废物污染环境防治法》第四十六条所规定的危险废物代处置、《中华人民共和国行政处罚法》第五十一条之（一）所规定加处每日 3%罚款的执行罚。当事人拒不履行行政处罚决定的，作出处罚决定的环境保护主管部门可以依据《中华人民共和国行政处罚法》第五十一条的规定，采取以下执行措施：

（一）当事人到期不缴纳罚款的，环境保护主管部门可以对当事人每日按罚款数额的 3%的加处罚款。需要说明的是，“加处罚款”不同于滞纳金：（1）加处罚款适用于不缴纳罚款的行为，滞纳金适用于不履行行政征收决定（如未足额缴纳排污费）的行为；（2）加处罚款比例为每日 3%，滞纳金比例为每日 2‰。“加处罚款”也不同于行政处罚的罚款：（1）加处罚款适用于当事人不履行处罚决定，行政处罚的罚款适用于当事人存在违法行为；（2）加处罚款适用于执行程序中，行政处罚的罚款适用于处罚程序中；（3）加处罚款是为了迫使当事人履行处罚决定，行政处罚的罚款是为了惩罚违法行为人。

（二）环境保护主管部门可以依法申请人民法院强制执行。根据我国现行法律的规定，环境保护主管部门不具有直接的强制执行权，因此向人民法院申请强制执行是环境行政处罚决定得到执行的主要渠道。根据《中华人民共和国行政诉讼法》和《最高人民法院关于执行〈中华人民共和国行政诉讼法〉若干问题的解释》的规定，当事人拒不履行处罚决定的，环境保护主管部门应当向申请人所在地基层人民法院申请强制执行；执行对象为不动产的，由不动产所在地的基层人民法院受理。申请人民法院强制执行的，应当提交强制执行申请书、据以执行的行政处罚决定书、证明该处罚合法的材料和当事人财产状况等材料。人民法院受理强制执行申请的条件主要有：处罚决定已经生效、被申请人在处罚决定确定的期限内未履行义务、环境保护主管部门提出的申请在法定期限内、该案件属于受理申请执行的人民法院管辖。环境保护主管部门申请人民法院强制执行，应当遵循《中华人民共和国行政诉讼法》和《最高人民法院关于执行〈中华人民共和国行政诉讼法〉若干问题的解释》有关执行的条件、程序等要求。

另外，因无相关法律规定，环境保护主管部门无权将查封、扣押的财物拍卖或者冻结存款划拨抵缴罚款。

【要点提示】

1．申请人民法院强制执行的前提是当事人逾期不申请行政复议、不提起行政诉讼、又不履行处罚决定。

2．申请人是作出处罚决定的环境保护主管部门。

3．申请人民法院强制执行，应当提交强制执行申请书、据以执行的行政处罚决定书、证明该处罚合法的材料和当事人财产状况等材料。

4．申请人民法院强制执行，应当按人民法院要求办理授权委托手续。

5．申请人民法院强制执行，应当遵循《最高人民法院关于执行〈中华人民共和国行政诉讼法〉若干问题的解释》的有关要求。

6. 除行政处罚外，其他具体行政行为也可申请人民法院强制执行，如责令改正违法行为的行政命令。

【法规链接】

●《中华人民共和国行政处罚法》

第五十一条　当事人逾期不履行行政处罚决定的，作出行政处罚决定的行政机关可以采取下列措施：

（一）到期不缴纳罚款的，每日按罚款数额的百分之三加处罚款；

（二）根据法律规定，将查封、扣押的财物拍卖或者将冻结的存款划拨抵缴罚款；

（三）申请人民法院强制执行。

●《最高人民法院关于执行〈中华人民共和国行政诉讼法〉若干问题的解释》

第八十六条　行政机关根据行政诉讼法第六十六条的规定申请执行其具体行政行为，应当具备以下条件：

（一）具体行政行为依法可以由人民法院执行；

（二）具体行政行为已经生效并具有可执行内容；

（三）申请人是作出该具体行政行为的行政机关或者法律、法规、规章授权的组织；

（四）被申请人是该具体行政行为所确定的义务人；

（五）被申请人在具体行政行为确定的期限内或者行政机关另行指定的期限内未履行义务；

（六）申请人在法定期限内提出申请；

（七）被申请执行的行政案件属于受理申请执行的人民法院管辖。

人民法院对符合条件的申请，应当立案受理，并通知申请人；对不符合条件的申请，应当裁定不予受理。

第八十七条　法律、法规没有赋予行政机关强制执行权，行政机关申请人民法院强制执行的，人民法院应当依法受理。

法律、法规规定既可以由行政机关依法强制执行，也可以申请人民法院强制执行，行政机关申请人民法院强制执行的，人民法院可以依法受理。

第八十八条　行政机关申请人民法院强制执行其具体行政行为，应当自被执行人的法定起诉期限届满之日起 180 日内提出。逾期申请的，除有正当理由外，人民法院不予受理。

第八十九条　行政机关申请人民法院强制执行其具体行政行为，由申请人所在地的基层人民法院受理；执行对象为不动产的，由不动产所在地的基层人民法院受理。

基层人民法院认为执行确有困难的，可以报请上级人民法院执行；上级人民法院可以决定由其执行，也可以决定由下级人民法院执行。

第九十一条　行政机关申请人民法院强制执行其具体行政行为，应当提交申请执行书、据以执行的行政法律文书、证明该具体行政行为合法的材料和被执行人财产状况以及其他必须提交的材料。

享有权利的公民、法人或者其他组织申请人民法院强制执行的，人民法院应当向作出裁决的行政机关调取有关材料。

第九十二条　行政机关或者具体行政行为确定的权利人申请人民法院强制执行前，有充分理由认为被执行人可能逃避执行的，可以申请人民法院采取财产保全措施。后者申请强制执行的，应当提供相应的财产担保。

第九十三条　人民法院受理行政机关申请执行其具体行政行为的案件后，应当在 30 日内由行政审判庭组成合议庭对具体行政行为的合法性进行审查，并就是否准予强制执行作出裁定；需要采取强制执行措施的，由本院负责强制执行非诉行政行为的机构执行。

第九十四条　在诉讼过程中，被告或者具体行政行为确定的权利人申请人民法院强制执行被诉具体行政行为，人民法院不予执行，但不及时执行可能给国家利益、公共利益或者他人合法权益造成不可弥补的损失的，人民法院可以先予执行。后者申请强制执行的，应当提供相应的财产担保。

第九十五条　被申请执行的具体行政行为有下列情形之一的，人民法院应当裁定不准予执行：

（一）明显缺乏事实根据的；

（二）明显缺乏法律依据的；

（三）其他明显违法并损害被执行人合法权益的。

【相关案例】

案例三十六：某菜馆拒不履行处罚决定案

某菜馆未申报其排污情况，县环保局送达了申报登记通知书，要求其办理排污申报手续。但是，该菜馆未予理睬。县环保局认定，菜馆未按要求办理排污申报手续，其行为违反了《A 省环境保护条例》和《A 省排放污染物申报登记管理办法》的规定。依据《A 省环境保护条例》，县环保局对菜馆处以罚款 3 000 元，并将行政处罚决定书送达菜馆。

该菜馆在规定的期限内未申请行政复议，也未向人民法院起诉，又不履行处罚决定。县环保局向县人民法院递交了《行政处罚强制执行申请书》，申请县人民法院强制执行 3 000 元的罚款。县人民法院组成合议庭进行了审查，认定县环保局《行政处罚决定书》所载行政处罚事实清楚，适用法规正确，程序合法，其申请强制执行符合《最高人民法院关于执行〈中华人民共和国行政诉讼法〉若干问题的解释》第 86 条第 1 款规定的条件，符合人民法院强制执行的法定条件。于是，县人民法院依照《最高人民法院关于执行〈中华人民共和国行政诉讼法〉若干问题的解释》第 93 条的规定，以《行政裁定书》裁定准予强制执行。

在强制执行过程中，该菜馆的经营负责人万某殴打法院执行人员，撕坏执行人员制服，以暴力抗拒执行。县人民法院以万某拒不履行生效的行政裁定书，暴力抗拒执法，决定对其拘留 15 日，罚款 1 000 元。

第六十二条　【强制执行的期限】申请人民法院强制执行应当符合《最高人民法院关于执行〈中华人民共和国行政诉讼法〉若干问题的解释》的规定，并在下列期限内提起：

（一）行政处罚决定书送达后当事人未申请行政复议且未提起行政诉讼的，在处罚决定书送达之日起60日后起算的180日内；

（二）复议决定书送达后当事人未提起行政诉讼的，在复议决定书送达之日起15日后起算的180日内；

（三）第一审行政判决后当事人未提出上诉的，在判决书送达之日起15日后起算的180日内；

（四）第一审行政裁定后当事人未提出上诉的，在裁定书送达之日起10日后起算的180日内；

（五）第二审行政判决书送达之日起180日内。

【条文主旨】本条是申请强制执行期限的规定。

【条文理解】本条是新增条款。

时限性是行政处罚程序的重要特征。《最高人民法院关于执行〈中华人民共和国行政诉讼法〉若干问题的解释》规定，行政机关申请人民法院强制执行其具体行政行为的，应当自被执行人的法定起诉期限届满之日起180日内提出。逾期提出申请的，除有正当理由外，人民法院将不予受理。为方便执法人员准确判断时限，及时提出申请，根据相关法律和最高人民法院的相关规定，本条对环境保护主管部门向人民法院申请强制执行的期限做了梳理：

1．行政处罚决定书送达后当事人未申请行政复议且未提起行政诉讼的，在处罚决定书送达之日起60日起算的180日内。《中华人民共和国环境保护法》第四十条与《中华人民共和国行政复议法》第九条的规定存在冲突，根据新法优于旧法的法规适用规则，当事人提起行政复议的期限应适用《中华人民共和国行政复议法》第九条的规定，即为自知道该处罚决定之日起60日内。《中华人民共和国行政诉讼法》第三十八条规定公民、法人或者其他组织直接向人民法院提起诉讼的，应当在知道具体行政行为之日起三个月内提出，法律另有规定的除外。“法律另有规定”是规定在《中华人民共和国环境保护法》第四十条，即当事人提起行政诉讼的期限应为自接到处罚决定之日起 15 日内。因此，行政复议期限（处罚决定送达之日起 60 日）一过，当事人未申请行政复议、未提起行政诉讼又未履行处罚决定，环境保护主管部门即可向人民法院提出强制执行该行政处罚决定的申请。

2．复议决定书送达后当事人未提起行政诉讼的，在复议决定书送达之日起 15 日后起算的 180 日内。《中华人民共和国行政诉讼法》第三十八条规定，申请人不服复议决定的，可以在收到复议决定书之日起十五日内向人民法院提起诉讼。因此，如果复议决定维持了原处罚决定，复议决定的起诉期限一过（复议决定书送达之日起 15 日），当事人未提起行政诉讼程序又未履行处罚决定的，环境保护主管部门即可向人民法院提出强制执行原处罚决定的申请。

3．第一审行政判决后当事人未提出上诉的，在判决书送达之日起 15 日后起算的 180 日内。《中华人民共和国行政诉讼法》第五十八条规定，当事人不服人民法院第一审判决的，有权在判决书送达之日起十五日内提起上诉。逾期不提起上诉的，人民法院的第一审判决发生法律效力。因此，如果第一审行政判决维持了原处罚决定，上诉期限（判决书送达之日起 15 日）一过，当事人未提起上诉又未履行处罚决定的，环境保护主管部门即可向人民法院提出强制执行原处罚决定的申请。

4．第一审行政裁定后当事人未提出上诉的，在裁定书送达之日起 10 日后起算的 180 日内。《中华人民共和国行政诉讼法》第五十八条规定，当事人不服人民法院第一审裁定的，有权在裁定书送达之日起十日内提起上诉。逾期不提起上诉的，人民法院的第一审裁定发生法律效力。因此，如果第一审行政裁定肯定了原处罚决定，上诉期限（裁定书送达之日起 10 日）一过，当事人未提起上诉又未履行处罚决定的，环境保护主管部门即可向人民法院提出强制执行原处罚决定的申请。

5．第二审行政判决书送达之日起 180 日内。第二审人民法院作出的行政诉讼判决是终审判决，判决书一经送达立即发生法律效力。因此，如果第二审判决维持了原处罚决定，当事人未履行处罚决定的，环境保护主管部门即可向人民法院提出强制执行原处罚决定的申请。

【要点提示】

1．本条是对相关环境法律和最高人民法院的相关规定的梳理，并非新的规定。

2．区分是否进入行政复议、行政诉讼程序，环境保护主管部门申请强制执行的时限不同。

3．作出处罚决定的环境保护主管部门应当在申请期限内尽早提出。

【法规链接】

●《中华人民共和国行政处罚法》

第五十一条　当事人逾期不履行行政处罚决定的，作出行政处罚决定的行政机关可以采取下列措施:

（一）到期不缴纳罚款的，每日按罚款数额的百分之三加处罚款;

（二）根据法律规定，将查封、扣押的财物拍卖或者将冻结的存款划拨抵缴罚款;

（三）申请人民法院强制执行。

●《最高人民法院关于执行〈中华人民共和国行政诉讼法〉若干问题的解释》

第八十八条　行政机关申请人民法院强制执行其具体行政行为，应当自被执行人的法定起诉期限届满之日起 180 日内提出。逾期申请的，除有正当理由外，人民法院不予受理。

●《中华人民共和国行政诉讼法》

第三十八条　公民、法人或者其他组织向行政机关申请复议的，复议机关应当在收到申请书之日起两个月内作出决定，法律、法规另有规定的除外。

申请人不服复议决定的，可以在收到复议决定书之日起十五日内向人民法院提起诉讼，复议机关逾期不作决定的，申请人可以在复议期满之日起十五日内向人民法院提起诉讼。法律另有规定的除外。

第三十九条　公民、法人或者其他组织直接向人民法院提起诉讼的，应当在知道作出具体行政行为之日起三个月内提出。法律另有规定的除外。

第五十八条　当事人不服人民法院第一审判决的，有权在判决书送达之日起十五日内向上一级人民法院提起上诉。当事人不服人民法院第一审裁定的，有权在裁定书送达之日起十日内向上一级人民法院提起上诉。逾期不提起上诉的，人民法院的第一审判决或者裁定发生法律效力。

● 《中华人民共和国行政复议法》

第九条　公民、法人或者其他组织认为具体行政行为侵犯其合法权益的，可以自知道该具体行政行为之日起六十日内提出行政复议申请；但是法律规定的申请期限超过六十日的除外。

因不可抗力或者其他正当理由耽误法定申请期限的，申请期限自障碍消除之日起继续计算。

● 《中华人民共和国环境保护法》

第四十条　当事人对行政处罚决定不服的，可以在接到处罚通知之日起十五日内，向作出处罚决定的机关的上一级机关申请复议；对复议决定不服的，可以在接到复议决定之日起十五日内，向人民法院起诉。当事人也可以在接到处罚通知之日起十五日内，直接向人民法院起诉。当事人逾期不申请复议、也不向人民法院起诉、又不履行处罚决定的，由作出处罚决定的机关申请人民法院强制执行。

【相关案例】

案例三十七　某公司拒不履行处罚决定案

［基本案情］某项目在建设前未办理环评审批手续，环境执法人员发现该违法行为后送达了责令改正违法行为决定书，责令其限期补办环评审批手续。该公司逾期未补办，市环保局对其处以 5 万元罚款。该公司对市环保局行政处罚不服，拒不履行处罚决定，并向市人民政府提出行政复议申请。市人民政府经审理作

出行政复议决定：维持市环保局作出的行政处罚决定。该公司对市人民政府的复议决定不服，向法院提起行政诉讼，请求法院撤销市环保局的处罚决定。经审理，区人民法院做出判决，维持市环保局作出的行政处罚决定。

[提问]市环保局应于何时申请人民法院强制执行？

[解析]本案经过了行政诉讼程序。第一审行政判决后当事人未提出上诉的，市环保局应当在判决书送达之日起 15 日后起算的 180 日内提出申请。如果当事人提出上诉经过二审程序的，市环保局应当在第二审行政判决书送达之日起 180 日内提出申请。

第六十三条　【被处罚企业资产重组后的执行】当事人实施违法行为，受到处以罚款、没收违法所得或者没收非法财物等处罚后，发生企业分立、合并或者其他资产重组等情形，由承受当事人权利义务的法人、其他组织作为被执行人。

【条文主旨】本条是资产重组后被执行人确定的规定。

【条文理解】本条为新增条款，明确了被处罚企业资产重组后的被执行人。

《中华人民共和国公司法》第一百七十五条规定，公司合并时，合并各方的债权、债务，应当由合并后存续的公司或者新设的公司承继。该法第一百七十七条规定，公司分立前的债务由分立后的公司承担连带责任。

为防止企业以资产重组方式逃避处罚，确保处罚决定执行到位，本条借鉴了《中华人民共和国公司法》关于公司分立、合并后处理合同之债的规定，并与其相衔接，明确了企业在分立、合并或者其他形式的资产重组后，法律责任的承担问题。当事人受到财产罚（如罚款、没收违法所得、没收非法财物）后，发生企业分立、合并或者其他资产重组等情形的，由承受当事人权利义务的法人、其他组织作为被执行人。具体而言，分为以下情形：

1．企业合并的，合并后的企业为财产罚的被执行人；

2．企业分立后原企业仍然存在的，原企业为财产罚的被执行人，分立后的新企业连带承担财产罚；

3．企业分立后原企业终止的，分立后的新成立企业连带承担财产罚。

【要点提示】

1．本条针对的是财产罚（如罚款、没收违法所得、没收非法财物），不适用除财产罚外的其他行政处罚。

2．本条规定是为了保证罚款、没收违法所得、没收非法财物等财产罚执行到位。

【法规链接】

●《中华人民共和国公司法》

第一百七十五条　公司合并时，合并各方的债权、债务，应当由合并后存续的公司或者新设的公司承继。

第一百七十七条　公司分立前的债务由分立后的公司承担连带责任。但是，公司在分立前与债权人就债务清偿达成的书面协议另有约定的除外。

【相关案例】

案例三十八　某地毯厂违法排污案

［基本案情］A 地毯厂违法排污造成污染事故，县环保局下达处罚决定书，对 A 地毯厂按照直接损失的 20%罚款 10 万元。数日后，A 地毯厂与 B 地毯厂合并，组建了 C 地毯厂。

［提问］请问该由谁来缴纳罚款？

［解析］C 地毯厂。当事人实施违法行为，受到处以罚款、没收违法所得或者没收非法财物等处罚后，发生企业合并的，由承受当事人权利义务的法人、其他组织作为被执行人。

第六十四条　【延期或者分期缴纳罚款】确有经济困难，需要延期或者分期缴纳罚款的，当事人应当在行政处罚决定书确定的缴纳期限届满前，向作出行政处罚决定的环境保护主管部门提出延期

或者分期缴纳的书面申请。

批准当事人延期或者分期缴纳罚款的，应当制作同意延期（分期）缴纳罚款通知书，并送达当事人和收缴罚款的机构。延期或者分期缴纳的最后一期缴纳时间不得晚于申请人民法院强制执行的最后期限。

【条文主旨】本条是对延期或者分期缴纳罚款的规定。

【条文理解】本条为新增条款，体现了以人为本。

环境保护主管部门作出罚款决定后，当事人应当在规定的期限内到银行缴纳罚款。但在特殊情况下，可能出现当事人不缴纳罚款不是主观上故意拒绝或者拖延履行处罚决定，而是客观上没有缴纳能力，如当事人确有经济困难。《中华人民共和国行政处罚法》第五十二条将客观上没有缴纳能力与当事人主观上故意拒绝或者拖延缴纳罚款区分开来，允许有经济困难的当事人暂缓或者分期缴纳罚款。

办理程序如下：

1．当事人提出书面申请。申请应当向作出行政处罚决定的环境保护主管部门提出。书面申请应当阐明延期或分期缴纳罚款的原因，并提出申请延期的期限或者分期的次数。申请应当在行政处罚决定书确定的缴纳期限届满之前提出。

2．环境保护主管部门进行审查。批准条件是当事人确有经济困难。

3．环境保护主管部门制作法律文书。经审查，认定当事人申请成立的，环境保护主管部门作出允许延期或者分期缴纳罚款的决定，制作同意延期（分期）缴纳罚款通知书；认定当事人申请理由不成立的，环境保护主管部门不予批准。

4．环境保护主管部门将同意延期（分期）缴纳罚款通知书送达当事人和收缴罚款的机构。

考虑到人民法院对申请强制执行有期限要求，为确保处罚决定执行到位，延期或者分期缴纳的最后一期缴纳时间不得晚于申请人民法院强制执行的最后期限。

【要点提示】

1．当事人提出申请的，应当书面说明申请延期或者分期缴纳罚款的原因，并提出申请延期的期限或者分期的次数。

2．申请期限应当是在行政处罚决定书确定的缴纳期限届满之前。缴纳期限届满之后提出申请的，不予批准。

3．审批机关是作出该处罚决定的环境保护主管部门。

4．批准条件是当事人确有经济困难。《中华人民共和国行政处罚法》和本办法没有对“当事人确有经济困难”予以界定，环境保护主管部门可以结合当事人的具体情况自行认定。认为申请理由不成立的，不予批准。

5．批准同意延期（分期）缴纳罚款的，应当制作同意延期（分期）缴纳罚款通知书，注明延期（分期）的具体期限、期次等信息。延期或者分期缴纳的最后一期缴纳时间不得晚于申请人民法院强制执行的最后期限。

6．同意延期（分期）缴纳罚款通知书应送达当事人和收缴罚款的机构。

【法规链接】

●《中华人民共和国行政处罚法》

第五十二条　当事人确有经济困难，需要延期或者分期缴纳罚款的，经当事人申请和行政机关批准，可以暂缓或者分期缴纳。

【相关案例】

案例三十九　某菜馆超标排污案

［基本案情］县环保局收到群众投诉，反映某菜馆油烟排放严重影响附近居民生活。县环保局现场监测发现该菜馆确有油烟超标排放行为，对其处以罚款五万元。当事人以店面新开张、营业困难、资金不足为由，提出分期缴纳的书面申请。

［提问］县环保局应否批准某菜馆分期缴纳罚款的申请？

[解析] 根据《中华人民共和国行政处罚法》和本办法的规定，当事人确有经济困难的，经当事人申请和环境保护主管部门批准，可以延期或分期缴纳罚款。该菜馆提出申请的，县环保局应当进行审查，根据该菜馆的具体情况决定是否批准。批准当事人申请的，应当制作同意分期缴纳罚款通知书，分期缴纳的最后一期缴纳时间不得晚于申请人民法院强制执行的最后期限。

第六十五条　【没收物品的处理】依法没收的非法财物，应当按照国家规定处理。

销毁物品，应当按照国家有关规定处理；没有规定的，经环境保护主管部门负责人批准，由两名以上环境执法人员监督销毁，并制作销毁记录。

处理物品应当制作清单。

【条文主旨】本条是对没收物品处理的规定。

【条文理解】本条是新增条款。

环境保护主管部门依法没收的非法财物，应当按照《中华人民共和国行政处罚法》第五十三条及其他相关规定进行处理，如直接上缴国库、依法拍卖变卖等，不能自行作价出卖或者低价处理。处理的物品应当制作清单作为物品处理的凭证。其中，环境保护主管部门没收的非法物品，如没收的燃用高污染燃料的设施、含铅汽油等，应当按照国家规定依法处理。

对没有使用价值的物品，应当按照国家规定依法销毁。在国家尚无统一规定的情况下，销毁物品应当经环境保护主管部门负责人批准，并由两名以上环境执法人员监督。销毁物品应当制作销毁记录，并可以采取拍照、录像等方式记录现场情况。

【要点提示】

1．销毁物品应当遵守国家的有关规定。

2．国家尚未规定的，销毁物品应当遵守本条规定的程序。

【法规链接】

● 《中华人民共和国行政处罚法》

第五十三条　除依法应当予以销毁的物品外，依法没收的非法财物必须按照国家规定公开拍卖或者按照国家有关规定处理。

罚款、没收违法所得或者没收非法财物拍卖的款项，必须全部上缴国库，任何行政机关或者个人不得以任何形式截留、私分或者变相私分；财政部门不得以任何形式向作出行政处罚决定的行政机关返还罚款、没收的违法所得或者返还没收非法财物的拍卖款项。

【相关案例】

案例四十　某执法人员转卖茶炉案

［基本案情］某市人民政府发出《关于加强辖区环境空气质量管理的通告》，要求在辖区内停止使用高污染燃料，对使用高污染燃料的锅炉一律拆除，逾期将强制拆除并没收。李某未予理睬，市环保局将其茶炉强行拆除并没收。

李某准备买茶炉重操旧业时，发现了一个眼熟的茶炉，不但型号、编号和自己被没收的那个一样，他以前在茶炉上做的标记也还在。李某多方打听，得知该茶炉是被市环保局一名执法人员转卖而来。

［提问］执法人员是否违法？

［解析］违法。根据非法物品的不同，应当按照国家规定采取公开拍卖、销毁等方式处理，罚款、没收违法所得或者没收非法财物拍卖的款项，必须全部上缴国库，任何行政机关或者个人不得以任何形式截留、私分或者变相私分。市环保局执法人员转卖茶炉的行为，违反了上述规定。

第六十六条　【罚没款上缴国库】罚没款及没收物品的变价款，应当全部上缴国库，任何单位和个人不得截留、私分或者变相私分。

【条文主旨】本条是对罚没款和变价款上缴国库的规定。

【条文理解】 本条为新增条款。

罚没财物归国家所有，而非实施罚没的环境保护主管部门，更非环境执法人员。罚没款及没收物品的变价款，是国家预算收入的一个组成部分，应当全部上缴国库，而不能将罚没财物截留，自作经费、奖金使用，更不允许以任何形式截留、私分或者变相私分。

环境保护主管部门的行政经费，应当由有关财政部门按照国家财政预算拨给。各级财政部门，不得以任何形式、任何名目，将环境行政罚款等款项返还。

【要点提示】

1. 罚没财物归国家所有，应当全部上缴国库。

2. 任何单位和个人，包括实施行政处罚的环境保护主管部门及相关人员、代收代缴罚款的银行机构及相关人员、罚款收缴的财政部门及相关人员，都不得将罚款截留、私分或者变相私分。

【法规链接】

● 《中华人民共和国行政处罚法》

第五十三条 除依法应当予以销毁的物品外，依法没收的非法财物必须按照国家规定公开拍卖或者按照国家有关规定处理。

罚款、没收违法所得或者没收非法财物拍卖的款项，必须全部上缴国库，任何行政机关或者个人不得以任何形式截留、私分或者变相私分；财政部门不得以任何形式向作出行政处罚决定的行政机关返还罚款、没收的违法所得或者返还没收非法财物的拍卖款项。

【相关案例】

案例四十一　某县环保局罚款提成返还案

［基本案情］某县环保局为了调动执法人员的积极性，实行罚款提成返还的政策，即按一定的比例，以奖金的名义发给实施罚款的环境执法人员。

［提问］县环保局的做法是否合法？

［解析］不合法。罚没款及没收物品的变价款，应当全部上缴国库，任何单位和个人不得截留、私分或者变相私分。

第六章　结案和归档

第六十七条　【结案】有下列情形之一的，应当结案：

（一）行政处罚决定由当事人履行完毕的；

（二）行政处罚决定依法强制执行完毕的；

（三）不予行政处罚等无须执行的；

（四）行政处罚决定被依法撤销的；

（五）环境保护主管部门认为可以结案的其他情形。

【条文主旨】本条是对结案标准的规定。

【条文理解】本条为新增条款。

结案是对案件作最后处理，以终结环境行政处罚程序的活动。结案是处罚案件办理的重要环节之一。经过立案的环境行政处罚案件，出口仅有两个：一是根据新情况发现不符合立案条件而撤销立案，二是案件办理完毕予以结案。

环境行政处罚决定一经做出，就具有执行力，必须得到执行。处罚决定得不到执行将产生一系列不利后果，如损害公共利益、影响执法权威、贬损部门形象等。《中华人民共和国行政处罚法》规定，在当事人不自觉履行行政处罚决定的情况下，行政机关必须依法采取一定手段，使行政处罚决定书所载义务得以完全履行。因此，执行是环境行政处罚程序的重要环节，是否执行完毕是案件的重要结案标准。

本条采取列举和概括的方式，阐明了环境行政处罚案件的结案条件：

1．处罚决定执行完毕。处罚决定执行完毕可分为当事人主动履行完毕和经人民法院强制执行完毕两种情形。行政处罚决定载明了当事人应当履行的义务，处罚决定执行完毕表明当事人负有的义务得到了履行，惩罚目的已经实现。因此，处罚决定执行完毕是案件结案的最常见途径。需要说明的是，处罚决定执行完毕是指行政处罚决定书所载处罚种类全部得到执行且幅度到位。只要处罚种类还有一项未得到执行，只要处罚幅度还未执行到位，则不能称为“处罚决定执行完毕”，也就不能结案。

2．处罚案件无须执行。在特殊情况下，处罚案件无须执行即可结案，如违法行为轻微并及时纠正、没有造成危害后果而不予行政处罚的，因无处罚内容且当事人已经纠正，就无须执行即可结案。

3．行政处罚决定被依法撤销。处罚决定被撤销可分为作出处罚决定的环保部门自行撤销、经过行政复议程序被撤销和经过行政诉讼程序被撤销三种情形。因处罚决定被撤销，原处罚内容不复存在而结案。

4．环保部门认为可以结案的其他情形。这是针对本条未穷尽的其他特殊结案情形的概括性规定，属于兜底性条款，以避免挂一漏万。

【要点提示】

1．结案前应当进行审查，符合本条规定结案条件的，应当尽早结案；不符合结案条件的，不得随意结案。

2．决定结案的，应当制作结案材料，如“结案审批表”。

3．作出处罚决定的环境保护主管部门应当督促当事人及时履行处罚决定。

第六十八条　【立卷归档】结案的行政处罚案件，应当按照下列要求将案件材料立卷归档：

（一）一案一卷，案卷可以分正卷、副卷；

（二）各类文书齐全，手续完备；

（三）书写文书用签字笔、钢笔或者打印；

（四）案卷装订应当规范有序，符合文档要求。

【条文主旨】本条是对立卷归档要求的规定。

【条文理解】本条为新增条款。

在实施环境行政处罚工作中形成的文字、图表、声像等各种形式的历史记录，直接、全面地记录了行政处罚的实施过程全貌，具有重要的查证价值，必须收集齐全，并按有关规定立卷归档。

为了便于保管和查阅，本条提出了四条基本要求：

1．为便于查阅，每个处罚案件独立立卷；

2．实施行政处罚过程中制作的各种文件材料齐全，不得遗漏；

3．为便于长期保存，文件资料要用签字笔或者钢笔书写，不得使用不耐久字迹材料，有条件的应当打印；

4．案卷装订应当符合要求。

【法规链接】

●《全面推进依法行政实施纲要》（国务院2004年3月22日）

健全行政执法案卷评查制度。行政机关应当建立有关行政处罚、行政许可、行政强制等行政执法的案卷。对公民、法人和其他组织的有关监督检查记录、证据材料、执法文书应当立卷归档。

●《环境保护档案管理办法》（国家环境保护局、国家档案局令第13号）

第十二条　环境保护文件材料的形成、积累、整理和立卷归档工作，由文件材料的经办部门和经办人员负责。

第十四条　在职务活动中形成的文件材料，必须定期由文书部门或者经办部门整理、立卷，并移交档案管理机构集中管理，任何个人不得据为己有或者拒绝归档。

第十六条　文件材料的归档应在以下时间内完成：

（一）文书档案应由经办单位或者经办人员在次年六月底以前移交档案管理机构；

……

第六十九条　【归档顺序】正卷按下列顺序装订：

（一）行政处罚决定书及送达回证；

（二）立案审批材料；

（三）调查取证及证据材料；

（四）行政处罚事先告知书、听证告知书、听证通知书等法律文书及送达回证；

（五）听证笔录；

（六）财物处理材料；

（七）执行材料；

（八）结案材料；

（九）其他有关材料。

副卷按下列顺序装订：

（一）投诉、申诉、举报等案源材料；

（二）涉及当事人有关技术秘密和商业秘密的材料；

（三）听证报告；

（四）审查意见；

（五）集体审议记录；

（六）其他有关材料。

【条文主旨】本条是对归档顺序的规定。

【条文理解】本条为新增条款。

行政处罚案件档案材料原则上按照实施环境行政处罚的程序排列，以方便查阅。为便于信息公开，将处罚档案分为正卷和副卷两部分。

正卷可以向被处罚对象和社会公众公开，供被处罚对象和社会公众查阅、摘抄、复制，具体包括九类：（1）行政处罚决定书及送达回证；（2）立案审批材料；（3）调查取证及证据材料；（4）行政处罚事先告知书、听证告知书、听证通知书等法律文书及送达回证；（5）听证笔录；（6）财物处理材料；（7）执行材料；（8）结案材料；（9）其他材料。

副卷不予公开，具体包括六类：（1）投诉、申诉、举报等案源材料；（2）涉及当事人有关技术秘密和商业秘密的材料；（3）听证报告；（4）审查意见；（5）集体审议记录；（6）其他材料。公开副卷将产生一定的负面影响，如公开投诉、申诉、举报等案源材料，投诉人、申诉人、举报人将有可能受到打击报复，不利于保护其人身、财产权益；公开涉及当事人有关技术秘密和商业秘密的材料，将有可能导致其技术秘密、商业秘密被他人知晓，不利于保护当事人的合法权益；公开听证报告、审查意见、集体审议记录等环境保护主管部门办理处罚案件过程中的形成内部文件，将可能使办案人员心存顾虑，不利于案件的公平公正办理。因此，有必要将可以公开的案卷材料和不能公开的案卷材料分开装订，以利于更好地做好信息公开工作。

第七十条　【案卷管理】案卷归档后，任何单位、个人不得修改、增加、抽取案卷材料。案卷保管及查阅，按档案管理有关规定执行。

【条文主旨】本条是对案件卷宗管理的规定。

【条文理解】本条为新增条款。

处罚案卷材料是对环境行政处罚实施过程的客观反映。为保持其客观性和真实性，本条规定在案卷归档后，任何单位、个人不得修改、增加、抽取案卷材料。

为加强案卷保管、充分发挥档案的利用价值，本条规定案卷的保管和查阅按有关规定执行，如《中华人民共和国档案法》、《环境保护档案管理办法》等。

【法规链接】

●《中华人民共和国档案法》

●《环境保护档案管理办法》（国家环境保护局、国家档案局令第 13 号）

第十七条　环境保护档案的著录分类标引、依照《中国档案分类法 环境保护档案分类表》、《环境保护档案著录细则》进行。

第十八条　环境保护档案的保管期限分为永久、长期、短期三种。凡在工作查考、经验总结、科学研究等方面具有长远利用价值的，应永久保存；凡在较长时间内具有查考利用价值的，应长期（16 年至 50 年）保存；凡在一定时期具有利用价值的，应短期（15 年以内）保存。

第二十五条　环保档案管理机构应当编制各种检索工具，积极开发环境保护档案信息资源。

第二十六条　环保档案管理机构应当开展档案的编研工作，并根据环境保护工作的实际需要，将已有档案加工成文摘、汇编或专题史料等不同类型的参考资料，为环境保护工作提供服务。

第二十七条 环保部门保存的档案主要供本部门利用。

其他系统或部门的工作人员查阅档案时，需持本单位介绍信，说明利用目的和范围，并经环保部门有关负责人批准后方可查阅。

第二十八条 查阅涉及党和国家秘密的环境保护档案必须经过分管档案工作的行政领导及保密部门批准；查阅未公开的档案，必须经过有关业务部门负责人批准；摘录和复制档案，必须经过环保档案管理机构负责人批准。

第二十九条 借用环境保护档案者应负责所借档案的安全和保密，不得擅自转借，不得折叠、剪贴或抽取、拆散档案，严禁在环境保护档案上勾画、涂抹、填注、加字、改字或以其他方式损害档案的原有状态。

借阅的档案一般不得带出档案室。

第三十条 对本部门以外的工作人员利用环境保护档案，可以实行有偿服务，收费的范围和标准按国家有关规定执行。

第七十一条 【案件统计】环境保护主管部门应当建立行政处罚案件统计制度，并按照环境保护部有关环境统计的规定向上级环境保护主管部门报送本行政区的行政处罚情况。

【条文主旨】本条是对案件统计制度的规定。

【条文理解】建立行政处罚案件统计制度，是环境保护主管部门规范化、科学化管理的要求，有利于环境保护主管部门从宏观上掌握行政处罚工作情况，了解行政处罚工作中的常见问题，进行分析研判，从而有针对性地予以解决。因此，本条规定环境保护主管部门应当建立行政处罚案件统计制度，并按环境保护部的有关规定报送本行政区的行政处罚情况。

【法规链接】

- 《中华人民共和国统计法》
- 《环境统计管理办法》（国家环境保护总局令第 37 号）

第七章　监　督

第七十二条　【信息公开】除涉及国家机密、技术秘密、商业秘密和个人隐私外，行政处罚决定应当向社会公开。

【条文主旨】本条是对信息公开的规定。

【条文理解】本条为新增条款。

行政处罚决定向社会公开，为公众所知晓，这是行政处罚公开原则的客观要求。行政处罚决定向社会公开，是外部监督的基础；是保证行政处罚公正性的必然要求。如果处罚决定不向社会公开，外部监督无从谈起。

依据《环境信息公开办法（试行）》第十一条规定，环境行政处罚情况属于环境保护主管部门在职责权限范围内向社会主动公开的政府环境信息。公开的内容包括处罚的依据、违反环境行政法规应受处罚的事实、处罚决定的内容等。行政处罚决定的公开方式可以多样化，如政府公报、政府网站、媒体报道、报刊登载、公众查阅、新闻发布、布告张贴等，作出处罚决定的环境保护主管部门可以自行选择。

另外，本条有关"国家机密、技术秘密、商业秘密和个人隐私"表述，实为《中华人民共和国保守国家秘密法》和《中华人民共和国政府信息公开条例》中"国家秘密"、"商业秘密"、"个人隐私"的范畴。涉及以下情形的，原则上不公开：

一是国家秘密。根据《中华人民共和国保守国家秘密法》的规定，国家秘密是关系国家安全和利益，依照法定程序确定，在一定时间内只限一定范围的人员知悉的事项。公开国家机密，将有可能危害国家安全，因此不公开。

二是商业秘密。根据《中华人民共和国反不正当竞争法》规定，商业秘密是指不为公众所熟悉、能为权利人带来经济利益、具有实用性并经权利人采取保密措施的技术信息和经营信息。公开技术秘密和商业秘密，将有可能损害当事人的经济利益，因此不公开。

三是个人隐私。目前我国现行法律还没有对个人隐私作出明确界定。一般而言，个人隐私是指关系个人财产、名誉或者其他利益的不宜对外公开的情况、资料。公开个人隐私，将有可能损害当事人的合法权益，因此不公开。

为平衡公共利益和个人利益，《中华人民共和国政府信息公开条例》和《环境信息公开办法（试行）》还规定了不公开技术秘密、商业秘密和个人隐私的例外情形：

一是权利人同意公开的，可以予以公开。为避免纠纷，以取得权利人的书面同意为宜。

二是环境保护主管部门认为不公开可能对公共利益造成重大影响的，可以予以公开。《中华人民共和国政府信息公开条例》和《环境信息公开办法（试行）》对何为“公共利益”、何为“重大影响”均未予以界定，环境保护主管部门可以结合实际情况自行判断和认定。

【要点提示】

1．行政处罚决定向社会公开是常态，不公开是例外，公开技术秘密、商业秘密和个人隐私是例外之例外。

2．涉及国家机密的，不予公开。

3．涉及技术秘密、商业秘密和个人隐私的，原则上不公开。但权利人同意公开或者环境保护主管部门认为不公开可能对公共利益造成重大影响的，可以予以公开。

【法规链接】

● 《中华人民共和国保守国家秘密法》

第二条 国家秘密是关系国家安全和利益，依照法定程序确定，在一定时间内只限一定范围的人员知悉的事项。

第三条 国家秘密受法律保护。

一切国家机关、武装力量、政党、社会团体、企业事业单位和公民都有保守国家秘密的义务。

任何危害国家秘密安全的行为，都必须受到法律追究。

第四条 保守国家秘密的工作（以下简称保密工作），实行积极防范、突出重点、依法管理的方针，既确保国家秘密安全，又便利信息资源合理利用。

法律、行政法规规定公开的事项，应当依法公开。

●《中华人民共和国政府信息公开条例》

第九条 行政机关对符合下列基本要求之一的政府信息应当主动公开：

（一）涉及公民、法人或者其他组织切身利益的；

（二）需要社会公众广泛知晓或者参与的；

（三）反映本行政机关机构设置、职能、办事程序等情况的；

（四）其他依照法律、法规和国家有关规定应当主动公开的。

第十条 县级以上各级人民政府及其部门应当依照本条例第九条的规定，在各自职责范围内确定主动公开的政府信息的具体内容，并重点公开下列政府信息：

（一）行政法规、规章和规范性文件；

（二）国民经济和社会发展规划、专项规划、区域规划及相关政策；

（三）国民经济和社会发展统计信息；

（四）财政预算、决算报告；

（五）行政事业性收费的项目、依据、标准；

（六）政府集中采购项目的目录、标准及实施情况；

（七）行政许可的事项、依据、条件、数量、程序、期限以及申请行政许可需要提交的全部材料目录及办理情况；

（八）重大建设项目的批准和实施情况；

（九）扶贫、教育、医疗、社会保障、促进就业等方面的政策、措施及其实施情况；

（十）突发公共事件的应急预案、预警信息及应对情况；

（十一）环境保护、公共卫生、安全生产、食品药品、产品质量的监督检查情况。

第十四条 行政机关应当建立健全政府信息发布保密审查机制，明确审查的程序和责任。

行政机关在公开政府信息前，应当依照《中华人民共和国保守国家秘密法》以及其他法律、法规和国家有关规定对拟公开的政府信息进行审查。

行政机关对政府信息不能确定是否可以公开时，应当依照法律、法规和国家有关规定报有关主管部门或者同级保密工作部门确定。

行政机关不得公开涉及国家秘密、商业秘密、个人隐私的政府信息。但是，经权利人同意公开或者行政机关认为不公开可能对公共利益造成重大影响的涉及商业秘密、个人隐私的政府信息，可以予以公开。

● 《环境信息公开办法（试行）》（国家环境保护总局令第 35 号）

第十一条 环保部门应当在职责权限范围内向社会主动公开以下政府环境信息：

（一）环境保护法律、法规、规章、标准和其他规范性文件；

（二）环境保护规划；

（三）环境质量状况；

（四）环境统计和环境调查信息；

（五）突发环境事件的应急预案、预报、发生和处置等情况；

（六）主要污染物排放总量指标分配及落实情况，排污许可证发放情况，城市环境综合整治定量考核结果；

（七）大、中城市固体废物的种类、产生量、处置状况等信息；

（八）建设项目环境影响评价文件受理情况，受理的环境影响评价文件的审批结果和建设项目竣工环境保护验收结果，其他环境保护行政许可的项目、依据、条件、程序和结果；

（九）排污费征收的项目、依据、标准和程序，排污者应当缴纳的排污费数额、实际征收数额以及减免缓情况；

（十）环保行政事业性收费的项目、依据、标准和程序；

（十一）经调查核实的公众对环境问题或者对企业污染环境的信访、投诉案件及其处理结果；

（十二）环境行政处罚、行政复议、行政诉讼和实施行政强制措施的情况；

（十三）污染物排放超过国家或者地方排放标准，或者污染物排放总量超过地方人民政府核定的排放总量控制指标的污染严重的企业名单；

（十四）发生重大、特大环境污染事故或者事件的企业名单，拒不执行已生效的环境行政处罚决定的企业名单；

（十五）环境保护创建审批结果；

（十六）环保部门的机构设置、工作职责及其联系方式等情况；

（十七）法律、法规、规章规定应当公开的其他环境信息。

环保部门应当根据前款规定的范围编制本部门的政府环境信息公开目录。

第十二条 环保部门应当建立健全政府环境信息发布保密审查机制，明确审查的程序和责任。

环保部门在公开政府环境信息前，应当依照《中华人民共和国保守国家秘密法》以及其他法律、法规和国家有关规定进行审查。

环保部门不得公开涉及国家秘密、商业秘密、个人隐私的政府环境信息。但是，经权利人同意或者环保部门认为不公开可能对公共利益造成重大影响的涉及商业秘密、个人隐私的政府环境信息，可以予以公开。

环保部门对政府环境信息不能确定是否可以公开时，应当依照法律、法规和国家有关规定报有关主管部门或者同级保密工作部门确定。

第七十三条 【监督检查】上级环境保护主管部门负责对下级环境保护主管部门的行政处罚工作情况进行监督检查。

【条文主旨】本条是对监督检查制度的规定。

【条文理解】本条是对《中华人民共和国行政处罚法》第五十四条的补充规定。

对行政处罚工作情况进行监督检查，主要是对行政机关及其执法人员实施行政处罚的情况进行了解、检查和督促，对违法或者不当的行政处罚决定依法予以撤销、变更或者纠正。

为了保证行政处罚的正确实施，必须加强对行政处罚工作的监督。《中华人民共和国行政处罚法》第五十四条要求行政机关建立健全对行政处罚的监督制度，并要求县级以上人民政府加强对行政处罚的监督检查。这是因为在行政处罚权的归属上，法律法规将绝大多数行政处罚权赋予给了政府各职能部门。人民政府与所属环境保护主管部门是领导与被领导的关系，人民政府理应对所属环境保护主管部门实施行政处罚的情况进行监督检查。

另外，上级环境保护主管部门与下级环境保护主管部门无论是指导与被指导的关系，还是领导与被领导的关系，都理应对下级环境保护主管部门实施行政处罚的情况进行监督检查。

【法规链接】

● 《中华人民共和国行政处罚法》

第五十四条 行政机关应当建立健全对行政处罚的监督制度。县级以上人民政府应当加强对行政处罚的监督检查。公民、法人或者其他组织对行政机关作出的行政处罚，有权申诉或者检举；行政机关应当认真审查，发现行政处罚有错误的，应当主动改正。

第七十四条 【处罚备案】环境保护主管部门应当建立行政处罚备案制度。

下级环境保护主管部门对上级环境保护主管部门督办的处罚案件，应当在结案后20日内向上一级环境保护主管部门备案。

【条文主旨】本条是对备案制度的规定。

【条文理解】处罚备案制度是指下级环境保护主管部门对符合一定条件的处罚案件，报送上级环境保护主管部门知晓、登记、存查的法律要求，是上级环境保护主管部门对下级环境保护主管部门的行政处罚工作情况进行监督检查的具体形式之一。环境保护主管部门建立行政处罚备案制度，通过处罚案件信息的及时报送，有利于督促下级环境保护主管部门及时、依法、完全履行职责，也有利于上级环境保护主管部门及时了解和掌握下级环境保护主管部门实施行政处罚的具体情况，及时发现、纠正不合法或者不适当的行政处罚决定，规范行政处罚行为。

为减轻下级环境保护主管部门负担，与原《环境保护行政处罚办法》（国家环境保护总局令第7号）相比，本条规定有两点变化：

一、缩小了备案范围。原办法所规定的备案范围包括三类，一是上级环境保护主管部门指定办理的处罚案件；二是适用听证程序的处罚案件；三是经过行政诉讼的处罚案件。新办法将备案范围缩小为“上级环境保护主管部门督办的处罚案件”。

二、限制了备案层级。下级环境保护主管部门仅向上一级环境保护主管部门备案，即县级环保部门向市级环保部门备案、市级环保部门向省级环保部门备案、省级环保部门向环境保护部备案。

第七十五条　【纠正、撤销或变更】环境保护主管部门通过接受当事人的申诉和检举，或者通过备案审查等途径，发现下级环境保护主管部门的行政处罚决定违法或者显失公正的，应当督促其纠正。

环境保护主管部门经过行政复议，发现下级环境保护主管部门作出的行政处罚违法或者显失公正的，依法撤销或者变更。

【条文主旨】本条是对纠正、撤销或者变更处罚决定的规定。

【条文理解】上级环境保护主管部门在对下级环境保护主管部门的行政处罚工作情况进行监督检查的过程中，如果发现下级环境保护主管部门的处罚决定违法或者显失公正，该如何处理？根据上下级环境保护主管部门之间关系的不同，处理方式也不同。在实行垂直领导的地方，上下级环境保护主管部门是领导与被领导的关系，上级环境保护主管部门可以直接撤销或者变更下级环境保护主管部门的处罚决定。但在大多数地方，上下级环境保护主管部门是指导与被指导的关系，本条对此具体规定了两种处理方式：

一、根据《中华人民共和国行政复议法》的规定撤销或者变更下级环境保护主管部门的行政处罚决定。当事人向作出处罚决定的环境保护主管部门的上级环境保护主管部门申请行政复议的，上级环境保护主管部门应当按照《中华人民共和国行政复议法》、《中华人民共和国行政复议法实施条例》和《环境行政复议办法》的规定予以审理，如果发现下级环境保护主管部门的处罚决定违法或者显失公正，视具体情况予以撤销或者变更。

二、督促下级环境保护主管部门自行纠正。在大多数地方，上下级环境保护主管部门并非领导与被领导的关系，如果当事人未提出行政复议申请，上级环境保护主管部门即使发现下级环境保护主管部门的行政处罚决定违法或者显失公正的，也不能直接撤销或者变更，而只能督促其纠正。

当事人的申诉和检举、备案审查、行政复议，都是有效的监督途径之一。对当事人的申诉和检举，环境保护主管部门应当接受，并进行审查核实。通过备案获得的处罚材料，环境保护主管部门应当予以审查，确保依法处罚且执法到位。行政复议则是行政机关内部的层级监督和法定的纠错机制，当事人一经申请，上级环境保护主管部门应当依法审查并作出决定。

【要点提示】

1. 区分上下级环境保护主管部门关系的不同，对下级环境保护主管部门处罚决定的处理方式不同。

2. 经过行政复议程序发现下级环境保护主管部门的处罚决定违法或者显失公正的，上级环境保护主管部门可以予以撤销或者变更。

3. 在实行垂直领导的地方，发现下级环境保护主管部门的处罚决定违法或者显失公正的，上级环境保护主管部门可以予以撤销或者变更，也可以督促其纠正。

4. 未实行垂直领导的地方，发现下级环境保护主管部门的处罚决定违法或者显失公正的，上级环境保护主管部门可以督促其纠正，但不能直接撤销或者变更。

【法规链接】

● 《中华人民共和国行政复议法》

第二十八条 行政复议机关负责法制工作的机构应当对被申请人作出的具体行政行为进行审查，提出意见，经行政复议机关的负责人同意或者集体讨论通过后，按照下列规定作出行政复议决定：

（一）具体行政行为认定事实清楚，证据确凿，适用依据正确，程序合法，内容适当的，决定维持；

（二）被申请人不履行法定职责的，决定其在一定期限内履行；

（三）具体行政行为有下列情形之一的，决定撤销、变更或者确认该具体行政行为违法；决定撤销或者确认该具体行政行为违法的，可以责令被申请人在一定期限内重新作出具体行政行为：

1. 主要事实不清、证据不足的；

2. 适用依据错误的；

3. 违反法定程序的；

4. 超越或者滥用职权的；

5. 具体行政行为明显不当的。

（四）被申请人不按照本法第二十三条的规定提出书面答复、提交当初作出具体行政行为的证据、依据和其他有关材料的，视为该具体行政行为没有证据、依据，决定撤销该具体行政行为。

行政复议机关责令被申请人重新作出具体行政行为的，被申请人不得以同一的事实和理由作出与原具体行政行为相同或者基本相同的具体行政行为。

●《中华人民共和国行政复议法实施条例》

第四十三条　依照行政复议法第二十八条第一款第（一）项规定，具体行政行为认定事实清楚，证据确凿，适用依据正确，程序合法，内容适当的，行政复议机关应当决定维持。

第四十四条　依照行政复议法第二十八条第一款第（二）项规定，被申请人不履行法定职责的，行政复议机关应当决定其在一定期限内履行法定职责。

第四十五条　具体行政行为有行政复议法第二十八条第一款第（三）项规定情形之一的，行政复议机关应当决定撤销、变更该具体行政行为或者确认该具体行政行为违法；决定撤销该具体行政行为或者确认该具体行政行为违法的，可以责令被申请人在一定期限内重新作出具体行政行为。

第四十六条 被申请人未依照行政复议法第二十三条的规定提出书面答复、提交当初作出具体行政行为的证据、依据和其他有关材料的，视为该具体行政行为没有证据、依据，行政复议机关应当决定撤销该具体行政行为。

第四十七条 具体行政行为有下列情形之一，行政复议机关可以决定变更：

（一）认定事实清楚，证据确凿，程序合法，但是明显不当或者适用依据错误的；

（二）认定事实不清，证据不足，但是经行政复议机关审理查明事实清楚，证据确凿的。

第七十六条 【评议和表彰】环境保护主管部门可以通过案件评查或者其他方式评议行政处罚工作。对在行政处罚工作中做出显著成绩的单位和个人，可依照国家或者地方的有关规定给予表彰和奖励。

【条文主旨】本条是评议和表彰处罚工作的规定。

【条文理解】行政处罚评议是建立健全行政处罚监督制度的一种重要形式。通过对具体的行政处罚案件和整体行政处罚工作进行监督和评议，可以有效地提高环境保护主管部门依法办理处罚案件的能力和水平，促进和保障环境保护主管部门严格依法行政，保障公民、法人和其他组织的合法权益。对行政处罚案件的评议可以在一个单位内部开展，也可以在几个单位之间开展，甚至还可以纳入社会评议政风、行风的范围，组织有关专家、群众进行评议。

案件评查的主要内容可以包括：案件事实是否清楚、证据采集是否全面、违法行为定性是否准确、处罚程序是否合法、适用法律是否准确、法律文书是否规范、执行是否到位、案卷材料是否齐全等方面。

评议制度是对行政处罚工作的监督和考核，对行政处罚工作成绩突出的单位和个人给予一定的精神和物质激励，是对其工作成效的肯定，有利于进一步调动工作积极性，促进行政处罚工作的更好开展。

【法规链接】

● 《中华人民共和国公务员法》

第四十八条　对工作表现突出，有显著成绩和贡献，或者有其他突出事迹的公务员或者公务员集体，给予奖励。奖励坚持精神奖励与物质奖励相结合、以精神奖励为主的原则。

公务员集体的奖励适用于按照编制序列设置的机构或者为完成专项任务组成的工作集体。

第四十九条　公务员或者公务员集体有下列情形之一的，给予奖励：

（一）忠于职守，积极工作，成绩显著的；

（二）遵守纪律，廉洁奉公，作风正派，办事公道，模范作用突出的；

（三）在工作中有发明创造或者提出合理化建议，取得显著经济效益或者社会效益的；

（四）为增进民族团结、维护社会稳定做出突出贡献的；

（五）爱护公共财产，节约国家资财有突出成绩的；

（六）防止或者消除事故有功，使国家和人民群众利益免受或者减少损失的；

（七）在抢险、救灾等特定环境中奋不顾身，做出贡献的；

（八）同违法违纪行为作斗争有功绩的；

（九）在对外交往中为国家争得荣誉和利益的；

（十）有其他突出功绩的。

第五十条　奖励分为：嘉奖、记三等功、记二等功、记一等功、授予荣誉称号。

对受奖励的公务员或者公务员集体予以表彰，并给予一次性奖金或者其他待遇。

第五十一条　给予公务员或者公务员集体奖励，按照规定的权限和程序决定或者审批。

第八章　附　则

第七十七条　【违法所得的认定】当事人违法所获得的全部收入扣除当事人直接用于经营活动的合理支出，为违法所得。

法律、法规或者规章对“违法所得”的认定另有规定的，从其规定。

【条文主旨】本条是对违法所得认定的规定。

【条文理解】本条为新增条款。

没收违法所得是《中华人民共和国行政处罚法》和本办法所确定的行政处罚的种类之一。如何界定违法所得，《中华人民共和国行政处罚法》没有明确规定。

在执法实践中，对违法所得的认定并不完全一致，有以全部违法收入为违法所得的“全部说”，也有以在违法行为中的获利部分为违法所得的“获利说”。为避免在执法中因认定违法所得标准不一致，而出现同案不同罚或过罚不当问题，原国家环保总局曾向全国人大常委会法制工作委员会申请解释。全国人大常委会法制工作委员会 2005 年 12 月 21 日作出《关于固废法没收所得和处置责任主体的答复意见》（法工委复字［2005］34 号），就固体废物污染环境防治法第七十七条“违法所得”进行了界定，即违法行为人违法收集、贮存、利用、处置危险废物所获得的收益。

为保证环境执法工作的权威性和严肃性，保障公民、法人和其他组织的合法权益，按照该意见精神，本办法认定违法所得适用“获利说”原则，将“得”原则上界定为经营获利部分（即利润），也就是行为人违法所获得的全部收入扣除直接用于经营活动的合理支出后的数额。“违法所得”之“得”，即是在付出之上的回报。成本是当事人付出的而非得到的，因此“违法所得”之“得”应当是扣除成本之外的获利部分。

在具体适用法律、法规或者规章时，对“违法所得”的认定另有规定的，优先适用的该法律、法规和规章规定。另外，国家工商总局对工商行政管理机关办理行政处罚案件和认定“非法所得”，作出了专门规定，可供环境保护主管部门参考。

【法规链接】

●《全国人大常委会法制工作委员会关于申请解释固体废物污染环境防治法第七十七条有关规定的答复意见》（法工委复字［2005］34号，2005年12月21日）

1. 固体废物污染环境防治法第七十七条对无经营许可证或者不按照经营许可证规定从事收集、贮存、利用、处置危险废物经营活动规定的“没收违法所得”，是指没收违法行为人违法收集、贮存、利用、处置危险废物所获得的收益。

●《工商行政管理机关行政处罚案件违法所得认定办法》（国家工商行政管理总局令第37号）

第二条　工商行政管理机关认定违法所得的基本原则是：以当事人违法生产、销售商品或者提供服务所获得的全部收入扣除当事人直接用于经营活动的适当的合理支出，为违法所得。

本办法有特殊规定的除外。

第三条　违法生产商品的违法所得按违法生产商品的全部销售收入扣除生产商品的原材料购进价款计算。

第四条　违法销售商品的违法所得按违法销售商品的销售收入扣除所售商品的购进价款计算。

第五条　违法提供服务的违法所得按违法提供服务的全部收入扣除该项服务中所使用商品的购进价款计算。

第六条　违反法律、法规的规定，为违法行为提供便利条件的违法所得按当事人的全部收入计算。

第七条　违法承揽的案件，承揽人提供材料的，按照本办法第三条计算违法所得；定做人提供材料的，违法所得按本办法第五条计算。

> **第九条** 在违法所得认定时，对当事人在工商行政管理机关作出行政处罚前依据法律、法规和省级以上人民政府的规定已经支出的税费，应予扣除。
>
> **第十条** 本办法适用于工商行政管理机关行政处罚案件“非法所得”的认定。法律、行政法规对“违法所得”、“非法所得”的认定另有规定的，从其规定。政府规章对“违法所得”、“非法所得”的认定另有规定的，可以从其规定。

第七十八条 【较大数额罚款的界定】本办法第四十八条所称“较大数额”罚款和没收，对公民是指人民币（或者等值物品价值）5 000 元以上、对法人或者其他组织是指人民币（或者等值物品价值）50 000 元以上。

地方性法规、地方政府规章对“较大数额”罚款和没收的限额另有规定的，从其规定。

【条文主旨】本条是对“较大数额”界定的规定。

【条文理解】根据《中华人民共和国行政处罚法》的规定，行政机关作出较大数额罚款的行政处罚决定之前，当事人有权要求听证。对“较大数额”标准的界定，将影响到当事人的听证申请权和环境保护部门处罚程序的选择。但《中华人民共和国行政处罚法》及其他环保法律并没有对“较大数额”标准作出明确规定。

本办法沿用原办法所确定的“较大数额”标准，即对公民是指人民币（或者等值物品价值）5 000 元以上、对法人或者其他组织是指人民币（或者等值物品价值）50 000 元以上。与原办法不同的是，本办法将听证范围扩大至“没收违法所得”和“没收非法财物”。

如果地方性法规、地方政府规章已经对行政处罚中的“较大数额”作出了规定，优先适用地方性法规和地方政府规章的规定。

【要点提示】

1．“较大数额”标准适用于两种处罚种类：罚款和没收。

2．因为个人和单位的经济能力不同，“较大数额”标准也不同。

3．对地方性法规、地方政府规章已经对“较大数额”作出了规定，优先适用地方规定。

4．符合听证条件且当事人提出听证申请的，环境保护主管部门应当举行听证；不符合听证条件但当事人提出听证申请的，环境保护主管部门可以自行决定是否举行听证，即：可以不举行听证，也可以举行听证。

【法规链接】

● 《中华人民共和国行政处罚法》

第四十二条　行政机关作出责令停产停业、吊销许可证或者执照、较大数额罚款等行政处罚决定之前，应当告知当事人有要求举行听证的权利；当事人要求听证的，行政机关应当组织听证。

第七十九条　【期间规定】本办法有关期间的规定，除注明工作日（不包含节假日）外，其他期间按自然日计算。

期间开始之日，不计算在内。期间届满的最后一日是节假日的，以节假日后的第一日为期间届满的日期。期间不包括在途时间，行政处罚文书在期满前交邮的，视为在有效期内。

【条文主旨】本条是对期间的规定。

【条文理解】本条为新增条款。

期间的计算比较复杂，并将影响到当事人的实体权利和程序权利。为了避免计算上的分歧和争执，本办法对环境行政处罚实施过程中的期间计算作了明确而具体的规定：

1．关于期间的计算单位：期间的计算单位是日，一般为自然日。对工作日予以特别注明。

2．期间的开始。期间开始之日，不计算在期间内。

3．期间的截止。期间届满的最后一日为期间截止，但期间届满的最后一日是节假日的，以节假日后的第一天为期间届满的日期。需要说明的是，节假日是指国家法定节假日，而不包括专为某一类人规定的节假日、某些民间节日或单位自己规定的假日。

4．期间不包括在途时间，处罚文书在期满前交邮的，不算过期。确定期满前是否交邮，以邮局的邮戳为准。

【法规链接】

● 《全国年节及纪念日放假办法》

第二条 全体公民放假的节日：

（一）新年，放假1天（1月1日）；

（二）春节，放假3天（农历除夕、正月初一、初二）；

（三）清明节，放假1天（农历清明当日）；

（四）劳动节，放假1天（5月1日）；

（五）端午节，放假1天（农历端午当日）；

（六）中秋节，放假1天（农历中秋当日）；

（七）国庆节，放假3天（10月1日、2日、3日）。

第八十条 【相关法规适用】本办法未作规定的其他事项，适用《行政处罚法》、《罚款决定与罚款收缴分离实施办法》、《环境保护违法违纪行为处分暂行规定》等有关法律、法规和规章的规定。

【条文主旨】本条是对法规适用的规定。

【条文理解】本条为新增条款。

《中华人民共和国行政处罚法》是关于行政处罚的一般规定，本办法是环境保护领域行政处罚的特殊规定。为避免重复和立法冲突，本办法未作规定的其他事项，直接适用有关行政处罚的法律、法规和规章的规定，如《中华人民共和国行政处罚法》、《罚款决定与罚款收缴分离实施办法》、《环境保护违法违纪行为处分暂行规定》等。

【要点提示】

1. 与本办法配合适用的文件有：《中华人民共和国行政处罚法》、《罚款决定与罚款收缴分离实施办法》、《环境保护违法违纪行为处分暂行规定》、《关于环境保护行政主管部门移送涉嫌环境犯罪案件的若干规定》等法律、法规、规章及其他规范性文件。另外，"环境行政处罚听证程序规定"正在制定中。

2．有关规定不一致的，按照《中华人民共和国立法法》第七十八条至第八十六条的适用规则执行。

3．参照执行《法律、行政法规和部门规章设定的环保部门行政处罚目录》（环办[2009]107 号）、《主要环境违法行为行政处罚自由裁量权细化参考指南》（环办[2009]107 号）、《环境行政处罚主要文书制作指南》（环办[2010]51 号）。另外，“环境行政处罚证据指南”正在制定中。

4．参照执行最高人民法院的有关文件，如《最高人民法院关于执行〈中华人民共和国行政诉讼法〉若干问题的解释》（法释[2000]8 号）、《最高人民法院关于行政诉讼证据若干问题的规定》（法释[2002]21 号）。

第八十一条 【核安全处罚适用例外】核安全监督管理的行政处罚，按照国家有关核安全监督管理的规定执行。

【条文主旨】本条是对核安全处罚适用例外的规定。

【条文理解】考虑到核安全监督管理领域的历史延续性，本条作了例外规定。核安全监督管理的行政处罚，按照国家已有的有关核安全监督管理的规定继续执行。

第八十二条 【生效日期】本办法自 2010 年 3 月 1 日起施行。

1999 年 8 月 6 日原国家环境保护总局发布的《环境保护行政处罚办法》同时废止。

【条文主旨】本条是对生效日期的规定。

【条文理解】我国法律生效日期的规定，通常有三种情况：一是自法律公布之日起生效；二是法律公布后并不立即生效，而是经过一段时间后生效；三是法律公布后先试行，而后由立法机关加以补充修改，再通过为正式法律公布实施。

与原办法相比，本办法有一些重大的变化和调整，如关于处罚种类、连续性违法行为的认定等，有必要在实施之前预留一段时间用于宣传，以便于社会公众了解，便于执法人员全面学习、准确把握立法精神和本办法的基本规定。因此，本办法虽于 2010 年 1 月 19 日公布，但至 2010 年 3 月 1 日才发生法律效力。

自本办法生效之日起，原国家环境保护总局发布的《环境保护行政处罚办法》即失去法律效力。

【法规链接】

●《规章制定程序条例》

第三十二条 规章应当自公布之日起 30 日后施行；但是，涉及国家安全、外汇汇率、货币政策的确定以及公布后不立即施行将有碍规章施行的，可以自公布之日起施行。

附　录

一、环境行政处罚法规

中华人民共和国行政处罚法

（1996年3月17日第八届全国人民代表大会第四次会议通过，2009年8月27日第十一届全国人民代表大会常务委员会第十次会议修改）

第一章 总 则

第一条 为了规范行政处罚的设定和实施，保障和监督行政机关有效实施行政管理，维护公共利益和社会秩序，保护公民、法人或者其他组织的合法权益，根据宪法，制定本法。

第二条 行政处罚的设定和实施，适用本法。

第三条 公民、法人或者其他组织违反行政管理秩序的行为，应当给予行政处罚的，依照本法由法律、法规或者规章规定，并由行政机关依照本法规定的程序实施。没有法定依据或者不遵守法定程序的，行政处罚无效。

第四条 行政处罚遵循公正、公开的原则。

设定和实施行政处罚必须以事实为依据，与违法行为的事实、性质、情节以及社会危害程度相当。对违法行为给予行政处罚的规定必须公布；未经公布的，不得作为行政处罚的依据。

第五条 实施行政处罚，纠正违法行为，应当坚持处罚与教育相结合，教育公民、法人或者其他组织自觉守法。

第六条 公民、法人或者其他组织对行政机关所给予的行政处罚，享有陈述权、申辩权；对行政处罚不服的，有权依法申请行政复议或者提起行政诉讼。

公民、法人或者其他组织因行政机关违法给予行政处罚受到损害的，有权依法提出赔偿要求。

第七条 公民、法人或者其他组织因违法受到行政处罚，其违法行为对他人造成损害的，应当依法承担民事责任。违法行为构成犯罪，应当依法追究刑事责任，不得以行政处罚代替刑事处罚。

第二章　行政处罚的种类和设定

第八条　行政处罚的种类：

（一）警告；

（二）罚款；

（三）没收违法所得、没收非法财物；

（四）责令停产停业；

（五）暂扣或者吊销许可证、暂扣或者吊销执照；

（六）行政拘留；

（七）法律、行政法规规定的其他行政处罚。

第九条　法律可以设定各种行政处罚。限制人身自由的行政处罚，只能由法律设定。

第十条　行政法规可以设定除限制人身自由以外的行政处罚。法律对违法行为已经作出行政处罚规定，行政法规需要作出具体规定的，必须在法律规定的给予行政处罚的行为、种类和幅度的范围内规定。

第十一条　地方性法规可以设定除限制人身自由、吊销企业营业执照以外的行政处罚。法律、行政法规对违法行为已经作出行政处罚规定，地方性法规需要作出具体规定的，必须在法律、行政法规规定的给予行政处罚的行为、种类和幅度的范围内规定。

第十二条　国务院部、委员会制定的规章可以在法律、行政法规规定的给予行政处罚的行为、种类和幅度的范围内作出具体规定。尚未制定法律、行政法规的，前款规定的国务院部、委员会制定的规章对违反行政管理秩序的行为，可以设定警告或者一定数量罚款的行政处罚。罚款的限额由国务院规定。国务院可以授权具有行政处罚权的直属机构依照本条第一款、第二款的规定，规定行政处罚。

第十三条　省、自治区、直辖市人民政府和省、自治区人民政府所在地的市人民政府以及经国务院批准的较大的市人民政府制定的规章可以在法律、法规规定的给予行政处罚的行为、种类和幅度的范围内作出具体规定。尚未制定法律、法规的，前款规定的人民政府制定的规章对违反行政管理秩序的行为，可以设定警告或者一定数量罚款的行政处罚。罚款的限额由省、自治区、直辖市人民代表大会常务委员会规定。

第十四条 除本法第九条、第十条、第十一条、第十二条以及第十三条的规定外，其他规范性文件不得设定行政处罚。

第三章 行政处罚的实施机关

第十五条 行政处罚由具有行政处罚权的行政机关在法定职权范围内实施。

第十六条 国务院或者经国务院授权的省、自治区、直辖市人民政府可以决定一个行政机关行使有关行政机关的行政处罚权，但限制人身自由的行政处罚权只能由公安机关行使。

第十七条 法律、法规授权的具有管理公共事务职能的组织可以在法定授权范围内实施行政处罚。

第十八条 行政机关依照法律、法规或者规章的规定，可以在其法定权限内委托符合本法第十九条规定条件的组织实施行政处罚。行政机关不得委托其他组织或者个人实施行政处罚。委托行政机关对受委托的组织实施行政处罚的行为应当负责监督，并对该行为的后果承担法律责任。受委托组织在委托范围内，以委托行政机关名义实施行政处罚；不得再委托其他任何组织或者个人实施行政处罚。

第十九条 受委托组织必须符合以下条件：

（一）依法成立的管理公共事务的事业组织；

（二）具有熟悉有关法律、法规、规章和业务的工作人员；

（三）对违法行为需要进行技术检查或者技术鉴定的，应当有条件组织进行相应的技术检查或者技术鉴定。

第四章 行政处罚的管辖和适用

第二十条 行政处罚由违法行为发生地的县级以上地方人民政府具有行政处罚权的行政机关管辖。法律、行政法规另有规定的除外。

第二十一条 对管辖发生争议的，报请共同的上一级行政机关指定管辖。

第二十二条 违法行为构成犯罪的，行政机关必须将案件移送司法机关，依法追究刑事责任。

第二十三条 行政机关实施行政处罚时，应当责令当事人改正或者限期改正违法行为。

第二十四条 对当事人的同一个违法行为，不得给予两次以上罚款的行政处罚。

第二十五条 不满十四周岁的人有违法行为的，不予行政处罚，责令监护人加以管教；已满十四周岁不满十八周岁的人有违法行为的，从轻或者减轻行政处罚。

第二十六条 精神病人在不能辨认或者不能控制自己行为时有违法行为的，不予行政处罚，但应当责令其监护人严加看管和治疗。间歇性精神病人在精神正常时有违法行为的，应当给予行政处罚。

第二十七条 当事人有下列情形之一的，应当依法从轻或者减轻行政处罚：

（一）主动消除或者减轻违法行为危害后果的；

（二）受他人胁迫有违法行为的；

（三）配合行政机关查处违法行为有立功表现的；

（四）其他依法从轻或者减轻行政处罚的。

违法行为轻微并及时纠正，没有造成危害后果的，不予行政处罚。

第二十八条 违法行为构成犯罪，人民法院判处拘役或者有期徒刑时，行政机关已经给予当事人行政拘留的，应当依法折抵相应刑期。违法行为构成犯罪，人民法院判处罚金时，行政机关已经给予当事人罚款的，应当折抵相应罚金。

第二十九条 违法行为在二年内未被发现的，不再给予行政处罚。法律另有规定的除外。前款规定的期限，从违法行为发生之日起计算；违法行为有连续或者继续状态的，从行为终了之日起计算。

第五章　行政处罚的决定

第三十条　公民、法人或者其他组织违反行政管理秩序的行为，依法应当给予行政处罚的，行政机关必须查明事实；违法事实不清的，不得给予行政处罚。

第三十一条　行政机关在作出行政处罚决定之前，应当告知当事人作出行政处罚决定的事实、理由及依据，并告知当事人依法享有的权利。

第三十二条　当事人有权进行陈述和申辩。行政机关必须充分听取当事人的意见，对当事人提出的事实、理由和证据，应当进行复核；当事人提出的事实、理由或者证据成立的，行政机关应当采纳。行政机关不得因当事人申辩而加重处罚。

第一节　简易程序

第三十三条　违法事实确凿并有法定依据，对公民处以五十元以下、对法人或者其他组织处以一千元以下罚款或者警告的行政处罚的，可以当场作出行政处罚决定。当事人应当依照本法第四十六条、第四十七条、第四十八条的规定履行行政处罚决定。

第三十四条　执法人员当场作出行政处罚决定的，应当向当事人出示执法身份证件，填写预定格式、编有号码的行政处罚决定书。行政处罚决定书应当当场交付当事人。前款规定的行政处罚决定书应当载明当事人的违法行为、行政处罚依据、罚款数额、时间、地点以及行政机关名称，并由执法人员签名或者盖章。执法人员当场作出的行政处罚决定，必须报所属行政机关备案。

第三十五条　当事人对当场作出的行政处罚决定不服的，可以依法申请行政复议或者提起行政诉讼。

第二节　一般程序

第三十六条　除本法第三十三条规定的可以当场作出的行政处罚外，行政机关发现公民、法人或者其他组织有依法应当给予行政处罚的行为的，必须全面、客观、公正地调查，收集有关证据；必要时，依照法律、法规的规定，可以进行检查。

第三十七条 行政机关在调查或者进行检查时，执法人员不得少于两人，并应当向当事人或者有关人员出示证件。当事人或者有关人员应当如实回答询问，并协助调查或者检查，不得阻挠。询问或者检查应当制作笔录。行政机关在收集证据时，可以采取抽样取证的方法；在证据可能灭失或者以后难以取得的情况下，经行政机关负责人批准，可以先行登记保存，并应当在七日内及时作出处理决定，在此期间，当事人或者有关人员不得销毁或者转移证据。执法人员与当事人有直接利害关系的，应当回避。

第三十八条 调查终结，行政机关负责人应当对调查结果进行审查，根据不同情况，分别作出如下决定：

（一）确有应受行政处罚的违法行为的，根据情节轻重及具体情况，作出行政处罚决定；

（二）违法行为轻微，依法可以不予行政处罚的，不予行政处罚；

（三）违法事实不能成立的，不得给予行政处罚；

（四）违法行为已构成犯罪的，移送司法机关。

对情节复杂或者重大违法行为给予较重的行政处罚，行政机关的负责人应当集体讨论决定。

第三十九条 行政机关依照本法第三十八条的规定给予行政处罚，应当制作行政处罚决定书。行政处罚决定书应当载明下列事项：

（一）当事人的姓名或者名称、地址；

（二）违反法律、法规或者规章的事实和证据；

（三）行政处罚的种类和依据；

（四）行政处罚的履行方式和期限；

（五）不服行政处罚决定，申请行政复议或者提起行政诉讼的途径和期限；

（六）作出行政处罚决定的行政机关名称和作出决定的日期。

行政处罚决定书必须盖有作出行政处罚决定的行政机关的印章。

第四十条 行政处罚决定书应当在宣告后当场交付当事人；当事

人不在场的，行政机关应当在七日内依照民事诉讼法的有关规定，将行政处罚决定书送达当事人。

第四十一条 行政机关及其执法人员在作出行政处罚决定之前，不依照本法第三十一条、第三十二条的规定向当事人告知给予行政处罚的事实、理由和依据，或者拒绝听取当事人的陈述、申辩，行政处罚决定不能成立；当事人放弃陈述或者申辩权利的除外。

第三节 听证程序

第四十二条 行政机关作出责令停产停业、吊销许可证或者执照、较大数额罚款等行政处罚决定之前，应当告知当事人有要求举行听证的权利；当事人要求听证的，行政机关应当组织听证。当事人不承担行政机关组织听证的费用。听证依照以下程序组织：

（一）当事人要求听证的，应当在行政机关告知后三日内提出；

（二）行政机关应当在听证的七日前，通知当事人举行听证的时间、地点；

（三）除涉及国家秘密、商业秘密或者个人隐私外，听证公开举行；

（四）听证由行政机关指定的非本案调查人员主持；当事人认为主持人与本案有直接利害关系的，有权申请回避；

（五）当事人可以亲自参加听证，也可以委托一至二人代理；

（六）举行听证时，调查人员提出当事人违法的事实、证据和行政处罚建议；当事人进行申辩和质证；

（七）听证应当制作笔录；笔录应当交当事人审核无误后签字或者盖章。

当事人对限制人身自由的行政处罚有异议的，依照治安管理处罚法有关规定执行。

第四十三条 听证结束后，行政机关依照本法第三十八条的规定，作出决定。

第六章 行政处罚的执行

第四十四条 行政处罚决定依法作出后，当事人应当在行政处罚决定的期限内，予以履行。

第四十五条 当事人对行政处罚决定不服申请行政复议或者提起行政诉讼的，行政处罚不停止执行，法律另有规定的除外。

第四十六条 作出罚款决定的行政机关应当与收缴罚款的机构分离。

除依照本法第四十七条、第四十八条的规定当场收缴的罚款外，作出行政处罚决定的行政机关及其执法人员不得自行收缴罚款。当事人应当自收到行政处罚决定书之日起十五日内，到指定的银行缴纳罚款。银行应当收受罚款，并将罚款直接上缴国库。

第四十七条 依照本法第三十三条的规定当场作出行政处罚决定，有下列情形之一的，执法人员可以当场收缴罚款：

（一）依法给予二十元以下的罚款的；

（二）不当场收缴事后难以执行的。

第四十八条 在边远、水上、交通不便地区，行政机关及其执法人员依照本法第三十三条、第三十八条的规定作出罚款决定后，当事人向指定的银行缴纳罚款确有困难，经当事人提出，行政机关及其执法人员可以当场收缴罚款。

第四十九条 行政机关及其执法人员当场收缴罚款的，必须向当事人出具省、自治区、直辖市财政部门统一制发的罚款收据；不出具财政部门统一制发的罚款收据的，当事人有权拒绝缴纳罚款。

第五十条 执法人员当场收缴的罚款，应当自收缴罚款之日起二日内，交至行政机关；在水上当场收缴的罚款，应当自抵岸之日起二日内交至行政机关；行政机关应当在二日内将罚款缴付指定的银行。

第五十一条 当事人逾期不履行行政处罚决定的，作出行政处罚决定的行政机关可以采取下列措施：

（一）到期不缴纳罚款的，每日按罚款数额的百分之三加处罚款；

（二）根据法律规定，将查封、扣押的财物拍卖或者将冻结的存款划拨抵缴罚款；

（三）申请人民法院强制执行。

第五十二条 当事人确有经济困难，需要延期或者分期缴纳罚款的，经当事人申请和行政机关批准，可以暂缓或者分期缴纳。

第五十三条 除依法应当予以销毁的物品外，依法没收的非法财物必须按照国家规定公开拍卖或者按照国家有关规定处理。罚款、没收违法所得或者没收非法财物拍卖的款项，必须全部上缴国库，任何行政机关或者个人不得以任何形式截留、私分或者变相私分；财政部门不得以任何形式向作出行政处罚决定的行政机关返还罚款、没收的违法所得或者返还没收非法财物的拍卖款项。

第五十四条 行政机关应当建立健全对行政处罚的监督制度。县级以上人民政府应当加强对行政处罚的监督检查。公民、法人或者其他组织对行政机关作出的行政处罚，有权申诉或者检举；行政机关应当认真审查，发现行政处罚有错误的，应当主动改正。

第七章 法律责任

第五十五条 行政机关实施行政处罚，有下列情形之一的，由上级行政机关或者有关部门责令改正，可以对直接负责的主管人员和其他直接责任人员依法给予行政处分：

（一）没有法定的行政处罚依据的；

（二）擅自改变行政处罚种类、幅度的；

（三）违反法定的行政处罚程序的；

（四）违反本法第十八条关于委托处罚的规定的。

第五十六条 行政机关对当事人进行处罚不使用罚款、没收财物单据或者使用非法定部门制发的罚款、没收财物单据的，当事人有权拒绝处罚，并有权予以检举。上级行政机关或者有关部门对使用的非法单据予以收缴销毁，对直接负责的主管人员和其他直接责任人员依法给予行政处分。

第五十七条 行政机关违反本法第四十六条的规定自行收缴罚款的，财政部门违反本法第五十三条的规定向行政机关返还罚款或者拍卖款项的，由上级行政机关或者有关部门责令改正，对直接负责的主管人员和其他直接责任人员依法给予行政处分。

第五十八条 行政机关将罚款、没收的违法所得或者财物截留、私分或者变相私分的，由财政部门或者有关部门予以追缴，对直接负责的主管人员和其他直接责任人员依法给予行政处分；情节严重构成犯罪的，依法追究刑事责任。执法人员利用职务上的便利，索取或者收受他人财物、收缴罚款据为己有，构成犯罪的，依法追究刑事责任；情节轻微不构成犯罪的，依法给予行政处分。

第五十九条 行政机关使用或者损毁扣押的财物，对当事人造成损失的，应当依法予以赔偿，对直接负责的主管人员和其他直接责任人员依法给予行政处分。

第六十条 行政机关违法实行检查措施或者执行措施，给公民人身或者财产造成损害、给法人或者其他组织造成损失的，应当依法予以赔偿，对直接负责的主管人员和其他直接责任人员依法给予行政处分；情节严重构成犯罪的，依法追究刑事责任。

第六十一条 行政机关为牟取本单位私利，对应当依法移交司法机关追究刑事责任的不移交，以行政处罚代替刑罚，由上级行政机关或者有关部门责令纠正；拒不纠正的，对直接负责的主管人员给予行政处分；徇私舞弊、包庇纵容违法行为的，依照刑法有关规定追究刑事责任。

第六十二条 执法人员玩忽职守，对应当予以制止和处罚的违法行为不予制止、处罚，致使公民、法人或者其他组织的合法权益、公共利益和社会秩序遭受损害的，对直接负责的主管人员和其他直接责任人员依法给予行政处分；情节严重构成犯罪的，依法追究刑事责任。

第八章 附 则

第六十三条 本法第四十六条罚款决定与罚款收缴分离的规定，由国务院制定具体实施办法。

第六十四条 本法自 1996 年 10 月 1 日起施行。

本法公布前制定的法规和规章关于行政处罚的规定与本法不符合的，应当自本法公布之日起，依照本法规定予以修订，在 1997 年 12 月 31 日前修订完毕。

附：刑法有关条文

第一百八十八条 司法工作人员徇私舞弊，对明知是无罪的人而使他受追诉、对明知是有罪的人而故意包庇不使他受追诉，或者故意颠倒黑白做枉法裁判的，处五年以下有期徒刑、拘役或者剥夺政治权利；情节特别严重的，处五年以上有期徒刑。

全国人民代表大会常务委员会关于修改部分法律的决定

（2009年8月27日第十一届全国人民代表大会常务委员会第十次会议通过）

中华人民共和国主席令

第十八号

《全国人民代表大会常务委员会关于修改部分法律的决定》已由中华人民共和国第十一届全国人民代表大会常务委员会第十次会议于2009年8月27日通过，现予公布，自公布之日起施行。

中华人民共和国主席　胡锦涛

2009年8月27日

第十一届全国人民代表大会常务委员会第十次会议决定：

一、对下列法律中明显不适应社会主义市场经济和社会发展要求的规定作出修改

1．将《中华人民共和国民法通则》第七条修改为："民事活动应当尊重社会公德，不得损害社会公共利益，扰乱社会经济秩序。"

删去第五十八条第一款第六项。

2．删去《中华人民共和国全民所有制工业企业法》第二条第四款、第二十三条、第三十五条第一款、第五十五条。

3．删去《中华人民共和国体育法》第四十七条。

4．删去《中华人民共和国教育法》第五十七条第三款、第五十九条。

5．删去《中华人民共和国防洪法》第五十二条。

二、对下列法律和法律解释中关于“征用”的规定作出修改

（一）将下列法律和法律解释中的“征用”修改为“征收、征用”

6.《中华人民共和国森林法》第十八条

7.《中华人民共和国军事设施保护法》第十二条

8.《中华人民共和国国防法》第四十八条

9.《中华人民共和国归侨侨眷权益保护法》第十三条

10.《中华人民共和国农村土地承包法》第十六条、第五十九条

11.《中华人民共和国草原法》第三十八条、第三十九条、第六十三条

12.《中华人民共和国刑法》第三百八十一条、第四百一十条

13．全国人民代表大会常务委员会关于《中华人民共和国刑法》第九十三条第二款的解释

14．全国人民代表大会常务委员会关于《中华人民共和国刑法》第二百二十八条、第三百四十二条、第四百一十条的解释

（二）将下列法律中的“征用”修改为“征收”

15.《中华人民共和国渔业法》第十四条

16.《中华人民共和国铁路法》第三十六条

17.《中华人民共和国城市房地产管理法》第九条

18.《中华人民共和国电力法》第十六条

19.《中华人民共和国煤炭法》第二十条

20.《中华人民共和国行政复议法》第三十条

21.《中华人民共和国农业法》第七十一条

三、对下列法律中关于刑事责任的规定作出修改

（一）将下列法律中的“依照刑法第×条的规定”、“比照刑法第×条的规定”修改为“依照刑法有关规定”

22.《中华人民共和国计量法》第二十九条

23.《中华人民共和国矿产资源法》第三十九条、第四十条、第四十三条、第四十四条、第四十八条

24.《中华人民共和国国境卫生检疫法》第二十二条

25.《中华人民共和国全民所有制工业企业法》第六十二条、第六十三条

26.《中华人民共和国野生动物保护法》第三十二条、第三十七条

27.《中华人民共和国集会游行示威法》第二十九条

28.《中华人民共和国军事设施保护法》第三十三条、第三十四条

29.《中华人民共和国铁路法》第六十条、第六十四条、第六十五条

30.《中华人民共和国进出境动植物检疫法》第四十二条、第四十三条

31.《中华人民共和国全国人民代表大会和地方各级人民代表大会代表法》第三十九条

32.《中华人民共和国矿山安全法》第四十六条、第四十七条

33.《中华人民共和国国家安全法》第二十六条、第二十七条、第三十二条

34.《中华人民共和国教师法》第三十六条

35.《中华人民共和国红十字会法》第十五条

36.《中华人民共和国劳动法》第九十二条

37.《中华人民共和国母婴保健法》第三十六条

38.《中华人民共和国民用航空法》第一百九十四条、第一百九十六条、第一百九十八条、第一百九十九条

39.《中华人民共和国电力法》第七十一条、第七十二条、第七十四条

40.《中华人民共和国行政处罚法》第六十一条

41.《中华人民共和国枪支管理法》第四十条、第四十二条、第四十三条

42.《中华人民共和国煤炭法》第七十八条、第七十九条

（二）将下列法律中引用已纳入刑法并被废止的关于惩治犯罪的决定的规定修改为“依照刑法有关规定”

43.《中华人民共和国野生动物保护法》第三十一条

44.《中华人民共和国军事设施保护法》第三十五条

45.《中华人民共和国铁路法》第六十九条

46.《中华人民共和国烟草专卖法》第四十条、第四十二条

47.《中华人民共和国民用航空法》第一百九十一条

（三）删去下列法律中关于“投机倒把”、“投机倒把罪”的规定，并作出修改

48. 将《中华人民共和国计量法》第二十八条修改为：“制造、销售、使用以欺骗消费者为目的的计量器具的，没收计量器具和违法所得，处以罚款；情节严重的，并对个人或者单位直接责任人员依照刑法有关规定追究刑事责任。”

49. 将《中华人民共和国野生动物保护法》第三十五条第二款修改为：“违反本法规定，出售、收购国家重点保护野生动物或者其产品，情节严重，构成犯罪的，依照刑法有关规定追究刑事责任。”

50. 将《中华人民共和国铁路法》第七十条修改为：“铁路职工利用职务之便走私的，或者与其他人员勾结走私的，依照刑法有关规定追究刑事责任。”

51. 将《中华人民共和国烟草专卖法》第三十八条第一款修改为：“倒卖烟草专卖品，构成犯罪的，依法追究刑事责任；情节轻微，不构成犯罪的，由工商行政管理部门没收倒卖的烟草专卖品和违法所得，可以并处罚款。”

（四）对下列法律中关于追究刑事责任的具体规定作出修改

52. 将《中华人民共和国公民出境入境管理法》第十六条修改为：“执行本法的国家工作人员，利用职权索取、收受贿赂，或者有其他违法失职行为，情节严重，构成犯罪的，依法追究刑事责任。”

53. 将《中华人民共和国铁路法》第六十一条修改为：“故意损毁、移动铁路行车信号装置或者在铁路线路上放置足以使列车倾覆的障碍物的，依照刑法有关规定追究刑事责任。”

第六十二条修改为：“盗窃铁路线路上行车设施的零件、部件或者铁路线路上的器材，危及行车安全的，依照刑法有关规定追究刑事责任。”

第六十三条修改为：“聚众拦截列车、冲击铁路行车调度机构不听

制止的，对首要分子和骨干分子依照刑法有关规定追究刑事责任。”

第六十六条修改为：“倒卖旅客车票，构成犯罪的，依照刑法有关规定追究刑事责任。铁路职工倒卖旅客车票或者与其他人员勾结倒卖旅客车票的，依照刑法有关规定追究刑事责任。”

54. 将《中华人民共和国烟草专卖法》第三十九条修改为：“伪造、变造、买卖本法规定的烟草专卖生产企业许可证、烟草专卖经营许可证等许可证件和准运证的，依照刑法有关规定追究刑事责任。”

“烟草专卖行政主管部门和烟草公司工作人员利用职务上的便利犯前款罪的，依法从重处罚。”

55. 将《中华人民共和国城市房地产管理法》第七十一条第二款修改为：“房产管理部门、土地管理部门工作人员利用职务上的便利，索取他人财物，或者非法收受他人财物为他人谋取利益，构成犯罪的，依法追究刑事责任；不构成犯罪的，给予行政处分。”

56. 将《中华人民共和国民用航空法》第一百九十二条修改为：“对飞行中的民用航空器上的人员使用暴力，危及飞行安全的，依照刑法有关规定追究刑事责任。”

第一百九十三条第一款修改为：“违反本法规定，隐匿携带炸药、雷管或者其他危险品乘坐民用航空器，或者以非危险品品名托运危险品的，依照刑法有关规定追究刑事责任。”

第三款修改为：“隐匿携带枪支子弹、管制刀具乘坐民用航空器的，依照刑法有关规定追究刑事责任。”

第一百九十五条修改为：“故意在使用中的民用航空器上放置危险品或者唆使他人放置危险品，足以毁坏该民用航空器，危及飞行安全的，依照刑法有关规定追究刑事责任。”

第一百九十七条修改为：“盗窃或者故意损毁、移动使用中的航行设施，危及飞行安全，足以使民用航空器发生坠落、毁坏危险的，依照刑法有关规定追究刑事责任。”

57. 将《中华人民共和国枪支管理法》第三十九条修改为：“违反本法规定，未经许可制造、买卖或者运输枪支的，依照刑法有关规定追究刑事责任。”

“单位有前款行为的，对单位判处罚金，并对其直接负责的主管人员和其他直接责任人员依照刑法有关规定追究刑事责任。”

第四十一条修改为：“违反本法规定，非法持有、私藏枪支的，非法运输、携带枪支入境、出境的，依照刑法有关规定追究刑事责任。”

58. 将《中华人民共和国兵役法》第六十二条第一款修改为：“现役军人以逃避服兵役为目的，拒绝履行职责或者逃离部队的，按照中央军事委员会的规定给予处分；构成犯罪的，依法追究刑事责任。”

四、对下列法律和有关法律问题的决定中关于治安管理处罚的规定作出修改

（一）将下列法律和有关法律问题的决定中引用的“治安管理处罚条例”修改为“治安管理处罚法”

59.《中华人民共和国兵役法》第六十四条

60.《中华人民共和国矿产资源法》第四十一条、第四十八条

61.《中华人民共和国野生动物保护法》第三十九条

62.《中华人民共和国集会游行示威法》第二十八条、第三十二条

63.《中华人民共和国铁路法》第六十七条

64.《中华人民共和国水土保持法》第三十七条

65.《中华人民共和国烟草专卖法》第四十一条

66.《中华人民共和国工会法》第五十一条

67.《中华人民共和国产品质量法》第六十九条

68.《中华人民共和国消费者权益保护法》第五十二条

69.《中华人民共和国体育法》第五十一条至第五十三条

70.《中华人民共和国民用航空法》第二百条

71.《中华人民共和国电力法》第七十条

72.《中华人民共和国行政处罚法》第四十二条

73.《中华人民共和国煤炭法》第七十六条

74.《中华人民共和国老年人权益保障法》第四十六条、第四十八条

75.《中华人民共和国人民防空法》第五十条

76.《中华人民共和国防洪法》第六十一条、第六十二条、第六十

四条

77.《中华人民共和国执业医师法》第四十条

78.《中华人民共和国安全生产法》第九十四条

79.《中华人民共和国水法》第七十二条

80.《全国人民代表大会常务委员会关于惩治走私、制作、贩卖、传播淫秽物品的犯罪分子的决定》第二条、第三条

81.《全国人民代表大会常务委员会关于严惩拐卖、绑架妇女、儿童的犯罪分子的决定》第四条

82.《全国人民代表大会常务委员会关于维护互联网安全的决定》第六条

（二）对下列法律和有关法律问题的决定中关于治安管理处罚的具体规定作出修改

83．删去《中华人民共和国全民所有制工业企业法》第六十四条第一款；

第二款修改为："扰乱企业的秩序，致使生产、营业、工作不能正常进行，尚未造成严重损失的，由企业所在地公安机关依照《中华人民共和国治安管理处罚法》的规定处罚。"

84．将《中华人民共和国野生动物保护法》第三十三条第二款修改为："违反本法规定，未取得持枪证持枪猎捕野生动物的，由公安机关依照治安管理处罚法第三十二条的规定处罚。"

85．将《中华人民共和国军事设施保护法》第三十二条、第三十三条、第三十四条中的"比照治安管理处罚条例第十九条的规定处罚"修改为"适用《中华人民共和国治安管理处罚法》第二十三条的处罚规定。"

86．将《中华人民共和国国旗法》第十九条修改为："在公共场合故意以焚烧、毁损、涂划、玷污、践踏等方式侮辱中华人民共和国国旗的，依法追究刑事责任；情节较轻的，由公安机关处以十五日以下拘留。"

87．将《中华人民共和国国徽法》第十三条修改为："在公共场合故意以焚烧、毁损、涂划、玷污、践踏等方式侮辱中华人民共和国国

徽的，依法追究刑事责任；情节较轻的，由公安机关处以十五日以下拘留。”

88．将《中华人民共和国全国人民代表大会和地方各级人民代表大会代表法》第三十九条第三款中的“依照治安管理处罚条例第十九条的规定处罚”修改为“适用《中华人民共和国治安管理处罚法》第五十条的处罚规定。”

89．将《中华人民共和国红十字会法》第十五条第二款中的“比照治安管理处罚条例第十九条的规定处罚”修改为“适用《中华人民共和国治安管理处罚法》第五十条的处罚规定。”

90．将《中华人民共和国公路法》第八十三条修改为：“阻碍公路建设或者公路抢修，致使公路建设或者抢修不能正常进行，尚未造成严重损失的，依照《中华人民共和国治安管理处罚法》的规定处罚。”

“损毁公路或者擅自移动公路标志，可能影响交通安全，尚不够刑事处罚的，适用《中华人民共和国道路交通安全法》第九十九条的处罚规定。”

“拒绝、阻碍公路监督检查人员依法执行职务未使用暴力、威胁方法的，依照《中华人民共和国治安管理处罚法》的规定处罚。”

91．将《全国人民代表大会常务委员会关于严禁卖淫嫖娼的决定》第三条、第四条中的“依照治安管理处罚条例第三十条的规定处罚”修改为“依照《中华人民共和国治安管理处罚法》的规定处罚。”

五、对下列法律中引用其他法律名称或者条文不对应的规定作出修改

92．将《中华人民共和国兵役法》第二十七条中的“中国人民解放军军官服役条例”修改为“《中华人民共和国现役军官法》和《中华人民共和国预备役军官法》。”

93．将《中华人民共和国气象法》第三十五条第二款中的“《中华人民共和国城市规划法》”修改为“《中华人民共和国城乡规划法》。”

94．将《中华人民共和国人民警察警衔条例》第二条修改为“人民警察实行警衔制度。”

95．将《中华人民共和国仲裁法》第六十三条中的“民事诉讼法

第二百一十七条第二款”修改为“民事诉讼法第二百一十三条第二款”；第七十条、第七十一条中的“民事诉讼法第二百六十条第一款”修改为“民事诉讼法第二百五十八条第一款。”

本决定自公布之日起施行。

国务院关于贯彻实施《中华人民共和国行政处罚法》的通知

（国务院 1996 年 4 月 15 日　国发［1996］13 号）

各省、自治区、直辖市人民政府，国务院各部委、各直属机构：

《中华人民共和国行政处罚法》（以下简称“行政处罚法”）将于 1996 年 10 月 1 日起施行。这是我国社会主义民主与法制建设的一件大事，对于规范行政机关行为、促进依法行政、改进行政管理工作、加强廉政建设、维护社会秩序和公共利益，对于保护公民、法人和其他组织的合法权益，都有重要意义。保证行政处罚法全面、正确地实施并以此促进各级政府和政府各部门严格依法行政，是各级行政机关的一项重要职责，也是政府法制建设的一项重要任务。地方各级人民政府、国务院各部门对行政处罚法的施行要予以高度重视，切实做好各项准备工作。为此，特作如下通知：

一、认真学习行政处罚法，充分认识实施行政处罚法对行政机关产生的影响。行政处罚法是规范政府行为的一部重要法律，与行政机关的关系重大，其所确立的行政处罚设定权制度、实施行政处罚的主体资格制度、相对集中行政处罚权制度、听证制度、罚款决定与罚款收缴相分离制度、政府对行政处罚的监督制度等，是对现行行政处罚制度的重大改革，对改革政府机构、转变政府职能和加强政府法制建设都将产生深远影响。各级行政机关工作人员、特别是领导干部，都要以积极的态度认真学习行政处罚法，充分认识实施行政处罚法的重要意义。各地方、各部门要本着学用结合的原则，抓紧对行政执法人员的培训，使行政执法人员掌握行政处罚法的规定。政府法制工作机构要在本级政府或者本部门的统一领导下，具体组织本地方、本部门的培训工作。同时，各地方、各部门要利用宣传舆论工具，采取生动有效的形式，向人民群众宣传行政处罚法，形成学法、知法、守法和人民群众依法维护自己合法权益的舆论和环境。

二、抓紧做好规章的修订工作。根据行政处罚法的规定，行政处罚只能由法律、法规或者规章设定，其他规范性文件不得设定行政处罚；规章只能设定警告或者一定数量的罚款；对违法行为给予行政处罚的规定必须公布，未经公布，不得作为行政处罚的依据。据此，现行许多规章都要依照行政处罚法的规定予以修改或者废止，许多规范性文件设定的行政处罚将要失去效力。各地方、各部门要从维护国家法制的统一和尊严的高度，抓紧清理规章，对确实需要制定行政法规或者地方性法规的，要抓紧总结经验，依法上升为行政法规或者地方性法规；对规章中个别行政处罚条款超过行政处罚法规定而行政管理又需要的，应当报经国务院批准或者省、自治区、直辖市人大常委会批准。其他规范性文件设定的行政处罚，自行政处罚法施行之日起，一律无效。修订规章的工作要在1997年12月31日前完成。在这之前，现行规章已规定的行政处罚仍然有效。但是，行政处罚法施行后制定的规章新设定行政处罚，必须依照行政处罚法的规定执行。国务院各部门制定的规章对非经营活动中的违法行为设定罚款不得超过 1 000 元；对经营活动中的违法行为，有违法所得的，设定罚款不得超过违法所得的 3 倍，但是最高不得超过 30 000 元，没有违法所得的，设定罚款不得超过 10 000 元；超过上述限额的，应当报国务院批准。地方政府规章设定罚款的限额，由省、自治区、直辖市人大常委会规定，可以不受上述规定的限制。

三、依法清理行政执法机构，高度重视行政执法队伍建设。根据行政处罚法规定，行政处罚原则上只能由行政机关实施，非行政机关的企业、事业单位未经法律、法规授权，不得行使行政处罚权；没有法律、法规或者规章的明确规定，行政机关不得委托事业组织实施行政处罚。各地方、各部门对这一规定要高度重视，抓紧清理现行各类行政执法机构，凡是行政机关内设机构以自己名义实施行政处罚的，或者法律、法规以外的其他规范性文件授权组织实施行政处罚的，或者没有法律、法规、规章依据行政机关自行委托组织实施行政处罚的，都要尽快予以纠正。今后，各地方、各部门设立新的执法机构，必须符合法定条件，哪个地方、哪个部门出现不符合法定条件的机关或者组织实施行政处罚的情况，要追究哪个地方或者部门领导的责任。当前，行政执法队伍中，有些人员的素质不高，有的以权谋私，不给好处不办事，给了好处乱办事，有的甚至贪赃枉法，走上了犯罪道路；有的地方、部门聘用合同工、临时工从事执法工作，经费和其他保障条件又不具备，导致执法人员的整体素质下降，影响政府形象。各地方、各部门对此必须引起高度注意，把建立高效、廉洁的执法队伍，作为贯彻实施行政处罚法、提高依法行政水平的关键工作来抓，切实抓出成效。要对执法人员加强党性教育、法制教育，使其增强工作责任心和依法办事的自觉性；加强对执法人员的资格、证件和着装管理，停止合同工、临时工从事行政处罚工作。

四、加强对行政处罚的监督工作。行政处罚法明确规定，行政机关应当建立、健全对行政处罚的监督制度；县级以上人民政府应当加强对行政处罚的监督检查。各地方、各部门要结合本地区、本部门的实际情况落实这一规定，建立和健全规范性文件、重大行政处罚的备案制度以及公民、法人和其他组织对行政处罚的申诉和检举制度、行政处罚决定制度、行政处罚统计制度等。同时，要严格执行规章备案制度和行政复议条例，及时纠正违法设定和实施行政处罚的行为。县级以上地方人民政府加强对行政处罚的监督检查，是上级政府对下级政府、政府对其所属各部门行使监督权的重要形式，也是政府的一项重要责任。县级以上地方人民政府要把对行政处罚的监督检查作为政府工作的一项重要内容，切实抓紧、抓好，务必抓出成效。要把行政处罚的设定权、实施行政处罚的主体资格、当场处罚、罚款决定与罚款收缴的分离等制度的执行情况作为重点进行检查，对检查中发现的问题，要采取有力措施，坚决予以纠正。各级地方人民政府及其各部门的法制工作机构要根据本级政府或者本部门的统一部署，具体组织、承担对行政处罚的监督检查工作。

五、积极探索建立有利于提高行政执法的权威和效率的行政执法体制。各省、自治区、直辖市人民政府要认真做好相对集中行政处罚权的试点工作，结合本地方实际提出调整行政处罚权的意见，报国务院批准后施行；国务院各部门要认真研究适应社会主义市场经济要求的行政执法体制，支持省、自治区、直辖市人民政府做好相对集中行政处罚权工作。各地方、各部门都要认真执行听证制度、调查取证与处罚决定分开制度、罚款决定与罚款收缴分离制度，要根据行政处罚法的规定确定听证的范围，明确主持听证的人员，制定听证规则；确定行政机关内部比较超脱的机构对调查结果进行初步审查；改革行政执法机关经费管理体制，改变行政处罚与行政执法机关及其执法人员的利益直接挂钩的做法。

六、以贯彻实施行政处罚法为契机，把政府法制工作提高到新的水平。经八届全国人大四次会议批准的《国民经济和社会发展“九五”计划和 2010 年远景目标纲要》明确提出：“依法治国，建设社会主义法制国家。”这是实现国家长治久安的重要保证，对政府法制工作也提出了新的更高要求。各级政府和政府各部门都要充分认识做好新时期政府法制工作的重要性，切实加强对政府法制工作的领导，把加强政府法制建设真正提到政府工作的重要位置，列入重要议程。当前，要通过实施行政处罚法，使政府的立法工作、执法工作和执法监督工作等再上一个新台阶，提高依法行政的水平。

加强政府法制工作，实施行政处罚法，必须有一支政治素质和业务素质较高的政府法制工作专业队伍。县级以上地方人民政府及其各部门，都要采取切实有效的措施加强政府法制工作机构，使政府法制工作机构的设置和人员配备同本地区、本部门的政府法制工作任务相适应，为他们开展工作创造必要条件，充分发挥他们在政府工作中的参谋、助手作用。各地方、各部门接到本通知后，要结合本地方、本部门的实际情况，认真研究、落实。有关重要情况和问题及时告之国务院法制局。

环境行政处罚办法

环境保护部令

第8号

《环境行政处罚办法》已由环境保护部 2009 年第三次部务会议于 2009 年 12 月 30 日修订通过。现将修订后的《环境行政处罚办法》公布，自 2010 年 3 月 1 日起施行。

1999 年 8 月 6 日原国家环境保护总局发布的《环境保护行政处罚办法》同时废止。

环境保护部部长 周生贤

二〇一〇年一月十九日

第一章 总 则

第一条【立法目的】为规范环境行政处罚的实施，监督和保障环境保护主管部门依法行使职权，维护公共利益和社会秩序，保护公民、法人或者其他组织的合法权益，根据《中华人民共和国行政处罚法》及有关法律、法规，制定本办法。

第二条【适用范围】公民、法人或者其他组织违反环境保护法律、法规或者规章规定，应当给予环境行政处罚的，应当依照《中华人民共和国行政处罚法》和本办法规定的程序实施。

第三条【罚教结合】实施环境行政处罚，坚持教育与处罚相结合，服务与管理相结合，引导和教育公民、法人或者其他组织自觉守法。

第四条【维护合法权益】实施环境行政处罚，应当依法维护公民、法人及其他组织的合法权益，保守相对人的有关技术秘密和商业秘密。

第五条【查处分离】实施环境行政处罚，实行调查取证与决定处罚分开、决定罚款与收缴罚款分离的规定。

第六条【规范自由裁量权】行使行政处罚自由裁量权必须符合立法目的，并综合考虑以下情节：

（一）违法行为所造成的环境污染、生态破坏程度及社会影响；

（二）当事人的过错程度；

（三）违法行为的具体方式或者手段；

（四）违法行为危害的具体对象；

（五）当事人是初犯还是再犯；

（六）当事人改正违法行为的态度和所采取的改正措施及效果。

同类违法行为的情节相同或者相似、社会危害程度相当的，行政处罚种类和幅度应当相当。

第七条【不予处罚情形】违法行为轻微并及时纠正，没有造成危害后果的，不予行政处罚。

第八条【回避情形】有下列情形之一的，案件承办人员应当回避：

（一）是本案当事人或者当事人近亲属的；

（二）本人或者近亲属与本案有直接利害关系的；

（三）法律、法规或者规章规定的其他回避情形。

符合回避条件的，案件承办人员应当自行回避，当事人也有权申请其回避。

第九条【法条适用规则】当事人的一个违法行为同时违反两个以上环境法律、法规或者规章条款，应当适用效力等级较高的法律、法规或者规章；效力等级相同的，可以适用处罚较重的条款。

第十条【处罚种类】根据法律、行政法规和部门规章，环境行政处罚的种类有：

（一）警告；

（二）罚款；

（三）责令停产整顿；

（四）责令停产、停业、关闭；

（五）暂扣、吊销许可证或者其他具有许可性质的证件；

（六）没收违法所得、没收非法财物；

（七）行政拘留；

（八）法律、行政法规设定的其他行政处罚种类。

第十一条【责令改正与连续违法认定】环境保护主管部门实施行政处罚时，应当及时作出责令当事人改正或者限期改正违法行为的行政命令。

责令改正期限届满，当事人未按要求改正，违法行为仍处于继续或者连续状态的，可以认定为新的环境违法行为。

第十二条【责令改正形式】根据环境保护法律、行政法规和部门规章，责令改正或者限期改正违法行为的行政命令的具体形式有：

（一）责令停止建设；

（二）责令停止试生产；

（三）责令停止生产或者使用；

（四）责令限期建设配套设施；

（五）责令重新安装使用；

（六）责令限期拆除；

（七）责令停止违法行为；

（八）责令限期治理；

（九）法律、法规或者规章设定的责令改正或者限期改正违法行为的行政命令的其他具体形式。

根据最高人民法院关于行政行为种类和规范行政案件案由的规定，行政命令不属行政处罚。行政命令不适用行政处罚程序的规定。

第十三条【处罚不免除缴纳排污费义务】实施环境行政处罚，不免除当事人依法缴纳排污费的义务。

第二章　实施主体与管辖

第十四条【处罚主体】县级以上环境保护主管部门在法定职权范围内实施环境行政处罚。

经法律、行政法规、地方性法规授权的环境监察机构在授权范围内实施环境行政处罚，适用本办法关于环境保护主管部门的规定。

第十五条【委托处罚】环境保护主管部门可以在其法定职权范围

内委托环境监察机构实施行政处罚。受委托的环境监察机构在委托范围内，以委托其处罚的环境保护主管部门名义实施行政处罚。

委托处罚的环境保护主管部门，负责监督受委托的环境监察机构实施行政处罚的行为，并对该行为的后果承担法律责任。

第十六条【外部移送】发现不属于环境保护主管部门管辖的案件，应当按照有关要求和时限移送有管辖权的机关处理。

涉嫌违法依法应当由人民政府实施责令停产整顿、责令停业、关闭的案件，环境保护主管部门应当立案调查，并提出处理建议报本级人民政府。

涉嫌违法依法应当实施行政拘留的案件，移送公安机关。

涉嫌违反党纪、政纪的案件，移送纪检、监察部门。

涉嫌犯罪的案件，按照《行政执法机关移送涉嫌犯罪案件的规定》等有关规定移送司法机关，不得以行政处罚代替刑事处罚。

第十七条【案件管辖】县级以上环境保护主管部门管辖本行政区域的环境行政处罚案件。

造成跨行政区域污染的行政处罚案件，由污染行为发生地环境保护主管部门管辖。

第十八条【优先管辖】两个以上环境保护主管部门都有管辖权的环境行政处罚案件，由最先发现或者最先接到举报的环境保护主管部门管辖。

第十九条【管辖争议解决】对行政处罚案件的管辖权发生争议时，争议双方应报请共同的上一级环境保护主管部门指定管辖。

第二十条【指定管辖】下级环境保护主管部门认为其管辖的案件重大、疑难或者实施处罚有困难的，可以报请上一级环境保护主管部门指定管辖。

上一级环境保护主管部门认为下级环境保护主管部门实施处罚确有困难或者不能独立行使处罚权的，经通知下级环境保护主管部门和当事人，可以对下级环境保护主管部门管辖的案件指定管辖。

上级环境保护主管部门可以将其管辖的案件交由有管辖权的下级环境保护主管部门实施行政处罚。

第二十一条【内部移送】 不属于本机关管辖的案件，应当移送有管辖权的环境保护主管部门处理。

受移送的环境保护主管部门对管辖权有异议的，应当报请共同的上一级环境保护主管部门指定管辖，不得再自行移送。

第三章　一般程序

第一节　立　案

第二十二条【立案条件】 环境保护主管部门对涉嫌违反环境保护法律、法规和规章的违法行为，应当进行初步审查，并在 7 个工作日内决定是否立案。

经审查，符合下列四项条件的，予以立案：

（一）有涉嫌违反环境保护法律、法规和规章的行为；

（二）依法应当或者可以给予行政处罚；

（三）属于本机关管辖；

（四）违法行为发生之日起到被发现之日止未超过 2 年，法律另有规定的除外。违法行为处于连续或继续状态的，从行为终了之日起计算。

第二十三条【撤销立案】 对已经立案的案件，根据新情况发现不符合第二十二条立案条件的，应当撤销立案。

第二十四条【紧急案件先行调查取证】 对需要立即查处的环境违法行为，可以先行调查取证，并在 7 个工作日内决定是否立案和补办立案手续。

第二十五条【立案审查后的案件移送】 经立案审查，属于环境保护主管部门管辖，但不属于本机关管辖范围的，应当移送有管辖权的环境保护主管部门；属于其他有关部门管辖范围的，应当移送其他有关部门。

第二节　调查取证

第二十六条【专人负责调查取证】 环境保护主管部门对登记立案

的环境违法行为，应当指定专人负责，及时组织调查取证。

第二十七条【协助调查取证】需要委托其他环境保护主管部门协助调查取证的，应当出具书面委托调查函。

受委托的环境保护主管部门应当予以协助。无法协助的，应当及时将无法协助的情况和原因函告委托机关。

第二十八条【调查取证出示证件】调查取证时，调查人员不得少于两人，并应当出示中国环境监察证或者其他行政执法证件。

第二十九条【调查人员职权】调查人员有权采取下列措施：

（一）进入有关场所进行检查、勘察、取样、录音、拍照、录像；

（二）询问当事人及有关人员，要求其说明相关事项和提供有关材料；

（三）查阅、复制生产记录、排污记录和其他有关材料。

环境保护主管部门组织的环境监测等技术人员随同调查人员进行调查时，有权采取上述措施和进行监测、试验。

第三十条【调查人员责任】调查人员负有下列责任：

（一）对当事人的基本情况、违法事实、危害后果、违法情节等情况进行全面、客观、及时、公正的调查；

（二）依法收集与案件有关的证据，不得以暴力、威胁、引诱、欺骗以及其他违法手段获取证据；

（三）询问当事人、证人或者其他有关人员，应当告知其依法享有的权利；

（四）对当事人、证人或者其他有关人员的陈述如实记录。

第三十一条【当事人配合调查】当事人及有关人员应当配合调查、检查或者现场勘验，如实回答询问，不得拒绝、阻碍、隐瞒或者提供虚假情况。

第三十二条【证据类别】环境行政处罚证据，主要有书证、物证、证人证言、视听资料和计算机数据、当事人陈述、监测报告和其他鉴定结论、现场检查（勘察）笔录等形式。

证据应当符合法律、法规、规章和最高人民法院有关行政执法和行政诉讼证据的规定，并经查证属实才能作为认定事实的依据。

第三十三条【现场检查笔录】对有关物品或者场所进行检查时，应当制作现场检查（勘察）笔录，可以采取拍照、录像或者其他方式记录现场情况。

第三十四条【现场检查取样】需要取样的，应当制作取样记录或者将取样过程记入现场检查（勘察）笔录，可以采取拍照、录像或者其他方式记录取样情况。

第三十五条【监测报告要求】环境保护主管部门组织监测的，应当提出明确具体的监测任务，并要求提交监测报告。

监测报告必须载明下列事项：

（一）监测机构的全称；

（二）监测机构的国家计量认证标志（CMA）和监测字号；

（三）监测项目的名称、委托单位、监测时间、监测点位、监测方法、检测仪器、检测分析结果等内容；

（四）监测报告的编制、审核、签发等人员的签名和监测机构的盖章。

第三十六条【在线监测数据可为证据】环境保护主管部门可以利用在线监控或者其他技术监控手段收集违法行为证据。经环境保护主管部门认定的有效性数据，可以作为认定违法事实的证据。

第三十七条【现场监测数据可为证据】环境保护主管部门在对排污单位进行监督检查时，可以现场即时采样，监测结果可以作为判定污染物排放是否超标的证据。

第三十八条【证据的登记保存】在证据可能灭失或者以后难以取得的情况下，经本机关负责人批准，调查人员可以采取先行登记保存措施。

情况紧急的，调查人员可以先采取登记保存措施，再报请机关负责人批准。

先行登记保存有关证据，应当当场清点，开具清单，由当事人和调查人员签名或者盖章。

先行登记保存期间，不得损毁、销毁或者转移证据。

第三十九条【登记保存措施与解除】对于先行登记保存的证据，

应当在7个工作日内采取以下措施：

（一）根据情况及时采取记录、复制、拍照、录像等证据保全措施；

（二）需要鉴定的，送交鉴定；

（三）根据有关法律、法规规定可以查封、暂扣的，决定查封、暂扣；

（四）违法事实不成立，或者违法事实成立但依法不应当查封、暂扣或者没收的，决定解除先行登记保存措施。

超过7个工作日未作出处理决定的，先行登记保存措施自动解除。

第四十条【依法实施查封暂扣】实施查封、暂扣等行政强制措施，应当有法律、法规的明确规定，并应当告知当事人有申请行政复议和提起行政诉讼的权利。

第四十一条【查封暂扣实施要求】 查封、暂扣当事人的财物，应当当场清点，开具清单，由调查人员和当事人签名或者盖章。

查封、暂扣的财物应当妥善保管，严禁动用、调换、损毁或者变卖。

第四十二条【查封暂扣解除】经查明与违法行为无关或者不再需要采取查封、暂扣措施的，应当解除查封、暂扣措施，将查封、暂扣的财物如数返还当事人，并由调查人员和当事人在财物清单上签名或者盖章。

第四十三条【当事人与现场调查取证】环境保护主管部门调查取证时，当事人应当到场。

下列情形不影响调查取证的进行：

（一）当事人拒不到场的；

（二）无法找到当事人的；

（三）当事人拒绝签名、盖章或者以其他方式确认的；

（四）暗查或者其他方式调查的；

（五）当事人未到场的其他情形。

第四十四条【调查终结】有下列情形之一的，可以终结调查：

（一）违法事实清楚、法律手续完备、证据充分的；

（二）违法事实不成立的；

（三）作为当事人的自然人死亡的；

（四）作为当事人的法人或者其他组织终止，无法人或者其他组织承受其权利义务，又无其他关系人可以追查的；

（五）发现不属于本机关管辖的；

（六）其他依法应当终结调查的情形。

第四十五条【案件移送审查】终结调查的，案件调查机构应当提出已查明违法行为的事实和证据、初步处理意见，按照查处分离的原则送本机关处罚案件审查部门审查。

第三节 案件审查

第四十六条【案件审查的内容】案件审查的主要内容包括：

（一）本机关是否有管辖权；

（二）违法事实是否清楚；

（三）证据是否确凿；

（四）调查取证是否符合法定程序；

（五）是否超过行政处罚追诉时效；

（六）适用依据和初步处理意见是否合法、适当。

第四十七条【补充或重新调查取证】违法事实不清、证据不充分或者调查程序违法的，应当退回补充调查取证或者重新调查取证。

第四节 告知和听证

第四十八条【处罚告知和听证】在作出行政处罚决定前，应当告知当事人有关事实、理由、依据和当事人依法享有的陈述、申辩权利。

在作出暂扣或吊销许可证、较大数额的罚款和没收等重大行政处罚决定之前，应当告知当事人有要求举行听证的权利。

第四十九条【当事人申辩的处理】环境保护主管部门应当对当事人提出的事实、理由和证据进行复核。当事人提出的事实、理由或者证据成立的，应当予以采纳。

不得因当事人的申辩而加重处罚。

第五十条【处罚听证的执行】行政处罚听证按有关规定执行。

第五节 处理决定

第五十一条【处罚决定】本机关负责人经过审查，分别作出如下处理：

（一）违法事实成立，依法应当给予行政处罚的，根据其情节轻重及具体情况，作出行政处罚决定；

（二）违法行为轻微，依法可以不予行政处罚的，不予行政处罚；

（三）符合本办法第十六条情形之一的，移送有权机关处理。

第五十二条【重大案件集体审议】案情复杂或者对重大违法行为给予较重的行政处罚，环境保护主管部门负责人应当集体审议决定。

集体审议过程应当予以记录。

第五十三条【处罚决定书的制作】决定给予行政处罚的，应当制作行政处罚决定书。

对同一当事人的两个或者两个以上环境违法行为，可以分别制作行政处罚决定书，也可以列入同一行政处罚决定书。

第五十四条【处罚决定书的内容】行政处罚决定书应当载明以下内容：

（一）当事人的基本情况，包括当事人姓名或者名称、组织机构代码、营业执照号码、地址等；

（二）违反法律、法规或者规章的事实和证据；

（三）行政处罚的种类、依据和理由；

（四）行政处罚的履行方式和期限；

（五）不服行政处罚决定，申请行政复议或者提起行政诉讼的途径和期限；

（六）作出行政处罚决定的环境保护主管部门名称和作出决定的日期，并且加盖作出行政处罚决定环境保护主管部门的印章。

第五十五条【作出处罚决定的时限】环境保护行政处罚案件应当自立案之日起的 3 个月内作出处理决定。案件办理过程中听证、公告、监测、鉴定、送达等时间不计入期限。

第五十六条【处罚决定的送达】行政处罚决定书应当送达当事人，

并根据需要抄送与案件有关的单位和个人。

第五十七条【送达方式】送达行政处罚文书可以采取直接送达、留置送达、委托送达、邮寄送达、转交送达、公告送达、公证送达或者其他方式。

送达行政处罚文书应当使用送达回证并存档。

第四章　简易程序

第五十八条【简易程序的适用】违法事实确凿、情节轻微并有法定依据，对公民处以 50 元以下、对法人或者其他组织处以 1 000 元以下罚款或者警告的行政处罚，可以适用本章简易程序，当场作出行政处罚决定。

第五十九条【简易程序规定】当场作出行政处罚决定时，环境执法人员不得少于两人，并应遵守下列简易程序：

（一）执法人员应向当事人出示中国环境监察证或者其他行政执法证件；

（二）现场查清当事人的违法事实，并依法取证；

（三）向当事人说明违法的事实、行政处罚的理由和依据、拟给予的行政处罚，告知陈述、申辩权利；

（四）听取当事人的陈述和申辩；

（五）填写预定格式、编有号码、盖有环境保护主管部门印章的行政处罚决定书，由执法人员签名或者盖章，并将行政处罚决定书当场交付当事人；

（六）告知当事人如对当场作出的行政处罚决定不服，可以依法申请行政复议或者提起行政诉讼。

以上过程应当制作笔录。

执法人员当场作出的行政处罚决定，应当在决定之日起 3 个工作日内报所属环境保护主管部门备案。

第五章　执　行

第六十条【处罚决定的履行】当事人应当在行政处罚决定书确定

的期限内，履行处罚决定。

申请行政复议或者提起行政诉讼的，不停止行政处罚决定的执行。

第六十一条【强制执行的适用】当事人逾期不申请行政复议、不提起行政诉讼、又不履行处罚决定的，由作出处罚决定的环境保护主管部门申请人民法院强制执行。

第六十二条【强制执行的期限】申请人民法院强制执行应当符合《最高人民法院关于执行〈中华人民共和国行政诉讼法〉若干问题的解释》的规定，并在下列期限内提起：

（一）行政处罚决定书送达后当事人未申请行政复议且未提起行政诉讼的，在处罚决定书送达之日起60日后起算的180日内；

（二）复议决定书送达后当事人未提起行政诉讼的，在复议决定书送达之日起15日后起算的180日内；

（三）第一审行政判决后当事人未提出上诉的，在判决书送达之日起15日后起算的180日内；

（四）第一审行政裁定后当事人未提出上诉的，在裁定书送达之日起10日后起算的180日内；

（五）第二审行政判决书送达之日起180日内。

第六十三条【被处罚企业资产重组后的执行】当事人实施违法行为，受到处以罚款、没收违法所得或者没收非法财物等处罚后，发生企业分立、合并或者其他资产重组等情形，由承受当事人权利义务的法人、其他组织作为被执行人。

第六十四条【延期或者分期缴纳罚款】确有经济困难，需要延期或者分期缴纳罚款的，当事人应当在行政处罚决定书确定的缴纳期限届满前，向作出行政处罚决定的环境保护主管部门提出延期或者分期缴纳的书面申请。

批准当事人延期或者分期缴纳罚款的，应当制作同意延期（分期）缴纳罚款通知书，并送达当事人和收缴罚款的机构。延期或者分期缴纳的最后一期缴纳时间不得晚于申请人民法院强制执行的最后期限。

第六十五条【没收物品的处理】依法没收的非法财物，应当按照国家规定处理。

销毁物品，应当按照国家有关规定处理；没有规定的，经环境保护主管部门负责人批准，由两名以上环境执法人员监督销毁，并制作销毁记录。

处理物品应当制作清单。

第六十六条【罚没款上缴国库】罚没款及没收物品的变价款，应当全部上缴国库，任何单位和个人不得截留、私分或者变相私分。

第六章　结案和归档

第六十七条【结案】有下列情形之一的，应当结案：

（一）行政处罚决定由当事人履行完毕的；

（二）行政处罚决定依法强制执行完毕的；

（三）不予行政处罚等无须执行的；

（四）行政处罚决定被依法撤销的；

（五）环境保护主管部门认为可以结案的其他情形。

第六十八条【立卷归档】结案的行政处罚案件，应当按照下列要求将案件材料立卷归档：

（一）一案一卷，案卷可以分正卷、副卷；

（二）各类文书齐全，手续完备；

（三）书写文书用签字笔、钢笔或者打印；

（四）案卷装订应当规范有序，符合文档要求。

第六十九条【归档顺序】正卷按下列顺序装订：

（一）行政处罚决定书及送达回证；

（二）立案审批材料；

（三）调查取证及证据材料；

（四）行政处罚事先告知书、听证告知书、听证通知书等法律文书及送达回证；

（五）听证笔录；

（六）财物处理材料；

（七）执行材料；

（八）结案材料；

（九）其他有关材料。

副卷按下列顺序装订：

（一）投诉、申诉、举报等案源材料；

（二）涉及当事人有关技术秘密和商业秘密的材料；

（三）听证报告；

（四）审查意见；

（五）集体审议记录；

（六）其他有关材料。

第七十条【案卷管理】案卷归档后，任何单位、个人不得修改、增加、抽取案卷材料。案卷保管及查阅，按档案管理有关规定执行。

第七十一条【案件统计】环境保护主管部门应当建立行政处罚案件统计制度，并按照环境保护部有关环境统计的规定向上级环境保护主管部门报送本行政区的行政处罚情况。

第七章　监　督

第七十二条【信息公开】除涉及国家机密、技术秘密、商业秘密和个人隐私外，行政处罚决定应当向社会公开。

第七十三条【监督检查】上级环境保护主管部门负责对下级环境保护主管部门的行政处罚工作情况进行监督检查。

第七十四条【处罚备案】环境保护主管部门应当建立行政处罚备案制度。

下级环境保护主管部门对上级环境保护主管部门督办的处罚案件，应当在结案后20日内向上一级环境保护主管部门备案。

第七十五条【纠正、撤销或变更】环境保护主管部门通过接受当事人的申诉和检举，或者通过备案审查等途径，发现下级环境保护主管部门的行政处罚决定违法或者显失公正的，应当督促其纠正。

环境保护主管部门经过行政复议，发现下级环境保护主管部门作出的行政处罚违法或者显失公正的，依法撤销或者变更。

第七十六条【评议和表彰】环境保护主管部门可以通过案件评查或者其他方式评议行政处罚工作。对在行政处罚工作中做出显著成绩的单位和个人，可依照国家或者地方的有关规定给予表彰和奖励。

第八章 附 则

第七十七条【违法所得的认定】当事人违法所获得的全部收入扣除当事人直接用于经营活动的合理支出，为违法所得。

法律、法规或者规章对“违法所得”的认定另有规定的，从其规定。

第七十八条【较大数额罚款的界定】 本办法第四十八条所称“较大数额”罚款和没收，对公民是指人民币（或者等值物品价值）5 000元以上、对法人或者其他组织是指人民币（或者等值物品价值）50 000元以上。

地方性法规、地方政府规章对“较大数额”罚款和没收的限额另有规定的，从其规定。

第七十九条【期间规定】本办法有关期间的规定，除注明工作日（不包含节假日）外，其他期间按自然日计算。

期间开始之日，不计算在内。期间届满的最后一日是节假日的，以节假日后的第一日为期间届满的日期。期间不包括在途时间，行政处罚文书在期满前交邮的，视为在有效期内。

第八十条【相关法规适用】本办法未作规定的其他事项，适用《行政处罚法》、《罚款决定与罚款收缴分离实施办法》、《环境保护违法违纪行为处分暂行规定》等有关法律、法规和规章的规定。

第八十一条【核安全处罚适用例外】核安全监督管理的行政处罚，按照国家有关核安全监督管理的规定执行。

第八十二条【生效日期】本办法自2010年3月1日起施行。

1999年8月6日原国家环境保护总局发布的《环境保护行政处罚办法》同时废止。

环境行政处罚案件办理程序暂行规定

（环境保护部环境监察局 2009 年 11 月 24 日　环监发[2009]42 号）

第一条　为规范环境保护部环境行政处罚案件（以下简称“处罚案件”，不含核与辐射行政处罚案件）的办理，依据《行政处罚法》、《环境保护行政处罚办法》、《环境保护部机关“三定”实施方案》和《环境保护部环境监察局工作规则》等规定，结合处罚工作实际，制定本程序规定。

第二条　环境监察局办理处罚案件的内部工作程序，适用本规定。

第三条　环境监察局行政执法处罚处（以下简称“处罚处”）负责组织处罚案件的办理。包括具体承担立案、审查、告知、听取陈述申辩、复核、结案工作，组织调查取证、听证、文书送达和处罚决定的执行监督工作。

环境监察局其他处（室）可以承担处罚案件的调查取证工作。

第四条　环境监察局其他处（室）通过群众举报、执法检查等途径发现环境违法行为并认为环境保护部有权实施处罚的，将有关案件线索材料移送处罚处办理。

环境保护部各司（办）及应急调查中心、各督查中心等单位移送环境监察局并建议由环境保护部实施处罚的，经环境监察局领导批示后由处罚处办理。

地方环保部门移送环境保护部并建议由环境保护部实施处罚的，经环境监察局领导批示后由处罚处办理。

第五条　处罚处指定两名工作人员具体承办处罚案件。

符合回避条件的，案件承办人员应当回避。

第六条　案件承办人员按照立案条件对案件线索材料进行初步审查，分类提出处理建议，并按程序报环境监察局局长批准实施：

1．符合立案条件的，填写统一编号的“环境违法行为立案登记表”并提出调查取证和案件办理的建议；

2．不符合立案条件的，不予立案，并将不予立案的理由反馈移送单位。其中，对属于其他机关管辖的案件，起草《案件移送函》移送有权机关；

3．案件线索材料已附相关证据材料且证据充分、违法事实清楚、调查程序合法的，补办立案手续后进入审查程序。

立案审查工作一般在7个工作日内完成。

第七条 委托部环境保护督查中心或者地方环保部门调查取证的，案件承办人员起草《委托调查函》（环境监察局文件），由分管局领导审核后报局长签发。《委托调查函》应当明确调查取证的具体要求和时限。

环境监察局可以委派处罚处以外的执法人员进行调查取证。

必要时，案件承办人员可以赴现场实地了解案情，但不得取证。

第八条 案件调查人员不得少于两人，并应当持有中国环境监察执法证等有效执法证件。

案件调查人员应当对当事人的基本情况、违法事实、危害后果、违法情节等情况进行全面、客观的调查，调取当事人营业执照和组织机构证代码复印件，制作调查询问笔录，并可以视具体案情制作现场检查（勘察）笔录，收集照片、录像、证人证言等其他相关证据。

视具体案情，案件调查人员可以依法采取先行登记保存、查封、暂扣等措施，并可以组织取样、监测。

调查取证工作一般在立案后20个工作日内完成。

第九条 调查完毕，案件调查人员应当提交调查报告。

调查报告的主要内容包括企业基本情况、查明的主要违法事实、初步处罚建议，并附上证据材料（如当事人营业执照和组织机构证代码复印件、调查询问笔录、现场检查（勘察）笔录、监测报告、照片、视听资料等）。

第十条 案件承办人员按照案件审查内容负责对调查报告及所附证据材料进行审查，分类提出处理建议，按程序报环境监察局局长批准后实施：

1．发现不符合立案条件的，撤销立案；

2．违法事实不清，或者证据不充分，或者调查程序不合法的，退回案件调查人员补充调查取证或者重新调查取证；

3．违法事实清楚、证据充分、调查程序合法的，进入告知程序。

第十一条 案件承办人员起草《行政处罚事先（听证）告知书》，按程序报请分管局领导审查后报局长审核，会签相关业务司（办）和政策法规司后，报分管部领导签发。

第十二条 案件承办人员负责听取当事人的陈述、申辩和组织听证。

案件承办人员可以接受当事人的书面陈述、申辩材料。当事人要求当面陈述、申辩的，案件承办人员应当约定当事人在工作时间和工作地点听取，并制作笔录。

当事人申请听证的，案件承办人员提出听证方案，按程序报分管局领导批准后实施。听证的具体程序按照环境保护部有关规定执行。

听证主持人一般由局长或分管局领导担任，也可委派处罚处负责人担任。必要时，可以邀请有关专家担任听证主持人。听证会记录员由案件承办人员担任，可以聘请速录人员协助。

听证地点的选择可以考虑方便当事人和案件调查人员，并有助于了解案情。

第十三条 案件承办人员负责对当事人的陈述申辩意见（包括书面材料和听证会意见）进行复核，并对采纳情况及理由作出书面说明。

第十四条 根据违法行为的事实、证据和有关法律、法规和规章的规定，结合调查人员提出的初步处罚意见、当事人的陈述申辩意见（包括书面材料和听证会意见）及采纳情况，案件承办人员提出处罚建议。

必要时，可以请有关专家出具法律意见。

第十五条 案件承办人员将处罚建议按程序报分管局领导审核，并建议提请局务会（案件审查委员会）审议。

局务会会议对处罚案件的事实认定、法律适用和当事人意见等问题进行全面审查，形成审议意见记入局务会会议纪要。

第十六条 案件承办人员负责落实局务会会议审议意见。

决定予以处罚的，案件承办人员按程序报分管部领导批准后起草行政处罚决定书。

第十七条 涉及当事人实体权利的行政处罚法律文书（如《行政处罚事先（听证）告知书》、《行政处罚决定书》和《环境违法行为（限期）改正通知书》等），采用“环境保护部行政处罚与复议文件”文种，由分管局领导审查后报局长审核，会签相关业务司局和政策法规司后，报分管部领导签发。

程序性法律文书（如《行政处罚听证通知书》等）采用“环境保护部行政处罚与复议函”文种，由分管局领导审查后报局长审核，会签相关业务司局和政策法规司后，报办公厅领导签发。

行政处罚法律文书可以标注为“内部急件”，但不在印发的正式文书中显示。

第十八条 案件承办人员负责将行政处罚文书送达当事人，抄送相关督查中心、所在地省级和市级环保部门，并送相关业务司（办）和政策法规司。

行政处罚文书送达当事人应当使用送达回证。

委托地方环保部门代为送达行政处罚文书的，应当办理书面委托手续。

第十九条 案件承办人员负责信息公开的跟踪和配合工作。

《行政处罚决定书》和《环境违法行为（限期）改正通知书》在环境保护部政府网站（www.mep.gov.cn）向社会公开，并送中国人民银行、银监会、证监会等相关部门。其他行政处罚文书部内公开。

第二十条 当事人申请行政复议或者提起行政诉讼的，案件承办人员负责提出初步答辩意见，提交作出处罚决定的证据、依据和其他有关材料，并配合政策法规司办理。

第二十一条 案件承办人员负责监督行政处罚决定书的执行。必要时，环境监察局可以组织后督察。

当事人逾期不申请行政复议、不提起行政诉讼、又不履行处罚决定的，案件承办人员提出申请人民法院强制执行的建议，按程序报分管部领导审批。

部领导审批同意的，案件承办人员起草《行政处罚强制执行申请书》，由分管局领导审查后报局长审核，会签相关业务司局和政策法规司后，报分管部领导签发。

案件承办人员负责办理书面委托手续，将《行政处罚强制执行申请书》及《行政处罚决定书》、有关证据等材料送达人民法院，并配合人民法院的强制执行工作。

案件承办人员还应将《行政处罚强制执行申请书》抄送相关督查中心、所在地省级和市级环保部门，并送相关业务司（办）和政策法规司。

第二十二条 符合结案条件的，案件承办人员予以结案，并填写“行政处罚案件结案登记表”。

第二十三条 结案的行政处罚案件，案件承办人员负责配合办公厅文档处进行立卷归档。案卷保管及查阅，按档案管理有关规定执行。

附件：

环监局处罚案件办理流程图

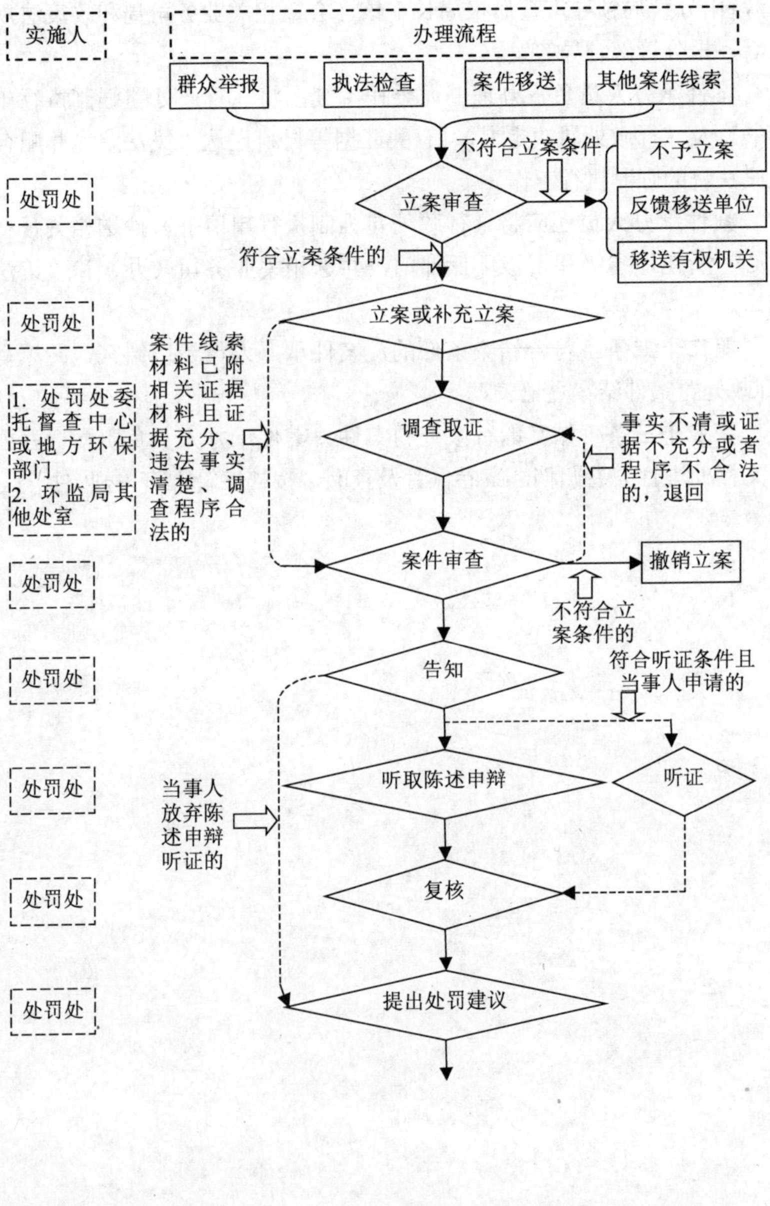

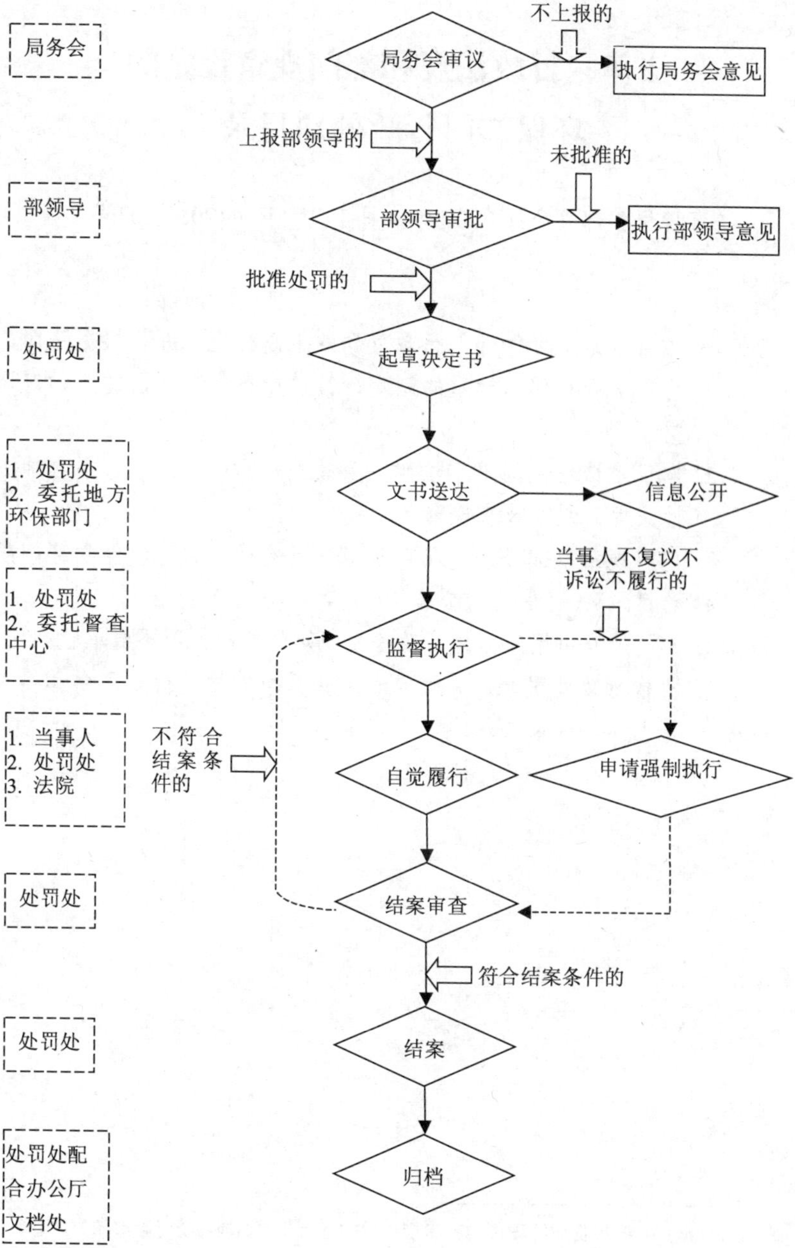
局务会
部领导
处罚处
1. 处罚处
2. 委托地方环保部门
1. 处罚处
2. 委托督查中心
1. 当事人
2. 处罚处
3. 法院
处罚处
处罚处
处罚处配合办公厅文档处
局务会审议
不上报的
执行局务会意见
上报部领导的
部领导审批
未批准的
执行部领导意见
批准处罚的
起草决定书
文书送达
信息公开
当事人不复议不诉讼不履行的
监督执行
不符合结案条件的
自觉履行
申请强制执行
结案审查
符合结案条件的
结案
归档

法律、行政法规和部门规章设定的环保部门行政处罚目录

（环境保护部办公厅 2009 年 9 月 1 日　环办[2009]107 号）

说明：1. 本目录是对环保部门行政处罚的汇总梳理，并将根据法律、行政法规和部门规章的制定、修改或废止情况，适时动态调整。

2. 本目录梳理范围限于法律、行政法规和部门规章，不含地方性法规、地方政府规章。

3. 部门规章以部令、总局令和《现行有效国家环境保护部门规章目录》（环保总局公告 2007 年第 65 号）为准。

4. 部门规章引用法律、行政法规规定的行政处罚不再单独列出。

5. 实施行政处罚时，并处或者选择采取的相关行政命令和措施等也列入目录中。

编者注：《消耗臭氧层物质管理条例》和修订后的《新化学物质环境管理办法》所设定的行政处罚未列入本目录。

序号	违法行为	行政处罚及相关命令和措施	法条规定的实施机关	法律、行政法规和部门规章依据
一、通用类				
1	拒绝环境保护行政主管部门现场检查或者在被检查时弄虚作假	警告或者罚款	环境保护行政主管部门	《环境保护法》第三十五条
2	拒报或者谎报国务院环境保护行政主管部门规定的有关污染物排放申报事项			
3	不按国家规定缴纳超标准排污费			
4	引进不符合我国环境保护规定要求的技术和设备			
5	将产生严重污染的生产设备转移给没有污染防治能力的单位使用			
6	建设项目防治污染设施没有建成或者没有达到国家规定的要求，投入生产或者使用	责令停止生产或者使用，可以并处罚款	批准该建设项目的环境影响报告书的环境保护行政主管部门	《环境保护法》第三十六条
7	未经环境保护行政主管部门同意，擅自拆除或者闲置防治污染的设施，污染物排放超过规定的排放标准	责令重新安装使用，并处罚款	环境保护行政主管部门	《环境保护法》第三十七条
8	企业事业单位违法造成环境污染事故	根据所造成的危害后果处以罚款	环境保护行政主管部门	《环境保护法》第三十八条
9	企业事业单位经限期治理逾期未完成治理任务	可以根据所造成的危害后果处以罚款	环境保护行政主管部门	《环境保护法》第三十九条

序号	违法行为	行政处罚及相关命令和措施	法条规定的实施机关	法律、行政法规和部门规章依据
	二、水污染防治类			
10	拒绝环境保护主管部门监督检查或者在接受监督检查时弄虚作假	责令改正，处一万元以上十万元以下的罚款	县级以上人民政府环境保护主管部门	《水污染防治法》第七十条
11	建设项目的水污染防治设施未建成、未经验收或者验收不合格，主体工程即投入生产或者使用	责令停止生产或者使用，直至验收合格，处五万元以上五十万元以下的罚款	县级以上人民政府环境保护主管部门	《水污染防治法》第七十一条
12	拒报或者谎报国务院环境保护主管部门规定的有关水污染物排放申报登记事项	责令限期改正，逾期不改正的，处一万元以上十万元以下的罚款	县级以上人民政府环境保护主管部门	《水污染防治法》第七十二条
13	未按照规定安装水污染物排放自动监测设备或者未按照规定与环境保护主管部门的监控设备联网，并保证监测设备正常运行			
14	未按照规定对所排放的工业废水进行监测并保存原始监测记录			
15	不正常使用水污染物处理设施，或者未经环境保护主管部门批准拆除、闲置水污染物处理设施	责令限期改正，处应缴纳排污费数额一倍以上三倍以下的罚款	县级以上人民政府环境保护主管部门	《水污染防治法》第七十三条

序号	违　法　行　为	行政处罚 及相关命令和措施	法条规定的 实施机关	法律、行政法规和 部门规章依据
16	排放水污染物超过国家或者地方规定的水污染物排放标准，或者超过重点水污染物排放总量控制指标	按照权限责令限期治理，处应缴纳排污费数额二倍以上五倍以下的罚款；限期治理期间由环保部门责令限制生产、限制排放或者停产整治；逾期未完成治理任务的，报经政府批准，责令关闭	县级以上人民政府环境保护主管部门	《水污染防治法》第七十四条
17	除在饮用水水源保护区内设置排污口外，违反法律、行政法规和国务院环境保护主管部门的规定设置排污口或者私设暗管	责令限期拆除，处二万元以上十万元以下罚款；逾期不拆除的，强制拆除，处十万元以上五十万元以下的罚款	县级以上地方人民政府环境保护主管部门	《水污染防治法》第七十五条
18	向水体排放油类、酸液、碱液	停止违法行为，限期采取治理措施，处二万元以上二十万元以下的罚款；逾期不采取治理措施的，可以指定代治理	县级以上地方人民政府环境保护主管部门	《水污染防治法》第七十六条
19	向水体排放、倾倒工业废渣、城镇垃圾或者其他废弃物，或者在江河、湖泊、运河、渠道、水库最高水位线以下的滩地、岸坡堆放、存贮固体废弃物或者其他污染物			
20	利用无防渗漏措施的沟渠、坑塘等输送或者存贮含有毒污染物的废水、含病原体的污水或者其他废弃物			

序号	违法行为	行政处罚及相关命令和措施	法条规定的实施机关	法律、行政法规和部门规章依据
21	向水体排放剧毒废液，或者将含有汞、镉、砷、铬、铅、氰化物、黄磷等的可溶性剧毒废渣向水体排放、倾倒或者直接埋入地下	停止违法行为，限期采取治理措施，处五万元以上五十万元以下罚款；逾期不采取治理措施的，可以指定代治理	县级以上地方人民政府环境保护主管部门	《水污染防治法》第七十六条
22	向水体排放、倾倒放射性固体废物或者含有高放射性、中放射性物质的废水	停止违法行为，限期采取治理措施，处五万元以上五十万元以下罚款；逾期不采取治理措施的，可以指定代治理	县级以上地方人民政府环境保护主管部门	《水污染防治法》第七十六条
23	利用渗井、渗坑、裂隙或者溶洞排放、倾倒含有毒污染物的废水、含病原体的污水或者其他废弃物			
24	在水体清洗装贮过油类、有毒污染物的车辆或者容器	停止违法行为，限期采取治理措施，处一万元以上十万元以下罚款；逾期不采取治理措施的，可以指定代治理	县级以上地方人民政府环境保护主管部门	《水污染防治法》第七十六条
25	违反国家有关规定或者标准，向水体排放含低放射性物质的废水、热废水或者含病原体的污水			
26	在饮用水水源一级保护区内新建、改建、扩建与供水设施和保护水源无关的建设项目	停止违法行为，处十万元以上五十万元以下罚款，并报政府批准，责令拆除或者关闭	县级以上地方人民政府环境保护主管部门	《水污染防治法》第八十一条
27	在饮用水水源二级保护区内新建、改建、扩建排放污染物的建设项目			
28	在饮用水水源准保护区内新建、扩建对水体污染严重的建设项目，或者改建建设项目增加排污量			

<table>
<tr><th>序号</th><th>违法行为</th><th colspan="2">行政处罚
及相关命令和措施</th><th>法条规定的
实施机关</th><th>法律、行政法规和
部门规章依据</th></tr>
<tr><td>29</td><td>在饮用水水源一级保护区内从事网箱养殖或者组织进行旅游、垂钓或者其他可能污染饮用水水体的活动</td><td colspan="2">责令停止违法行为，处二万元以上十万元以下罚款</td><td>县级以上地方人民政府环境保护主管部门</td><td>《水污染防治法》第八十一条</td></tr>
<tr><td>30</td><td>个人在饮用水水源一级保护区内游泳、垂钓或者从事其他可能污染饮用水水体的活动</td><td colspan="2">责令停止违法行为，可以处五百元以下的罚款</td><td>县级以上地方人民政府环境保护主管部门</td><td>《水污染防治法》第八十一条</td></tr>
<tr><td>31</td><td>企业事业单位不按照规定制定水污染事故的应急方案</td><td colspan="2" rowspan="2">责令改正，情节严重的，处二万元以上十万元以下的罚款</td><td rowspan="2">县级以上人民政府环境保护主管部门</td><td rowspan="2">《水污染防治法》第八十二条</td></tr>
<tr><td>32</td><td>水污染事故发生后，企业事业单位未及时启动水污染事故的应急方案，采取有关应急措施</td></tr>
<tr><td>33</td><td>企业事业单位违法造成一般或者较大水污染事故</td><td>处直接损失百分之二十的罚款</td><td rowspan="2">责令限期采取治理措施，消除污染；不按要求采取治理措施或者不具备治理能力的，指定代治理；对直接负责的主管人员和其他直接责任人员可以处上一年度从本单位取得的收入百分之五十以下的罚款</td><td rowspan="2">县级以上人民政府环境保护主管部门</td><td rowspan="2">《水污染防治法》第八十三条</td></tr>
<tr><td>34</td><td>企业事业单位违法造成重大或者特大水污染事故</td><td>处直接损失百分之三十的罚款；可以报政府批准，责令关闭</td></tr>
</table>

序号	违　法　行　为	行政处罚及相关命令和措施	法条规定的实施机关	法律、行政法规和部门规章依据
35	不按照排污许可证或者临时排污许可证的规定排放污染物	责令限期改正，可以处 5 万元以下的罚款；情节严重的，并可以吊销排污许可证或者临时排污许可证	颁发许可证的环境保护部门	《水污染防治法实施细则》第四十四条
36	违反枯水期污染源限排方案超量排污	责令纠正，可以处 10 万元以下的罚款	有关县级以上地方人民政府环境保护行政主管部门	《淮河流域水污染防治暂行条例》第三十五条
37	谎报排污许可证申报事项	责令限期改正，并给予警告，或者处以一万元以下罚款	所在地县级以上环境保护行政主管部门	《淮河和太湖流域排放重点水污染物许可证管理办法》第十七条
38	违反本办法第十三条第二款、第十四条规定，应当重新申请领取排污许可证而未申请			
39	违反本办法第十五条第一款规定，应当重新申请核发排污许可证而未申请			
40	无排污许可证排放污染物	责令限期改正，可并处三万元以下罚款	由所在地县级以上环境保护行政主管部门	《淮河和太湖流域排放重点水污染物许可证管理办法》第十八条

序号	违法行为	行政处罚及相关命令和措施	法条规定的实施机关	法律、行政法规和部门规章依据
	三、大气污染防治类			
41	拒报或者谎报国务院环境保护行政主管部门规定的有关污染物排放申报事项	责令停止违法行为，限期改正，警告或者处以五万元以下罚款	环境保护行政主管部门	《大气污染防治法》第四十六条
42	拒绝环境保护行政主管部门现场检查或者在被检查时弄虚作假			
43	排污单位不正常使用大气污染物处理设施或者未经环境保护行政主管部门批准，擅自拆除、闲置大气污染物处理设施			
44	未采取防燃、防尘措施，在人口集中地区存放煤炭、煤矸石、煤渣、煤灰、砂石、灰土等物料			
45	建设项目的大气污染防治设施没有建成或者没有达到国家有关建设项目环境保护管理规定的要求，投入生产或者使用	责令停止生产或者使用，可以并处一万元以上十万元以下罚款	审批该建设项目的环境影响报告书的环境保护行政主管部门	《大气污染防治法》第四十七条
46	向大气排放污染物超过国家和地方规定排放标准的	处一万元以上十万元以下罚款	所在地县级以上地方人民政府环境保护行政主管部门	《大气污染防治法》第四十八条
47	将淘汰的设备转让给他人使用	没收转让者的违法所得，并处违法所得两倍以下罚款	转让者所在地县级以上地方人民政府环境保护行政主管部门	《大气污染防治法》第四十九条

序号	违法行为	行政处罚及相关命令和措施	法条规定的实施机关	法律、行政法规和部门规章依据
48	在当地人民政府规定的期限届满后继续燃用高污染燃料	责令拆除或者没收燃用高污染燃料的设施	所在地县级以上地方人民政府环境保护行政主管部门	《大气污染防治法》第五十一条
49	在城市集中供热管网覆盖地区新建燃煤供热锅炉	责令停止违法行为或者限期改正，可以处五万元以下罚款	县级以上地方人民政府环境保护行政主管部门	《大气污染防治法》第五十二条
50	未按照国务院规定的期限停止生产、进口或者销售含铅汽油	责令停止违法行为，没收所生产、进口、销售的含铅汽油和违法所得	所在地县级以上地方人民政府环境保护行政主管部门	《大气污染防治法》第五十四条
51	未取得所在地省、自治区、直辖市人民政府环境保护行政主管部门的委托进行机动车排气污染检测或者在检测中弄虚作假	责令停止违法行为，限期改正，可以处五万元以下罚款	县级以上人民政府环境保护行政主管部门	《大气污染防治法》第五十五条
52	未采取有效污染防治措施，向大气排放粉尘、恶臭气体或者其他含有有毒物质气体	责令停止违法行为，限期改正，可以处五万元以下罚款	县级以上地方人民政府环境保护行政主管部门	《大气污染防治法》第五十六条
53	未经当地环境保护行政主管部门批准，向大气排放转炉气、电石气、电炉法黄磷尾气、有机烃类尾气			

序号	违法行为	行政处罚及相关命令和措施	法条规定的实施机关	法律、行政法规和部门规章依据
54	未采取密闭措施或者其他防护措施，运输、装卸或者贮存能够散发有毒有害气体或者粉尘物质			
55	城市饮食服务业的经营者未采取有效污染防治措施，致使排放的油烟对附近居民的居住环境造成污染			
56	在人口集中地区和其他依法需要特殊保护的区域内，焚烧沥青、油毡、橡胶、塑料、皮革、垃圾以及其他产生有毒有害烟尘和恶臭气体的物质	责令停止违法行为，处二万元以下罚款	所在地县级以上地方人民政府环境保护行政主管部门	《大气污染防治法》第五十七条
57	在人口集中地区、机场周围、交通干线附近以及当地人民政府划定的区域内露天焚烧秸秆、落叶等产生烟尘污染的物质	责令停止违法行为；情节严重的，可以处二百元以下罚款	所在地县级以上地方人民政府环境保护行政主管部门	《大气污染防治法》第五十七条
58	新建的所采煤炭属于高硫分、高灰分的煤矿，不按照国家有关规定建设配套的煤炭洗选设施	责令限期建设配套设施，可以处二万元以上二十万元以下罚款	县级以上人民政府环境保护行政主管部门	《大气污染防治法》第六十条
59	排放含有硫化物气体的石油炼制、合成氨生产、煤气和燃煤焦化以及有色金属冶炼的企业，不按照国家有关规定建设配套脱硫装置或者未采取其他脱硫措施	责令限期建设配套设施，可以处二万元以上二十万元以下罚款	县级以上人民政府环境保护行政主管部门	《大气污染防治法》第六十条
60	违法造成大气污染事故的企业事业单位	根据所造成的危害后果处直接经济损失百分之五十以下罚款，但最高不超过五十万元	所在地县级以上地方人民政府环境保护行政主管部门	《大气污染防治法》第六十一条

序号	违法行为	行政处罚及相关命令和措施	法条规定的实施机关	法律、行政法规和部门规章依据
	四、固体废物污染防治类			
61	不按照国家规定申报登记工业固体废物，或者在申报登记工业固体废物时弄虚作假	责令停止违法行为，限期改正，处五千元以上五万元以下的罚款	县级以上人民政府环境保护行政主管部门	《固体废物污染环境防治法》第六十八条
62	在运输过程中沿途丢弃、遗撒工业固体废物			
63	对暂时不利用或者不能利用的工业固体废物未建设贮存的设施、场所安全分类存放，或者未采取无害化处置措施	责令停止违法行为，限期改正，处一万元以上十万元以下的罚款		
64	将列入限期淘汰名录被淘汰的设备转让给他人使用			
65	擅自关闭、闲置或者拆除工业固体废物污染环境防治设施、场所	责令停止违法行为，限期改正，处一万元以上十万元以下的罚款	县级以上人民政府环境保护行政主管部门	《固体废物污染环境防治法》第六十八条
66	在自然保护区、风景名胜区、饮用水水源保护区、基本农田保护区和其他需要特别保护的区域内，建设工业固体废物集中贮存、处置的设施、场所和生活垃圾填埋场			
67	擅自转移固体废物出省、自治区、直辖市行政区域贮存、处置			
68	未采取相应防范措施，造成工业固体废物扬散、流失、渗漏或者造成其他环境污染			
69	建设项目需要配套建设的固体废物污染环境防治设施未建成、未经验收或者验收不合格，主体工程即投入生产或者使用	责令停止生产或者使用，可以并处十万元以下的罚款	审批该建设项目环境影响评价文件的环境保护行政主管部门	《固体废物污染环境防治法》第六十九条

序号	违法行为	行政处罚及相关命令和措施	法条规定的实施机关	法律、行政法规和部门规章依据
70	拒绝现场检查	责令限期改正	县级以上人民政府环境保护行政主管部门	《固体废物污染环境防治法》第七十条
71	拒绝现场检查拒不改正或者在检查时弄虚作假	处二千元以上二万元以下的罚款		
72	从事畜禽规模养殖未按照国家有关规定收集、贮存、处置畜禽粪便，造成环境污染	责令限期改正，可以处五万元以下的罚款	县级以上地方人民政府环境保护行政主管部门	《固体废物污染环境防治法》第七十一条
73	尾矿、矸石、废石等矿业固体废物贮存设施停止使用后，未按照国家有关环境保护规定进行封场	责令限期改正，可以处五万元以上二十万元以下的罚款	县级以上地方人民政府环境保护行政主管部门	《固体废物污染环境防治法》第七十三条
74	不设置危险废物识别标志	责令停止违法行为，限期改正，处一万元以上十万元以下的罚款	县级以上人民政府环境保护行政主管部门	《固体废物污染环境防治法》第七十五条
75	不按照国家规定申报登记危险废物，或者在申报登记危险废物时弄虚作假			
76	将危险废物混入非危险废物中贮存	责令停止违法行为，限期改正，处一万元以上十万元以下的罚款	县级以上人民政府环境保护行政主管部门	《固体废物污染环境防治法》第七十五条
77	未经安全性处置，混合收集、贮存、运输、处置具有不相容性质的危险废物			
78	将危险废物与旅客在同一运输工具上载运			
79	未经消除污染的处理将收集、贮存、运输、处置危险废物的场所、设施、设备和容器、包装物及其他物品转作他用			

序号	违法行为	行政处罚及相关命令和措施	法条规定的实施机关	法律、行政法规和部门规章依据
80	未采取相应防范措施，造成危险废物扬散、流失、渗漏或者造成其他环境污染			
81	在运输过程中沿途丢弃、遗撒危险废物			
82	未制定危险废物意外事故防范措施和应急预案			
83	不按照国家规定缴纳危险废物排污费	限期缴纳，逾期不缴纳的，处应缴纳危险废物排污费金额一倍以上三倍以下的罚款		
84	擅自关闭、闲置或者拆除危险废物集中处置设施、场所	责令停止违法行为，限期改正，处二万元以上二十万元以下的罚款	县级以上人民政府环境保护行政主管部门	《固体废物污染环境防治法》第七十五条
85	将危险废物提供或者委托给无经营许可证的单位从事经营活动			
86	不按照国家规定填写危险废物转移联单或者未经批准擅自转移危险废物			
87	危险废物产生者不处置其产生的危险废物又不承担依法应当承担的处置费用	责令限期改正，处代为处置费用一倍以上三倍以下的罚款	县级以上地方人民政府环境保护行政主管部门	《固体废物污染环境防治法》第七十六条
88	无经营许可证从事收集、贮存、利用、处置危险废物经营活动	责令停止违法行为，没收违法所得，可以并处违法所得三倍以下的罚款	县级以上人民政府环境保护行政主管部门	《固体废物污染环境防治法》第七十七条

序号	违法行为	行政处罚及相关命令和措施	法条规定的实施机关	法律、行政法规和部门规章依据
89	不按照经营许可证规定从事收集、贮存、利用、处置危险废物经营活动	责令停止违法行为，没收违法所得，可以并处违法所得三倍以下的罚款	县级以上人民政府环境保护行政主管部门	
		还可以吊销经营许可证	发证机关	
90	造成固体废物污染环境事故	处二万元以上二十万元以下的罚款；造成重大损失的，处直接损失百分之三十的罚款，但是最高不超过一百万元	县级以上人民政府环境保护行政主管部门	《固体废物污染环境防治法》第八十二条
91	未取得废弃电器电子产品处理资格擅自从事废弃电器电子产品处理活动	责令停业、关闭，没收违法所得，并处 5 万元以上 50 万元以下的罚款	县级以上人民政府环境保护主管部门	《废弃电器电子产品回收处理管理条例》第二十八条
92	处理企业未建立废弃电器电子产品的数据信息管理系统，未按规定报送基本数据和有关情况或者报送基本数据、有关情况不真实，或者未按规定期限保存基本数据	责令限期改正，可以处 5 万元以下的罚款	所在地的设区的市级人民政府环境保护主管部门	《废弃电器电子产品回收处理管理条例》第三十一条
93	处理企业未建立日常环境监测制度或者未开展日常环境监测	责令限期改正，可以处 5 万元以下的罚款	县级以上人民政府环境保护主管部门	《废弃电器电子产品回收处理管理条例》第三十二条

序号	违法行为	行政处罚及相关命令和措施	法条规定的实施机关	法律、行政法规和部门规章依据
94	将未完全拆解、利用或者处置的电子废物提供或者委托给列入名录（包括临时名录）且具有相应经营范围的拆解利用处置单位（包括个体工商户）以外的单位或者个人从事拆解、利用、处置活动	责令限期整改，并处 3 万元以下罚款	所在地县级以上人民政府环境保护行政主管部门	《电子废物污染环境防治管理办法》第二十一条
95	拆解、利用和处置电子废物不符合有关电子废物污染防治的相关标准、技术规范和技术政策的要求，或者违反本办法规定的禁止性技术、工艺、设备要求	责令限期整改，并处 3 万元以下罚款	所在地县级以上人民政府环境保护行政主管部门	《电子废物污染环境防治管理办法》第二十一条
96	贮存、拆解、利用、处置电子废物的作业场所不符合要求			
97	未按规定记录经营情况、日常环境监测数据、所产生工业电子废物的有关情况等，或者环境监测数据、经营情况记录弄虚作假			
98	未按培训制度和计划进行培训			
99	贮存电子废物超过一年			
100	危险废物经营单位变更法人名称、法定代表人和住所的，未自工商变更登记之日起 15 个工作日内向原发证机关申请办理危险废物经营许可证变更手续	责令限期改正，给予警告	县级以上地方人民政府环境保护主管部门	《危险废物经营许可证管理办法》第二十二条
		逾期不改正的，暂扣危险废物经营许可证	原发证机关	

序号	违法行为	行政处罚及相关命令和措施	法条规定的实施机关	法律、行政法规和部门规章依据
101	危险废物经营单位改变危险废物经营方式，或者增加危险废物类别，或者新建、改建、扩建原有危险废物经营设施，或者经营危险废物超过原批准年经营规模 20%以上，未重新申请领取危险废物经营许可证的	责令停止违法行为；有违法所得的，没收违法所得；违法所得超过 10 万元的，并处违法所得 1 倍以上 2 倍以下的罚款；没有违法所得或者违法所得不足 10 万元的，处 5 万元以上 10 万元以下的罚款	县级以上地方人民政府环境保护主管部门	《危险废物经营许可证管理办法》第二十三条
	危险废物经营单位继续从事危险废物经营活动，未于危险废物经营许可证有效期届满 30 个工作日前向原发证机关提出换证申请			
102	危险废物经营单位终止从事收集、贮存、处置危险废物经营活动，未对经营设施、场所采取污染防治措施，或者未妥善处理未处置的危险废物	责令限期改正；逾期不改正的，处 5 万元以上 10 万元以下的罚款	县级以上地方人民政府环境保护主管部门	《危险废物经营许可证管理办法》第二十四条
102	危险废物的经营设施在废弃或者改作其他用途前，未进行无害化处理	责令限期改正；逾期不改正的，处 5 万元以上 10 万元以下的罚款	县级以上地方人民政府环境保护主管部门	《危险废物经营许可证管理办法》第二十四条
	填埋危险废物的经营设施服役期届满后，危险废物经营单位未按规定对填埋过危险废物的土地采取封闭措施，或者未在划定的封闭区域设置永久性标记			
103	伪造、变造、转让危险废物经营许可证	收缴危险废物经营许可证，并处 5 万元以上 10 万元以下罚款	县级以上地方人民政府环境保护主管部门	《危险废物经营许可证管理办法》第二十五条
		或者吊销危险废物经营许可证，并处 5 万元以上 10 万元以下罚款	原发证机关	

序号	违法行为	行政处罚及相关命令和措施	法条规定的实施机关	法律、行政法规和部门规章依据
104	危险废物经营单位不按县级以上人民政府环境保护主管部门的要求定期报告危险废物经营活动情况	责令限期改正，给予警告	县级以上地方人民政府环境保护主管部门	《危险废物经营许可证管理办法》第二十六条
105	危险废物经营单位未建立危险废物经营情况记录簿，或者未如实记载收集、贮存、处置危险废物的类别、来源、去向和有无事故等事项	责令限期改正，给予警告	县级以上地方人民政府环境保护主管部门	《危险废物经营许可证管理办法》第二十六条
106	危险废物经营单位未将危险废物经营情况记录簿保存 10 年以上，或者未将以填埋方式处置危险废物的经营情况记录簿永久保存	逾期不改正的，暂扣或者吊销危险废物经营许可证	原发证机关	《危险废物经营许可证管理办法》第二十六条
107	危险废物经营单位终止经营活动，未将危险废物经营情况记录簿移交所在地县级以上地方人民政府环境保护主管部门存档管理	逾期不改正的，暂扣或者吊销危险废物经营许可证	原发证机关	《危险废物经营许可证管理办法》第二十六条
108	领取危险废物收集经营许可证的单位未与处置单位签订接收合同，或者未将收集的废矿物油和废镉镍电池在 90 个工作日内提供或者委托给处置单位进行处置	责令限期改正，给予警告；逾期不改正的，处 1 万元以上 5 万元以下的罚款	县级以上地方人民政府环境保护主管部门	《危险废物经营许可证管理办法》第二十七条
		并可以暂扣或者吊销危险废物经营许可证	原发证机关	
109	危险废物经营单位被责令限期整改，逾期不整改或者经整改仍不符合原发证条件	暂扣或者吊销危险废物经营许可证	原发证机关	《危险废物经营许可证管理办法》第二十八条

序号	违　法　行　为	行政处罚及相关命令和措施	法条规定的实施机关	法律、行政法规和部门规章依据
110	未按规定运行联单	责令限期改正，并处三万元以下罚款	省辖市级以上地方人民政府环境保护行政主管部门	《危险废物转移联单管理办法》第十三条
111	未在规定的存档期限保管联单			
112	医疗废物集中处置单位未建立、健全医疗废物管理制度，或者未设置监控部门或者专（兼）职人员	责令限期改正，给予警告；逾期不改正的，处 2 000 元以上 5 000 元以下的罚款	县级以上地方人民政府环境保护行政主管部门	《医疗废物管理条例》第四十五条、《医疗废物管理行政处罚办法》第三条
113	医疗废物集中处置单位未对有关人员进行相关法律和专业技术、安全防护以及紧急处理等知识培训			
114	医疗废物集中处置单位未对医疗废物进行登记或者未保存登记资料			
115	医疗废物集中处置单位对使用后的医疗废物运送工具或者运送车辆未在指定地点及时进行消毒和清洁			
116	医疗废物集中处置单位未及时收集、运送医疗废物			
117	医疗废物集中处置单位未定期对医疗废物处置设施的环境污染防治和卫生学效果进行检测、评价，或者未将检测、评价效果存档、报告			
118	医疗废物集中处置单位贮存设施或者设备不符合环境保护、卫生要求	责令限期改正，给予警告，可以并处 5 000 元以下的罚款；逾期不改正的，处 5 000 元以上 3 万元以下的罚款	县级以上地方人民政府环境保护行政主管部门	《医疗废物管理条例》第四十六条、《医疗废物管理行政处罚办法》第六条
119	医疗废物集中处置单位未将医疗废物按照类别分置于专用包装物或者容器			
120	医疗废物集中处置单位未使用符合标准的专用车辆运送医疗废物或者使用运送医疗废物的车辆运送其他物品			

序号	违法行为	行政处罚及相关命令和措施	法条规定的实施机关	法律、行政法规和部门规章依据
121	医疗废物集中处置单位未安装污染物排放在线监控装置或者监控装置未经常处于正常运行状态			
122	医疗卫生机构在医疗机构外运送过程中丢弃医疗废物，在非贮存地点倾倒、堆放医疗废物或者将医疗废物混入其他废物和生活垃圾	责令限期改正，给予警告，并处5 000元以上1万元以下的罚款；逾期不改正的，处1万元以上3万元以下的罚款	县级以上地方人民政府环境保护行政主管部门	《医疗废物管理条例》第四十七条、《医疗废物管理行政处罚办法》第七条
	医疗废物集中处置单位在运送过程中丢弃医疗废物，在非贮存地点倾倒、堆放医疗废物或者将医疗废物混入其他废物和生活垃圾			《医疗废物管理条例》第四十七条、《医疗废物管理行政处罚办法》第八条
123	医疗废物集中处置单位或者自行建有医疗废物处置设施的医疗卫生机构，对医疗废物的处置不符合国家规定的环境保护、卫生标准、规范			《医疗废物管理条例》第四十七条、《医疗废物管理行政处罚办法》第九条
124	医疗卫生机构、医疗废物集中处置单位未执行危险废物转移联单管理制度	责令停止违法行为，限期改正，并处5万元以下罚款		《医疗废物管理条例》第四十七条、《医疗废物管理行政处罚办法》第十条

序号	违法行为	行政处罚及相关命令和措施	法条规定的实施机关	法律、行政法规和部门规章依据
125	医疗卫生机构、医疗废物集中处置单位将医疗废物交给或者委托给未取得经营许可证的单位或者个人收集、运送、贮存、处置	责令停止违法行为，限期改正，并处 5 万元以下罚款	县级以上地方人民政府环境保护行政主管部门	《医疗废物管理条例》第四十七条、《医疗废物管理行政处罚办法》第十条
126	医疗废物集中处置单位发生医疗废物流失、泄漏、扩散时，未采取紧急处理措施，或者未及时向环境保护行政主管部门报告	责令改正，给予警告，并处 1 万元以上 3 万元以下的罚款	县级以上地方人民政府环境保护行政主管部门	《医疗废物管理条例》第四十九条、《医疗废物管理行政处罚办法》第十一条
127	医疗卫生机构、医疗废物集中处置单位无正当理由，阻碍环境保护行政主管部门执法人员执行职务，拒绝执法人员进入现场，或者不配合执法部门的检查、监测、调查取证	责令限期改正，并处 1 万元以下罚款	县级以上地方人民政府环境保护行政主管部门	《医疗废物管理条例》第五十条、《医疗废物管理行政处罚办法》第十二条
		拒不改正的，暂扣或者吊销医疗废物集中处置单位经营许可证件	原发证的环境保护行政主管部门	
128	不具备集中处置医疗废物条件的农村，医疗卫生机构未按照环保部门有关环境污染防治的要求处置医疗废物	责令限期改正，给予警告；逾期不改正的，处 1 000 元以上 5 000 元以下的罚款	县级人民政府环境保护行政主管部门	《医疗废物管理条例》第五十一条、《医疗废物管理行政处罚办法》第十三条

序号	违　法　行　为	行政处罚及相关命令和措施	法条规定的实施机关	法律、行政法规和部门规章依据
129	未取得经营许可证从事医疗废物的收集、运送、贮存、处置等活动	责令立即停止违法行为，没收违法所得，可以并处违法所得1倍以下的罚款	县级以上地方人民政府环境保护行政主管部门	《医疗废物管理条例》第五十二条、《医疗废物管理行政处罚办法》第十四条
130	转让、买卖医疗废物，邮寄或者通过铁路、航空运输医疗废物，或者违法通过水路运输医疗废物	责令立即停止违法行为，给予警告，没收违法所得；违法所得5 000元以上的，并处违法所得2倍以上5倍以下的罚款；没有违法所得或者违法所得不足5 000元的，并处5 000元以上2万元以下的罚款	县级以上地方人民政府环境保护行政主管部门	《医疗废物管理条例》第五十三条
131	承运人明知托运人违法运输医疗废物，仍予以运输的，或者承运人将医疗废物与旅客在同一工具上载运			
132	医疗废物集中处置单位有《医疗废物管理条例》第四十七、第四十八、第四十九、第五十一条规定的情形，造成环境污染事故	依照《固体废物污染环境防治法》有关规定予以处罚	县级以上地方人民政府环境保护行政主管部门	《医疗废物管理条例》第四十七、第四十八、第四十九、第五十一条、《医疗废物管理行政处罚办法》第十五条
		并暂扣或者吊销经营许可证件	原发证的环境保护行政主管部门	

序号	违法行为	行政处罚及相关命令和措施	法条规定的实施机关	法律、行政法规和部门规章依据
133	伪造、变造国家环境保护局《进口废物批准证书》	处以三万元以下罚款	原国家环境保护局	《废物进口环境保护管理暂行规定》第二十九条
134	无危险废物出口核准通知单	责令改正，并处 3 万元以下的罚款	县级以上人民政府环境保护行政主管部门	《危险废物出口核准管理办法》第二十一条
135	不按照危险废物出口核准通知单出口危险废物	责令改正，并处 3 万元以下的罚款	县级以上人民政府环境保护行政主管部门	
		情节严重的，可以撤销危险废物出口核准通知单	国务院环境保护行政主管部门	
136	申请危险废物出口核准的单位隐瞒有关情况或者提供虚假材料	不予受理申请或者不予核准其申请，给予警告，并记载其不良记录	国务院环境保护行政主管部门	《危险废物出口核准管理办法》第二十二条
137	未按规定填写、运行转移单据	责令改正，并处 3 万元以下罚款	县级以上人民政府环境保护行政主管部门	《危险废物出口核准管理办法》第二十三条
		情节严重的，撤销危险废物出口核准通知单	国务院环境保护行政主管部门	

序号	违法行为	行政处罚及相关命令和措施	法条规定的实施机关	法律、行政法规和部门规章依据
138	未按规定的存档期限保管转移单据	责令改正，并处3万元以下罚款	县级以上人民政府环境保护行政主管部门	《危险废物出口核准管理办法》第二十三条
139	未将有关信息报送国务院环境保护行政主管部门，或者未将有关信息抄报有关地方人民政府环境保护行政主管部门	责令限期改正；逾期不改正的，处3万元以下罚款，并记载危险废物出口者的不良记录	县级以上人民政府环境保护行政主管部门	《危险废物出口核准管理办法》第二十四条
140	以欺骗、贿赂等不正当手段取得危险废物出口核准通知单	撤销危险废物出口核准通知单，并处3万元以下罚款	国务院环境保护行政主管部门	《危险废物出口核准管理办法》第二十六条
	五、化学品管理类			
141	申报人在申领登记证的过程中弄虚作假	责令改正，处一万元以上三万元以下罚款，公告其违规行为，记载其不良记录，并在三年内不予受理其新化学物质申报	原国家环境保护总局	《新化学物质环境管理办法》第二十四条
142	拒绝环境保护部门现场检查，或者在检查时弄虚作假	县级以上地方环境保护部门责令改正，处三万元以下罚款，由国家环境保护总局公告其违规行为，记载其不良记录，并在三年内不予受理其新化学物质申报	县级以上地方环境保护部门；原国家环境保护总局	《新化学物质环境管理办法》第二十五条
143	未按规定填报新化学物质生产、进口以及流向情况备案表			
144	未按规定保存新化学物质申报、生产或者进口、新化学物质影响等资料			
145	未申报或者未取得登记证生产或者进口新化学物质			

序号	违法行为	行政处罚及相关命令和措施	法条规定的实施机关	法律、行政法规和部门规章依据
146	危险化学品的生产、储存、使用单位在转产、停产、停业或者解散时，未按照国家有关环境保护标准和规范对厂区的土壤和地下水进行检测	责令限期改正，处以一万元以上三万元以下罚款	县级以上环境保护部门	《废弃危险化学品污染环境防治办法》第二十五条
147	危险化学品的生产、储存、使用单位在转产、停产、停业或者解散时，未编制环境风险评估报告并报县级以上环境保护部门备案			
148	危险化学品的生产、储存、使用单位在转产、停产、停业或者解散时，未将环境恢复方案报经县级以上环境保护部门同意进行环境恢复			
149	危险化学品的生产、储存、使用单位在转产、停产、停业或者解散时，未将环境恢复后的检测报告报县级以上环境保护部门备案			
六、环境噪声污染防治类				
150	建设项目中需要配套建设的环境噪声污染防治设施没有建成或者没有达到国家规定的要求，擅自投入生产或者使用	责令停止生产或者使用，可以并处罚款	批准该建设项目的环境影响报告书的环境保护行政主管部门	《环境噪声污染防治法》第四十八条

序号	违法行为	行政处罚及相关命令和措施	法条规定的实施机关	法律、行政法规和部门规章依据
151	拒报或者谎报规定的环境噪声排放申报事项	可以根据不同情节，给予警告或者处以罚款	县级以上地方人民政府环境保护行政主管部门	《环境噪声污染防治法》第四十九条
152	未经环境保护行政主管部门批准，擅自拆除或者闲置环境噪声污染防治设施，致使环境噪声排放超过规定标准	责令改正，并处罚款	县级以上地方人民政府环境保护行政主管部门	《环境噪声污染防治法》第五十条
153	不按照国家规定缴纳超标准排污费	可以根据不同情节，给予警告或者处以罚款	县级以上地方人民政府环境保护行政主管部门	《环境噪声污染防治法》第五十一条
154	经限期治理逾期未完成治理任务的企业事业单位	可以根据所造成的危害后果处以罚款	环境保护行政主管部门	《环境噪声污染防治法》第五十二条
155	排放环境噪声的单位拒绝环境保护行政主管部门现场检查或者在被检查时弄虚作假	给予警告或者处以罚款	环境保护行政主管部门	《环境噪声污染防治法》第五十五条
156	建筑施工单位在城市市区噪声敏感建筑的集中区域内，夜间进行禁止进行的产生环境噪声污染的建筑施工作业	责令改正，可以并处罚款	工程所在地县级以上地方人民政府环境保护行政主管部门	《环境噪声污染防治法》第五十六条

序号	违法行为	行政处罚及相关命令和措施	法条规定的实施机关	法律、行政法规和部门规章依据
157	经营中的文化娱乐场所或者在商业经营活动中使用空调器、冷却塔等可能产生环境噪声污染的设备、设施，边界噪声超过国家规定的环境噪声排放标准，造成环境噪声污染	责令改正，可以并处罚款	县级以上地方人民政府环境保护行政主管部门	《环境噪声污染防治法》第五十九条
七、海洋环境保护类（环境保护部处罚权限只限于陆源和海岸工程，沿海地方环保部门处罚权限见省、自治区、直辖市政府的相关规定）				
158	向海域排放禁止排放的污染物或者其他物质	责令限期改正，并处三万元以上二十万元以下罚款	行使海洋环境监督管理权的部门	《海洋环境保护法》第七十三条
159	未取得海洋倾倒许可证，向海洋倾倒废弃物			
160	不按照规定向海洋排放污染物或者超过标准向海洋排放污染物	责令限期改正，并处三万元以上二十万元以下罚款	行使海洋环境监督管理权的部门	《海洋环境保护法》第七十三条
161	因发生事故或者其他突发性事件，造成海洋环境污染事故，不立即采取处理措施			
162	不按照规定申报，甚至拒报污染物排放有关事项，或者申报时弄虚作假	警告或者处二万元以下的罚款	行使海洋环境监督管理权的部门	《海洋环境保护法》第七十四条
163	不按照规定记录倾倒情况，或者不按照规定提交倾倒报告			
164	发生事故或者其他突发性事件不按照规定报告	警告或者处五万元以下罚款		
165	拒绝现场检查或者在被检查时弄虚作假	警告，并处二万元以下的罚款	行使海洋环境监督管理权的部门	《海洋环境保护法》第七十五条

序号	违法行为	行政处罚及相关命令和措施	法条规定的实施机关	法律、行政法规和部门规章依据
166	未经设区的市级以上人民政府环境保护行政主管部门审查批准设置入海排污口或者在海洋自然保护区、重要渔业水域、海滨风景名胜区和其他需要特别保护的区域新建排污口	责令其关闭，并处二万元以上十万元以下的罚款	县级以上地方人民政府环境保护行政主管部门	《海洋环境保护法》第七十七条
167	未事先征得环境保护行政主管部门的同意，擅自拆除、闲置陆源污染物处理设施	责令重新安装使用，并处一万元以上十万元以下的罚款	县级以上地方人民政府环境保护行政主管部门	《海洋环境保护法》第七十八条
168	未持有经审核和批准的环境影响报告书，兴建海岸工程建设项目	责令其停止违法行为和采取补救措施，并处五万元以上二十万元以下的罚款	县级以上地方人民政府环境保护行政主管部门	《海洋环境保护法》第八十条
169	海岸工程建设项目未建成环境保护设施，或者环境保护设施未达到规定要求即投入生产、使用	责令停止生产或者使用，并处二万元以上十万元以下罚款	环境保护行政主管部门	《海洋环境保护法》第八十一条
170	陆源或者海岸工程违法造成海洋环境污染事故	处以直接损失百分之三十的罚款，但最高不得超过三十万元	行使海洋环境监督管理权的部门	《海洋环境保护法》第九十一条

序号	违法行为	行政处罚及相关命令和措施	法条规定的实施机关	法律、行政法规和部门规章依据
171	在岸滩采用不正当的稀释、渗透方式排放有毒、有害废水	责令改正，并可处以一千元以上二万元以下的罚款；情节严重的，可处以二万元以上十万元以下的罚款	县级以上人民政府环境保护行政主管部门	《防治陆源污染物污染损害海洋环境管理条例》第二十七条
172	向海域排放含高、中放射性物质的废水			
173	向海域排放油类、酸液、碱液和毒液			
174	向岸滩弃置失效或者禁用的药物和药具			
175	向海域排放含油废水、含病原体废水、含热废水、含低放射性物质废水、含有害重金属废水和其他工业废水超过国家和地方规定的排放标准和有关规定或者将处理后的残渣弃置入海			
176	未经县级以上地方人民政府环境保护行政主管部门批准，擅自在岸滩堆放、弃置和处理废弃物或者在废弃物堆放场、处理场内，擅自堆放、处理未经批准的其他种类的废弃物或者露天堆放含剧毒、放射性、易溶解和易挥发性物质的废弃物			
	八、放射性污染防治类			
177	不按照规定报告有关环境监测结果	依据职权责令限期改正，可以处二万元以下罚款	县级以上人民政府环境保护行政主管部门	《放射性污染防治法》第四十九条
178	拒绝环境保护行政主管部门现场检查，或者被检查时不如实反映情况和提供必要资料			
179	未编制环境影响评价文件，或者环境影响评价文件未经环境保护行政主管部门批准，擅自进行建造、运行、生产和使用等活动	责令停止违法行为，限期补办手续或者恢复原状，并处一万元以上二十万元以下罚款	审批环境影响评价文件的环境保护行政主管部门	《放射性污染防治法》第五十条

序号	违法行为	行政处罚及相关命令和措施	法条规定的实施机关	法律、行政法规和部门规章依据
180	未建造放射性污染防治设施、放射防护设施，或者防治防护设施未经验收合格，主体工程即投入生产或者使用	责令停止违法行为，限期改正，并处五万元以上二十万元以下罚款	审批环境影响评价文件的环境保护行政主管部门	《放射性污染防治法》第五十一条
181	未经许可或者批准，核设施营运单位擅自进行核设施的建造、装料、运行、退役等活动	责令停止违法行为，限期改正，并处二十万元以上五十万元以下罚款	国务院环境保护行政主管部门	《放射性污染防治法》第五十二条
182	违法生产、销售、使用、转让、进口、贮存放射性同位素和射线装置以及装备有放射性同位素的仪表	依职权责令停止违法行为，限期改正；逾期不改正的，责令停产停业或者吊销许可证；有违法所得的，没收违法所得；违法所得十万元以上的，并处违法所得一倍以上五倍以下罚款；没有违法所得或者违法所得不足十万元的，并处一万元以上十万元以下罚款	县级以上人民政府环境保护行政主管部门	《放射性污染防治法》第五十三条

序号	违法行为	行政处罚及相关命令和措施	法条规定的实施机关	法律、行政法规和部门规章依据
183	未建造尾矿库或者不按照放射性污染防治的要求建造尾矿库，贮存、处置铀（钍）矿和伴生放射性矿的尾矿	责令停止违法行为，限期改正，处十万元以上二十万元以下罚款	县级以上人民政府环境保护行政主管部门	《放射性污染防治法》第五十四条
184	向环境排放不得排放的放射性废气、废液			
185	不按照规定的方式排放放射性废液，利用渗井、渗坑、天然裂隙、溶洞或者国家禁止的其他方式排放放射性废液			
186	将放射性固体废物提供或者委托给无许可证的单位贮存和处置			
187	不按照规定处理或者贮存不得向环境排放的放射性废液	责令停止违法行为，限期改正，处一万元以上十万元以下罚款		
188	不按照规定设置放射性标识、标志、中文警示说明	依职权责令限期改正；逾期不改正的，责令停产停业，并处二万元以上十万元以下罚款	县级以上人民政府环境保护行政主管部门	《放射性污染防治法》第五十五条
189	不按照规定建立健全安全保卫制度和制定事故应急计划或者应急措施			
190	不按照规定报告放射源丢失、被盗情况或者放射性污染事故			
191	产生放射性固体废物的单位未按照国务院环境保护行政主管部门的规定对其产生的放射性固体废物进行处理后送交放射性固体废物处置单位处置并承担费用	责令停止违法行为，限期改正；逾期不改正的，指定代处置，可以并处二十万元以下罚款	审批该单位立项环境影响评价文件的环境保护行政主管部门	《放射性污染防治法》第五十六条

序号	违法行为	行政处罚及相关命令和措施	法条规定的实施机关	法律、行政法规和部门规章依据
192	未经许可，擅自从事贮存和处置放射性固体废物活动	责令停产停业或者吊销许可证；有违法所得的，没收违法所得；违法所得十万元以上的，并处违法所得一倍以上五倍以下罚款；没有违法所得或者违法所得不足十万元的，并处五万元以上十万元以下罚款	省级以上人民政府环境保护行政主管部门	《放射性污染防治法》第五十七条
193	不按照许可的有关规定从事贮存和处置放射性固体废物活动			
194	生产、销售、使用放射性同位素和射线装置的单位无许可证从事放射性同位素和射线装置生产、销售、使用活动	县级以上人民政府环境保护主管部门责令停止违法行为，限期改正；逾期不改正的，责令停产停业或者由原发证机关吊销许可证；有违法所得的，没收违法所得；违法所得 10 万元以上的，并处违法所得 1 倍以上 5 倍以下的罚款；没有违法所得或者违法所得不足 10 万元的，并处 1 万元以上 10 万元以下的罚款	县级以上人民政府环境保护主管部门；原发证机关	《放射性同位素与射线装置安全和防护条例》第五十二条
195	生产、销售、使用放射性同位素和射线装置的单位未按照许可证的规定从事放射性同位素和射线装置生产、销售、使用活动			

序号	违法行为	行政处罚及相关命令和措施	法条规定的实施机关	法律、行政法规和部门规章依据
196	生产、销售、使用放射性同位素和射线装置的单位改变所从事活动的种类或者范围以及新建、改建或者扩建生产、销售、使用设施或者场所，未按照规定重新申请领取许可证	县级以上人民政府环境保护主管部门责令停止违法行为，限期改正；逾期不改正的，责令停产停业或者由原发证机关吊销许可证；有违法所得的，没收违法所得；违法所得10万元以上的，并处违法所得1倍以上5倍以下的罚款；没有违法所得或者违法所得不足10万元的，并处1万元以上10万元以下的罚款	县级以上人民政府环境保护主管部门；原发证机关	《放射性同位素与射线装置安全和防护条例》第五十二条
197	生产、销售、使用放射性同位素和射线装置的单位许可证有效期届满，需要延续而未按照规定办理延续手续			
198	生产、销售、使用放射性同位素和射线装置的单位未经批准，擅自进口或者转让放射性同位素			
199	生产、销售、使用放射性同位素和射线装置的单位变更单位名称、地址、法定代表人，未依法办理许可证变更手续	责令限期改正，给予警告	县级以上人民政府环境保护主管部门	《放射性同位素与射线装置安全和防护条例》第五十三条
		逾期不改正的，暂扣或者吊销许可证	原发证机关	
200	生产、销售、使用放射性同位素和射线装置的单位部分终止或者全部终止生产、销售、使用活动，未按照规定办理许可证变更或者注销手续	责令停止违法行为，限期改正；逾期不改正的，处1万元以上10万元以下的罚款	县级以上人民政府环境保护主管部门	《放射性同位素与射线装置安全和防护条例》第五十四条

<table>
<tr><th>序号</th><th>违 法 行 为</th><th colspan="2">行政处罚
及相关命令和措施</th><th>法条规定的
实施机关</th><th>法律、行政法规和
部门规章依据</th></tr>
<tr><td rowspan="2">201</td><td rowspan="2">伪造、变造、转让许可证</td><td>收缴伪造、变造的许可证</td><td rowspan="2">并处 5 万元以上 10 万元以下的罚款</td><td>县级以上人民政府环境保护主管部门</td><td rowspan="2">《放射性同位素与射线装置安全和防护条例》第五十五条</td></tr>
<tr><td>或者吊销许可证</td><td>原发证机关</td></tr>
<tr><td rowspan="3">202</td><td rowspan="3">伪造、变造、转让放射性同位素进口和转让批准文件</td><td>收缴伪造、变造的许可证</td><td rowspan="3">并处 5 万元以上 10 万元以下的罚款</td><td>县级以上人民政府环境保护主管部门</td><td rowspan="3">《放射性同位素与射线装置安全和防护条例》第五十五条</td></tr>
<tr><td>或者撤销批准文件</td><td>原发证机关</td></tr>
<tr><td>情节严重的，可以吊销许可证</td><td>原发证机关</td></tr>
<tr><td>203</td><td>生产、销售、使用放射性同位素的单位转入、转出放射性同位素未按照规定备案</td><td colspan="2">县级以上人民政府环境保护主管部门责令限期改正，给予警告；逾期不改正的，由原发证机关暂扣或者吊销许可证</td><td>县级以上人民政府环境保护主管部门；原发证机关</td><td>《放射性同位素与射线装置安全和防护条例》第五十六条</td></tr>
<tr><td>204</td><td>生产、销售、使用放射性同位素的单位将放射性同位素转移到外省、自治区、直辖市使用，未按照规定备案</td><td colspan="2"></td><td></td><td></td></tr>
<tr><td>205</td><td>生产、销售、使用放射性同位素的单位将废旧放射源交回生产单位、返回原出口方或者送交放射性废物集中贮存单位贮存，未按照规定备案</td><td colspan="2"></td><td></td><td></td></tr>
</table>

序号	违法行为	行政处罚及相关命令和措施	法条规定的实施机关	法律、行政法规和部门规章依据
206	生产、销售、使用放射性同位素和射线装置的单位在室外、野外使用放射性同位素和射线装置，未按照国家有关安全和防护标准的要求划出安全防护区域和设置明显的放射性标志	责令停止违法行为，限期改正；逾期不改正的，处1万元以上10万元以下的罚款	县级以上人民政府环境保护主管部门	《放射性同位素与射线装置安全和防护条例》第五十七条
207	生产、销售、使用放射性同位素和射线装置的单位未经批准擅自在野外进行放射性同位素示踪试验			
208	生产放射性同位素的单位未建立放射性同位素产品台账	县级以上人民政府环境保护主管部门责令限期改正，给予警告；逾期不改正的，依法收缴其未备案的放射性同位素和未编码的放射源，处5万元以上10万元以下的罚款，并可以由原发证机关暂扣或者吊销许可证	县级以上人民政府环境保护主管部门；原发证机关	《放射性同位素与射线装置安全和防护条例》第五十八条
209	生产放射性同位素的单位未按照国务院环境保护主管部门制定的编码规则，对生产的放射源进行统一编码			
210	生产放射性同位素的单位未将放射性同位素产品台账和放射源编码清单报国务院环境保护主管部门备案			
211	生产放射性同位素的单位出厂或者销售未列入产品台账的放射性同位素和未编码的放射源			
212	生产、销售、使用放射性同位素和射线装置的单位未按照规定对废旧放射源进行处理	县级以上人民政府环境保护主管部门责令停止违法行为，限期改正；逾期不改正的，由原发证机关指定代处理或者实施退役，并处1万元以上10万元以下的罚款	县级以上人民政府环境保护主管部门；原发证机关	《放射性同位素与射线装置安全和防护条例》第五十九条
213	生产、销售、使用放射性同位素和射线装置的单位未按照规定对使用Ⅰ类、Ⅱ类、Ⅲ类放射源的场所和生产放射性同位素的场所，以及终结运行后产生放射性污染的射线装置实施退役			

序号	违法行为	行政处罚及相关命令和措施	法条规定的实施机关	法律、行政法规和部门规章依据
214	生产、销售、使用放射性同位素和射线装置的单位未按照规定对本单位的放射性同位素、射线装置安全和防护状况进行评估或者发现安全隐患不及时整改	责令停止违法行为，限期改正；逾期不改正的，责令停产停业，并处 2 万元以上 20 万元以下的罚款	县级以上人民政府环境保护主管部门	《放射性同位素与射线装置安全和防护条例》第六十条
215	生产、销售、使用、贮存放射性同位素和射线装置的场所未按照规定设置安全和防护设施以及放射性标志			
216	违法造成辐射事故	责令限期改正，并处 5 万元以上 20 万元以下的罚款；情节严重的，吊销许可证	原发证机关	《放射性同位素与射线装置安全和防护条例》第六十一条
217	生产、销售、使用放射性同位素和射线装置的单位被责令限期整改，逾期不整改或者经整改仍不符合原发证条件	暂扣或者吊销许可证	原发证机关	《放射性同位素与射线装置安全和防护条例》第六十二条
218	辐射工作单位未在含放射源设备的说明书中告知用户该设备含有放射源	责令停止违法行为，限期改正；逾期不改正的，处 1 万元以上 3 万元以下罚款	县级以上人民政府环境保护主管部门	《放射性同位素与射线装置安全许可管理办法》第四十五条
219	销售、使用放射源的单位未在本办法实施之日起 1 年内（2007 年 3 月 1 日前）将其贮存的废旧放射源交回、返回或送交有关单位			
220	擅自改变环境影响报告书（表）中所批准的电磁辐射设备的功率	处以 1 万元以下的罚款，有违法所得的，处违法所得 3 倍以下的罚款，但最高不超过 3 万元	审批环境影响报告书（表）的环境保护行政主管部门	《电磁辐射环境保护管理办法》第二十七条

序号	违法行为	行政处罚及相关命令和措施	法条规定的实施机关	法律、行政法规和部门规章依据
221	违法造成电磁辐射污染环境事故	有违法所得的，处违法所得3倍以下的罚款，但最高不超过3万元；没有违法所得的，处1万元以下的罚款	省级环境保护行政主管部门	《电磁辐射环境保护管理办法》第三十条
222	无许可证擅自从事民用核安全设备设计、制造、安装和无损检验活动	责令停止违法行为，处50万元以上100万元以下的罚款；有违法所得的，没收违法所得；对直接负责的主管人员和其他直接责任人员，处2万元以上10万元以下的罚款	国务院核安全监管部门	《民用核安全设备监督管理条例》第四十四条
223	民用核安全设备设计、制造、安装和无损检验单位不按照许可证规定的活动种类和范围从事民用核安全设备设计、制造、安装和无损检验活动	责令停止违法行为，限期改正，处10万元以上50万元以下的罚款；有违法所得的，没收违法所得；逾期不改正的，暂扣或者吊销许可证，对直接负责的主管人员和其他直接责任人员，处2万元以上10万元以下的罚款	国务院核安全监管部门	《民用核安全设备监督管理条例》第四十五条
224	民用核安全设备设计、制造、安装和无损检验单位变更单位名称、地址或者法定代表人，未依法办理许可证变更手续	责令限期改正；逾期不改正的，暂扣或者吊销许可证	国务院核安全监管部门	《民用核安全设备监督管理条例》第四十六条

序号	违法行为	行政处罚及相关命令和措施	法条规定的实施机关	法律、行政法规和部门规章依据
225	单位伪造、变造、转让许可证	收缴伪造、变造的许可证或者吊销许可证，处10万元以上50万元以下的罚款；有违法所得的，没收违法所得；对直接负责的主管人员和其他直接责任人员，处2万元以上10万元以下的罚款	国务院核安全监管部门	《民用核安全设备监督管理条例》第四十七条
226	民用核安全设备设计、制造、安装和无损检验单位未按照民用核安全设备标准进行民用核安全设备设计、制造、安装和无损检验活动	责令停止违法行为，限期改正，禁止使用相关设计、设备，处10万元以上50万元以下的罚款；有违法所得的，没收违法所得；逾期不改正的，暂扣或者吊销许可证，对直接负责的主管人员和其他直接责任人员，处2万元以上10万元以下的罚款	国务院核安全监管部门	《民用核安全设备监督管理条例》第四十八条

序号	违法行为	行政处罚及相关命令和措施	法条规定的实施机关	法律、行政法规和部门规章依据
227	民用核安全设备设计、制造、安装和无损检验单位委托未取得相应许可证的单位进行民用核安全设备设计、制造、安装和无损检验活动	责令停止违法行为，限期改正，处10万元以上50万元以下的罚款；逾期不改正的，暂扣或者吊销许可证，对直接负责的主管人员和其他直接责任人员，处2万元以上10万元以下的罚款	国务院核安全监管部门	《民用核安全设备监督管理条例》第四十九条
228	民用核安全设备设计、制造、安装和无损检验单位聘用未取得相应资格证书的人员进行民用核安全设备焊接和无损检验活动			
229	民用核安全设备设计、制造、安装和无损检验单位将国务院核安全监管部门确定的关键工艺环节分包给其他单位			
230	民用核安全设备设计、制造、安装和无损检验单位对本单位在民用核安全设备设计、制造、安装和无损检验活动中出现的重大质量问题，未按照规定采取处理措施并向国务院核安全监管部门报告	责令停止民用核安全设备设计、制造、安装和无损检验活动，限期改正，处5万元以上20万元以下的罚款；逾期不改正的，暂扣或者吊销许可证，对直接负责的主管人员和其他直接责任人员，处2万元以上10万元以下的罚款	国务院核安全监管部门	《民用核安全设备监督管理条例》第五十条
231	民用核安全设备设计、制造、安装和无损检验单位未按照规定编制项目质量保证分大纲并经民用核设施营运单位审查同意	责令停止民用核安全设备设计、制造、安装和无损检验活动，限期改正；逾期不改正的，处5万元以上20万元以下的罚款，暂扣或者吊销许可证	国务院核安全监管部门	《民用核安全设备监督管理条例》第五十一条
232	民用核安全设备设计、制造、安装和无损检验单位在民用核安全设备设计、制造和安装活动开始前，未按照规定将有关文件报国务院核安全监管部门备案			

序号	违法行为	行政处罚及相关命令和措施	法条规定的实施机关	法律、行政法规和部门规章依据
233	民用核安全设备设计、制造、安装和无损检验单位未按照规定进行年度评估并向国务院核安全监管部门提交评估报告			
234	民用核安全设备无损检验单位出具虚假无损检验结果报告	处10万元以上50万元以下的罚款，吊销许可证；有违法所得的，没收违法所得；对直接负责的主管人员和其他直接责任人员，处2万元以上10万元以下的罚款	国务院核安全监管部门	《民用核安全设备监督管理条例》第五十二条
235	民用核安全设备焊工、焊接操作工违反操作规程导致严重焊接质量问题	吊销资格证书	国务院核安全监管部门	《民用核安全设备监督管理条例》第五十三条
236	民用核安全设备无损检验人员违反操作规程导致无损检验结果报告严重错误	国务院核行业主管部门吊销其资格证书，或者由国务院核安全监管部门责令其停止民用核安全设备无损检验活动并提请国务院核行业主管部门吊销其资格证书	国务院核行业主管部门；国务院核安全监管部门	《民用核安全设备监督管理条例》第五十四条

序号	违　法　行　为	行政处罚及相关命令和措施	法条规定的实施机关	法律、行政法规和部门规章依据
237	民用核安全设备设计单位未按照规定进行设计验证，或者民用核安全设备制造、安装单位未按照规定进行质量检验以及经检验不合格即交付验收	责令限期改正，处 10 万元以上 50 万元以下的罚款；有违法所得的，没收违法所得；逾期不改正的，吊销许可证，对直接负责的主管人员和其他直接责任人员，处 2 万元以上 10 万元以下的罚款	国务院核安全监管部门	《民用核安全设备监督管理条例》第五十五条
238	民用核设施营运单位委托未取得相应许可证的单位进行民用核安全设备设计、制造、安装和无损检验活动	责令限期改正，处 100 万元以上 500 万元以下的罚款；逾期不改正的，吊销其核设施建造许可证或者核设施运行许可证，对直接负责的主管人员和其他直接责任人员，处 2 万元以上 10 万元以下的罚款	国务院核安全监管部门	《民用核安全设备监督管理条例》第五十六条
239	民用核设施营运单位对不能按照质量保证要求证明质量受控，或者出现重大质量问题未处理完毕的民用核安全设备予以验收通过	责令限期改正，处 100 万元以上 500 万元以下的罚款；逾期不改正的，吊销其核设施建造许可证或者核设施运行许可证，对直接负责的主管人员和其他直接责任人员，处 2 万元以上 10 万元以下的罚款	国务院核安全监管部门	《民用核安全设备监督管理条例》第五十六条
240	民用核安全设备设计、制造、安装和无损检验单位被责令限期整改，逾期不整改或者经整改仍不符合发证条件	暂扣或者吊销许可证	国务院核安全监管部门	《民用核安全设备监督管理条例》第五十七条
241	拒绝或者阻碍国务院核安全监管部门及其派出机构监督检查	责令限期改正；逾期不改正或者在接受监督检查时弄虚作假的，暂扣或者吊销许可证	国务院核安全监管部门	《民用核安全设备监督管理条例》第五十八条

序号	违法行为	行政处罚及相关命令和措施	法条规定的实施机关	法律、行政法规和部门规章依据
242	民用核安全设备制造、安装单位或者民用核设施营运单位提供虚假证明	处1万元以上3万元以下罚款	国务院核安全监管部门	《民用核安全设备焊工焊接操作工资格管理规定（HAF603）》第三十四条
243	民用核安全设备焊工、焊接操作工违反操作规程，导致严重焊接质量问题	吊销资格证书	国务院核安全监管部门	《民用核安全设备焊工焊接操作工资格管理规定（HAF603）》第三十七条
244	民用核安全设备无损检验人员违反操作规程导致无损检验结果报告严重错误	责令停止民用核安全设备无损检验活动，并由国务院核行业主管部门吊销其资格证书	国务院核安全监管部门	《民用核安全设备无损检验人员资格管理规定（HAF602）》第三十七条
245	民用核安全设备无损检验人员伪造检验数据，出具虚假检验结果或者结论			
246	民用核安全设备无损检验人员同时在两个以上单位执业			
247	民用核安全设备设计、制造、安装和无损检验单位在民用核安全设备无损检验活动开始前，未按规定将有关文件报国务院核安全监管部门备案	限期改正；逾期不改正的，处1万元以上3万元以下的罚款	国务院核安全监管部门	《民用核安全设备设计制造安装和无损检验监督管理规定（HAF601）》第四十五条
248	民用核安全设备设计、制造、安装和无损检验单位未按规定向国务院核安全监管部门报告上一季度民用核安全设备设计、制造、安装或者无损检验情况			

序号	违法行为	行政处罚及相关命令和措施	法条规定的实施机关	法律、行政法规和部门规章依据
249	民用核安全设备设计、制造、安装和无损检验单位在民用核安全设备无损检验活动完成后，未向国务院核安全监管部门报告无损检验内容和检验结果	限期改正；逾期不改正的，处1万元以上3万元以下的罚款	国务院核安全监管部门	《民用核安全设备设计制造安装和无损检验监督管理规定（HAF601）》第四十五条
250	民用核安全设备设计、制造、安装和无损检验单位开展涉及核安全的重要会议、论证等活动，出现重大质量问题，或者因影响民用核安全设备质量和核安全而导致民用核设施营运单位发出停工指令，未向国务院核安全监管部门报告			
251	境外单位违反中华人民共和国相关的法律、行政法规和核安全监督管理规定	可以根据情节轻重，暂扣或者收回注册登记确认书	国务院核安全监管部门	《进口民用核安全设备监督管理规定（HAF604）》第四十二条
252	境外单位不按照注册登记确认书规定的活动种类和范围从事民用核安全设备设计、制造、安装和无损检验活动			
253	境外单位变更单位的名称、所在国家（地区）、住所或者法定代表人，未按规定办理注册登记确认书变更手续	可以根据情节轻重，暂扣或者收回注册登记确认书	国务院核安全监管部门	《进口民用核安全设备监督管理规定（HAF604）》第四十二条
254	境外单位涂改、转让注册登记确认书及其他弄虚作假行为			
255	未经批准或违章从事核材料生产、使用、贮存和处置	可依其情节轻重，给予警告、限期改进、罚款和吊销许可证的处罚，但吊销许可证的处罚需经核工业部同意	国家核安全局	《核材料管理条例》第十九条
256	不按照规定报告或谎报有关事实和资料			
257	拒绝监督检查			
258	不按照规定管理，造成事故			

序号	违法行为	行政处罚及相关命令和措施	法条规定的实施机关	法律、行政法规和部门规章依据
259	未经批准或违章从事核设施建造、运行、迁移、转让和退役	可依其情节轻重给予警告、限期改进、停工或者停业整顿、吊销核安全许可证件	国家核安全局	《民用核设施安全监督管理条例》第二十一条
260	谎报有关资料或事实，或无故拒绝监督			
261	无执照操纵或违章操纵			
262	拒绝执行强制性命令			
263	不按照规定制定的应急计划，拒绝承担核电厂应急准备义务	可依其情节轻重给予警告、限期改进、停工或者停业整顿、吊销核安全许可证件	国家核安全局	《核电厂核事故应急管理条例》实施细则之一——《核电厂营运单位的应急准备和应急响应》
264	玩忽职守，不能维持应急响应能力，使主要应急设施和（或）设备丧失功能			
265	不按照规定报告、通报核事故真实情况			
266	不按照规定执行已经国家核安全部门审批的应急响应计划的			
267	核事故使核安全重要物项的安全性能达不到规定的核安全标准时，或其他安全功能受到了损坏，未加纠正并未经国家核安全部门的审查批准擅自重新启动核电厂的	可依其情节轻重给予警告、限期改进、停工或者停业整顿、吊销核安全许可证件	国家核安全局	《核电厂核事故应急管理条例》实施细则之一——《核电厂营运单位的应急准备和应急响应》

序号	违法行为	行政处罚及相关命令和措施	法条规定的实施机关	法律、行政法规和部门规章依据
九、环境影响评价和“三同时”管理类				
268	建设单位未依法报批建设项目环境影响评价文件，擅自开工建设	责令停止建设，限期补办手续；逾期不补办手续的，可以处五万元以上二十万元以下的罚款	有权审批该项目环境影响评价文件的环境保护行政主管部门	《环境影响评价法》第三十一条
	建设项目的性质、规模、地点、采用的生产工艺或者防治污染、防治生态破坏的措施发生重大变动，未重新报批环境影响评价文件，擅自开工建设			
	建设项目的环境影响评价文件自批准之日起超过五年方决定开工建设，未报请重新审核，擅自开工建设			
269	建设项目环境影响评价文件未经批准或者未经原审批部门重新审核同意，建设单位擅自开工建设	责令停止建设，可以处五万元以上二十万元以下的罚款		
270	接受委托为建设项目环境影响评价提供技术服务的机构在环境影响评价工作中不负责任或者弄虚作假，致使环境影响评价文件失实	降低资质等级或者吊销资质证书，并处所收费用一倍以上三倍以下的罚款；对主持该环境影响评价文件的环境影响评价工程师注销登记	授予环境影响评价资质的环境保护行政主管部门	《环境影响评价法》第三十三条，《建设项目环境影响评价资质管理办法》第三十五条
271	试生产建设项目配套建设的环境保护设施未与主体工程同时投入试运行	责令限期改正；逾期不改正的，责令停止试生产，可以处5万元以下的罚款	审批该建设项目环境影响报告书、环境影响报告表或者环境影响登记表的环境保护行政主管部门	《建设项目环境保护管理条例》第二十六条

序号	违　法　行　为	行政处罚及相关命令和措施	法条规定的实施机关	法律、行政法规和部门规章依据
272	建设项目投入试生产超过 3 个月，建设单位未申请环境保护设施竣工验收	责令限期办理环境保护设施竣工验收手续；逾期未办理的，责令停止试生产，可以处 5 万元以下的罚款	审批该建设项目环境影响报告书、环境影响报告表或者环境影响登记表的环境保护行政主管部门	《建设项目环境保护管理条例》第二十七条
273	建设项目需要配套建设的环境保护设施未建成、未经验收或者经验收不合格，主体工程正式投入生产或者使用	责令停止生产或者使用，可以处 10 万元以下的罚款	审批该建设项目环境影响报告书、环境影响报告表或者环境影响登记表的环境保护行政主管部门	《建设项目环境保护管理条例》第二十八条
274	申请评价资质的机构隐瞒有关情况或者提供虚假资料申请评价资质	不予受理或者不予评价资质，并给予警告，申请机构一年内不得再次申请评价资质	原国家环境保护总局	《建设项目环境影响评价资质管理办法》第三十六条

序号	违法行为	行政处罚及相关命令和措施	法条规定的实施机关	法律、行政法规和部门规章依据
275	不按规定接受抽查、考核或在抽查、考核中隐瞒有关情况、提供虚假材料	视情节轻重，分别给予警告、通报批评、责令限期整改3至12个月、缩减评价范围、降低资质等级或者取消评价资质。限期整改期间不得承担环境影响评价工作	原国家环境保护总局	《建设项目环境影响评价资质管理办法》第三十七条
276	不按规定填报或虚报“建设项目环境影响评价机构年度业绩报告表”			
277	未按本办法第二十一条至第二十六条的要求承担环境影响评价工作			
278	评价机构的经济类型、法定代表人、工作场所和环境影响评价专职技术人员等基本情况发生变化，未及时报国家环境保护总局备案			
279	评价机构主持完成的环境影响报告书或环境影响报告表质量较差，建设项目工程分析出现较大失误	视情节轻重，分别给予警告、通报批评、责令限期整改3至12个月、缩减评价范围或者降低资质等级。评价机构在限期整改期间，不得承担环境影响评价工作	原国家环境保护总局	《建设项目环境影响评价资质管理办法》第三十八条
280	评价机构主持完成的环境影响报告书或环境影响报告表质量较差，环境现状描述不清或环境现状监测数据选用有明显错误			
281	评价机构主持完成的环境影响报告书或环境影响报告表质量较差，环境影响识别和评价因子筛选存在较大疏漏			
282	评价机构主持完成的环境影响报告书或环境影响报告表质量较差，环境标准适用错误			

序号	违法行为	行政处罚及相关命令和措施	法条规定的实施机关	法律、行政法规和部门规章依据
283	评价机构主持完成的环境影响报告书或环境影响报告表质量较差，环境影响预测与评价方法不正确	视情节轻重，分别给予警告、通报批评、责令限期整改3至12个月、缩减评价范围或者降低资质等级。评价机构在限期整改期间，不得承担环境影响评价工作	原国家环境保护总局	《建设项目环境影响评价资质管理办法》第三十八条
284	评价机构主持完成的环境影响报告书或环境影响报告表质量较差，环境影响评价内容不全面、达不到相关技术要求或不足以支持环境影响评价结论			
285	评价机构主持完成的环境影响报告书或环境影响报告表质量较差，所提出的环境保护措施建议不充分、不合理或不可行			
286	评价机构主持完成的环境影响报告书或环境影响报告表质量较差，环境影响评价结论不明确			
287	规划环境影响评价技术机构弄虚作假或者有失职行为，造成环境影响评价文件严重失实的	予以通报，处所收费用1倍以上3倍以下的罚款	国务院环境保护主管部门	《规划环境影响评价条例》第三十四条
	十、排污费管理类			
288	排污者未按照规定缴纳排污费	依据职权责令限期缴纳；逾期拒不缴纳的，处应缴纳排污费数额1倍以上3倍以下的罚款，并报经政府批准，责令停产停业整顿	县级以上地方人民政府环境保护行政主管部门	《排污费征收使用管理条例》第二十一条
289	排污者以欺骗手段骗取批准减缴、免缴或者缓缴排污费	依据职权责令限期补缴应当缴纳的排污费，并处所骗取批准减缴、免缴或者缓缴排污费数额1倍以上3倍以下的罚款	县级以上地方人民政府环境保护行政主管部门	《排污费征收使用管理条例》第二十二条

序号	违　法　行　为	行政处罚及相关命令和措施	法条规定的实施机关	法律、行政法规和部门规章依据
290	环境保护专项资金使用者不按照批准的用途使用环境保护专项资金	依据职权责令限期改正；逾期不改正的，10 年内不得申请使用环境保护专项资金，并处挪用资金数额 1 倍以上 3 倍以下的罚款	县级以上人民政府环境保护行政主管部门	《排污费征收使用管理条例》第二十三条
十一、清洁生产类				
291	使用有毒、有害原料进行生产或者在生产中排放有毒、有害物质的企业，不实施清洁生产审核或者虽经审核但不如实报告审核结果	责令限期改正；拒不改正的，处以十万元以下的罚款	县级以上地方人民政府环境保护行政主管部门	《清洁生产促进法》第四十条
292	列入污染严重企业名单的企业不公布或者未按规定要求公布污染物排放情况	由县级以上地方人民政府环境保护行政主管部门公布，可以并处十万元罚款	县级以上地方人民政府环境保护行政主管部门	《清洁生产促进法》第四十一条
十二、监测与自动监控管理类				
293	现有排污单位未按规定的期限完成安装自动监控设备及其配套设施	责令限期改正，并可处 1 万元以下罚款	县级以上环境保护部门	《污染源自动监控管理办法》第十六条

序号	违法行为	行政处罚及相关命令和措施	法条规定的实施机关	法律、行政法规和部门规章依据
	十三、环境污染治理设施运营资质许可管理类			
294	未获得资质证书的单位从事环境污染治理设施运营活动	责令停止违法行为，并处2万元以上3万元以下罚款	县级以上环境保护部门	《环境污染治理设施运营资质许可管理办法》第二十五条
295	不按照资质证书的规定从事环境污染治理设施运营活动	责令改正，可以处1万元以上3万元以下罚款	县级以上环境保护部门	《环境污染治理设施运营资质许可管理办法》第二十七条
296	持证单位提交《环境污染治理设施运营情况年度报告表》时弄虚作假	省级环境保护部门责令改正，可以处2万元以下罚款	省级环境保护部门	《环境污染治理设施运营资质许可管理办法》第二十九条
297	伪造、变造、转让资质证书	责令改正，可以并处1万元以上3万元以下罚款	县级以上环境保护部门	《环境污染治理设施运营资质许可管理办法》第三十条

序号	违法行为	行政处罚及相关命令和措施	法条规定的实施机关	法律、行政法规和部门规章依据
十四、生态保护类				
298	单位和个人在自然保护区进行砍伐、放牧、狩猎、捕捞、采药、开垦、烧荒、开矿、采石、挖沙等活动	没收违法所得，责令停止违法行为，限期恢复原状或者采取其他补救措施；对自然保护区造成破坏的，可以处以300元以上10 000元以下的罚款	县级以上人民政府有关自然保护区行政主管部门	《自然保护区条例》第三十五条
299	自然保护区管理机构拒绝环境保护行政主管部门监督检查或者在被检查时弄虚作假	300元以上3 000元以下的罚款	县级以上人民政府环境保护行政主管部门	《自然保护区条例》第三十六条
300	未采取有效措施，致使储存的畜禽废渣渗漏、散落、溢流、雨水淋失、散发恶臭气味等对周围环境造成污染和危害	责令停止违法行为，限期改正，并处以1 000元以上3万元以下罚款	县级以上人民政府环境保护行政主管部门	《畜禽养殖污染防治管理办法》第十八条
301	向水体或其他环境倾倒、排放畜禽废渣和污水			
302	未建立实验室污染防治管理的规章制度，或者未设置专（兼）职人员	责令限期改正，给予警告；逾期不改正的，处1 000元以下罚款	县级以上人民政府环境保护行政主管部门	《病原微生物实验室生物安全环境管理办法》第二十一条
303	未对产生的危险废物进行登记或者未保存登记资料			
304	未制定环境污染应急预案			

关于公布现行有效国家环境保护部门规章目录的公告

（国家环境保护总局公告　2007 年第 65 号）

根据《国务院办公厅关于开展行政法规规章清理工作的通知》（国办发[2007]12 号），我局对本部门规章进行了清理。现将现行有效国家环境保护部门规章目录予以公布。

特此公告。

附件：现行有效国家环境保护部门规章目录

2007 年 10 月 11 日

附件：

现行有效国家环境保护部门规章目录

序号	规章名称	制定机关	文　号	发布日期	实施日期	备　注
1	全国环境监测管理条例	城乡建设环境保护部	城环字[1983] 483 号	1983 年 7 月 21 日	1983 年 7 月 21 日	
2	城市放射性废物管理办法	国家环境保护局	（87）环放字第 239 号	1987 年 7 月 16 日	1987 年 7 月 16 日	
3	饮用水水源保护区污染防治管理规定	国家环境保护局、卫生部、建设部、水利部、地矿部	（89）环管字第 201 号	1989 年 7 月 10 日	1989 年 7 月 10 日	
4	汽车排气污染监督管理办法	国家环境保护局、公安部、国家进出口商品检验局、中国人民解放军总后勤部、交通部、中国汽车工业总公司	（90）环管字第 359 号	1990 年 8 月 15 日	1990 年 8 月 15 日	
5	防止多氯联苯电力装置及其废物污染环境的规定	国家环境保护局、能源部	（91）环管字第 050 号	1991 年 1 月 23 日	1991 年 3 月 1 日	
6	环境监理工作暂行办法	国家环境保护局	（91）环监字第 338 号	1991 年 8 月 29 日	1991 年 8 月 29 日	
7	国家环境保护局环境保护科学技术研究成果管理办法	国家环境保护局	国家环境保护局令第 7 号	1992 年 2 月 20 日	1992 年 2 月 20 日	

序号	规章名称	制定机关	文　号	发布日期	实施日期	备　注
8	环境监理执法标志管理办法	国家环境保护局	国家环境保护局令第9号	1992年7月7日	1992年7月7日	
9	排放污染物申报登记管理规定	国家环境保护局	国家环境保护局令第10号	1992年8月14日	1992年10月1日	
10	防治尾矿污染环境管理规定	国家环境保护局	国家环境保护局令第11号	1992年8月17日	1992年10月1日	1999年7月12日经国家环境保护总局令第6号修订
11	化学品首次进口及有毒化学品进出口环境管理规定	国家环境保护局	环管[1994]140号	1994年3月16日	1994年5月1日	2007年10月8日经国家环境保护总局令第41号修订
12	环境保护档案管理办法	国家环境保护局	国家环境保护局令第13号	1994年10月6日	1994年10月6日	
13	环境监理人员行为规范	国家环境保护局	国家环境保护局令第16号	1995年5月11日	1995年5月11日	
14	废物进口环境保护管理暂行规定	国家环境保护局、对外贸易经济合作部、海关总署、国家工商局和国家商检局	环控[1996]204号	1996年3月1日	1996年4月1日	1999年7月12日经国家环境保护总局令第6号修订
15	关于废物进口环境保护管理暂行规定的补充规定	国家环境保护局、对外贸易经济合作部、海关总署、国家工商局、国家商检局	环控[1996]629号	1996年7月26日	1996年8月1日	1999年7月12日经国家环境保护总局令第6号修订

序号	规章名称	制定机关	文　号	发布日期	实施日期	备　注
16	电磁辐射环境保护管理办法	国家环境保护局	国家环境保护局令第18号	1997年3月25日	1997年3月25日	
17	环境保护法规解释管理办法	国家环境保护总局	国家环境保护总局令第1号	1998年12月8日	1998年12月8日	
18	环境标准管理办法	国家环境保护总局	国家环境保护总局令第3号	1999年4月1日	1999年4月1日	
19	秸秆禁烧和综合利用管理办法	国家环境保护总局、农业部、财政部、铁道部、交通部、中国民航总局	环发[1999]98号	1999年4月16日	1999年4月16日	
20	国家重点环境保护实用技术推广管理办法	国家环境保护总局	国家环境保护总局令第4号	1999年6月21日	1999年6月21日	2007年10月8日经国家环境保护总局令第41号修订
21	危险废物转移联单管理办法	国家环境保护总局	国家环境保护总局令第5号	1999年6月22日	1999年10月1日	
22	环境保护行政处罚办法	国家环境保护总局	国家环境保护总局令第7号	1999年8月6日	1999年8月6日	2003年11月5日经国家环境保护总局令第19号修订
23	污染源监测管理办法	国家环境保护总局	环发[1999]246号	1999年11月1日	1999年11月1日	
24	消耗臭氧层物质进出口管理办法	国家环境保护总局、对外贸易经济合作部和海关总署	环发[1999]278号	1999年12月3日	1999年12月3日	

序号	规章名称	制定机关	文　号	发布日期	实施日期	备　注
25	近岸海域环境功能区管理办法	国家环境保护总局	国家环境保护总局令第8号	1999年12月10日	1999年12月10日	
26	关于加强对消耗臭氧层物质进出口管理的规定	国家环境保护总局	环发[2000]85号	2000年4月13日	2000年4月13日	
27	畜禽养殖污染防治管理办法	国家环境保护总局	国家环境保护总局令第9号	2001年5月8日	2001年5月8日	
28	淮河和太湖流域排放重点水污染物许可证管理办法（试行）	国家环境保护总局	国家环境保护总局令第11号	2001年7月2日	2001年10月1日	
29	建设项目竣工环境保护验收管理办法	国家环境保护总局	国家环境保护总局令第13号	2001年12月11日	2002年2月1日	
30	建设项目环境保护分类管理名录	国家环境保护总局	国家环境保护总局令第14号	2002年10月13日	2003年1月1日	2007年10月8日经国家环境保护总局令第41号修订
31	建设项目环境影响评价文件分级审批规定	国家环境保护总局	国家环境保护总局令第15号	2002年11月1日	2003年1月1日	
32	环境影响评价审查专家库管理办法	国家环境保护总局	国家环境保护总局令第16号	2003年8月20日	2003年9月1日	

序号	规章名称	制定机关	文　号	发布日期	实施日期	备　注
33	新化学物质环境管理办法	国家环境保护总局	国家环境保护总局令第17号	2003年9月12日	2003年10月15日	
34	专项规划环境影响报告书审查办法	国家环境保护总局	国家环境保护总局令第18号	2003年10月8日	2003年10月8日	
35	全国环保系统六条禁令	国家环境保护总局	国家环境保护总局令第20号	2003年12月4日	2004年1月1日	
36	医疗废物管理行政处罚办法	卫生部、国家环境保护总局	卫生部、国家环境保护总局令第21号	2004年5月27日	2004年5月27日	
37	环境保护行政许可听证暂行办法	国家环境保护总局	国家环境保护总局令第22号	2004年6月23日	2004年7月1日	
38	环境污染治理设施运营资质许可管理办法	国家环境保护总局	国家环境保护总局令第23号	2004年11月8日	2004年11月8日	
39	地方环境质量标准和污染物排放标准备案管理办法	国家环境保护总局	国家环境保护总局令第24号	2004年11月11日	2004年11月11日	

序号	规章名称	制定机关	文　号	发布日期	实施日期	备　注
40	环境保护法规制定程序办法	国家环境保护总局	国家环境保护总局令第25号	2005年4月25日	2005年6月1日	
41	建设项目环境影响评价资质管理办法	国家环境保护总局	国家环境保护总局令第26号	2005年8月15日	2006年1月1日	
42	废弃危险化学品污染环境防治办法	国家环境保护总局	国家环境保护总局令第27号	2005年8月30日	2005年10月1日	
43	污染源自动监控管理办法	国家环境保护总局	国家环境保护总局令第28号	2005年9月19日	2005年11月1日	
44	国家环境保护总局建设项目环境影响评价文件审批程序规定	国家环境保护总局	国家环境保护总局令第29号	2005年11月23日	2006年1月1日	
45	建设项目环境影响评价行为准则与廉政规定	国家环境保护总局	国家环境保护总局令第30号	2005年11月23日	2006年1月1日	
46	放射性同位素与射线装置安全许可管理办法	国家环境保护总局	国家环境保护总局令第31号	2006年1月18日	2006年3月1日	

序号	规章名称	制定机关	文号	发布日期	实施日期	备注
47	病原微生物实验室生物安全环境管理办法	国家环境保护总局	国家环境保护总局令第32号	2006年3月8日	2006年5月1日	
48	环境信访办法	国家环境保护总局	国家环境保护总局令第34号	2006年6月24日	2006年7月1日	
49	环境信息公开办法（试行）	国家环境保护总局	国家环境保护总局令第35号	2007年4月11日	2008年5月1日	
50	国家级自然保护区监督检查办法	国家环境保护总局	国家环境保护总局令第36号	2006年10月26日	2006年10月26日	
51	环境统计管理办法	国家环境保护总局	国家环境保护总局令第37号	2006年10月26日	2006年12月1日	
52	环境行政复议与行政应诉办法	国家环境保护总局	国家环境保护总局令第38号	2006年12月27日	2006年12月27日	
53	环境监测管理办法	国家环境保护总局	国家环境保护总局令第39号	2007年7月25日	2007年9月1日	
54	电子废物污染环境防治管理办法	国家环境保护总局	国家环境保护总局令第40号	2007年9月27日	2008年2月1日	

环境保护部门规章和规范性文件修正案

国家环境保护总局令

第6号

《环境保护部门规章和规范性文件修正案》，已于1999年7月8日经国家环境保护总局局务会议通过，现予发布施行。

国家环境保护总局局长　解振华

一九九九年七月八日

根据《中华人民共和国行政处罚法》第六十四条第二款的规定，决定对《防治尾矿污染环境管理规定》、《环境工程设计证书管理办法》和《建设项目环境保护管理办法》等6项规章作如下修正：

一、《防治尾矿污染环境管理规定》

（国家环境保护局第十一号令1992年8月17日发布）

将第十八条第（二）项："违反本规定第十条规定，经限期治理，逾期未建成或完善尾矿设施，或者违反本规定第十二条规定，经限期治理未完成治理任务的，根据所造成的危害处以10 000元以上100 000元以下罚款，或提请人民政府责令停产。"修改为：

"违反本规定第十条规定，经限期治理，逾期未建成或完善尾矿设施，或者违反本规定第十二条规定，经限期治理未完成治理任务的，由环境保护行政主管部门依照《中华人民共和国固体废物污染环境防治法》第六十二条的规定，根据所造成的危害处以10 000元以上100 000元以下罚款，或提请人民政府责令停产。"

二、《环境工程设计证书管理办法》

（国家环境保护局第十五号令1995年2月6日发布）

将第十九条"由于持证单位的设计责任造成重大质量事故、严重环境污染和经济损失的，由发证机关吊销《设计证书》；依照有关法律、法规的规定给予处罚。”修改为：

“由于持证单位的设计责任造成重大质量事故、严重环境污染和经济损失的，由发证机关收回《设计证书》或者宣布作废；依照有关法律、法规的规定给予处罚。”

将第二十一条“持证单位有以下行为之一的，由环境保护行政主管部门视情节轻重，给予通报批评或者责令中止使用《设计证书》；情节严重的，由发证机关降低《设计证书》级别或者吊销《设计证书》”的规定，修改为：

“持证单位有以下行为之一的，由环境保护行政主管部门视情节轻重，给予通报批评或者责令中止使用《设计证书》；情节严重的，由发证机关降低《设计证书》级别，或者收回《设计证书》，或者宣布作废”。

三、《建设项目环境保护管理办法》

（国环[86]003 号　国务院环委会、国家计委、国家经委 1986 年 3 月 26 日联合发布）

国务院已于 1998 年 11 月 29 日发布施行《建设项目环境保护管理条例》。因此，《建设项目环境保护管理办法》即行废止。

四、《关于加强饮食娱乐服务企业环境管理的通知》

（环监[1995]100 号　国家环境保护局、国家工商局 1995 年 2 月 21 日联合发布）

将“八、各级环境保护行政主管部门与工商行政管理部门应密切配合，依法加强对饮食、娱乐、服务企业的现场检查和监督管理。

对于违反国家有关环境保护法律、法规的单位和个人，环境保护行政主管部门应依法责令限期改正，并处以罚款，对于严重污染环境的，应同时责令停止使用产生污染的设施。”修改为：

“八、各级环境保护行政主管部门与工商行政管理部门应密切配合，依法加强对饮食、娱乐、服务企业的现场检查和监督管理。

对防治污染设施没有建成或者没有达到国家规定的要求，投入生产或者使用的，依照国家或者地方法律、法规的有关规定处以罚款或者责令停止生产或使用。”

五、《废物进口环境保护管理暂行规定》

（环控[1996]204 号 国家环境保护局、外经贸部、海关总署、国家工商局、国家商检局 1996 年 3 月 1 日联合发布）

将第二十九条“伪造、变造国家环境保护局《进口废物批准证书》的，由国家环境保护局处以 5 万元以上 50 万元以下的罚款，同时移送司法机关追究刑事责任。”修改为：

“伪造、变造国家环境保护总局《进口废物批准证书》的，由国家环境保护总局处以 3 万元以下罚款，同时移送司法机关依法追究刑事责任。”

六、《关于废物进口环境保护管理暂行规定的补充规定》

（环控[1996]629 号 国家环境保护局、外经贸部、海关总署、国家工商局、国家商检局 1996 年 7 月 26 日联合发布）

将“十一、转让或者倒卖国家环境保护局《进口废物批准证书》的，由国家环境保护局吊销《进口废物批准证书》，并暂停或取消其废物进口、加工利用的资格。”修改为：

“十一、转让或者倒卖国家环境保护总局《进口废物批准证书》的，由国家环境保护总局收回《进口废物批准证书》或者宣布作废，并暂停或取消其废物进口、加工利用的资格。”

消耗臭氧层物质管理条例

中华人民共和国国务院令

第 573 号

《消耗臭氧层物质管理条例》已经 2010 年 3 月 24 日国务院第 104 次常务会议通过，现予公布，自 2010 年 6 月 1 日起施行。

总理　温家宝

二○一○年四月八日

第一章　总　则

第一条　为了加强对消耗臭氧层物质的管理，履行《保护臭氧层维也纳公约》和《关于消耗臭氧层物质的蒙特利尔议定书》规定的义务，保护臭氧层和生态环境，保障人体健康，根据《中华人民共和国大气污染防治法》，制定本条例。

第二条　本条例所称消耗臭氧层物质，是指对臭氧层有破坏作用并列入《中国受控消耗臭氧层物质清单》的化学品。

《中国受控消耗臭氧层物质清单》由国务院环境保护主管部门会同国务院有关部门制定、调整和公布。

第三条　在中华人民共和国境内从事消耗臭氧层物质的生产、销售、使用和进出口等活动，适用本条例。

前款所称生产，是指制造消耗臭氧层物质的活动。前款所称使用，是指利用消耗臭氧层物质进行的生产经营等活动，不包括使用含消耗臭氧层物质的产品的活动。

第四条　国务院环境保护主管部门统一负责全国消耗臭氧层物质的监督管理工作。

国务院商务主管部门、海关总署等有关部门依照本条例的规定和各自的职责负责消耗臭氧层物质的有关监督管理工作。

县级以上地方人民政府环境保护主管部门和商务等有关部门依照本条例的规定和各自的职责负责本行政区域消耗臭氧层物质的有关监督管理工作。

第五条 国家逐步削减并最终淘汰作为制冷剂、发泡剂、灭火剂、溶剂、清洗剂、加工助剂、杀虫剂、气雾剂、膨胀剂等用途的消耗臭氧层物质。

国务院环境保护主管部门会同国务院有关部门拟订《中国逐步淘汰消耗臭氧层物质国家方案》（以下简称国家方案），报国务院批准后实施。

第六条 国务院环境保护主管部门根据国家方案和消耗臭氧层物质淘汰进展情况，会同国务院有关部门确定并公布限制或者禁止新建、改建、扩建生产、使用消耗臭氧层物质建设项目的类别，制定并公布限制或者禁止生产、使用、进出口消耗臭氧层物质的名录。

因特殊用途确需生产、使用前款规定禁止生产、使用的消耗臭氧层物质的，按照《关于消耗臭氧层物质的蒙特利尔议定书》有关允许用于特殊用途的规定，由国务院环境保护主管部门会同国务院有关部门批准。

第七条 国家对消耗臭氧层物质的生产、使用、进出口实行总量控制和配额管理。国务院环境保护主管部门根据国家方案和消耗臭氧层物质淘汰进展情况，商国务院有关部门确定国家消耗臭氧层物质的年度生产、使用和进出口配额总量，并予以公告。

第八条 国家鼓励、支持消耗臭氧层物质替代品和替代技术的科学研究、技术开发和推广应用。

国务院环境保护主管部门会同国务院有关部门制定、调整和公布《中国消耗臭氧层物质替代品推荐名录》。

开发、生产、使用消耗臭氧层物质替代品，应当符合国家产业政策，并按照国家有关规定享受优惠政策。国家对在消耗臭氧层物质淘汰工作中做出突出成绩的单位和个人给予奖励。

第九条 任何单位和个人对违反本条例规定的行为，有权向县级以上人民政府环境保护主管部门或者其他有关部门举报。接到举报的部门应当及时调查处理，并为举报人保密；经调查情况属实的，对举报人给予奖励。

第二章 生产、销售和使用

第十条 消耗臭氧层物质的生产、使用单位，应当依照本条例的规定申请领取生产或者使用配额许可证。但是，使用单位有下列情形之一的，不需要申请领取使用配额许可证：

（一）维修单位为了维修制冷设备、制冷系统或者灭火系统使用消耗臭氧层物质的；

（二）实验室为了实验分析少量使用消耗臭氧层物质的；

（三）出入境检验检疫机构为了防止有害生物传入传出使用消耗臭氧层物质实施检疫的；

（四）国务院环境保护主管部门规定的不需要申请领取使用配额许可证的其他情形。

第十一条 消耗臭氧层物质的生产、使用单位除具备法律、行政法规规定的条件外，还应当具备下列条件：

（一）有合法生产或者使用相应消耗臭氧层物质的业绩；

（二）有生产或者使用相应消耗臭氧层物质的场所、设施、设备和专业技术人员；

（三）有经环境保护主管部门验收合格的环境保护设施；

（四）有健全完善的生产经营管理制度。

将消耗臭氧层物质用于本条例第六条规定的特殊用途的单位，不适用前款第（一）项的规定。

第十二条 消耗臭氧层物质的生产、使用单位应当于每年10月31日前向国务院环境保护主管部门书面申请下一年度的生产配额或者使用配额，并提交其符合本条例第十一条规定条件的证明材料。

国务院环境保护主管部门根据国家消耗臭氧层物质的年度生产、使用配额总量和申请单位生产、使用相应消耗臭氧层物质的业绩情况，核定申请单位下一年度的生产配额或者使用配额，并于每年 12 月 20 日前完成审查，符合条件的，核发下一年度的生产或者使用配额许可证，予以公告，并抄送国务院有关部门和申请单位所在地省、自治区、直辖市人民政府环境保护主管部门；不符合条件的，书面通知申请单位并说明理由。

第十三条 消耗臭氧层物质的生产或者使用配额许可证应当载明下列内容：

（一）生产或者使用单位的名称、地址、法定代表人或者负责人；

（二）准予生产或者使用的消耗臭氧层物质的品种、用途及其数量；

（三）有效期限；

（四）发证机关、发证日期和证书编号。

第十四条 消耗臭氧层物质的生产、使用单位需要调整其配额的，应当向国务院环境保护主管部门申请办理配额变更手续。

国务院环境保护主管部门应当依照本条例第十一条、第十二条规定的条件和依据进行审查，并在受理申请之日起 20 个工作日内完成审查，符合条件的，对申请单位的配额进行调整，并予以公告；不符合条件的，书面通知申请单位并说明理由。

第十五条 消耗臭氧层物质的生产单位不得超出生产配额许可证规定的品种、数量、期限生产消耗臭氧层物质，不得超出生产配额许可证规定的用途生产、销售消耗臭氧层物质。

禁止无生产配额许可证生产消耗臭氧层物质。

第十六条 依照本条例规定领取使用配额许可证的单位，不得超出使用配额许可证规定的品种、用途、数量、期限使用消耗臭氧层物质。

除本条例第十条规定的不需要申请领取使用配额许可证的情形外，禁止无使用配额许可证使用消耗臭氧层物质。

第十七条 消耗臭氧层物质的销售单位，应当按照国务院环境保护主管部门的规定办理备案手续。

国务院环境保护主管部门应当将备案的消耗臭氧层物质销售单位

的名单进行公告。

第十八条 除依照本条例规定进出口外，消耗臭氧层物质的购买和销售行为只能在符合本条例规定的消耗臭氧层物质的生产、销售和使用单位之间进行。

第十九条 从事含消耗臭氧层物质的制冷设备、制冷系统或者灭火系统的维修、报废处理等经营活动的单位，应当向所在地县级人民政府环境保护主管部门备案。

专门从事消耗臭氧层物质回收、再生利用或者销毁等经营活动的单位，应当向所在地省、自治区、直辖市人民政府环境保护主管部门备案。

第二十条 消耗臭氧层物质的生产、使用单位，应当按照国务院环境保护主管部门的规定采取必要的措施，防止或者减少消耗臭氧层物质的泄漏和排放。

从事含消耗臭氧层物质的制冷设备、制冷系统或者灭火系统的维修、报废处理等经营活动的单位，应当按照国务院环境保护主管部门的规定对消耗臭氧层物质进行回收、循环利用或者交由从事消耗臭氧层物质回收、再生利用、销毁等经营活动的单位进行无害化处置。

从事消耗臭氧层物质回收、再生利用、销毁等经营活动的单位，应当按照国务院环境保护主管部门的规定对消耗臭氧层物质进行无害化处置，不得直接排放。

第二十一条 从事消耗臭氧层物质的生产、销售、使用、回收、再生利用、销毁等经营活动的单位，以及从事含消耗臭氧层物质的制冷设备、制冷系统或者灭火系统的维修、报废处理等经营活动的单位，应当完整保存有关生产经营活动的原始资料至少 3 年，并按照国务院环境保护主管部门的规定报送相关数据。

第三章　进出口

第二十二条 国家对进出口消耗臭氧层物质予以控制，并实行名录管理。国务院环境保护主管部门会同国务院商务主管部门、海关总署制定、调整和公布《中国进出口受控消耗臭氧层物质名录》。

进出口列入《中国进出口受控消耗臭氧层物质名录》的消耗臭氧层物质的单位，应当依照本条例的规定向国家消耗臭氧层物质进出口管理机构申请进出口配额，领取进出口审批单，并提交拟进出口的消耗臭氧层物质的品种、数量、来源、用途等情况的材料。

第二十三条 国家消耗臭氧层物质进出口管理机构应当自受理申请之日起20个工作日内完成审查，作出是否批准的决定。予以批准的，向申请单位核发进出口审批单；未予批准的，书面通知申请单位并说明理由。

进出口审批单的有效期最长为90日，不得超期或者跨年度使用。

第二十四条 取得消耗臭氧层物质进出口审批单的单位，应当按照国务院商务主管部门的规定申请领取进出口许可证，持进出口许可证向海关办理通关手续。列入《出入境检验检疫机构实施检验检疫的进出境商品目录》的消耗臭氧层物质，由出入境检验检疫机构依法实施检验。

消耗臭氧层物质在中华人民共和国境内的海关特殊监管区域、保税监管场所与境外之间进出的，进出口单位应当依照本条例的规定申请领取进出口审批单、进出口许可证；消耗臭氧层物质在中华人民共和国境内的海关特殊监管区域、保税监管场所与境内其他区域之间进出的，或者在上述海关特殊监管区域、保税监管场所之间进出的，不需要申请领取进出口审批单、进出口许可证。

第四章　监督检查

第二十五条 县级以上人民政府环境保护主管部门和其他有关部门，依照本条例的规定和各自的职责对消耗臭氧层物质的生产、销售、使用和进出口等活动进行监督检查。

第二十六条 县级以上人民政府环境保护主管部门和其他有关部门进行监督检查，有权采取下列措施：

（一）要求被检查单位提供有关资料；

（二）要求被检查单位就执行本条例规定的有关情况作出说明；

（三）进入被检查单位的生产、经营、储存场所进行调查和取证；

（四）责令被检查单位停止违反本条例规定的行为，履行法定义务；

（五）扣押、查封违法生产、销售、使用、进出口的消耗臭氧层物质及其生产设备、设施、原料及产品。

被检查单位应当予以配合，如实反映情况，提供必要资料，不得拒绝和阻碍。

第二十七条 县级以上人民政府环境保护主管部门和其他有关部门进行监督检查，监督检查人员不得少于 2 人，并应当出示有效的行政执法证件。

县级以上人民政府环境保护主管部门和其他有关部门的工作人员，对监督检查中知悉的商业秘密负有保密义务。

第二十八条 国务院环境保护主管部门应当建立健全消耗臭氧层物质的数据信息管理系统，收集、汇总和发布消耗臭氧层物质的生产、使用、进出口等数据信息。

县级以上地方人民政府环境保护主管部门应当将监督检查中发现的违反本条例规定的行为及处理情况逐级上报至国务院环境保护主管部门。

县级以上地方人民政府其他有关部门应当将监督检查中发现的违反本条例规定的行为及处理情况逐级上报至国务院有关部门，国务院有关部门应当及时抄送国务院环境保护主管部门。

第二十九条 县级以上地方人民政府环境保护主管部门或者其他有关部门对违反本条例规定的行为不查处的，其上级主管部门有权责令其依法查处或者直接进行查处。

第五章　法律责任

第三十条 负有消耗臭氧层物质监督管理职责的部门及其工作人员有下列行为之一的，对直接负责的主管人员和其他直接责任人员，依法给予处分；直接负责的主管人员和其他直接责任人员构成犯罪的，依法追究刑事责任：

（一）违反本条例规定核发消耗臭氧层物质生产、使用配额许可证的；

（二）违反本条例规定核发消耗臭氧层物质进出口审批单或者进出口许可证的；

（三）对发现的违反本条例的行为不依法查处的；

（四）在办理消耗臭氧层物质生产、使用、进出口等行政许可以及实施监督检查的过程中，索取、收受他人财物或者谋取其他利益的；

（五）有其他徇私舞弊、滥用职权、玩忽职守行为的。

第三十一条　无生产配额许可证生产消耗臭氧层物质的，由所在地县级以上地方人民政府环境保护主管部门责令停止违法行为，没收用于违法生产消耗臭氧层物质的原料、违法生产的消耗臭氧层物质和违法所得，拆除、销毁用于违法生产消耗臭氧层物质的设备、设施，并处100万元的罚款。

第三十二条　依照本条例规定应当申请领取使用配额许可证的单位无使用配额许可证使用消耗臭氧层物质的，由所在地县级以上地方人民政府环境保护主管部门责令停止违法行为，没收违法使用的消耗臭氧层物质、违法使用消耗臭氧层物质生产的产品和违法所得，并处20万元的罚款；情节严重的，并处50万元的罚款，拆除、销毁用于违法使用消耗臭氧层物质的设备、设施。

第三十三条　消耗臭氧层物质的生产、使用单位有下列行为之一的，由所在地省、自治区、直辖市人民政府环境保护主管部门责令停止违法行为，没收违法生产、使用的消耗臭氧层物质、违法使用消耗臭氧层物质生产的产品和违法所得，并处2万元以上10万元以下的罚款，报国务院环境保护主管部门核减其生产、使用配额数量；情节严重的，并处10万元以上20万元以下的罚款，报国务院环境保护主管部门吊销其生产、使用配额许可证：

（一）超出生产配额许可证规定的品种、数量、期限生产消耗臭氧层物质的；

（二）超出生产配额许可证规定的用途生产或者销售消耗臭氧层物质的；

（三）超出使用配额许可证规定的品种、数量、用途、期限使用消耗臭氧层物质的。

第三十四条 消耗臭氧层物质的生产、销售、使用单位向不符合本条例规定的单位销售或者购买消耗臭氧层物质的，由所在地县级以上地方人民政府环境保护主管部门责令改正，没收违法销售或者购买的消耗臭氧层物质和违法所得，处以所销售或者购买的消耗臭氧层物质市场总价 3 倍的罚款；对取得生产、使用配额许可证的单位，报国务院环境保护主管部门核减其生产、使用配额数量。

第三十五条 消耗臭氧层物质的生产、使用单位，未按照规定采取必要的措施防止或者减少消耗臭氧层物质的泄漏和排放的，由所在地县级以上地方人民政府环境保护主管部门责令限期改正，处 5 万元的罚款；逾期不改正的，处 10 万元的罚款，报国务院环境保护主管部门核减其生产、使用配额数量。

第三十六条 从事含消耗臭氧层物质的制冷设备、制冷系统或者灭火系统的维修、报废处理等经营活动的单位，未按照规定对消耗臭氧层物质进行回收、循环利用或者交由从事消耗臭氧层物质回收、再生利用、销毁等经营活动的单位进行无害化处置的，由所在地县级以上地方人民政府环境保护主管部门责令改正，处进行无害化处置所需费用 3 倍的罚款。

第三十七条 从事消耗臭氧层物质回收、再生利用、销毁等经营活动的单位，未按照规定对消耗臭氧层物质进行无害化处置而直接向大气排放的，由所在地县级以上地方人民政府环境保护主管部门责令改正，处进行无害化处置所需费用 3 倍的罚款。

第三十八条 从事消耗臭氧层物质生产、销售、使用、进出口、回收、再生利用、销毁等经营活动的单位，以及从事含消耗臭氧层物质的制冷设备、制冷系统或者灭火系统的维修、报废处理等经营活动的单位有下列行为之一的，由所在地县级以上地方人民政府环境保护主管部门责令改正，处 5 000 元以上 2 万元以下的罚款：

（一）依照本条例规定应当向环境保护主管部门备案而未备案的；

（二）未按照规定完整保存有关生产经营活动的原始资料的；

（三）未按时申报或者谎报、瞒报有关经营活动的数据资料的；

（四）未按照监督检查人员的要求提供必要的资料的。

第三十九条 拒绝、阻碍环境保护主管部门或者其他有关部门的监督检查，或者在接受监督检查时弄虚作假的，由监督检查部门责令改正，处1万元以上2万元以下的罚款；构成违反治安管理行为的，由公安机关依法给予治安管理处罚；构成犯罪的，依法追究刑事责任。

第四十条 进出口单位无进出口许可证或者超出进出口许可证的规定进出口消耗臭氧层物质的，由海关依照有关法律、行政法规的规定予以处罚；构成犯罪的，依法追究刑事责任。

第六章 附 则

第四十一条 本条例自2010年6月1日起施行。

新化学物质环境管理办法

环境保护部令

第7号

《新化学物质环境管理办法》已由环境保护部2009年第三次部务会议于2009年12月30日修订通过。现将修订后的《新化学物质环境管理办法》公布，自2010年10月15日起施行。

2003年9月12日原国家环境保护总局发布的《新化学物质环境管理办法》同时废止。

环境保护部部长　周生贤

二〇一〇年一月十九日

第一章　总　则

第一条　【立法目的】为了控制新化学物质的环境风险，保障人体健康，保护生态环境，根据《国务院对确需保留的行政审批项目设定行政许可的决定》以及其他有关法律、行政法规，制定本办法。

第二条　【适用范围】本办法适用于在中华人民共和国关境内从事研究、生产、进口和加工使用新化学物质活动的环境管理。保税区和出口加工区内的新化学物质相关活动的环境管理，也适用本办法。

医药、农药、兽药、化妆品、食品、食品添加剂、饲料添加剂等的管理，适用有关法律、法规；但作为上述产品的原料和中间体的新化学物质相关活动的环境管理，适用本办法。

设计为常规使用时有意释放出所含新化学物质的物品，按照本办法管理。

第三条 【分类】根据化学品危害特性鉴别、分类标准，新化学物质分为一般类新化学物质、危险类新化学物质。

危险类新化学物质中具有持久性、生物蓄积性、生态环境和人体健康危害特性的化学物质，列为重点环境管理危险类新化学物质。

本办法所称新化学物质，是指未列入《中国现有化学物质名录》的化学物质。

《中国现有化学物质名录》由环境保护部制定、调整并公布。

第四条 【基本制度】国家对新化学物质实行风险分类管理，实施申报登记和跟踪控制制度。

第五条 【登记证】新化学物质的生产者或者进口者，必须在生产前或者进口前进行申报，领取新化学物质环境管理登记证（以下简称“登记证”）。

未取得登记证的新化学物质，禁止生产、进口和加工使用。

未取得登记证或者未备案申报的新化学物质，不得用于科学研究。

第六条 【鼓励先进技术】国家支持新化学物质环境风险、健康风险评估和控制技术的科学研究，推广先进适用的新化学物质环境风险控制技术，鼓励环境友好型替代化学物质的研究、生产、进口和加工使用，鼓励申报人共享新化学物质申报登记数据。

第七条 【保守秘密】从事新化学物质环境管理的工作人员，应当为申报人保守商业秘密和技术秘密。

第八条 【公众监督】一切单位和个人都有权对违反本办法规定的行为进行揭发、检举和控告。

第二章 申报程序

第九条 【申报类型】新化学物质申报，分为常规申报、简易申报和科学研究备案申报。

第十条 【常规申报要求】新化学物质年生产量或者进口量 1 吨以上的，应当在生产或者进口前向环境保护部化学品登记中心（以下简称“登记中心”）提交新化学物质申报报告，办理常规申报；但是，符合简易申报条件的，可以办理简易申报。

新化学物质申报报告，应当包括下列内容：

（一）新化学物质常规申报表，并附具按照化学品分类、警示标签和警示性说明安全规范等国家有关标准进行的分类、标签和化学品安全技术说明书；

（二）风险评估报告，包括申报物质危害评估、暴露预测评估和风险控制措施，以及环境风险和健康风险评估结论等内容；

（三）物理化学性质、毒理学和生态毒理学特性的测试报告或者资料，以及有关测试机构的资质证明。生态毒理学特性测试报告，必须包括在中国境内用中国的供试生物按照相关标准的规定完成的测试数据。

第十一条 【常规申报数量级别】常规申报遵循“申报数量级别越高、测试数据要求越高”的原则。申报人应当按照环境保护部制定的新化学物质申报登记指南，提供相应的测试数据或者资料。

依据新化学物质申报数量，常规申报从低到高分为下列四个级别：

（一）一级为年生产量或者进口量1吨以上不满10吨的；

（二）二级为年生产量或者进口量10吨以上不满100吨的；

（三）三级为年生产量或者进口量100吨以上不满1 000吨的；

（四）四级为年生产量或者进口量1 000吨以上的。

第十二条 【简易申报基本情形】新化学物质年生产量或者进口量不满1吨的，应当在生产或者进口前，向登记中心办理简易申报。

办理简易申报，应当提交下列材料：

（一）新化学物质简易申报表；

（二）在中国境内用中国的供试生物完成的生态毒理学特性测试报告。

第十三条 【简易申报特殊情形】生产或者进口的新化学物质有下列特殊情形之一的，应当办理简易申报：

（一）用作中间体或者仅供出口，年生产量或者进口量不满1吨的；

（二）以科学研究为目的，年生产量或者进口量0.1吨以上不满1吨的；

（三）新化学物质单体含量低于2%的聚合物或者属于低关注聚合物的；

（四）以工艺和产品研究开发为目的，年生产量或者进口量不满10吨，且不超过二年的。

办理特殊情形简易申报，应当提交新化学物质简易申报表以及符合相应情形的证明材料。

第十四条 【备案申报要求】有下列情形之一的，应当在生产或者进口前，向登记中心提交新化学物质科学研究备案表，办理科学研究备案申报：

（一）以科学研究为目的，新化学物质年生产量或者进口量不满0.1吨的；

（二）为了在中国境内用中国的供试生物进行新化学物质生态毒理学特性测试而进口新化学物质测试样品的。

第十五条 【系列申报、联合申报、重复申报】 办理常规申报，有下列情形之一的，可以按下列规定办理申报手续：

（一）同一申报人对分子结构相似、用途相同或者相近、测试数据相近的多个新化学物质，可以提出新化学物质系列申报；

（二）两个以上申报人同时申报相同新化学物质，共同提交申报材料的，可以提出新化学物质联合申报；

（三）两个以上申报人先后申报相同新化学物质，后申报人征得前申报人同意后使用前申报人的测试数据的，可以提出新化学物质重复申报。数据的测试费用分担方法，由申报人自行商定。

第十六条 【申报人资格】新化学物质申报人或者其代理人，应当是中国境内注册机构。

非首次进行新化学物质申报的，近三年内不得有因违反新化学物质环境管理规定而被行政处罚的不良记录。

第十七条 【如实报告】申报人在办理新化学物质申报手续时，应当如实提交新化学物质危害特性和环境风险的全部已知信息。

第十八条 【环境信息公开】申报人对所提交的申报材料中涉及商业秘密或者技术秘密要求保密的，应当在申报材料中注明。

对涉及危害人体健康和环境安全的信息，不得要求保密。

申报人对要求保密的内容予以公开时，应当书面告知登记中心。

第十九条 【测试机构】为新化学物质申报目的提供测试数据的境内测试机构，应当为环境保护部公告的化学物质测试机构，并接受环境保护部的监督和检查。

境内测试机构应当遵守环境保护部颁布的化学品测试合格实验室导则，并按照化学品测试导则或者化学品测试相关国家标准，开展新化学物质生态毒理学特性测试。

在境外完成新化学物质生态毒理学特性测试并提供测试数据的境外测试机构，必须通过其所在国家主管部门的检查或者符合合格实验室规范。

第三章 登记管理

第二十条 【常规申报登记程序】新化学物质常规申报登记，按下列程序执行：

（一）登记中心受理常规申报后，应当将新化学物质申报报告提交环境保护部化学物质环境管理专家评审委员会（以下简称“评审委员会”）。评审委员会由化学、化工、健康、安全、环保等方面专家组成。

（二）评审委员会应当依照环境保护部颁布的新化学物质危害和风险评估导则和规范，以及化学品危害特性鉴别、分类等国家相关标准，对新化学物质的以下内容进行识别和技术评审：

1．名称和标识；

2．物理化学、人体健康、环境等方面的危害特性；

3．暴露程度以及对人体健康和环境的风险；

4．人体健康和环境风险控制措施的适当性。

评审委员会认为现有申报材料不足以对新化学物质的风险做出全面评价结论的，由登记中心书面通知申报人补充申报材料。

（三）评审委员会应当提出新化学物质登记技术评审意见，报送环境保护部。新化学物质登记技术评审意见包括：

1．将新化学物质认定为一般类、危险类以及是否属于重点环境管理危险类新化学物质的管理类别划分意见；

2．人体健康和环境风险的评审意见；

3．风险控制措施适当性的评审结论；

4．是否准予登记的建议。

（四）环境保护部应当对新化学物质登记技术评审意见进行审查，确定新化学物质管理类别，并视不同情况，做出决定：

1．对有适当风险控制措施的，予以登记，颁发登记证；

2．对无适当风险控制措施的，不予登记，书面通知申报人并说明理由。

环境保护部在做出登记决定前，应当对新化学物质登记内容进行公示。

第二十一条 【简易申报登记程序】新化学物质简易申报登记，按下列程序执行：

（一）登记中心受理简易申报后，应当提出书面处理意见，报送环境保护部。

对按要求提交生态毒理学特性测试报告的，评审委员会应当对申报材料进行技术评审，并提出技术评审意见，报送环境保护部。

（二）环境保护部对符合要求的，予以登记，颁发登记证；对不符合要求的，不予登记，书面通知申报人并说明理由。

第二十二条 【备案申报登记程序】新化学物质科学研究备案，按下列程序执行：

（一）登记中心收到科学研究备案申报后，应当按月汇总报送环境保护部；

（二）环境保护部定期在政府网站上公告。

第二十三条 【登记公告】环境保护部应当在政府网站上公告予以登记的新化学物质名称、申报人、申报种类和登记新化学物质管理类别等信息。

第二十四条 【办理时限】登记中心应当自受理常规申报之日起5个工作日内，将新化学物质申报报告提交评审委员会；自受理简易申报之日起5个工作日内，将书面处理意见报送环境保护部。

常规申报登记的专家评审时间不得超过60日，简易申报登记的专家审查时间不得超过30日。登记中心通知补充申报材料的，申报人补充申报材料所需时间不计入专家评审时间。

环境保护部应当自收到登记中心或者评审委员会上报的新化学物质登记文件之日起15个工作日内，做出是否予以登记的决定。15个工作日内不能做出决定的，经环境保护部负责人批准，可以延长10个工作日。

第二十五条 【登记证内容】登记证应当载明下列主要事项：

（一）申报人或者代理人名称；

（二）新化学物质名称；

（三）登记用途；

（四）登记量级别和数量；

（五）新化学物质的管理类别。

常规申报的登记证还应当载明风险控制措施和行政管理要求。

第二十六条 【新特性报告及处理】登记证持有人发现获准登记新化学物质有新的危害特性时，应当立即向登记中心提交该化学物质危害特性的新信息。

登记中心应当将获准登记新化学物质危害特性的新信息，提交评审委员会进行技术评审。

环境保护部根据评审委员会的技术评审意见，采取下列措施：

（一）对于通过增加风险控制措施可以控制风险的，在登记证中增补相关风险控制措施，并要求登记证持有人落实相应的新增风险控制措施；

（二）对于无适当措施控制其风险的，撤回该新化学物质登记证，并予以公告。

第二十七条 【重新申报】尚未列入《中国现有化学物质名录》，且已获准登记的新化学物质，有下列情形之一的，登记证持有人应当按本办法规定程序重新进行申报：

（一）增加登记量级的；

（二）变更重点环境管理危险类新化学物质登记用途的。

已被列入《中国现有化学物质名录》，且获准登记的重点环境管理危险类新化学物质，变更登记用途的，也可以由登记新化学物质的加工使用者，重新进行申报。

第二十八条 【信息共享】环境保护部应当将已获准登记为危险类新化学物质（含重点环境管理危险类新化学物质）的有关信息，通报相关管理部门。

第四章 跟踪控制

第二十九条 【环评审批前置条件】环境保护部门应当将新化学物质登记，作为审批生产或者加工使用该新化学物质建设项目环境影响评价文件的条件。

第三十条 【信息传递】常规申报的登记证持有人应当在化学品安全技术说明书中明确新化学物质危害特性，并向加工使用者传递下列信息：

（一）登记证中规定的风险控制措施；

（二）化学品安全技术说明书；

（三）按照化学品分类、警示标签和警示性说明安全规范的分类结果；

（四）其他相关信息。

第三十一条 【一般风险控制措施】常规申报的登记证持有人和相应的加工使用者，应当按照登记证的规定，采取下列一项或者多项风险控制措施：

（一）进行新化学物质风险和防护知识教育；

（二）加强对接触新化学物质人员的个人防护；

（三）设置密闭、隔离等安全防护，布置警示标志；

（四）改进新化学物质生产、使用方式，以降低释放和环境暴露；

（五）改进污染防治工艺，以减少环境排放；

（六）制定应急预案和应急处置措施；

（七）采取其他风险控制措施。

危险类新化学物质（含重点环境管理危险类新化学物质）的登记证持有人以及加工使用者，应当遵守《危险化学品安全管理条例》等现行法律、行政法规的相关规定。

第三十二条 【重点风险控制措施】重点环境管理危险类新化学物质的登记证持有人和加工使用者，还应当采取下列风险控制措施：

（一）在生产或者加工使用期间，应当监测或者估测重点环境管理危险类新化学物质向环境介质排放的情况。不具备监测能力的，可以委托地市级以上环境保护部门认可的环境保护部门所属监测机构或者社会检测机构进行监测。

（二）在转移时，应当按照相关规定，配备相应设备，采取适当措施，防范发生突发事件时重点环境管理危险类新化学物质进入环境，并提示发生突发事件时的紧急处置方式。

（三）在重点环境管理危险类新化学物质废弃后，按照有关危险废物处置规定进行处置。

第三十三条 【禁止转让】常规申报的登记证持有人，不得将获准登记的新化学物质转让给没有能力采取风险控制措施的加工使用者。

第三十四条 【研发管理要求】新化学物质的科学研究活动以及工艺和产品的研究开发活动，应当在专门设施内，在专业人员指导下严格按照有关管理规定进行。

以科学研究或者以工艺和产品的研究开发为目的，生产或者进口的新化学物质，应当妥善保存，且不得用于其他目的。需要销毁的，应当按照有关危险废物的规定进行处置。

第三十五条 【活动报告】常规申报的登记证持有人，应当在首次生产活动 30 日内，或者在首次进口并已向加工使用者转移 30 日内，向登记中心报送新化学物质首次活动情况报告表。

重点环境管理危险类新化学物质的登记证持有人，还应当在每次向不同加工使用者转移重点环境管理危险类新化学物质之日起 30 日内，向登记中心报告新化学物质流向信息。

第三十六条 【年度报告】简易申报的登记证持有人，应当于每年 2 月 1 日前向登记中心报告上一年度获准登记新化学物质的实际生产或者进口情况。

危险类新化学物质（含重点环境管理危险类新化学物质）的登记证持有人，应当于每年 2 月 1 日前向登记中心报告上一年度获准登记新化学物质的下列情况：

（一）实际生产或者进口情况；

（二）风险控制措施落实情况；

（三）环境中暴露和释放情况；

（四）对环境和人体健康造成影响的实际情况；

（五）其他与环境风险相关的信息。

重点环境管理危险类新化学物质的登记证持有人，还应当同时向登记中心报告本年度登记新化学物质的生产或者进口计划，以及风险控制措施实施的准备情况。

第三十七条 【资料保存】登记证持有人应当将新化学物质的申报材料以及生产、进口活动实际情况等相关资料保存十年以上。

第三十八条 【监管通知】环境保护部收到登记中心报送的新化学物质首次活动情况报告表或者新化学物质流向信息 30 日内，应当向危险类新化学物质（含重点环境管理危险类新化学物质）的生产者、加工使用者所在地省级环境保护部门发送新化学物质监管通知。

省级环境保护部门负责将监管通知发送至该化学物质生产者、加工使用者所在地地市级或者县级环境保护部门。

监管通知内容包括：新化学物质名称、管理类别、登记证上载明的风险控制措施和行政管理要求以及监督检查要点等。

第三十九条 【监督检查】负有监督管理职责的地方环境保护部门，应当根据新化学物质监管通知的要求，按照环境保护部制定的新化学物质监督管理检查规范，对新化学物质生产、加工使用活动进行监督检查。

发现生产或者加工使用新化学物质活动，造成或者可能造成即时性或者累积性环境污染危害的，应当责令生产者、加工使用者立即采取措施，消除危害或者危险，并将有关情况逐级报告至环境保护部。

环境保护部可以根据报告情况，要求登记证持有人提供获准登记新化学物质可能存在的新危害特性信息，并按照本办法有关新化学物质新的危害特性报告和处理规定予以处理。

第四十条 【注销登记】登记证持有人未进行生产、进口活动或者停止生产、进口活动的，可以向登记中心递交注销申请，说明情况，并交回登记证。

环境保护部对前款情况确认没有生产、进口活动发生或者没有环境危害影响的，给予注销，并公告注销新化学物质登记的信息。

第四十一条 【列入现有化学物质名录程序】一般类新化学物质自登记证持有人首次生产或者进口活动之日起满五年，由环境保护部公告列入《中国现有化学物质名录》。

危险类新化学物质（含重点环境管理危险类新化学物质）登记证持有人应当自首次生产或者进口活动之日起满五年的六个月前，向登记中心提交实际活动情况报告。

环境保护部组织评审委员会专家对实际活动情况报告进行回顾性评估，依据评估结果将危险类新化学物质（含重点环境管理危险类新化学物质）公告列入《中国现有化学物质名录》。

简易申报登记和科学研究备案的新化学物质不列入《中国现有化学物质名录》。

第四十二条 【定期排查】环境保护部每五年组织一次新化学物质排查。

对 2003 年 10 月 15 日前已在中华人民共和国境内合法生产或者进口的化学物质，环境保护部列入《中国现有化学物质名录》。

对未取得登记证生产、进口或者加工使用新化学物质的，环境保护部门依法予以处罚。

第五章 法律责任

第四十三条 【虚假申报】违反本办法规定，在申报过程中隐瞒有关情况或者提供虚假材料的，由环境保护部责令改正，公告其违规行为，记载其不良记录，处一万元以上三万元以下罚款；已经登记的，并撤销其登记证。

第四十四条 【环境保护部处罚事项】违反本办法规定，有下列行为之一的，由环境保护部责令改正，处一万元以下罚款：

（一）未及时提交获准登记新化学物质环境风险更新信息的；

（二）未按规定报送新化学物质首次活动情况报告表或者新化学物质流向信息的；

（三）未按规定报送上一年度新化学物质的生产或者进口情况的；

（四）未按规定提交实际活动情况报告的。

第四十五条 【地方处罚事项一】违反本办法规定，有下列行为之一的，由负有监督管理职责的地方环境保护部门责令改正，处一万元以上三万元以下罚款，并报环境保护部公告其违规行为，记载其不良记录：

（一）拒绝或者阻碍环境保护部门监督检查，或者在接受监督检查时弄虚作假的；

（二）未取得登记证或者不按照登记证的规定生产或者进口新化学物质的；

（三）加工使用未取得登记证的新化学物质的；

（四）未按登记证规定采取风险控制措施的；

（五）将登记新化学物质转让给没有能力采取风险控制措施的加工使用者的。

第四十六条 【地方处罚事项二】违反本办法规定，有下列行为之一的，由负有监督管理职责的地方环境保护部门责令改正，处一万元以上三万元以下罚款：

（一）未按规定向加工使用者传递风险控制信息的；

（二）未按规定保存新化学物质的申报材料以及生产、进口活动实际情况等相关资料的；

（三）将以科学研究以及工艺和产品的研究开发为目的的生产或者进口的新化学物质用于其他目的或者未按规定管理的。

第四十七条 【评审专家违规处罚】评审委员会专家在新化学物质评审中弄虚作假或者有失职行为，造成评审结果严重失实的，由环境保护部取消其入选评审专家库的资格，并予以公告。

第四十八条　【测试机构违规处罚】为新化学物质申报提供测试数据的境内测试机构在新化学物质测试过程中伪造、篡改数据或者有其他弄虚作假行为的，由环境保护部从测试机构名单中除名，并予以公告。

第四十九条　【滥用职权处罚】违反本办法规定，从事新化学物质环境管理的工作人员滥用职权或者玩忽职守的，依法给予处分；构成犯罪的，依法追究刑事责任。

第六章　附　则

第五十条　【术语】本办法中下列术语的含义：

（一）一般类新化学物质，是指尚未发现危害特性或者其危害性低于化学物质危害特性鉴别、分类相关标准规定值的新化学物质；

（二）危险类新化学物质，是指具有物理化学、人体健康或者环境危害特性，且达到或者超过化学物质危害特性鉴别、分类相关标准规定值的新化学物质。

第五十一条　【文书格式】本办法下列文书格式，由环境保护部统一制定：

（一）新化学物质常规申报表；

（二）新化学物质简易申报表；

（三）新化学物质科学研究备案表；

（四）新化学物质环境管理登记证；

（五）新化学物质首次活动情况报告表；

（六）新化学物质监管通知。

第五十二条　【生效日期】本办法自2010年10月15日起施行。

2003年9月12日原国家环境保护总局发布的《新化学物质环境管理办法》同时废止。

关于印发《环境行政处罚主要文书制作指南》的通知

环办[2010]51号

各省、自治区、直辖市环境保护厅（局），新疆生产建设兵团环境保护局，副省级城市环境保护局，各环境保护督查中心：

为加强对环境行政处罚文书制作的规范和指导，配合《环境行政处罚办法》的贯彻实施，我部编制了《环境行政处罚主要文书制作指南》。现印发给你们，请根据各地环境行政处罚工作实际，参照执行。

附件：环境行政处罚主要文书制作指南

环境保护部办公厅

二〇一〇年四月十六日

附件：

环境行政处罚主要文书制作指南

目　录

处罚文书参考样式一：环境违法行为立案审批表

（×××环境保护局）

环境违法行为立案审批表

<table>
<tr><td>案件来源</td><td colspan="2"></td><td>立案号</td><td></td></tr>
<tr><td>案　由</td><td colspan="4"></td></tr>
<tr><td rowspan="4">当事人</td><td>名称或姓名</td><td colspan="3"></td></tr>
<tr><td>住址（地址）</td><td></td><td>邮政编码</td><td></td></tr>
<tr><td>营业执照注册号
（公民身份号码）</td><td></td><td>组织机构
代　　码</td><td></td></tr>
<tr><td>法定代表人
（负责人）</td><td></td><td>职　务</td><td></td></tr>
<tr><td>案情简介
及
立案理由</td><td colspan="4"></td></tr>
<tr><td>承办人
意见</td><td colspan="4">签名：　　　　年　月　日</td></tr>
<tr><td>承办机构
负责人
审核意见</td><td colspan="4">签名：　　　　年　月　日</td></tr>
<tr><td>环保部门
负责人
审批意见</td><td colspan="4">签名：　　　　年　月　日</td></tr>
<tr><td>备注</td><td colspan="4"></td></tr>
</table>

制作指南

一、适用范围

（一）环保部门内部文书。

（二）适用于对环境违法案件的立案审批。

二、文书内容

（一）有环保部门名称、文书名称和立案号。

（二）有案件来源信息。如检查发现、投诉举报、来信来访、媒体披露、上级交办、有关部门移送等途径。

（三）有案由信息。书写形式为："涉嫌+违法行为类别+案"，如"涉嫌违反环评制度案""涉嫌违法排放污染物案""涉嫌违反排污申报登记制度案""涉嫌违反排污收费制度案""涉嫌违反现场检查制度案"等。

（四）有当事人信息。根据案件线索，写明已经掌握的当事人信息；尚未掌握的，可不填写。

当事人为法人或组织的，写明单位名称（与营业执照一致）、住址（与营业执照一致）、邮政编码、营业执照注册号、组织机构代码、法定代表人（负责人）姓名及职务；当事人为公民或者个体工商户、个人合伙的，注明姓名（营业执照中有经营字号的应注明登记字号）、公民身份号码、住址（与居民身份证、营业执照一致）。无营业执照的填写实际地址。

（五）有案情信息。根据案件线索，写明已经掌握的案情信息；尚未掌握的，可不填写。

一是案件来源信息。如检查发现的填写检查机关、检查时间、地点和检查结果；投诉举报和来信来访的填写收到时间和反映的情况（投诉人姓名可不填）；媒体披露的填写媒体名称和期号；上级交办和有关部门移送的填写收到时间、机关名称。

二是违法行为信息。如违法行为的发生时间、地点、行为等基本情况；承办人对违法事实、情节的初步判断。

（六）有立案理由。如初步判断符合《环境行政处罚办法》第二十二条规定的立案条件。

（七）有承办人建议立案与否的意见、签名及日期。

（八）有承办机构负责人同意或不同意立案的意见、签名及日期。

（九）有环保部门负责人同意或不同意立案的审批意见、签名及日期。

（十）备注栏可视情况填写其他有关信息。

三、注意事项

（一）立案应当符合《环境行政处罚办法》第二十二条规定的全部四项条件：1.有涉嫌违反环境保护法律、法规和规章的行为；2.依法应当或者可以给予行政处罚；3.属于本机关管辖；4.违法行为发生之日起到被发现之日止未超过2年（法律另有规定的除外）。

（二）立案审查在7个工作日内完成。

（三）对需要立即查处的环境违法行为，可以按照《环境行政处罚办法》第二十四条的规定先行调查取证，然后7日内补办立案手续。

（四）不符合立案条件，但属其他机关管辖的，移送有管辖权的机关。

（五）本文书原件随卷归档。

处罚文书参考样式二：环境违法案件销案审批表

（×××环境保护局）

环境违法案件销案审批表

<table>
<tr><td>案件来源</td><td colspan="2"></td><td>原立案号</td><td></td></tr>
<tr><td>案　由</td><td colspan="4"></td></tr>
<tr><td rowspan="4">当事人</td><td>名称或姓名</td><td colspan="3"></td></tr>
<tr><td>住址（地址）</td><td></td><td>邮政编码</td><td></td></tr>
<tr><td>营业执照注册号
（公民身份号码）</td><td></td><td>组织机构
代　码</td><td></td></tr>
<tr><td>法定代表人
（负责人）</td><td></td><td>职　务</td><td></td></tr>
<tr><td>案情简介
及
销案理由</td><td colspan="4"></td></tr>
<tr><td>承办人
意见</td><td colspan="4">签名：　　　　年　月　日</td></tr>
<tr><td>承办机构
负责人
审核意见</td><td colspan="4">签名：　　　　年　月　日</td></tr>
<tr><td>环保部门
负责人
审批意见</td><td colspan="4">签名：　　　　年　月　日</td></tr>
<tr><td>备注</td><td colspan="4"></td></tr>
</table>

制作指南

一、适用范围

（一）环保部门内部文书。

（二）适用于撤销立案的审批。

二、文书内容

（一）有环保部门名称、文书名称和原立案号。

（二）有案件来源信息。如检查发现、投诉举报、来信来访、媒体披露、上级交办、有关部门移送等途径。

（三）有案由信息。书写形式为："涉嫌+违法行为类别+案"，如"涉嫌违反环评制度案""涉嫌违法排放污染物案""涉嫌违反排污申报登记制度案""涉嫌违反排污收费制度案""涉嫌违反现场检查制度案"等。

（四）有当事人信息。根据案件线索，写明已经掌握的当事人信息；尚未掌握的，可不填写。

当事人为法人或组织的，写明单位名称（与营业执照一致）、住址（与营业执照一致）、邮政编码、营业执照注册号、组织机构代码、法定代表人（负责人）姓名及职务；当事人为公民或者个体工商户、个人合伙的，注明姓名（营业执照中有经营字号的应注明登记字号）、公民身份号码、住址。无营业执照的填写实际地址。

（五）有案情信息。根据案件线索，写明已经掌握的案情信息；尚未掌握的，可不填写。

一是案件来源信息。如检查发现的填写检查机关、检查时间、地点和检查结果；投诉举报和来信来访的填写收到时间和反映的情况（投诉人姓名可不填）；媒体披露的填写媒体名称和期号；上级交办和有关部门移送的填写收到时间、机关名称。

二是违法行为信息。如违法行为的发生时间、地点、行为等基本情况。

（六）有销案理由。如立案后根据新情况发现不符合《环境行政处罚办法》第二十二条规定的立案条件之一。

（七）有承办人建议撤销立案与否的意见、签名及日期。

（八）有承办机构负责人同意或不同意撤销立案的意见、签名及日期。

（九）有环保部门负责人同意或不同意撤销立案的审批意见、签名及日期。

（十）备注栏可视情况填写其他有关信息。

三、注意事项

（一）已经立案的，非经审批程序不得撤销立案。

（二）撤销立案的审批程序与立案审批程序相同，撤销条件为根据新情况发现不符合《环境行政处罚办法》第二十二条规定的立案条件之一。

（三）本文书原件随卷归档。

处罚文书参考样式三：调查询问笔录

（×××环境保护局）
调查询问笔录

时间：________年_____月_____日_____时_____分至_____时_____分
地点：____
询问人姓名及执法证号：______________、______________记录人：______
工作单位：____
被询问人姓名：______________年龄：______公民身份号码：____________
工作单位：____________________职务：__________与本案关系：______
地址：____________________邮编：__________电话：____________
其他参加人姓名及工作单位：____________________________________

执法人员出示执法证件、表明身份的记录及被询问人的确认记录：__________
告知当事人申请回避权利和配合调查义务的记录：______________________
____
询问内容：____
____
____
____
____
____
____
____
____
____
____
____
____
____
____
____

被询问人对笔录的审阅确认意见：______________________________
被询问人签名：____________________　　______年____月____日
询问人签名：____________________　　______年____月____日
记录人签名：____________________　　______年____月____日
参加人签名：____________________　　______年____月____日

第　页共　页

制作指南

一、适用范围

（一）环保部门内部文书。

（二）适用于调查人员取证，记录调查人员对违法嫌疑人、污染受害人、证人等有关人员的询问过程和问答内容。

二、文书内容

（一）有环保部门名称和文书名称。

（二）有询问的起止时间、地点。

（三）有询问人、记录人基本信息，如姓名、执法证号、工作单位。

（四）有被询问人的基本信息。如姓名、年龄、公民身份号码、工作单位、职务、电话、地址、邮政编码等，与本案关系是指被询问人在本案中的身份，如违法嫌疑单位的工作人员、污染受害人、证人等。

（五）有向当事人出示执法证件、表明身份的记录和当事人的确认记录，如“我们是××环境保护局的行政执法人员，这是我们的执法证件（向当事人出示证件，并记录持证人员姓名和执法证件号），请过目确认”和“我确认”。

（六）有告知当事人申请回避权利和配合调查义务的记录，如“今天我们依法进行检查并了解有关情况，你应当配合调查，如实回答询问和提供材料，不得拒绝、阻碍、隐瞒或者提供虚假情况。如果你认为我们与本案有利害关系，可能影响公正办案，可以申请我们回避，并说明理由。”

（七）有询问内容。包括反映本案事实的时间、地点、行为、情节、动机、后果等。

（八）有被询问人对笔录的审阅确认意见，如注明“以上笔录已阅无误”，并逐页签名、注明日期。有被询问人拒不审阅确认或者拒不签名的，由记录人予以注明。

（九）有询问人、记录人的逐页签名，并注明日期。

（十）有其他参加人的，填写其他参加人姓名、工作单位；无工作单位的，填写居住地址。其他参加人也逐页签名，并注明日期。

（十一）笔录字迹要端正，保证可以正常阅读。

（十二）笔录必须当场制作，不得事后补记、增删。当场有修改的，由被询问人在修改处签名或者压指印。

（十三）笔录不能随意空行，空白处注明“以下空白”或者画有斜线。

三、注意事项

（一）每份《调查询问笔录》只对应一个被询问人。必要时，可以对被询问人进行多次询问，每一次询问分别制作调查询问笔录。

（二）询问必须有两名以上（含）持合法有效执法证件的行政执法人员同时在场，并出示执法证件，表明身份。

（三）符合《环境行政处罚办法》第八条规定回避条件的，调查人员应当自行回避；当事人申请其回避，应当审查同意。

回避条件为以下之一：1. 本案当事人或者当事人近亲属的；2. 本人或者近亲属与本案有直接利害关系的；3. 法律、法规或者规章规定的其他回避情形。

（四）笔录应当全面、如实记录被询问人与案件相关的陈述。

（五）可以采取拍照、录像、录音或者其他方式记录询问情况。

（六）本文书原件随卷归档。

处罚文书参考样式四：现场检查（勘察）笔录

（×××环境保护局）

现场检查（勘察）笔录

时间：________年_____月_____日_____时_____分至_____时_____分
地点：____________________
检查（勘察）人及执法证号：____________、____________记录人：________
工作单位：____________________
被检查人名称或姓名：____________法定代表人（负责人）姓名：________
现场负责人姓名：____________年龄：________公民身份号码：________
工作单位：____________职务：________与本案关系：________
地址：____________电话：________邮编：________
其他参加人姓名及工作单位（地址）：____________________

执法人员出示执法证件、表明身份的记录及现场负责人的确认记录：________
告知当事人申请回避权利和配合调查义务的记录：____________
现场情况：____________________

现场负责人对笔录的审阅确认意见：____________
现场负责人签名：____________ _____年____月____日
检查（勘察）人签名：________、________ _____年____月____日
记录人签名：____________ _____年____月____日
其他参加人签名：____________ _____年____月____日

第 页共 页

制作指南

一、适用范围

（一）环保部门内部文书。

（二）适用于调查人员取证，记录调查人员对违法嫌疑人的生产经营场所、污染受害现场等有关现场进行检查（勘察）的过程和发现的情况。

二、文书内容

（一）有环保部门名称和文书名称。

（二）有现场检查（勘察）的起止时间、地点。

（三）有检查（勘察）人、记录人基本信息，如姓名、执法证号、工作单位。

（四）有被检查（勘察）人、当时在场的现场负责人的基本信息。如姓名、年龄、公民身份号码、工作单位等。与本案关系是指现场负责人在本案中的身份，如违法嫌疑单位的工作人员、污染受害人、证人等。

现场负责人不在场的，可不填写现场负责人信息。

（五）有向现场负责人出示执法证件、表明身份的记录和现场负责人的确认记录，如“我们是××环境保护局的行政执法人员，这是我们的执法证件（向当事人出示证件，并记录持证人员姓名和执法证件号)，请过目确认”和“我确认。”

暗查等无法出示和确认的情形除外。

（六）有告知现场检查人申请回避权利和配合调查义务的记录，如“今天我们依法进行检查并了解有关情况，你应当配合调查，如实回答询问和提供材料，不得拒绝、阻碍、隐瞒或者提供虚假情况。如果你认为我们与本案有利害关系，可能影响公正办案，可以申请我们回避，并说明理由。”

暗查等无法告知的情形除外。

（七）有现场情况，包括有关的设施物品名称、数据、位置、状态等，可附示意图。

（八）有被检查（勘察）人对笔录的审阅确认意见，并逐页签名、注明日期。被检查（勘察）人无异议的，注明“以上笔录已阅无误”；被检查（勘察）人有异议的，注明异议内容；被检查（勘察）人拒不签字的，由执法人员注明。

（九）有检查（勘察）人、记录人的逐页签名，并注明日期。

（十）有其他参加人的，填写其他参加人姓名、工作单位；无工作单位的，填写居住地址。其他参加人也逐页签名，并注明日期。

（十一）笔录字迹要端正，保证可以正常阅读。

（十二）笔录必须当场制作，不得事后补记、增删。当场有修改的，由检查（勘察）人在修改处签名或者压指印。

（十三）笔录不能随意空行，空白处注明“以下空白”或者画有斜线。

三、注意事项

（一）一个案件有多处现场的，分别制作笔录；对现场需进行多次检查的，每次均制作笔录。

（二）现场检查（勘察）必须有两名以上（含）持合法有效执法证件的行政执法人员同时在场进行。

（三）符合《环境行政处罚办法》第八条规定回避条件的，调查人员应当自行回避；当事人申请其回避，应当审查同意。回避条件为以下之一：1.本案当事人或者当事人近亲属的；2.本人或者近亲属与本案有直接利害关系的；3.法律、法规或者规章规定的其他回避情形。

（四）笔录应当全面、如实记录现场检查（勘察）发现的情况。

（五）为增加证明力，可要求被检查（勘察）人加盖公章。

（六）可以采取拍照、录像或者其他方式记录检查（勘察）情况。

（七）本文书原件随卷归档。

处罚文书参考样式五：先行登记保存证据通知书

（×××环境保护局）
先行登记保存证据通知书
××［ ］×号

（当事人名称或者姓名，与营业执照、居民身份证一致）：

地址：（与营业执照、居民身份证一致）

法定代表人（负责人）：（姓名）

因你（单位）（案由）的行为，涉嫌违反了（法律、法规、规章的名称和条款号）的规定。

为防止证据灭失或以后难以取得，依照《中华人民共和国行政处罚法》第三十七条第二款的规定，我局对清单所列证据予以先行登记保存。

先行登记保存的证据自____年___月___日至____年___月___日，以（就地或者异地）方式，存放于（地点）。在此期间，你（单位）不得损毁、销毁或者转移证据。

年 月 日
（×××环境保护局印章）

附：先行登记保存证据清单

序号	物品名称	规 格	数 量	生产日期（批号）	生产单位	备 注

以上清单，物品与实物一致。

现场负责人签名：____________________　　________年___月___日

执法人员签名及执法证件号：__________、__________　　________年___月___日

制作指南

一、适用范围

（一）环保部门外部文书，送达当事人。

（二）用于调查人员取证，适用于在证据可能灭失或者以后难以取得情况下先行登记保存证据。

二、文书内容

（一）有环保部门名称、文书名称和发文字号。

（二）有当事人名称或姓名、地址。当事人为法人或者其他组织的，填写名称和地址（与营业执照一致）、法定代表人（负责人）姓名；当事人为公民或者个体工商户、个人合伙的，填写姓名（营业执照中有经营字号的应注明登记字号）和地址（与居民身份证、营业执照一致）。

（三）有法律、法规、规章依据和法定事由。法律、法规、规章名称用全称，如《中华人民共和国行政处罚法》。

（四）有先行登记保存证据的方式、期限和地点。

（五）有环保部门印章和作出决定的日期。

（六）附有先行登记保存证据清单，清单载有下列内容：

1. 标明物品名称、规格、数量、生产日期（批号）、生产单位等信息。

2. 有当事方现场负责人的确认意见，如“以上清单，物品与实物一致”，并签名、注明日期。

3. 有执法人员签名，并注明执法证号、日期。

三、注意事项

（一）采取先行登记保存措施的前提条件是“证据有可能灭失”或“证据以后难以取得”。不符合此情形之一的，不得采取先行登记保存措施。

（二）办理程序上应当经过环保部门负责人批准。情况紧急的，可以先采取登记保存措施，再报请机关负责人批准。

（三）对先行登记保存的物品，当场清点后详细填写物品名称、规格、数量、生产日期（批号）、生产单位等信息。可以采取拍照、录像或者其他方式记录现场情况。

（四）先行登记保存的证据应当在七日内依法处理，有关措施见《环境行政处罚办法》第三十九条。

（五）就地保存的，由当事人负责保存，在向当事人送达《先行登记保存证据通知书》时，在证据物品上加贴环保部门封条，说明有关情况及应遵守的义务；异地保存的，注明保存地点。

（六）本文书一份送达当事人（使用送达回证），一份随登记保存的证据备查，一份随卷归档（附送达回证）。

处罚文书参考样式六：解除先行登记保存证据通知书

（×××环境保护局）
解除先行登记保存证据通知书
××［ ］×号

（当事人名称或者姓名，与营业执照、居民身份证一致）：

地址：（与营业执照、居民身份证一致）

法定代表人（负责人）：（姓名）

我局于_____年___月___日以《×××环境保护局先行登记保存证据通知书》（××［ ×］号）对你（单位）的（先行登记保存证据名称）进行了先行登记保存。先行登记保存的证据以（就地或者异地）方式，存放于（地点）。

现决定对（先行登记保存证据全部或部分）于___年__月___日起予以解除先行登记保存措施。

年 月 日

（×××环境保护局印章）

附：解除先行登记保存证据清单

序号	物品名称	规格	数量	生产日期（批号）	生产单位	备注

以上清单，物品与实物一致。

现场负责人签名：________________ _______年__月__日

执法人员签名及执法证件号：__________、__________ _______年__月__日

制作指南

一、适用范围

（一）环保部门外部文书，送达当事人。

（二）用于调查人员取证，适用于解除先行登记保存证据。

二、文书内容

（一）有环保部门名称、文书名称和发文字号。

（二）有当事人名称或姓名、地址。当事人为法人或者其他组织的，填写名称和地址（与营业执照一致）、法定代表人（负责人）姓名；当事人为公民或者个体工商户、个人合伙的，填写姓名（营业执照中有经营字号的应注明登记字号）和地址（与居民身份证、营业执照一致）。

（三）有先行登记保存证据通知书的名称和文号。

（四）有先行登记保存证据的方式、地点。

（五）有环保部门印章和作出决定的日期。

（六）附有解除先行登记保存证据清单，清单载有下列内容：

1. 标明物品名称、规格、数量、生产日期（批号）、生产单位等信息。

2. 有当事方现场负责人的确认意见，如“以上清单，物品与实物一致”，并签名、注明日期。

3. 有执法人员签名，并注明执法证号、日期。

三、注意事项

（一）采取先行登记保存证据措施的，应当根据《环境行政处罚办法》第三十九条的规定在 7 个工作日内及时处理。违法事实不成立，或者违法事实成立但依法不应当查封、暂扣或者没收的，决定解除先行登记保存措施。

（二）超过 7 个工作日未作出处理决定的，先行登记保存措施自动解除。

（三）对解除先行登记保存的物品，当场清点后详细填写物品名称、规格、数量、生产日期（批号）、生产单位等信息。可以采取拍照、录像或者其他方式记录现场情况。

（四）本文书一份送达当事人（使用送达回证），一份随卷归档（附送达回证）。

处罚文书参考样式七：查封（暂扣）决定书

（×××环境保护局）

查封（暂扣）决定书

××［ ］×号

（当事人名称或者姓名，与营业执照、居民身份证一致）：

地址：（与营业执照、居民身份证一致）

法定代表人（负责人）：（姓名）

因你（单位）（案由）的行为，涉嫌违反了（法律、法规、规章的名称和条款号）的规定。依据（法律、法规、规章的名称和条款号）的规定，我局决定对你（单位）（涉案场所、物品予以查封或者暂扣）。

（查封或者暂扣的场所、物品）自____年__月__日至____年__月____日，以（就地或者异地）方式，存放于（地点）。在此期间，你（单位）不得动用、调换、损毁、变卖。

你（单位）如对本查封（暂扣）决定不服，可在收到本决定之日起六十日内向×××环境保护局或者×××人民政府申请行政复议，也可在收到本决定之日起三个月内向×××人民法院提起行政诉讼。

年 月 日

（×××环境保护局印章）

附：（查封或者暂扣）物品清单

序号	物品名称	规 格	数 量	生产日期（批号）	生产单位	备 注

以上清单，物品与实物一致。

现场负责人签名：________　　________年__月__日

执法人员签名及执法证件号：________、________　　________年__月__日

制作指南

一、适用范围

（一）环保部门外部文书，送达当事人。

（二）本样式含两种文书：一是《查封决定书》，适用于决定对涉案场所、物品予以查封；二是《暂扣决定书》，适用于决定对涉案物品予以暂扣。

二、文书内容

（一）有环保部门名称、文书名称和发文字号。

（二）有当事人名称或姓名、地址。当事人为法人或者其他组织的，填写名称和地址（与营业执照一致）、法定代表人（负责人）姓名；当事人为公民或者个体工商户、个人合伙的，注明姓名（营业执照中有经营字号的应注明登记字号）、地址（与营业执照、居民身份证一致）。无营业执照的填写实际地址。

（三）有实施查封（暂扣）的法律、行政法规、地方性法规依据和法定事由，如《医疗废物管理条例》第三十九条。法律、法规、规章名称用全称，如《中华人民共和国固体废物污染环境防治法》。

（四）有查封（暂扣）的场所（物品）名称、期限和存放地点。

（五）告知不服查封（暂扣）措施的救济途径和期限，如“你（单位）如对本查封（暂扣）决定不服，可在收到本决定之日起六十日内向×××环境保护局或者×××人民政府申请行政复议，也可在收到本决定之日起三个月内向×××人民法院提起行政诉讼。”

（六）有环保部门印章和作出决定的日期。

（七）附有查封（暂扣）物品清单，清单载有下列内容：

1. 标明物品名称、规格、数量、生产日期（批号）、生产单位等信息。

2. 有当事方现场负责人的确认意见，如“以上清单，物品与实物一致”，并签名、注明日期。

3. 有执法人员签名，并注明执法证件号、日期。

三、注意事项

（一）实施查封或者暂扣措施必须有法律、行政法规和地方性法规的明确规定。没有法律、行政法规和地方性法规明确规定的，不得采取查封或者暂扣措施。

（二）实施查封或者暂扣措施的，必须按照法律、行政法规和地方性法规规定的条件、程序和期限执行。

（三）实施其他措施就可以实现管理目的的，不采取查封、暂扣措施。

（四）实施暂扣且异地保存的，注明保存地点。实施暂扣且由当事人负责保存的，或者查封的，在向当事人送达《查封（暂扣）决定书》时，在场所（物品）加贴环保部门封条，说明有关情况及应遵守的义务。

（五）可以采取拍照、录像或者其他方式记录现场情况。

（六）本文书一份送达当事人（使用送达回证），一份随查封（暂扣）物品备查，一份随卷归档（附送达回证）。

处罚文书参考样式八：解除查封（暂扣）决定书

（×××环境保护局）
解除查封（暂扣）决定书
××［ ］×号

（当事人名称或者姓名，与营业执照、居民身份证一致）：

地址：（与营业执照、居民身份证一致）

法定代表人（负责人）：（姓名）

我局于____年____月____日以《×××环境保护局查封（暂扣）决定书》（××［ ］×号）对你（单位）的（场所、物品予以查封、暂扣）。

根据调查处理结果，现决定对你（单位）（被查封、暂扣的场所、物品），自____年____月____日起（全部或部分）解除（查封、暂扣）措施。【异地暂扣物品的，注明：请于____年____月____日前到（物品存放地点）领取。逾期不领取的，我局将按照有关规定予以处理。】

年 月 日

（×××环境保护局印章）

附：解除（查封、暂扣）物品清单

序号	物品名称	规格	数量	生产日期（批号）	生产单位	备 注

以上清单，物品与实物一致。

现场负责人签名：________________ ____年__月__日

执法人员签名及执法证件号：________、________ ____年__月__日

制作指南

一、适用范围

（一）环保部门外部文书，送达当事人。

（二）本样式含两种文书：一是《解除查封决定书》，适用于对已经实施查封措施的涉案物品、场所予以解除查封措施；二是《解除暂扣决定书》，适用于对已经实施暂扣措施的涉案物品予以解除暂扣措施。

二、文书内容

（一）有环保部门名称、文书名称和发文字号。

（二）有当事人名称或姓名、地址。当事人为法人或者其他组织的，填写名称和地址（与营业执照一致）、法定代表人（负责人）姓名和职务；当事人为公民或者个体工商户、个人合伙的，注明姓名（营业执照中有经营字号的应注明登记字号）、公民身份号码、住址（与居民身份证、营业执照一致）。

（二）有当初实施查封（暂扣）的文书名称、文号和作出决定的日期。

（三）有当初实施查封（暂扣）的信息，如采取的措施、场所（物品）概况。

（四）有解除查封（暂扣）措施的起始日期。

（五）注明是全部解除还是部分解除。异地暂扣物品的，注明："请于____年_____月____日前到__________（物品存放地点）____领取。逾期不领取的，我局将按照有关规定予以处理。"

（六）有环保部门印章和作出决定的日期。

（七）附有解除查封（暂扣）物品的清单，清单载有下列内容：

1. 标明物品的名称、规格、数量、生产日期、生产单位等信息。

2. 有当事方现场负责人的确认意见，如"以上清单，物品与实物一致"，并签名、注明日期。

3. 有执法人员签名，并注明执法证件号、日期。

三、注意事项

（一）经查明与违法行为无关或者不再需要采取查封（暂扣）措施的，应当解除查封（暂扣）措施。

（二）解除查封（暂扣）措施的决定，应当由当初作出查封（暂扣）决定书的环保部门作出。

（三）本文书一份送达当事人（使用送达回证），一份随查封（暂扣）物品备查，一份随卷归档（附送达回证）。

处罚文书参考样式九：责令改正违法行为决定书

（×××环境保护局）
责令改正违法行为决定书
××［ ］×号

（当事人名称或者姓名，与营业执照、居民身份证一致）：

营业执照注册号（公民身份号码）：＿＿＿＿组织机构代码：＿＿

地址：（与营业执照、居民身份证一致）

法定代表人（负责人）（姓名）

我局于＿＿年＿＿月＿＿日对你（单位）进行了调查，发现你（单位)实施了以下环境违法行为：

1．（陈述违法事实，如违法行为发生的时间、地点、情节、动机、危害后果等内容）

2．＿＿＿＿

有（列举证据形式，阐述证据所要证明的内容）等证据为凭。

你（单位)的上述行为违反了（相关法律、法规、规章名称及条款序号）的规定。依据《中华人民共和国行政处罚法》第二十三条和（相关法律、法规、规章名称及条款序号），责令你(单位)（于＿＿年＿＿月＿＿日之前）（改正违法行为的具体形式），并于＿＿年＿＿月＿＿日前将改正情况书面报告我局。【法律、法规、规章有禁止性规定但无罚则的，可写明：你（单位)的上述行为违反了（相关法律、法规、规章名称及条款序号）的规定，责令你(单位)（于＿＿年＿＿月＿＿日之前）改正上述违法行为，并于＿＿年＿＿月＿＿日前将改正情况书面报告我局。】

我局将对你(单位) 改正违法行为的情况进行监督。（逾期）未改正的，我局将申请××人民法院强制执行。【法律、法规、规章规定限期改正为行政处罚前置条件的，注明：逾期未改正的，我局将依据（相关法律、法规、规章名称及条款序号）实施行政处罚。】

你（单位）如对本决定不服，可在收到本决定书之日起六十日内向×××环境保护局或者×××人民政府申请行政复议，也可在收到本决定书之日起三个月内向×××人民法院提起行政诉讼。

年 月 日

(×××环境保护局印章)

制作指南

一、适用范围

（一）环保部门外部文书，送达当事人。

（二）适用于经过调查取证确认当事人存在环境违法行为，命令当事人改正或者限期改正。

二、文书内容

（一）有环保部门名称、文书名称和发文字号。

（二）有当事人名称或姓名、地址。当事人为法人或者其他组织的，填写名称和地址（与营业执照一致）、营业执照注册号、组织机构代码、法定代表人（负责人）姓名和职务；当事人为公民或者个体工商户、个人合伙的，注明姓名（营业执照中有经营字号的应注明登记字号）、公民身份号码、住址（与居民身份证、营业执照一致）。无营业执照的填写实际地址。

（三）有调查机构名称、调查时间。

（四）有违法行为信息，如时间、地点、行为、情节、动机、后果等。

（五）有证据信息，如证据名称、提取（作出）时间、提供（作出）单位、证明内容等。

（六）有违反的法律、法规、规章名称和条款序号。法律、法规、规章名称用全称，如《中华人民共和国固体废物污染环境防治法》。

（七）有责令（限期）改正的依据，如注明“依据《中华人民共和国行政处罚法》第二十三条和（相关法律、法规、规章名称及条款序号）”。

法律、法规、规章有禁止性规定但无罚则的，可不写本项。

（八）有责令改正的具体内容和期限。《环境行政处罚办法》第十二条对责令改正的具体形式进行了列举，如责令停止建设、责令停止试生产、责令停止生产或者使用、责令限期建设配套设施、责令重新安装使用、责令限期拆除、责令停止违法行为、责令限期治理等。

法律、法规、规章有禁止性规定但无罚则的，可写明“责令你（单位）（于_______年_____月____日之前）改正上述违法行为”。

（九）有对违法行为改正情况进行监督的信息，如“我局将对你（单位）改正违法行为的情况进行监督。”

（十）有逾期不改正的法律后果。如“逾期未改正的，我局将申请××人民法院强制执行。”对法律、法规、规章规定限期改正为行政处罚前置条件的，写明“逾期未改正的，我局将依据（相关法律、法规、规章名称及条款序号）实施行政处罚。”

（十一）告知不服行政命令的救济途径和期限，如“你（单位）如对决定不服，可在收到本决定书之日起六十日内向×××环境保护局或者×××人民政府申请行政复议，也可在收到本决定书之日起三个月内向×××人民法院提起行政诉讼。”

（十二）有环保部门印章、作出决定的日期。

三、注意事项

（一）尽可能注明改正期限，期限应合法、适当。责令改正期限届满，当事人未按要求改正，违法行为仍处于继续或者连续状态的，可以认定为新的环境违法行为。

（二）加强对违法行为改正情况的监督，及时申请人民法院强制执行，确保执行到位。

（三）为精简文书，责令改正的具体内容也可以写在《行政处罚决定书》中，不再单独作出《责令改正违法行为决定书》。但因责令改正的起诉期限是三个月，行政处罚的起诉期限是十五日，应分开告知起诉期限。

（四）此文书一份送达当事人（使用送达回证）、一份随卷归档（附送达回证）。

处罚文书参考样式十：行政处罚事先（听证）告知书

（×××环境保护局）
行政处罚事先（听证）告知书
×× [ ] ×号

（当事人名称或者姓名，与营业执照、居民身份证一致）：

我局于____年____月___日对你（单位）进行了调查，发现你（单位)实施了以下环境违法行为：

1. （陈述违法事实，如违法行为发生的时间、地点、情节、动机、危害后果等内容）

2. ____________

有（列举证据形式，阐述证据所要证明的内容）等证据为凭。

你(单位)的上述行为违反了（相关法律、法规、规章名称及条款序号）的规定。依据（相关法律、法规、规章名称及条款序号）的规定，我局拟对你（单位）作出如下行政处罚：

1. ____________；

2. ____________。(其中为罚款的，罚款数额大写)

根据《中华人民共和国行政处罚法》第三十二条的规定，你（单位）如有异议，可以向我局提出书面陈述申辩意见；未提出陈述申辩意见的，视为你（单位）放弃陈述和申辩权利。

【《行政处罚听证告知书》还注明：其中对你（单位）拟作出的（符合听证条件的处罚种类、幅度），符合听证条件。根据《中华人民共和国行政处罚法》第四十二条的规定，你（单位）有要求举行听证的权利。你（单位）如果要求听证，可以在收到本告知书之日起三日内向我局提出听证申请；逾期未提出听证申请的，视为你（单位）放弃听证要求。】

联系人：____________ 电　话：____________

地　址：____________ 邮政编码：____________

年　月　日

（×××环境保护局印章）

制作指南

一、适用范围

（一）环保部门外部文书，送达当事人。

（二）本样式含两种文书：一是行政处罚事先告知书，适用于在作出行政处罚决定之前，告知当事人陈述申辩权；二是行政处罚听证告知书，适用于对符合听证条件的行政处罚，在作出行政处罚决定之前，告知当事人听证申请权。

二、文书内容

（一）有环保部门名称、文书名称和发文字号。

（二）有当事人名称或姓名（与营业执照、居民身份证一致）。

（三）有调查机构名称、调查时间。

（四）有违法行为信息，如时间、地点、行为、情节、动机、后果等。

（五）有证据信息，如证据名称、提取（作出）时间、提供（作出）单位、证明内容等。

（六）有违反的法律、法规、规章名称和条款序号。法律、法规、规章名称用全称，如《中华人民共和国固体废物污染环境防治法》。

（七）有拟处罚的法律、法规、规章依据。

（八）拟作出行政处罚的种类、幅度等信息。

（九）告知当事人陈述、申辩权利及联系方式。符合听证条件的，可不发《行政处罚事先告知书》，在《行政处罚听证告知书》中一并告知陈述申辩权、听证申请权和期限。

（十）有联系人信息，如电话、地址、邮政编码。

（十一）有环保部门印章、作出决定的日期。

三、注意事项

（一）行政处罚事先告知是必须履行的一项法定程序。如果环保部门作出行政处罚决定之前没有告知给予行政处罚的事实、理由和依据，则违反法定程序，行政处罚不能成立。

（二）本文书一份送达当事人（使用送达回证），一份随卷归档（附送达回证）。

处罚文书参考样式十一：行政处罚听证通知书

（×××环境保护局）
行政处罚听证通知书
××［ ］×号

____（当事人名称或者姓名，与营业执照、居民身份证一致）____：

你（单位）____年____月____日就____（案由）____一案提出听证要求，我局决定于____年____月____日____时____分在____（听证地点）____（公开或者不公开）举行听证会。

本次听证会由____（姓名、单位、职务）____为听证主持人，____（姓名、单位、职务）____为记录员。如你（单位）认为听证主持人、听证员与本案有直接利害关系的，有权申请其回避。申请听证主持人、听证员回避的，可在____年____月____日前向我局提出书面申请并说明理由。

申请延期举行听证会的，可在____年____月____日前向我局提出书面申请并说明理由。若无正当理由缺席，视为你(单位)放弃听证权利，听证终止。

你（单位法定代表人）可以亲自参加听证，也可以委托1～2名代理人参加听证。

注意事项：

1. 委托代理人参加听证的，在听证会举行前提交授权委托书，载明委托的事项、权限和期限。

2. 携带当事人（委托代理人）的身份证明原件、复印件和有关证据材料。

3. 通知有关证人出席作证，并事先告知我局联系人。

联系人：____________ 电　话：____________

地　址：____________ 邮政编码：____________

年　月　日

（×××环境保护局印章）

制作指南

一、适用范围

（一）环保部门外部文书，送达当事人。

（二）适用于决定举行听证会后，通知当事人听证会的时间、地点、权利和注意事项。

二、文书内容

（一）有环保部门名称、文书名称和发文字号。

（二）有当事人名称或姓名（与营业执照、居民身份证一致）。

（三）告知举行听证的案由、时间、地点、方式。涉及国家秘密、商业秘密或者个人隐私的听证，不公开举行。

（四）告知听证主持人、听证员、记录员的姓名、单位、职务等信息。

（五）告知当事人权利，如对听证主持人和听证员的回避申请权、延期申请权、委托代理权。

（六）告知参加听证的注意事项，如提前办理授权委托手续、携带证据材料、通知证人出席作证。

（七）有联系人信息，如电话、地址和邮政编码。

（八）有环保部门印章、作出决定的日期。

三、注意事项

（一）提前7日通知当事人举行听证的时间、地点和方式。

（二）可根据需要决定是否设置听证员。

（三）当事人提出延期申请，理由正当的，环保部门予以采纳。

（四）本文书一份送达当事人（使用送达回证），一份随卷归档（附送达回证）。

处罚文书参考样式十二：听证笔录

（×××环境保护局）
听证笔录

案由：________________________________立案号：___
时间：________年________月________日______时______分至______时______分
地点：________________________________听证方式：______
听证主持人姓名：______________工作单位及职务：______________
听证员姓名：________________工作单位及职务：______________
记录员姓名：________________工作单位及职务：______________

听证申请人名称或姓名：____________________地址：________
法定代表人姓名：________________职务：______________
委托代理人（一）姓名：____________________电话：________
工作单位：____________________________职务：________
委托代理人（二）姓名：____________________电话：________
工作单位：____________________________职务：________
有关证人姓名及工作单位：______________________________
____

案件调查人（一）姓名：____________工作单位及执法证号：________
案件调查人（二）姓名：____________工作单位及执法证号：________
有关证人姓名及工作单位：______________________________
____

听证笔录（正文）：____
____
____
____
____
____
____
____
____

以上笔录已阅无误。
听证申请人及委托代理人、有关证人签名：______________ ______年__月__日
案件调查人及有关证人签名：____________________ ______年__月__日
听证主持人签名：__________________________ ______年__月__日
记录员签名：______________________________ ______年__月__日

第　页共　页

制作指南

一、适用范围

（一）环保部门内部文书。

（二）适用于记录听证会情况。

二、文书内容

（一）有环保部门名称和文书名称。

（二）案由信息和立案号同“环境违法行为立案审批表”。

（三）有举行听证的起止时间、地点、方式。

（四）有听证主持人、记录员的姓名、工作单位及职务。

（五）有听证申请人名称或姓名、地址。

当事人为法人或者其他组织的，填写名称和地址（与营业执照一致）、法定代表人（负责人）姓名和职务；当事人为公民或者个体工商户、个人合伙的，填写姓名（营业执照中有经营字号的应注明登记字号）和地址（与居民身份证、营业执照一致)。有委托代理人、证人的，写明其姓名、工作单位、职务、电话。

（六）有案件调查人姓名、工作单位及执法证号、电话。有证人的，写明其姓名、工作单位（地址)、电话。

（七）有正文。主要包括：

1. 举行听证会的内容和目的。

2. 介绍和核实听证参加人的姓名和身份。

3. 告知当事人、委托代理人和其他听证参加人依法享有的权利。

4. 宣布听证的纪律。

5. 案件调查人员陈述当事人违法的事实、证据、处罚依据及处罚建议。

6. 当事人对案件涉及的事实、证据等进行陈述、申辩的内容。

7. 案件调查人员和当事人双方质证、辩论的内容和证据。

8. 当事人的最后陈述意见。

（八）有听证申请人及其委托代理人、案件调查人员、证人的审阅确认意见，如注明“以上笔录已阅无误”，并逐页签名、注明日期。

（九）有听证主持人、记录员的签名，并注明日期。

（十）笔录字迹要端正，保证可以正常阅读。

（十一）笔录必须当场制作，不得事后补记、增删。当场有文字修改的，由修改人在修改处签名或者压指印。

（十二）笔录不能随意空行，空白处注明“以下空白”或者划有斜线。

三、注意事项

（一）笔录应当全面、如实记录听证会上的陈述。

（二）听证会上出示的证据，制作证据目录，附在听证笔录之后。

（三）在听证会上提供的书面发言材料和书面陈述申辩材料，附在听证笔录之后。

（四）本文书原件随卷归档。

处罚文书参考样式十三：行政处罚决定书

（×××环境保护局）
行政处罚决定书
××［ ］×号

（当事人名称或者姓名，与营业执照、居民身份证一致）：

营业执照注册号（公民身份号码）：________组织机构代码：____

地址：（与营业执照、居民身份证一致）

法定代表人（负责人）：（姓名）

一、调查情况及发现的环境违法事实、证据和陈述申辩（听证）及采纳情况

我局于____年____月____日对你（单位）进行了调查，发现你（单位)实施了以下环境违法行为：

1.（陈述违法事实，如违法行为发生的时间、地点、情节、动机、危害后果等内容）

2.________

以上事实，有（列举证据形式，阐述证据所要证明的内容）等证据为凭。

你(单位)的上述行为违反了（相关法律、法规、规章名称及条款序号）的规定。

我局于____年____月____日以《行政处罚事先（听证）告知书》（××［ ］×号）告知你（单位）陈述申辩权（听证申请权）。____年____月____日，（叙述陈述申辩及听证过程、当事人意见理由及证据、环保部门采纳当事人意见的情况及理由。有从重、从轻、减轻或其他有裁量幅度的，说明法定理由和依据。）

二、行政处罚的依据、种类及其履行方式、期限

依据（相关法律、法规、规章名称及条款序号）的规定，我局决定对你(单位)处以如下行政处罚：

1．罚款(大写)________元。

限于接到本处罚决定之日起十五日内缴至指定银行和账号。逾期不缴纳罚款的，我局将每日按罚款数额的3%加处罚款。

收款银行：________户名：________

账号：________

2.________

三、申请行政复议或者提起行政诉讼的途径和期限

如不服本处罚决定，可在收到本处罚决定书之日起六十日内向×××环境保护局或者向×××人民政府申请复议，也可在十五日内直接向×××人民法院起诉。

申请行政复议或者提起行政诉讼，不停止行政处罚决定的执行。

逾期不申请行政复议，不提起行政诉讼，又不履行本处罚决定的，我局将依法申请人民法院强制执行。

年 月 日

（×××环境保护局印章）

制作指南

一、适用范围

（一）环保部门外部文书，送达当事人。

（二）适用于经过调查取证确认当事人存在环境违法行为，作出行政处罚决定。

二、文书内容

（一）有环保部门名称、文书名称和发文字号。

（二）有当事人名称或姓名、地址。当事人为法人或者其他组织的，填写名称和地址（与营业执照一致）、营业执照注册号、组织机构代码、法定代表人姓名和职务；当事人为公民或者个体工商户、个人合伙的，填写姓名（营业执照中有经营字号的应注明登记字号）和地址（与居民身份证、营业执照一致）。

（三）有调查机构名称、调查时间。

（四）有违法行为信息，如时间、地点、行为、情节、动机、后果等。

（五）有证据信息，如证据名称、提取（作出）时间、提供（作出）单位、证明内容等。

（六）有违反的法律、法规、规章名称和条款序号。法律、法规、规章名称用全称，如《中华人民共和国固体废物污染环境防治法》。

（七）有陈述申辩、听证过程、当事人意见理由及证据、环保部门采纳当事人意见的情况及理由。

当事人放弃陈述、申辩的，也予以说明。

（八）有从重、从轻、减轻或其他有裁量幅度的，说明法定理由和依据。

（九）有行政处罚的依据，如注明“依据（相关法律、法规、规章名称及条款序号）的规定”。

（十）有行政处罚的种类、幅度信息。

（十一）有行政处罚的履行方式、期限信息。

（十二）告知不服行政处罚决定的救济途径和期限，如“你（单位）如对本行政处罚决定不服，可在收到本行政处罚决定之日起六十日内向×××环境保护局或者×××人民政府申请行政复议，也可在收到本行政处罚决定之日起十五日内向×××人民法院提起行政诉讼。”

（十三）有不履行处罚决定的法律后果，如“逾期不申请行政复议，不提起行政诉讼，又不履行本处罚决定的，我局将依法申请人民法院强制执行。”

（十四）有环保部门印章、作出决定的日期。

三、注意事项

（一）行政处罚决定一经作出，非经法定程序不得擅自变更或者撤销。

（二）加强对行政处罚决定书履行情况的监督，及时申请人民法院强制执行，确保执行到位。

（三）本文书一份送达当事人（使用送达回证），一份随卷归档（附送达回证）。

处罚文书参考样式十四：当场行政处罚决定书

（×××环境保护局）
当场行政处罚决定书（存根联）
统一编号：××［ ］×号

（当事人名称或者姓名，与营业执照、居民身份证一致）于___年___月___日___时，在______（违法地点）______因______（行为方式）______的行为，违反了______（法律、法规、规章名称及条款序号）______的规定。我局执法人员当场告知违法事实、依据和权利，______（并听取了你（单位）的陈述申辩（或：你（单位）未作陈述申辩）______。依据______（法律、法规、规章名称及条款序号）______，我局当场决定处以______（警告、罚款______元）______。

缴款方式：（1）当场收缴。（2）在收到本处罚决定之日起 15 日内将罚款缴至（银行名称、账号、账户）______。

当事人（现场负责人）签名：______营业执照注册号（公民身份号码）：______

地址：______邮政编码：______ 电话：______

执法人员签名及执法证号：______ ______年______月______日

— — — — — — —（加盖环保部门骑缝章）— — — — — —

（×××环境保护局）当场处罚决定书
统一编号：××［ ］×号

______（当事人名称或者姓名，与营业执照、居民身份证一致）______：

营业执照注册号（公民身份号码）：______组织机构代码：______

地址：______（与营业执照、居民身份证一致）______

法定代表人（负责人）：______（姓名）______职务：______

你(单位)的______（违法行为）______，违反了______（法律、法规、规章名称及条款序号）______。我局执法人员当场向你（单位）告知了违法事实、依据和依法享有的权利，______（并听取了你（单位）的陈述申辩（或：你（单位）未作陈述申辩）______。

依据______（法律、法规、规章名称及条款序号）______和《中华人民共和国行政处罚法》第三十三条的规定，我局决定当场对你(单位)给予以下行政处罚：

1. 警告。

2. 罚款(大写)______元。

缴款方式：（1）当场收缴。（2）在收到本处罚决定之日起十五日内将罚款缴至指定银行和账号。逾期不缴纳罚款的，我局将每日按罚款数额的3%加处罚款。

收款银行：______户名：______

账号：______。

如不服本处罚决定，可在收到本处罚决定书之日起六十日内向×××环境保护局或者向×××人民政府申请行政复议，也可在十五日内直接向×××人民法院提起行政诉讼。

申请行政复议或者提起行政诉讼，不停止行政处罚决定的执行。

逾期不申请行政复议，不提起行政诉讼，又不履行本处罚决定的，我局将依法申请人民法院强制执行。

执法人员签名及执法证件号：______

年 月 日

（×××环境保护局印章）

制作指南

一、适用范围

（一）环保部门外部文书，送达当事人。

（二）适用于对违法事实确凿、情节轻微并有法定依据，对公民处以 50 元以下、对法人或者其他组织处以 1 000 元以下罚款或者警告的行政处罚，当场作出行政处罚决定。

二、文书内容

（一）分“存根联”和“当事人联”，加盖环保部门骑缝章。

（二）“存根联”和“当事人联”均有环保部门名称、文书名称和统一编号。

（三）“存根联”和“当事人联”均有当事人名称或姓名、地址。

当事人为法人或者其他组织的，填写名称和地址（与营业执照一致）、营业执照注册号、组织机构代码、法定代表人（负责人）姓名和职务；当事人为公民或者个体工商户、个人合伙的，填写姓名（营业执照中有经营字号的应注明登记字号）和地址（与居民身份证、营业执照一致）。

（四）“存根联”和“当事人联”均有违法行为信息，如时间、地点、行为、情节、动机、后果等。

（五）“存根联”和“当事人联”均有违反的法律、法规、规章名称和条款序号。法律、法规、规章名称用全称，如《中华人民共和国固体废物污染环境防治法》。

（六）“存根联”和“当事人联”均告知当事人陈述申辩权利及听取当事人陈述、申辩的情况。

当事人放弃陈述、申辩的，也予以说明。

（七）“存根联”和“当事人联”均有行政处罚的依据，如注明“依据（相关法律、法规、规章名称及条款序号）的规定”。

（八）“存根联”和“当事人联”均有行政处罚的种类、幅度信息。

（九）“存根联”和“当事人联”均有行政处罚的履行方式、期限信息。

（十）“存根联”和“当事人联”均有执法人员签名及执法证件号。

（十一）“当事人联”告知不服行政处罚决定的救济途径和期限，如“你（单位）如对本行政处罚决定不服，可在收到本行政处罚决定之日起六十日内向×××环境保护局或者×××人民政府申请行政复议，也可在收到本行政处罚决定之日起十五日内向××人民法院提起行政诉讼。”

（十二）“当事人联”有不履行处罚决定的法律后果，如“逾期不申请行政复议，不提起行政诉讼，又不履行本处罚决定的，我局将依法申请人民法院强制执行。”

（十三）“当事人联”有环保部门印章、作出决定的日期。

（十四）“存根联”有当事人基本信息，如营业执照注册号（公民身份号码）、地址、邮政编码、电话。

（十五）“存根联”有当事人签名。当事人拒绝签名的，予以注明。

三、注意事项

（一）除法律另有规定的外，《当场行政处罚决定书》只适用于违法事实确凿、情节轻微并有法定依据，对公民处以 50 元以下、对法人或者其他组织处以 1 000 元以下罚款或者警告的行政处罚。

（二）执法人员填写《当场行政处罚决定书》后，当场宣读并将“当事人联”交付当事人。

（三）当事人和执法人员在《当场行政处罚决定书》上填写的日期一致。

（四）当场收缴罚款的应交付法定罚款票据，并及时缴至所属环保部门。

（五）执法人员作出当场行政处罚决定后，在 3 个工作日内报所属环保部门备案。

（六）“存根联”作为案卷存档。

处罚文书参考样式十五：同意分期（延期）缴纳罚款通知书

（×××环境保护局）

同意分期（延期）缴纳罚款通知书

××［ ］×号

（当事人名称或者姓名，与营业执照、居民身份证一致）＿＿＿：

营业执照注册号（公民身份号码）：＿＿＿＿＿＿＿＿组织机构代码：＿＿

地址：＿＿＿（与营业执照、居民身份证一致）＿＿＿

法定代表人（负责人）：＿＿＿（姓名）＿＿＿职务：＿＿＿

我局＿＿年＿＿月＿＿日＿《行政处罚决定书》（××［ ］×号）＿＿＿，对你（单位）罚款＿＿＿＿＿＿元（大写）。你（单位）于＿＿年＿＿月＿＿日申请＿（分期、延期缴纳罚款）＿＿＿。

依据《中华人民共和国行政处罚法》第五十二条的规定，我局同意你（单位）延期至＿＿年＿＿月＿＿日（大写）前缴纳罚款。【批准分期缴纳罚款的，写明：依据《中华人民共和国行政处罚法》第五十二条的规定，我局同意你（单位）分期缴纳罚款。第＿＿期至＿＿年＿＿月＿＿日（大写）前，缴纳罚款＿＿元（大写）；第＿＿期至＿＿年＿＿月＿＿日（大写）前，缴纳罚款＿＿元（大写）；第＿＿期至＿＿年＿＿月＿＿日（大写）前，缴纳罚款＿＿元（大写）；第＿＿期至＿＿年＿＿月＿＿日（大写）前，缴纳罚款＿＿元（大写）。】

代收机构以本通知书为据，办理收款手续。

逾期缴纳罚款的，依据《中华人民共和国行政处罚法》第五十一条第（一）项的规定，每日按罚款数额的3%加处罚款。加处的罚款由代收机构直接收缴。

年 月 日

（×××环境保护局印章）

制作指南

一、适用范围

（一）环保部门外部文书，送达当事人。

（二）适用于对确有经济困难的当事人分期或者延期缴纳罚款的申请，批复同意。

二、文书内容

（一）有环保部门名称、文书名称和发文字号。

（二）有当事人名称或姓名、地址。当事人为法人或者其他组织的，填写名称和地址（与营业执照一致）、营业执照注册号、组织机构代码、法定代表人姓名和职务；当事人为公民或者个体工商户、个人合伙的，填写姓名（营业执照中有经营字号的应注明登记字号）和地址（与居民身份证、营业执照一致）。

（三）有作出罚款的《行政处罚决定书》的基本信息。如“____年____月____日____《行政处罚决定书》（××［ ］×号），对你（单位）罚款____________元（大写）”。

（四）有当事人的申请信息，如“你（单位）于______年____月____日申请（分期或者延期缴纳罚款）____”。

（五）有同意分期或延期的依据。如《中华人民共和国行政处罚法》第五十二条。

（六）有分期或者延期的具体期限信息。同意延期缴纳的，写明缴纳的最后期限；同意分期缴纳的，写明期次、每期金额和每期期限。

（七）告知逾期缴纳罚款的法律后果。

（八）有环保部门印章、作出决定的日期。

三、注意事项

（一）同意延期或者分期缴纳罚款的审批条件是“确有经济困难”。

（二）行政处罚决定书确定的缴纳期限届满后提出申请的，不予批准。

（三）延期或者分期缴纳的最后一期缴纳时间不得晚于申请人民

法院强制执行的最后期限。

（四）本文书一份送达当事人（使用送达回证），一份送达罚款收缴机构，一份随卷归档（附送达回证）。

处罚文书参考样式十六：送达回证

（×××环境保护局）

送达回证

××［ ］×号

送达文书名称及文号	
当事人名称或姓名	
送达地点	
送达方式	
收件人签名（盖章）及收件日期	（与当事人的关系：　　　　）　年　月　日
送达人签名	年　月　日
送达机关盖章	
备　注	

制作指南

一、适用范围

（一）环保部门内部文书。

（二）适用于文书送达，证明当事人已经收到法律文书。

二、文书内容

（一）有环保部门名称、文书名称和编号。

（二）有送达的文书名称和发文文号。

（三）有当事人名称或姓名（与处罚文书一致）。

（四）有送达日期和送达地点信息。

（五）注明送达方式。委托送达、留置送达的在备注中注明情况；公告送达将公告文书随卷归档；邮寄送达的将挂号信回执粘贴于备注中。

（六）有收件人签名并注明收件日期。当事人以外的其他人代收的，注明与当事人关系。当事人拒收的，在备注栏注明拒收情况，并请见证人签名。

（七）有送达人签名。

（八）有送达机关印章。

三、注意事项

（一）行政处罚文书的送达方式和期限参照《中华人民共和国民事诉讼法》有关规定执行：

第七十七条　送达诉讼文书必须有送达回证，由受送达人在送达回证上记明收到日期，签名或者盖章。

受送达人在送达回证上的签收日期为送达日期。

第七十八条　送达诉讼文书，应当直接送交受送达人。受送达人是公民的，本人不在交他的同住成年家属签收；受送达人是法人或者其他组织的，应当由法人的法定代表人、其他组织的主要负责人或者该法人、组织负责收件的人签收；受送达人有诉讼代理人的，可以送交其代理人签收；受送达人已向人民法院指定代收人的，送交代收人签收。

受送达人的同住成年家属，法人或者其他组织的负责收件的人，诉讼代理人或者代收人在送达回证上签收的日期为送达日期。

第七十九条　受送达人或者他的同住成年家属拒绝接收诉讼文书的，送达人应当邀请有关基层组织或者所在单位的代表到场，说明情况，在送达回证上记明拒收事由和日期，由送达人、见证人签名或者盖章，把诉讼文书留在受送达人的住所，即视为送达。

第八十条　直接送达诉讼文书有困难的，可以委托其他人民法院代为送达，或者邮寄送达。邮寄送达的，以回执上注明的收件日期为送达日期。

第八十一条　受送达人是军人的，通过其所在部队团以上单位的政治机关转交。

第八十二条　受送达人是被监禁的，通过其所在监所或者劳动改造单位转交。

受送达人是被劳动教养的，通过其所在劳动教养单位转交。

第八十三条　代为转交的机关、单位收到诉讼文书后，必须立即交受送达人签收，以在送达回证上的签收日期，为送达日期。

第八十四条　受送达人下落不明，或者用本节规定的其他方式无法送达的，公告送达。自发出公告之日起，经过六十日，即视为送达。

公告送达，应当在案卷中记明原因和经过。

（二）送达方式为直接送达的，由被送达人签收，被送达人不在时可由其他有关人员代签收，注明与被送达人的关系；被送达人拒绝签收的，执法人员可留置送达，在备注栏注明情况，并邀请见证人签名；邮寄送达的，用挂号信或者快递，并作登记和索要回执；公告送达的，登记公告时间、公告期和公告范围、形式及载体，并将公告载体随卷归档。

（三）送达回证附在所送文书后随卷归档。

处罚文书参考样式十七：强制执行申请书

（×××环境保护局）
强制执行申请书
××［ ］×号

申请人名称：________________________ 地址：____________
法定代表人姓名：__________ 职务：______ 电话：______邮政编码：______
委托代理人姓名：________工作单位及职务：__________电话：______
被申请人名称或姓名：______________________ 地址：__________
法定代表人（负责人）姓名：________电话：________邮政编码：________

对＿＿（当事人及其违法行为）＿＿＿＿一案，我局＿年＿月＿日＿（行政处罚文书名称、文号）＿＿＿。【叙述当事人不履行行政处罚文书载明法定义务的情况。叙述行政复议和行政诉讼情况。】

依照《中华人民共和国行政诉讼法》第六十六条【申请强制执行处罚决定书的，还注明：《中华人民共和国行政处罚法》第五十一条和《中华人民共和国环境保护法》第四十条】之规定，特申请你院强制执行下列项目：

1.____

2.____

附：1.《行政处罚决定书》（或者《当场行政处罚决定书》、《责令改正违法行为决定书》）副本______；

2. 法定代表人身份证明、授权委托书各一份；

3. 证明具体行政行为合法的材料______件。

此致

______________人民法院

年　月　日

（×××环境保护局印章）

制作指南

一、适用范围

（一）环保部门外部文书，送达人民法院。

（二）适用于在当事人不履行《行政处罚决定书》（或者《当场行政处罚决定书》、《责令改正违法行为决定书》载明法定义务，向人民法院申请强制执行。

二、文书内容

（一）有环保部门名称、文书名称和发文文号。

（二）有申请人（作出处罚文书的环保部门）基本信息，如环保部门名称、地址、法定代表人姓名、职务、联系电话和邮政编码。委托代理人的，写明委托代理人姓名、工作单位、职务、电话。

（三）被申请人基本信息。被申请人为法人或者其他组织的，写明单位名称、地址、法定代表人（负责人）姓名、职务、电话、邮政编码；被申请人为公民的，写明姓名、地址、电话、邮政编码。

（四）有处罚文书已经生效的信息，如处罚文书名称、发文文号、送达日期。

（五）有当事人不履行处罚文书载明法定义务的情况，包括当事人未履行、部分未履行。

（六）有行政复议和行政诉讼的情况说明。如“被申请人在法定期限内既未申请行政复议又未提起行政诉讼”；经过行政复议的，写明“复议决定书送达后当事人未提起行政诉讼”；经过人民法院一审判决的，写明“第一审行政判决后当事人未提出上诉”；经过人民法院一审裁定的，写明“第一审行政裁定后当事人未提出上诉”；经过人民法院二审的，写明“第二审行政判决书已经送达”。

（七）有申请强制执行的法律依据，如《中华人民共和国行政诉讼法》第六十六条、《中华人民共和国行政处罚法》第五十一条和《中华人民共和国环境保护法》第四十条”。

（八）有申请强制执行的请求内容。

（九）有送达的人民法院名称。

（十）附有材料清单，如申请执行的处罚文书、法定代表人身份证明、授权委托书、证明具体行政行为合法的材料。

（十一）有环保部门印章、作出日期。

三、注意事项

（一）《中华人民共和国行政诉讼法》第六十六条规定："公民、法人或者其他组织对具体行政行为在法定期限内不提起诉讼又不履行的，行政机关可以申请人民法院强制执行，或者依法强制执行。"《最高人民法院关于执行〈中华人民共和国行政诉讼法〉若干问题的解释》第八十七条规定："法律、法规没有赋予行政机关强制执行权，行政机关申请人民法院强制执行的，人民法院应当依法受理"。

行政处罚与责令改正均为具体行政行为的一种，因此，可申请强制执行的处罚文书有：《行政处罚决定书》、《当场行政处罚决定书》、《责令改正违法行为决定书》。

（二）人民法院受理强制执行申请的条件见《最高人民法院关于执行〈中华人民共和国行政诉讼法〉若干问题的解释》第八十六条，具体有：

1. 具体行政行为依法可以由人民法院执行；

2. 具体行政行为已经生效并具有可执行内容；

3. 申请人是作出该具体行政行为的行政机关或者法律、法规、规章授权的组织；

4. 被申请人是该具体行政行为所确定的义务人；

5. 被申请人在具体行政行为确定的期限内或者行政机关另行指定的期限内未履行义务；

6. 申请人在法定期限内提出申请；

7. 被申请执行的行政案件属于受理申请执行的人民法院管辖。

（三）环保部门要及时向人民法院申请强制执行，可在下列期限内尽早提起：

1.《责令改正违法行为决定书》送达后当事人未申请行政复议且未提起行政诉讼的，在处罚文书送达之日起 3 个月后起算的 180 日内；

2.《行政处罚决定书》、《当场行政处罚决定书》送达后当事人未申请行政复议且未提起行政诉讼的，在处罚文书送达之日起 60 日后起算的 180 日内；

3. 复议决定书送达后当事人未提起行政诉讼的，在复议决定书送达之日起 15 日后起算的 180 日内；

4. 第一审行政判决后当事人未提出上诉的，在判决书送达之日起 15 日后起算的 180 日内；

5. 第一审行政裁定后当事人未提出上诉的，在裁定书送达之日起 10 日后起算的 180 日内；

6. 第二审行政判决书送达之日起 180 日内。

（四）受理法院一般为环保部门所在地基层人民法院；执行对象为不动产的，受理法院一般为不动产所在地的基层法院。

（五）按人民法院要求办理授权委托手续。

（六）本文书一份送达人民法院，一份随卷归档。

处罚文书参考样式十八：案件移送函

（×××环境保护局）

案件移送函

××［ ］×号

（受移送单位名称）：

我局于_______年____月_____日（叙述案件来源信息，如检查发现、投诉举报、来信来访等。叙述案件基本情况）。此案不在我局管辖范围之内。

（叙述移送依据、理由），现将该案移送你单位处理。

联系人：______________________________电话：____________

地址：_______________________________邮政编码：_________

附：有关材料和证据清单

年　月　日

（×××环境保护局印章）

制作指南

一、适用范围

（一）环保部门外部文书，送达对案件有管辖权的机关。

（二）适用于发现不属于本机关管辖的案件，移送有管辖权的机关处理。

二、文书内容

（一）有环保部门名称、文书名称和发文文号。

（二）有受移送单位名称。

（三）有案件来源信息。

（四）有案件基本情况。

（五）有移送案件的依据和理由。

（六）有联系人信息，如电话、地址、邮政编码。

（七）附有有关材料和证据，并列有清单。

三、注意事项

（一）不属于本机关管辖的案件，及时移送。

（二）受移送单位按下列情形确定：

1. 不属于本机关管辖但属于环保部门管辖的案件，移送有管辖权的环保部门。

2. 涉嫌违法依法应当实施行政拘留的案件，移送公安机关。

3. 涉嫌违反党纪、政纪的案件，移送纪检、监察部门。

4. 涉嫌犯罪的案件，移送司法机关。

5. 涉及经济综合、工商、建设、工业信息、安全监管等行政机关职责的，移送有关机关。

（三）涉嫌违法依法应当由人民政府实施责令停产整顿、责令停业、关闭的案件，环保部门应当立案调查并提出处理建议报本级人民政府，不得移送。

处罚文书参考样式十九：罚没物品处理记录

（×××环境保护局）
罚没物品处理记录

处理时间：________________________处理地点：__________

执行人姓名：______________________、______________

记录人姓名：__________________见证人姓名及工作单位：__________

处理理由及依据：__________________________________

____

____

____

处理方式及处理结果：______________________________

____

____

____

执行人签名：____________、____________　　______年___月___日

见证人签名：________________________　　______年___月___日

环保部门负责人签名：____________________　　______年___月___日

附：处理物品清单

序号	物品名称	数量	规格	生产单位	原持有人	行政处罚决定书及文号

制作指南

一、适用范围

（一）环保部门内部文书。

（二）适用于记录罚没物品的处理情况。

二、文书内容

（一）环保部门名称、文书名称。

（二）有处理时间、处理地点。

（三）有执行人、记录人姓名。有见证人的，注明见证人姓名、工作单位或者地址。

（四）有处理理由及依据。

（五）有处理方式和处理结果。处理方式一般有：

1. 直接上缴国库；

2. 将依法拍卖、变卖后将所得款项上缴国库；

3. 依法销毁；

4. 国家规定的其他处理方式。

（六）有执行人、见证人、环保部门负责人签名，注明日期。

（七）附有处理物品清单，注明物品名称、数量、原持有人、行政处罚决定书及文号等信息。

三、注意事项

（一）处理罚没物品，应当经环保部门负责人批准。

（二）可以采取拍照、录像或者其他方式记录现场情况。

（三）本文书原件随卷归档（附缴销凭证）。

处罚文书参考样式二十：结案审批表

（×××环境保护局）
结案审批表

立案日期		立案号	
案　由		案件来源	
当事人 名称或姓名		地　址	
法定代表人（负责人）姓名		职　务	
调查人员姓名 及工作单位		案件审查人员姓名及工作单位	
处罚文书名称及文号			
案件调查 处理过程			
处理依据 及结果			
行政复议、行政诉讼情况			
执行情况			
罚没财物 处理情况			
承办人意见	签名：　　　年　月　日		
承办机构负责人 审核意见	签名：　　　年　月　日		
环保部门负责人 审批意见	签名：　　　年　月　日		
备　注			

制作指南

一、适用范围

（一）环保部门内部文书。

（二）适用于行政处罚案件办理完毕的结案审批。

二、文书内容

（一）有环保部门名称、文书名称。

（二）有立案基本信息，如立案日期、立案号、案由，案件来源。

（三）有当事人基本信息，如名称或姓名、地址，法定代表人（负责人）姓名、职务。

（四）有案件调查处理基本信息，如调查人员姓名及工作单位、案件调查处理过程；案件审查人员姓名及工作单位，处罚文书名称及文号、处理结果及依据。

（五）有行政复议、行政诉讼基本信息。如是否经过行政复议、行政诉讼及结果（注明复议决定书、法院判决书、裁定书的结论）。

（六）有案件执行的基本信息。如是当事人自动履行，还是人民法院强制执行。

（七）罚没财物处理基本信息。如处置方式、处置结果。

（八）承办人建议结案的理由、签名及日期。

（九）承办机构负责人同意或不同意结案的意见、签名及日期。

（十）环保部门负责人同意或不同意结案的意见、签名及日期。

三、注意事项

（一）《环境行政处罚办法》第六十七条规定了结案条件：

1. 行政处罚决定由当事人履行完毕的；
2. 行政处罚决定依法强制执行完毕的；
3. 不予行政处罚等无须执行的；
4. 行政处罚决定被依法撤销的；
5. 环境保护主管部门认为可以结案的其他情形。

（二）环保部门同意分期（延期）履行行政处罚决定的，予以注明。

（三）本文书原件随卷归档。

关于印发《规范环境行政处罚自由裁量权若干意见》的通知

（环境保护部 2009 年 3 月 11 日 环发[2009]24 号）

各省、自治区、直辖市环境保护局（厅），新疆生产建设兵团环境保护局，副省级城市环境保护局：

《规范环境行政处罚自由裁量权若干意见》已由环境保护部部常务会议于 2009 年 2 月 20 日审议通过。现印发给你们，请遵照执行。

各级环保部门要结合深入学习实践科学发展观活动，提高认识，加强领导，通过学习培训、以案说法等方式，总结和交流环境行政处罚工作的经验和教训，不断提高执法人员正确运用行政处罚自由裁量权的水平。

各级环保部门应当建立健全环境行政处罚自由裁量权的监督机制。在环境行政处罚案卷评查、行政执法评议考核、环境行政复议和环境信访等监督工作中，既要审查行政处罚自由裁量权的合法性，也要审查其合理性。对于行使行政处罚自由裁量权明显不当、显失公正或者其他不规范的情形，要坚决依法予以纠正。要以积极的姿态接受人民法院依照行政诉讼法的规定对环境行政处罚的司法监督，自觉接受人大监督、政协民主监督和社会监督。

各地在执行本意见过程中，如遇重大问题，应及时报告。

附件：

规范环境行政处罚自由裁量权若干意见

环境行政处罚自由裁量权，是指环保部门在查处环境违法行为时，依据法律、法规和规章的规定，酌情决定对违法行为人是否处罚、处罚种类和处罚幅度的权限。

正确行使环境行政处罚自由裁量权，是严格执法、科学执法、推进依法行政的基本要求。近年来，各级环保部门在查处环境违法行为过程中，依法行使自由裁量权，对于准确适用环保法规，提高环境监管水平，打击恶意环境违法行为，防治环境污染和保障人体健康发挥了重要作用。但是，在行政处罚工作中，一些地方还不同程度地存在着不当行使自由裁量权的问题，个别地区出现了滥用自由裁量权的现象，甚至由此滋生执法腐败，在社会上造成不良影响，应当坚决予以纠正。

为进一步规范环境行政处罚自由裁量权，提高环保系统依法行政的能力和水平，有效预防执法腐败，现提出如下意见。

一、准确适用法规条款

1．高位法优先适用规则

环保法律的效力高于行政法规、地方性法规、规章；环保行政法规的效力高于地方性法规、规章；环保地方性法规的效力高于本级和下级政府规章；省级政府制定的环保规章的效力高于本行政区域内的较大的市政府制定的规章。

2．特别法优先适用规则

同一机关制定的环保法律、行政法规、地方性法规和规章，特别规定与一般规定不一致的，适用特别规定。

3．新法优先适用规则

同一机关制定的环保法律、行政法规、地方性法规和规章，新的规定与旧的规定不一致的，适用新的规定。

4．地方法规优先适用情形

环保地方性法规或者地方政府规章依据环保法律或者行政法规的授权，并根据本行政区域的实际情况作出的具体规定，与环保部门规章对同一事项规定不一致的，应当优先适用环保地方性法规或者地方政府规章。

5．部门规章优先适用情形

环保部门规章依据法律、行政法规的授权作出的实施性规定，或者环保部门规章对于尚未制定法律、行政法规而国务院授权的环保事项作出的具体规定，与环保地方性法规或者地方政府规章对同一事项规定不一致的，应当优先适用环保部门规章。

6．部门规章冲突情形下的适用规则

环保部门规章与国务院其他部门制定的规章之间，对同一事项的规定不一致的，应当优先适用根据专属职权制定的规章；两个以上部门联合制定的规章，优先于一个部门单独制定的规章；不能确定如何适用的，应当按程序报请国务院裁决。

二、严格遵守处罚原则

环保部门在环境执法过程中，对具体环境违法行为决定是否给予行政处罚、确定处罚种类、裁定处罚幅度时，应当严格遵守以下原则：

7．过罚相当

环保部门行使环境行政处罚自由裁量权，应当遵循公正原则，必须以事实为依据，与环境违法行为的性质、情节以及社会危害程度相当。

8．严格程序

环保部门实施环境行政处罚，应当遵循调查、取证、告知等法定程序，充分保障当事人的陈述权、申辩权和救济权。对符合法定听证条件的环境违法案件，应当依法组织听证，充分听取当事人意见，并集体讨论决定。

9．重在纠正

处罚不是目的，要特别注重及时制止和纠正环境违法行为。环保部门实施环境行政处罚，必须首先责令违法行为人立即改正或者限期改正。责令限期改正的，应当明确提出要求改正违法行为的具体内容和合理期限。对责令限期改正、限期治理、限产限排、停产整治、停产整顿、停业关闭的，要切实加强后督察，确保各项整改措施执行到位。

10．综合考虑

环保部门在行使行政处罚自由裁量权时，既不得考虑不相关因素，也不得排除相关因素，要综合、全面地考虑以下情节：

（1）环境违法行为的具体方法或者手段；

（2）环境违法行为危害的具体对象；

（3）环境违法行为造成的环境污染、生态破坏程度以及社会影响；

（4）改正环境违法行为的态度和所采取的改正措施及其效果；

（5）环境违法行为人是初犯还是再犯；

（6）环境违法行为人的主观过错程度。

11．量罚一致

环保部门应当针对常见环境违法行为，确定一批自由裁量权尺度把握适当的典型案例，作为行政处罚案件的参照标准，使同一地区、情节相当的同类案件，行政处罚的种类和幅度基本一致。

12．罚教结合

环保部门实施环境行政处罚，纠正环境违法行为，应当坚持处罚与教育相结合，教育公民、法人或者其他组织自觉遵守环保法律法规。

三、合理把握裁量尺度

13．从重处罚

（1）主观恶意的，从重处罚

恶意环境违法行为，常见的有："私设暗管"偷排的，用稀释手段"达标"排放的，非法排放有毒物质的，建设项目"未批先建"、"批小建大"、"未批即建成投产"以及"以大化小"骗取审批的，拒绝、阻挠现场检查的，为规避监管私自改变自动监测设备的采样方式、采样点的，涂改、伪造监测数据的，拒报、谎报排污申报登记事项的。

（2）后果严重的，从重处罚

环境违法行为造成饮用水中断的，严重危害人体健康的，群众反映强烈以及造成其他严重后果的，从重处罚。

（3）区域敏感的，从重处罚

环境违法行为对生活饮用水水源保护区、自然保护区、风景名胜区、居住功能区、基本农田保护区等环境敏感区造成重大不利影响的，从重处罚。

（4）屡罚屡犯的，从重处罚

环境违法行为人被处罚后12个月内再次实施环境违法行为的，从重处罚。

14．从轻处罚

主动改正或者及时中止环境违法行为的，主动消除或者减轻环境违法行为危害后果的，积极配合环保部门查处环境违法行为的，环境违法行为所致环境污染轻微、生态破坏程度较小或者尚未产生危害后果的，一般性超标或者超总量排污的，从轻处罚。

15．单位个人“双罚”制

企业事业单位实施环境违法行为的，除对该单位依法处罚外，环保部门还应当对直接责任人员，依法给予罚款等行政处罚；对其中由国家机关任命的人员，环保部门应当移送任免机关或者监察机关依法给予处分。

如《水污染防治法》第83条规定，企业事业单位造成水污染事故的，由环保部门对该单位处以罚款；对直接负责的主管人员和其他直接责任人员可以处上一年度从本单位取得的收入50%以下的罚款。

16．按日计罚

环境违法行为处于继续状态的，环保部门可以根据法律法规的规定，严格按照违法行为持续的时间或者拒不改正违法行为的时间，按日累加计算罚款额度。

如《重庆市环境保护条例》第111条规定，违法排污拒不改正的，环保部门可以按照规定的罚款额度，按日累加处罚。

17．从一重处罚

同一环境违法行为，同时违反具有包容关系的多个法条的，应当从一重处罚。

如在人口集中地区焚烧医疗废物的行为，既违反《大气污染防治法》第 41 条“禁止在人口集中区焚烧产生有毒有害烟尘和恶臭气体的物质”的规定，同时又违反《固体废物污染环境防治法》第 17 条“处置固体废物的单位，必须采取防治污染环境的措施”的规定。由于“焚烧”医疗垃圾属于“处置”危险废物的具体方式之一，因此，违反《大气污染防治法》第 41 条禁止在人口集中区焚烧医疗废物的行为，必然同时违反《固体废物污染环境防治法》第 17 条必须依法处置危险废物的规定。这两个相关法条之间存在包容关系。对于此类违法行为触犯的多个相关法条，环保部门应当选择其中处罚较重的一个法条，定性并量罚。

18. 多个行为分别处罚

一个单位的多个环境违法行为，虽然彼此存在一定联系，但各自构成独立违法行为的，应当对每个违法行为同时、分别依法给予相应处罚。

如一个建设项目同时违反环评和“三同时”规定，属于两个虽有联系但完全独立的违法行为，应当对建设单位同时、分别、相应予以处罚。即应对其违反“三同时”的行为，依据相关单项环保法律“责令停止生产或者使用”并依法处以罚款，还应同时依据《环境影响评价法》第 31 条“责令限期补办手续”。需要说明的是，“限期补办手续”是指建设单位应当在限期内提交环评文件；环保部门则应严格依据产业政策、环境功能区划和总量控制指标等因素，作出是否批准的决定，不应受建设项目是否建成等因素的影响。

四、综合运用惩戒手段

19. 环境行政处罚与经济政策约束相结合

对严重污染环境的违法企业，环保部门应当按照有关规定，及时通报中国人民银行和银行业、证券业监管机构及商业银行，为信贷机构实施限贷、停贷措施和证监机构不予核准上市和再融资提供信息支持。

20. 环境行政处罚与社会监督相结合

环保部门应当通过政府网站等方式，公布环境行政处罚的权限、种类、依据，并公开社会责任意识淡薄、环境公德缺失、环保守法记录不良、环境守法表现恶劣并受到处罚的企业名称和相关《处罚决定书》，充分发挥公众和社会舆论的监督作用。

对严重违反环保法律法规的企业，环保部门还可报告有关党委（组织、宣传部门）、人大、政府、政协等机关，通报工会、共青团、妇联等群众团体以及有关行业协会等，撤销违法企业及其责任人的有关荣誉称号。

21．环境行政处罚与部门联动相结合

对未依法办理环评审批、未通过“三同时”验收，擅自从事生产经营活动等违法行为，环保部门依法查处后，应当按照国务院《无照经营查处取缔办法》的规定，移送工商部门依法查处；对违反城乡规划、土地管理法律法规的建设项目，应当移送规划、土地管理部门依法限期拆除、恢复土地原状。

22．环境行政处罚与治安管理处罚相结合

环保部门在查处环境违法行为过程中，发现有阻碍环保部门监督检查、违法排放或者倾倒危险物质等行为，涉嫌构成违反治安管理行为的，应当移送公安机关依照《治安管理处罚法》予以治安管理处罚。

如对向环境“排放、倾倒”毒害性、放射性物质或者传染病病原体等危险物质，涉嫌违反《治安管理处罚法》第 30 条，构成非法“处置”危险物质行为的，环保部门应当根据全国人大常委会法工委《对违法排污行为适用行政拘留处罚问题的意见》（法工委复[2008]5 号）以及环境保护部《关于转发全国人大法工委〈对违法排污行为适用行政拘留处罚问题的意见〉的通知》（环发[2008]62 号）的规定，及时移送公安机关予以拘留。

23．环境行政处罚与刑事案件移送相结合

环保部门在查处环境违法行为过程中，发现违法行为人涉嫌重大环境污染事故等犯罪，依法应予追究刑事责任的，应当依照《刑事诉讼法》、《行政执法机关移送涉嫌犯罪案件的规定》和《关于环境保护行政主管部门移送涉嫌环境犯罪案件的若干规定》（原环保总局、公安部、最高人民检察院，环发[2007]78 号），移送公安机关。

24. 环境行政处罚与支持民事诉讼相结合

对环境污染引起的损害赔偿纠纷，当事人委托环境监测机构提供监测数据的，环境监测机构应当接受委托。当事人要求提供环境行政处罚、行政复议、行政诉讼和实施行政强制措施等执法情况的，环保部门应当依法提供相关环境信息。环境污染损害赔偿纠纷受害人向人民法院提起诉讼的，环保部门可以依法支持。环保部门可以根据环境污染损害赔偿纠纷当事人的请求，开展调解处理。

主要环境违法行为行政处罚自由裁量权细化参考指南

（环境保护部办公厅 2009 年 9 月 1 日　环办[2009]107 号）

说明：1. 此为参考指南，用以指导地方行政处罚自由裁量权标准的细化工作。

2. 本指南选择了日常执法常见且裁量幅度较大的 7 类 24 项主要环境违法行为。

3. 对环境可能造成重大影响的建设项目和污染较重的建设项目的类型，适用《建设项目环境影响评价文件分级审批规定》（环境保护部令第 5 号）和《建设项目环境影响评价分类管理名录》（环境保护部令第 2 号）的规定。

4. 本表“环境敏感区”、“重点行业”、“特殊时期”等因素，各地可根据本地方的实际情况予以认定。

5. “以上”、“以下”均包括本数。

<table>
<tr><th>序号</th><th>处 罚 依 据</th><th>综合裁量的考虑因素</th><th colspan="2">违法程度分级示例</th></tr>
<tr><td colspan="5">一、违反环境影响评价制度类</td></tr>
<tr><td rowspan="6">1</td><td rowspan="6">《环境影响评价法》第三十一条　建设单位未依法报批建设项目环境影响评价文件，或者未依照本法第二十四条的规定重新报批或者报请重新审核环境影响评价文件，擅自开工建设的，……责令停止建设，限期补办手续；逾期不补办手续的，可以处五万元以上二十万元以下的罚款……
建设项目环境影响评价文件未经批准或者未经原审批部门重新审核同意，建设单位擅自开工建设的，……可以处五万元以上二十万元以下的罚款……</td><td rowspan="6">一、主要考虑因素
1. 环评审批类别；
2. 建设项目类型（对环境可能造成重大影响的建设项目和污染较重的建设项目，按对应处罚幅度细化标准的上限处罚）；
3. 主体工程建设、投产进度；
4. 已经造成的环境影响；
5. 投诉、举报、信访情况。
二、一般考虑因素
6. 项目规模；
7. 违反环评制度的历史情况；
8. 配合案件调查情况；
9. 改正违法行为情况；
10. 违法行为的持续时间</td><td rowspan="3">（1）登记表类</td><td>A. 已停止建设的</td></tr>
<tr><td>B. 未停止建设或者主体工程已建成的</td></tr>
<tr><td>C. 主体工程已投入试生产、生产或使用</td></tr>
<tr><td rowspan="3">（2）报告表类</td><td>A. 已停止建设的</td></tr>
<tr><td>B. 未停止建设或者主体工程已建成的</td></tr>
<tr><td>C. 主体工程已投入试生产、生产或使用的</td></tr>
</table>

序号	处罚依据	综合裁量的考虑因素	违法程度分级示例	
			（3）报告书类	A. 已停止建设的
				B. 未停止建设或者主体工程已建成的
				C. 主体工程已投入试生产、生产或使用的
2	《海洋环境保护法》第八十条　未持有经审核和批准的环境影响报告书，兴建海岸工程建设项目的，……并处五万元以上二十万元以下的罚款……		（1）主体工程已开工但未建成的	
			（2）主体工程已建成的	
			（3）主体工程已投入试生产、生产或使用的	
二、违反建设项目“三同时”制度类				
3	《水污染防治法》第七十一条　建设项目的水污染防治设施未建成、未经验收或者验收不合格，主体工程即投入生产或者使用的，……处五万元以上五十万元以下的罚款	一、主要考虑因素 1. 环评审批类别； 2. 建设项目的类型（对环境可能造成重大影响的建设项目和污染较重的建设项目，按对应处罚幅度细化标准的上限处罚）； 3. 污染防治设施建设、验收进度； 4. 已经造成的环境影响； 5. 投诉、举报、信访情况	（1）登记表类	A. 水污染防治设施已建成但未经验收或验收不合格的

<table>
<tr><th>序号</th><th>处 罚 依 据</th><th>综合裁量的考虑因素</th><th colspan="2">违法程度分级示例</th></tr>
<tr><td rowspan="10">3</td><td rowspan="10">《水污染防治法》第七十一条　建设项目的水污染防治设施未建成、未经验收或者验收不合格，主体工程即投入生产或者使用的，……处五万元以上五十万元以下的罚款</td><td rowspan="10">二、一般考虑因素
6. 项目规模；
7. 违反“三同时”制度的历史情况；
8. 配合案件调查情况；
9. 改正违法行为情况；
10. 违法行为的持续时间</td><td rowspan="2">（1）登记表类</td><td>B. 水污染防治设施已动工建设尚未建成的</td></tr>
<tr><td>C. 水污染防治设施尚未建设的</td></tr>
<tr><td rowspan="4">（2）报告表类</td><td>A. 水污染防治设施已建成但未经验收或验收不合格的</td></tr>
<tr><td>B. 水污染防治设施已动工建设尚未建成的</td></tr>
<tr><td>C. 水污染防治设施尚未建设的</td></tr>
<tr><td>D. 水污染防治设施尚未建设，并造成环境污染或者引发投诉、信访的</td></tr>
<tr><td rowspan="4">（3）报告书类</td><td>A. 水污染防治设施已建成但未经验收或验收不合格的</td></tr>
<tr><td>B. 水污染防治设施已动工建设尚未建成的</td></tr>
<tr><td>C. 水污染防治设施尚未建设的</td></tr>
<tr><td>D. 水污染防治设施尚未建设，并且水污染物排放超标或引发投诉、举报、信访的</td></tr>
</table>

<table>
<tr><th>序号</th><th>处罚依据</th><th>综合裁量的考虑因素</th><th colspan="2">违法程度分级示例</th></tr>
<tr><td rowspan="4">4</td><td rowspan="4">《海洋环境保护法》第八十一条 海岸工程建设项目未建成环境保护设施，或者环境保护设施未达到规定要求即投入生产、使用的，……并处二万元以上十万元以下的罚款。
《大气污染防治法》第四十七条 建设项目的大气污染防治设施没有建成或者没有达到国家有关建设项目环境保护管理的规定的要求，投入生产或者使用的，……可以并处一万元以上十万元以下罚款</td><td rowspan="5">一、主要考虑因素
1. 环评审批类别；
2. 建设项目的类型（对环境可能造成重大影响的建设项目和污染较重的建设项目，按对应处罚幅度细化标准的上限处罚）；
3. 污染防治设施建设、验收进度；
4. 已经造成的环境影响；
5. 投诉、举报、信访情况。
二、一般考虑因素
6. 项目规模；
7. 违反“三同时”制度的历史情况；
8. 配合案件调查情况；
9. 改正违法行为情况；
10. 违法行为的持续时间</td><td colspan="2">（1）环境保护设施（或污染防治设施，下同）已建成但未经验收或验收不合格</td></tr>
<tr><td colspan="2">（2）环境保护设施已动工建设尚未建成的</td></tr>
<tr><td colspan="2">（3）环境保护设施尚未建设的</td></tr>
<tr><td colspan="2">（4）环境保护设施尚未建设，并且污染物排放超标或引发投诉、举报、信访的</td></tr>
<tr><td>5</td><td>《固体废物污染环境防治法》第六十九条 建设项目需要配套建设的固体废物污染环境防治设施未建成、未经验收或者验收不合格，主体工程即投入生产或者使用的，……可以并处十万元以下的罚款。
《建设项目环境保护管理条例》第二十八条 建设项目需要配套建设的环境保护设施未建成、未经验收或者经验收不合格，主体工程正式投入生产或者使用的，……可以处10万元以下的罚款</td><td>（1）登记表类</td><td>A. 环保设施已建成但未经验收或验收不合格的</td></tr>
</table>

序号	处罚依据	综合裁量的考虑因素	违法程度分级示例	
5	《固体废物污染环境防治法》第六十九条　建设项目需要配套建设的固体废物污染环境防治设施未建成、未经验收或者验收不合格，主体工程即投入生产或者使用的，……可以并处十万元以下的罚款。 《建设项目环境保护管理条例》第二十八条　建设项目需要配套建设的环境保护设施未建成、未经验收或者经验收不合格，主体工程正式投入生产或者使用的，……可以处10万元以下的罚款	一、主要考虑因素 1. 环评审批类别； 2. 建设项目的类型（对环境可能造成重大影响的建设项目和污染较重的建设项目，按对应处罚幅度细化标准的上限处罚）； 3. 污染防治设施建设、验收进度； 4. 已经造成的环境影响； 5. 投诉、举报、信访情况。 二、一般考虑因素 6. 项目规模； 7. 违反“三同时”制度的历史情况； 8. 配合案件调查情况； 9. 改正违法行为情况； 10. 违法行为的持续时间。		B. 环保设施已动工建设尚未建成的
				C. 环保设施尚未建设的
			（2）报告表类	A. 环保设施已建成但未经验收或验收不合格的
				B. 环保设施已动工建设尚未建成的
				C. 环保设施尚未建设的
				D. 环保设施尚未建设，并造成环境污染或引发投诉、举报、信访的
			（3）报告书类	A. 环保设施已建成但未经验收或验收不合格的
				B.环保设施已动工建设尚未建成的
				C. 环保设施尚未建设的
				D. 环境保护设施尚未建设，并造成环境污染或引发投诉、举报、信访的

序号	处罚依据	综合裁量的考虑因素	违法程度分级示例
三、不正常使用或者擅自拆除、闲置污染处理设施类			
6	《水污染防治法》第七十三条　不正常使用水污染物处理设施，或者未经环境保护主管部门批准拆除、闲置水污染物处理设施的，……处应缴纳排污费数额一倍以上三倍以下的罚款	一、主要考虑因素 1. 环评审批类别； 2. 建设项目类型； 3. 不正常使用或者擅自拆除、闲置污染处理设施的历史情况； 4. 已经造成的环境影响； 5. 违法行为的持续时间； 6. 投诉、举报、信访情况。 二、一般考虑因素 7. 配合案件调查情况； 8. 改正违法行为的情况	（1）登记表类 （2）报告表类 （3）报告书类；污水处理厂；对环境可能造成重大影响的建设项目和污染较重的建设项目；水污染物超标排放的；造成环境污染的；引发投诉、举报、信访的；第二次及以上的同种违法行为
7	《大气污染防治法》第四十六条……（三）排污单位不正常使用大气污染物处理设施，或者未经环境保护行政主管部门批准，擅自拆除、闲置大气污染物处理设施的……给予警告或者处以五万元以下罚款		（1）登记表类 （2）报告表类 （3）报告书类；对环境可能造成重大影响的建设项目和污染较重的建设项目；大气污染物超标排放的；造成环境污染的；引发投诉、举报、信访的；第二次及以上的同种违法行为
8	《固体废物污染环境防治法》第六十八条（四）擅自关闭、闲置或者拆除工业固体废物污染环境防治设施、场所的；……处一万元以上十万元以下的罚款		（1）登记表类 （2）报告表类 （3）报告书类；工业固体废物集中处置单位；对环境可能造成重大影响的建设项目和污染较重的建设项目；造成环境污染的；引发投诉、举报、信访的；第二次及以上的同种违法行为

<table>
<tr><th>序号</th><th>处 罚 依 据</th><th>综合裁量的考虑因素</th><th colspan="2">违法程度分级示例</th></tr>
<tr><td rowspan="3">9</td><td rowspan="3">《固体废物污染环境防治法》第七十五条（三）擅自关闭、闲置或者拆除危险废物集中处置设施、场所的；……处二万元以上二十万元以下的罚款</td><td rowspan="6">一、主要考虑因素
1. 环评审批类别；
2. 建设项目类型；
3. 不正常使用或者擅自拆除、闲置污染处理设施的历史情况；
4. 已经造成的环境影响；
5. 违法行为的持续时间；
6. 投诉、举报、信访情况。
二、一般考虑因素
7. 配合案件调查情况；
8. 改正违法行为的情况</td><td colspan="2">（1）登记表类</td></tr>
<tr><td colspan="2">（2）报告表类</td></tr>
<tr><td colspan="2">（3）报告书类；危险废物集中处置单位；对环境可能造成重大影响的建设项目和污染较重的建设项目；造成环境污染的；引发投诉、举报、信访的；第二次及以上的同种违法行为</td></tr>
<tr><td rowspan="3">10</td><td rowspan="3">《海洋环境保护法》第七十八条　擅自拆除、闲置环境保护设施的，……并处一万元以上十万元以下的罚款</td><td colspan="2">（1）登记表类</td></tr>
<tr><td colspan="2">（2）报告表类</td></tr>
<tr><td colspan="2">（3）报告书类；对环境可能造成重大影响的建设项目和污染较重的建设项目；超标排放的；造成环境污染的；引发投诉、举报、信访的；第二次及以上的同种违法行为</td></tr>
<tr><td colspan="5">四、违反排污口设置规定类</td></tr>
<tr><td>11</td><td>《水污染防治法》第七十五条第二款　违反法律、行政法规和国务院环境保护主管部门的规定设置排污口或者私设暗管的，由县级以上地方人民政府环境保护主管部门责令限期拆除，处二万元以上十万元以下的罚款；逾期不拆除的，强制拆除，所需费用由违法者承担，处十万元以上五十万元以下的罚款；……</td><td>一、主要考虑因素
1. 污染物排放情况（是否排放、是否达标、排放量）；
2. 所处位置的环境敏感程度；
3. 已经造成的环境影响；
4. 投诉、举报、信访情况；
5. 违反排污口设置规定的历史情况</td><td>违反规定设置排污口或私设暗管的</td><td>（1）尚未排放水污染物的</td></tr>
</table>

序号	处罚依据	综合裁量的考虑因素	违法程度分级示例	
11	《水污染防治法》第七十五条第二款　违反法律、行政法规和国务院环境保护主管部门的规定设置排污口或者私设暗管的，由县级以上地方人民政府环境保护主管部门责令限期拆除，处二万元以上十万元以下的罚款；逾期不拆除的，强制拆除，所需费用由违法者承担，处十万元以上五十万元以下的罚款；……	二、一般考虑因素 6. 企业规模； 7. 配合案件调查情况； 8. 改正违法行为情况； 9. 违法行为的持续时间	违反规定设置排污口或私设暗管的	（2）达标排放水污染物
				（3）超标排放水污染物的；造成环境污染；引发投诉、举报、信访的；环境敏感区内；重点行业；特殊时期；第二次及以上的同种违法行为
			逾期不拆除的	（1）尚未排放水污染物的
				（2）达标排放水污染物
				（3）超标排放水污染物的；造成环境污染；引发投诉、举报、信访的；环境敏感区内；重点行业；特殊时期；第二次及以上的同种违法行为
五、在禁止建设区域内违法建设类				
12	《水污染防治法》第八十一条　有下列行为之一的，……处十万元以上五十万元以下的罚款； （一）在饮用水水源一级保护区内新建、改建、扩建与供水设施和保护水源无关的建设项目的； （二）在饮用水水源二级保护区内新建、改建、扩建排放污染物的建设项目的； （三）在饮用水水源准保护区内新建、扩建对水体污染严重的建设项目，或者改建建设项目增加排污量的。 在饮用水水源一级保护区内从事网箱养殖或者组织进行旅游、垂钓或者其他可能污染饮用水水体的活动的，……处二万元以上十万元以下的罚款	一、主要考虑因素 1. 环评审批类型； 2. 项目规模； 3. 所处位置的环境敏感程度； 4. 同种违法的历史情况； 5. 已经造成的环境影响； 6. 投诉、举报、信访情况。 二、一般考虑因素 7. 配合案件调查情况； 8. 改正违法行为情况	第一款	（1）登记表类
				（2）报告表类
				（3）报告书类；环境敏感区；重点行业；特殊时期；造成环境污染；引发投诉、举报、信访；第二次及以上的同种违法行为
			第二款	（1）第一次被处罚的
				（2）第二次及以上被处罚的

序号	处罚依据	综合裁量的考虑因素	违法程度分级示例
13	《固体废物污染环境防治法》第六十八条 ……（五）在自然保护区、风景名胜区、饮用水水源保护区、基本农田保护区和其他需要特别保护的区域内，建设工业固体废物集中贮存、处置的设施、场所和生活垃圾填埋场；……处一万元以上十万元以下的罚款。	一、主要考虑因素 1. 固体废物集中贮存、处置的设施、场所和生活垃圾填埋场的规模； 2. 已经造成的环境影响； 3. 同种违法的历史情况； 4. 投诉、举报、信访情况。 二、一般考虑因素 5. 配合案件调查情况； 6. 改正违法行为情况	（1）贮存、处置或填埋能力为 1 000 立方米以下的 （2）贮存、处置或填埋能力为 1 000 立方米以上 10 000 立方米以下的 （3）贮存、处置或填埋能力为 10 000 立方米以上的；造成环境污染的；引发投诉、举报、信访；第二次及以上的同种违法行为
六、违反排污申报登记规定类			
14	《水污染防治法》第七十二条　拒报或者谎报国务院环境保护主管部门规定的有关水污染物排放申报登记事项，逾期不改正的，处一万元以上十万元以下的罚款。 《大气污染防治法》第四十六条　拒报或者谎报国务院环境保护行政主管部门规定的有关污染物排放申报事项的，给予警告或者处以五万元以下罚款。	一、主要考虑因素 1. 同种违法的历史情况； 2. 改正违法行为的情况； 3. 单位规模。 二、一般考虑因素 4. 配合案件调查情况	（1）第一次被处罚的 （2）第二次被处罚的

序号	处罚依据	综合裁量的考虑因素	违法程度分级示例
14	《固体废物污染环境防治法》第六十八条　不按照国家规定申报登记工业固体废物，或者在申报登记时弄虚作假的，处五千元以上五万元以下的罚款；第七十五条　不按照国家规定申报登记工业固体废物，或者在申报登记时弄虚作假的，处一万元以上十万元以下的罚款。 《海洋环境保护法》第七十四条　不按规定申报，甚至拒报污染物排放有关事项，或者在申报登记时弄虚作假的，处二万元以下的罚款	一、主要考虑因素 1. 同种违法的历史情况； 2. 改正违法行为的情况； 3. 单位规模。 二、一般考虑因素 4. 配合案件调查情况	（1）第一次被处罚的 （2）第二次被处罚的
七、违反现场检查规定类			
15	《水污染防治法》第七十条　拒绝环境保护部门现场检查，或者在接受监督检查时弄虚作假的，处一万元以上十万元以下的罚款。 《大气污染防治法》第四十六条　拒绝环境保护行政主管部门现场检查或者在被检查时弄虚作假的，给予警告或者处以五万元以下罚款。 《固体废物污染环境防治法》第七十条　拒绝县级以上人民政府环境保护行政主管部门现场检查，责令限期改正；拒不改正或者在检查时弄虚作假的，处二千元以上二万元以下的罚款。 《海洋环境保护法》第七十五条　拒绝现场检查，或者在被检查时弄虚作假的，予以警告，并处二万元以下的罚款。	一、主要考虑因素 1. 同种违法的历史情况； 2. 改正违法行为的情况； 3. 单位规模。 二、一般考虑因素 4. 配合案件调查情况	（1）第一次被处罚的 （2）第二次及以上被处罚的

南京环保行政处罚自由裁量走向规范

2010 年 2 月，南京市环保局历时 3 年自主研发的“环保行政处罚自由裁量辅助决策系统”正式开始试运行，计划于 3 月底、4 月初通过专家鉴定。

南京市环保局规范行政处罚自由裁量工作有较好的基础。2007 年，按照市委、市政府的要求，结合电子阳光政务建设，在构建权力阳光运行机制中建成了“自由裁量计算引擎功能模块”。2009 年，按照环境保护部《规范环境行政处罚自由裁量权若干意见》精神，对“自由裁量计算引擎功能模块”进行了升级研制，成功研发了“南京环保行政处罚自由裁量辅助决策系统”（以下简称“辅助决策系统”），这对建立科学合理的环保行政处罚裁量基准制度是一次大胆尝试和有益探索，将环保行政处罚自由裁量工作推向规范化、程序化、数字化、网络化的新水平。

“辅助决策系统”在研发过程中，得到了环境保护部、江苏省环保厅和南京市纪检、法制、财政等有关部门的大力支持和帮助，基本的设计理念和思路得到了著名法学家姜明安教授的充分肯定。“辅助决策系统”研发的基本构思是，将环保行政处罚裁量涉及的违法事实，用二维形态细化为违法行为和后果，对照法律预先规定的裁量范围设以相对固定的具体评判标准，运用数学、信息等技术和阶次、等级等方法，对已形成的裁量具体评判标准作深层次的量化、数化，然后通过数学模型予以固化，并借助于计算机网络技术集成展现。“辅助决策系统”主要由 4 个部分组成：一是自由裁量模块，包括法律法规库、行政处罚权力库、裁量基准库、数学模型库；二是系统支撑模块，包括机构人员库、权限分类库、信息目录分类库、企业资信库；三是案卷归档模块，包括案件相关库、执法文书库；四是行政处罚工作流模块，主要为处罚工作流引擎。最近，南京市环保局对 2008 年和 2009

年已实施的行政处罚案件进行验证，与实际处罚结果吻合和基本吻合率达 90%。

一、“辅助决策系统”坚持过罚相当的原则，体现了行政执法合法性与合理性的统一

针对当前环境违法行为多样性、复杂性的特点，努力解决环保法律中定性标准不易定量掌握、裁量幅度“两极化”等问题，南京市环保局在研发“辅助决策系统”中确定了几个基本原则：

1. 一个环境违法事实对应一项行政处罚权力。根据不少环保行政处罚权力从国家到省和市都有相应法律法规条款的情况，对行政处罚权力与法律法规之间进行了一对一、一对多或多对一的梳理，保证一个环境违法事实对应一项行政处罚权力，减少了由于法律法规条款交叉带来的不便。

2. 完整地运用环保行政处罚手段。环保法律法规中行政处罚类别有 37 项之多。从处罚性质上分，有申诫罚、财产罚、行为能力罚、人身罚等，并规定了移送公安、检察机关的法律要求；从裁量类型上分，有对处罚种类裁量、对处罚金额裁量和对处罚实施方式裁量；从处罚形态上分，有确定型、选择型、混合型等。上述情况都要运用到行政处罚自由裁量中，保证 “辅助决策系统”的完整性。

3、综合考虑裁量考量因素。根据环境违法活动具有多样性、复杂性等特点，在规范环保行政处罚自由裁量中，要综合考虑以下 8 个方面的主观和客观情节：（1）污染源形成历史；（2）侵害对象；（3）违法时间、地点；（4）违法方式、手段；（5）违法危害程度；（6）违法次数、前科；（7）违法者目的、动机、心理状态及主观态度；（8）违法者条件、能力。在此基础上依次设定处罚等级。

二、“辅助决策系统”融多门学科于一体，增强了环保行政执法的综合程度

“辅助决策系统”融行政法学、应用数学、计算机软件和环境监察等多门学科于一体。南京市环保局在研发该系统中主要把握以下几个

基本要素：

1．梳理处罚权力。按照环保法律法规和当地法制部门要求，明确实施处罚的违法事实所适用的权力事项和裁量幅度。

2．搭建二维数组。首先，划分处罚阶次。将违法事实分为“无、轻微、一般、较重、严重、特别严重”6 个等级（“无等级”为虚拟等级，主要是保证计算的连续性和系统的完整性）。其次，进行二维拆分。先将每一个环境违法事实拆分为违法行为和违法后果，然后将每一个违法行为和违法后果又拆分为若干个子行为和子后果，再通过将若干个子行为和子后果分别叠加，分别形成总行为和总后果。再次，确定程度等级。经过对总行为和总后果的叠加，形成违法事实的等级。最后，修正、限制和归整。对原始处罚金额加入权重、比例等因素，得出最终的处罚裁量参数。

3．确定裁量因素。裁量因素共分为三大类：一类是“共性裁量因素”，主要包括环境污染、生态破坏、社会影响等；一类是“个性裁量因素”，主要包括与行政处罚权力相对应的具体违法事实；还有一类是“修正裁量因素”，主要包括地区差异、违法记录、承受能力、补救改正等情况。确定上述具体裁量因素，可通过案例分析法、抽样调查法、理性预测法、经验借鉴法等方法完成，以保证裁量因素的准确性。

4．建立数学模型。通过解析违法行为、后果的程度变化，对违法行为和后果按级定量赋予相应数字，形成量化后的二维数组，再根据被量化后的二维数组建成数学模型。主要包括如下内容：一是利用最小二乘法以及二元回归分析的相关原理，建立与量化后的二维数组相符的基本函数计算公式。二是按照“限制加重”原则，建立违法事实有关数据的函数计算公式。三是综合考虑各种因素，建立对原始处罚金额进行地域差异、违法次数、处罚对象承受能力等因素的修正、限制的函数计算公式。

5．固化运作流程。借助计算机软件编成，将行政处罚二维数组模型固化。

三、"辅助决策系统"采用二维数组计算法，提高了行政处罚自由裁量的科学性

"辅助决策系统"在具体计算方法上，吸收了目前一些单位和部门采用的"简易分级法"、"穷举法"等方法长处，创造了"二维数组计算法"。

1. 计算的基本方法。"二维数组计算法"，是在将环境违法事实拆分成行为和后果的基础上，综合利用"简易分级法"、"穷举法"和二元数学函数计算原理建立数学模型，通过计算机软件将量化后的环境违法行为和后果进行运算，得出裁量参数。

2. 实际操作分为四步。（1）分类统计或选出环境违法事实各个子行为、子结果的项数，使用叠加函数得到总行为、总结果的值；（2）通过叠加总行为、总结果，得到环境违法事实相应等级的值；（3）经过对环境违法事实相应等级值的计算函数，计算出原始处罚金额；（4）对原始处罚金额进行修正、限制和归整，得出最终的处罚裁量参数。

3. "二维数组计算法"的主要优点。与"简易分级法"和"穷举法"相比，"二维数组计算法"有明显的优越性。一是"二维数组计算法"用二维视角观察环境违法事实，比"简易分级法"和"穷举法"用一维视角对环境违法事实的认识更加客观、全面、深刻。二是"二维数组计算法"通过数学函数公式计算处罚参数，能够确保裁量计算唯一、准确，而"简易分级法"和"穷举法"还停留在"毛估估"阶段。三是"二维数组计算法"为计算机软件编成提供了基础，实现了行政执法快速、便捷的电算化，提高了工作效率，减轻了执法人员的负担，这是"简易分级法"和"穷举法"所不能相比的。

四、"辅助决策系统"形成"人机互限"格局，建立了制度上反腐倡廉的新机制

南京市环保局认为，"辅助决策系统"是借助计算机软件及数学建模等科技手段，模仿执法者裁量思维的方法，模拟实施处罚裁量过程，以提高行政执法的准确性和工作效率。由于多方面因素，这个系统肯定会存在一定的局限性和不完善性，在行政处罚裁量中只能起到“辅助决策”的作用，最终还是由执法者来确定。“辅助决策系统”形成的“人机互补、互限”格局，对从制度上建立环保系统反腐倡廉新机制也将发挥积极的作用。

1. 准确地给“辅助决策系统”定位。“辅助决策系统”定位在为行政处罚裁量提供“辅助决策”的参数，这是基于环保行政处罚复杂性所决定的。在实际工作中，每一个环境违法事实都有其自身的特殊性，而根据现有执法经验和技术基础上编制的计算机软件，还不能完全解决行政处罚自由裁量方面遇到的所有问题，必须建立“人为主、机为辅，人机结合”的机制，形成人与电脑既相互辅助又相互限制格局，才能使“辅助决策系统”与环保执法实际相吻合，在环保执法实践中发挥作用。

2. 设计两个都可实现裁量计算的流程。“辅助决策系统”设计了两个流程都可实现计算裁量参数。一是通过在计算机界面上勾选相应的裁量基准，得出违法事实的子行为、子后果和总行为、总后果的等级，计算出处罚参数，此称为“系统裁量”。二是通过集体议定违法事实的子行为、子后果和总行为、总后果的等级，计算出处罚参数，此称为“会议裁量”。“系统裁量”和“会议裁量”，是行政处罚流程中的一个环节，既可以单独使用，也可以两个都用；既可以使用一次，也可以循环使用。但每一次使用，系统都将保留有关记录，达到人与机器相互辅助、相互限制的效果。

3. 为执法人员提供诸多便利。“辅助决策系统”为行政执法人员开展行政执法工作提供了许多方便，主要是能够起到三个方面作用：一台辅助决策的计算器。将调查掌握的违法事实，通过计算机判别违法行为、后果，计算出处罚参数，为行政执法人员提供一部便捷、高效的“计算器”。一本引导执法的工具书。以执法需要为出发点，通过系统全面调查、分析，收集、整理执法人员执法过程中所需的信息，为执法人员规范行使行政执法权力提供一部简便、实用的“工具书”。一个汇总信息的资料库。通过系统的推广运行，搜集汇总执法信息，形成一个覆盖环保行业的资料库。

五、“辅助决策系统”功能强大、齐全，适应了阳光政务的有关需求

“辅助决策系统”软件是按当前主流的计算机技术设置的，分为可镶嵌的功能模块和自成系统的 B/S 架构两种方式。为了便于推广应用，南京市环保局在 B/S 架构软件中设置了一套规范的行政处罚流程，完全适应阳光政务的有关需要。

1. 环节流程的监管性。“辅助决策系统”中设立了大案备案、裁量异常、法规适用等监督管理的环节，强化对系统使用过程中的监督管理。同时，根据统计查询的需要，设立了按法条、按案件、按用户、按金额，以及自定义等统计查询方法，以便监督管理和后期的统计分析。

2. 计算结果的印证性。为确保每一次裁量结果的唯一性，“辅助决策系统”中设置了裁量结果与行为、情节等级一一对应的印证、回查功能。一方面，引入二维条码技术，对系统内的每一个案件进行管理，确保系统内的案件与打印输出的结果一一对应。另一方面，使用 USB Key 身份验证技术，对系统中的文件输出做了更严格的限制，确保系统中文件输出更有安全性和权威性。再有，“辅助决策系统”中的许多数据来源于现有的各类环境管理系统，同时，“辅助决策系统”在应用过程中产生的数据又能为各类环境管理数据系统所用。

3. 裁量数据的适用性。一是行为、后果定性变，则处罚裁量变。对违法事实调查取证或后期申诉、复议过程中，行为、后果定性发生变化时，则处罚裁量随之变化。二是法律、法规条款变，则处罚裁量变。违法事实通过系统计算出行为、后果等级值后，如果使用不同的法律、法规条款，处罚裁量也会发生变化。三是权重、阈值、系数变，则处罚裁量变。系统设有 3 个权重、4 个阈值和 4 个系数。当权重、阈值、系数的定义值发生改变时，则处罚裁量也随之变化。四是设立专门的数据库和维护管理界面，使裁量基准、法律法规等能够动态可变，以适应不同地区、不同时期对环保执法工作的要求，提高系统的适用性。

4．系统软件的开放性。环保行政处罚裁量计算方法的原理，不仅适用于南京市环保系统，也适用于其他地区环保部门，还适用于工商、税务、质监和药监、卫生等执法部门。“辅助决策系统”设置了 10 个处罚基础函数值，供不同地区选用（南京市设为中档），预留了与有关执法部门衔接的接口。这不但可以很快实现环保部门与其他执法部门联网联动，而且不同地区的环保部门和不同类型行政执法部门，只要调整和完善相关的法律法规、处罚事项、裁量因素，就能很快建立起本地区、本部门数字化行政处罚裁量基准制度，并用于实践中。

六、“辅助决策系统”研发理念先进，实现了规范行政处罚自由裁量新突破

“辅助决策系统”在设计理念和研发方法上实现了三个创新：一是将违法事实划分为行为与后果，形成二维形态，并通过叠加组合的方法，划分出违法事实的等级格次，突破了以往将违法事实简单地用一维的思维和方法穷举具体表现；二是采用二元数学函数将违法事实的二维形态组成二维数学模组进行计算，这在应用数学上是一个突破；三是将二维数学模组通过计算机运算得出具体的裁量，这在行政执法实践方面是一个突破，使控制环保行政处罚裁量权更加科学、规范和“阳光”。其现实意义在于：

1．将“估推式”经验作业法改为裁量基准评判法，有利于增强环保行政执法精细性。目前环保行政处罚普遍采用的“估推式”裁量方法，这是一种经验作业法。采用“辅助决策系统”，就可以实现行政处罚自由裁量“模糊规定明确化，宽泛幅度具体化，执法标准客观化”，使行政执法工作更为精细、客观，过罚之间对应关系也更加合法、合理、合适，并大大提高执法人员的工作效率。

2．减少“关系案”、“同案不同罚”等问题发生，有利于增强环保行政执法的公正性。“辅助决策系统”形成的参数，是通过人与计算机软件交互处理形成的。不但弱化了环保行政执法过程中的人为随意因素，而且针对环境违法行为情况较为复杂等特点，相对统一了行政执

法行为衡量尺度，规范了行政处罚自由裁量权行使标准，使行政执法更加公平公正。

3．把自由裁量过程置于“阳光”之下操作，有利于增强环保行政执法公开性。“辅助决策系统”镶嵌于网络系统或计算机行政处罚流程上，其运行过程必须接受有关部门监督，保证权力在阳光下运行，这对行政执法人员形成有效的约束，有助于防范职务犯罪，控制和减少行政执法过程中的腐败现象。

4．为行政处罚说理式文书提供翔实的材料，有利于增强环保行政执法公信力。目前，各地环保部门正积极推进行政处罚使用说理式文书告知当事人的工作。使用“辅助决策系统”，不仅有利于说理式文书告知当事人工作的推广，而且也提高了群众和当事人对环保行政执法的信任度，从而增强了环保部门行政执法的公信力。

（摘自《环境监察工作通讯》2010 年第二期）

移动执法　网上裁量　电子监察
泉州市行政处罚实现电子化

3 月 1 日，福建省泉州市环保局组织开展全市建设项目环保制度执行情况专项检查，执法人员通过环境行政执法移动信息平台 PDA 前端，利用电子地图和 GPS 系统第一时间达到被查项目某印染厂。现场检查过程中，执法人员通过上网本进入平台污染源管理库调阅该厂环评、验收等电子档案，判断该厂涉嫌存在水污染防治设施未验收即投产的行为，随即利用 PDA 进行录音、录像、拍照取证，并通过上网本、便携式打印机、扫描仪实现现场检查（勘察）笔录和询问笔录的电子制作、当场打印、签字确认、资料上传，全部现场执法信息实时传输到平台后台管理系统。执法人员将该违法行为的裁量因素“列入报告书类的建设项目”、“水污染防治设施已建成未经验收”等参数，输入到自主开发的行政处罚裁量基准库，电脑自动生成“处以 10 万元以上 15 万元以下罚款”的量罚幅度，并启动电子监察监控，严控在量罚幅度内实施罚款。

移动执法、网上裁量、电子监察，这是福建省泉州市环保局行政处罚电子办案过程的一个缩影，也是开展规范环境行政处罚自由裁量权工作的一个创新转变。

试点规范行政处罚自由裁量权，发布实施《裁量标准》

2009 年 5 月，泉州市环保局在省环保厅的支持下，率先在全省建设环境行政执法移动信息平台，将规范环境行政处罚自由裁量权工作引向电子化、信息化。泉州市环保局是泉州市委、市政府确定的开展规范行政处罚自由裁量权试点工作的 5 个试点单位之一，同时也是福建省环保厅确定的全省环保系统规范行政处罚自由裁量权试点单位。自 2007 年 10 月以来，经过不断探索和实践，泉州市环保局规范行政自由裁量权工作取得了较好的成效。

把握 3 个关键点：一是理清裁量前提。全面梳理带有环境行政处罚事项的 9 部法律、11 部行政法规以及地方性法规、部门规章、涉及的法律条文等，并按环境违法行为种类进行分类，划分为 24 个大类。二是夯实裁量基础。量化行政处罚自由裁量权主要遵循 3 个原则，即客观标准原则、标准相近原则、从重处罚原则、比例，采取 3 个方法，即倍数法、固定数额法、公式法。三是优化裁量机制。按照“结构合理、配置科学、程序严密、奖惩分明、制约有效”的权力运行机制的要求，建立健全了环境保护行政处罚工作程序规定、重大行政处罚听证、行政处罚公示公开、重大行政处罚备案、行政执法回避、行政执法监督检查、行政执法责任考评、行政执法过错责任追究等制度，实现执法各环节的程序化、制度化。

形成两项工作成果：制定了《泉州市环境保护行政处罚依据和自由裁量权细化标准（试行）》（以下简称《裁量标准》），配套《泉州市环境保护行政处罚工作程序规定（试行）》等 8 项制度规定，并经市政府批准同意自 2008 年 3 月 1 日起在全市范围内施行，为省环保厅制定《福建省环境行政处罚自由裁量权细化标准（试行）》提供了经验。2009 年 2 月，根据试点工作经验，组织修订了《裁量标准》并发布实施，重点优化了主要环境违法行为的处罚裁量权细化，并调整修改了水污染违法行为的处罚裁量。

凸显 3 个亮点：一是兼具双重功能。《裁量标准》兼备选择法律适用和确定处罚裁量的双重功能。二是有辅助作用。《裁量标准》以环境违法行为种类作为纲目进行编写，对环境行政处罚事项分类、排序，规范了环保处罚案件案由的确定和表述，有利于环保部门在行政处罚中准确认定案件事实和正确适用法律，有利于对处罚案件进行分类管理，也有利于规范处罚文书和案卷。三是形式简明、易操作。《裁量标准》以表格的形式进行编写，逐项标明违法种类、违法行为、处罚依据、情节与后果、处罚幅度细化、并罚内容和备注等内容，实现处罚阳光操作和明码标价，有利于方便执法、预防和杜绝违法裁量。

高起点建设移动执法平台，全面规范行政自由裁量权

开展规范其他行政裁量权工作。2008 年 12 月，按照市委、市政府的部署，在总结试点工作经验的基础上，继续推进行政许可、排污费征收、排污申报核定自由裁量权规范工作，全面规范行政权力的运行。一是调整修改行政执法职权目录。调整修改《泉州市环境保护局行政执法主体的执法依据》、《泉州市环境保护局行政执法行为的执法依据》，制定《泉州市环境保护局行政执法职权分解方案》。二是规范行政许可自由裁量权。完成建设项目环境影响评价文件审批、建设项目竣工环境保护验收许可等 11 项环保行政许可项目的规范工作。三是规范行政征收自由裁量权。细化、量化污水排污费、废气排污费、噪声超标排污费和固体废物排污费及危险废物排污费的收费标准、计算方法，并进一步完善排污收费流程。四是规范行政确认自由裁量权。按年度申报、变更申报、新扩改建项目申报和建筑施工噪声排放申报四类，完成对排污申报核定自由裁量权的细化、量化。

高起点建设移动执法平台。在省环保厅的专款支持下，2009 年 5 月启动环境移动执法信息平台建设，现已调试运行。环境移动执法信息平台尽显一体化（规划省、市、县三级联动）、智能化（实现现场移动执法）、流程化（执法程序流程管理）、信息化（污染源档案电子化查询和管理）、标准化（处罚裁量标准运用控制）、网络化（环境监察、处罚、复议、诉讼网络运行）等特色。

环境移动执法信息平台系统合理架构，前端应用系统设置 PDA 前端、上网本（笔记本）前端两种模式，设计有现场执法、移动办公、污染源查询、政策查询（法律法规、环境标准、处罚裁量标准）等模块；后端管理系统设计有行政处罚（一般程序、简易程序）、污染源管理、综合管理（电子地图、法律标准库、处罚裁量标准库、法律文书库、行政复议、行政诉讼、环境犯罪、案管查询、征信管理、绩效管理）、移动办公等模块。

环境移动执法信息平台的功能：（1）实现移动执法。执法现场可以通过 PDA、上网本、笔记本、便携式打印机完成污染源定位导航、

调查取证（录音、录像、拍照）、笔录制作、档案查询、资料上传和信息传输，并可实现数据同步。（2）实现处罚裁量标准运用电子控制。建立处罚裁量标准库，当输入违法行为的主要裁量参数，系统自动抽取相关法律法规及自由裁量权标准，为是否处罚以及处罚种类和幅度程度提供查询，并设置严格程序控制在裁量标准外实施处罚。（3）提供内置执法文书模板。内置典型环境违法案件处罚文书模板，为检查（勘察）、询问、笔录制作过程提供导向性、提示性操作，引导执法人员全面、规范取证。（4）实现处罚电子流程管理。从立案到执行实行全过程电子监控，保证每个案件线索信息在系统中有数据可查，实现文书电子制作、报审、签批、组卷等流程化管理，杜绝压案不办、久拖不决、随意销案等现象。（5）实现执法信息导航与查询。通过电子地图和导航系统，实现污染源定位导航和周边环境查询，现场可随时调阅、查询被检查企业的基本信息、监管信息、监测数据、统计数据和总量信息等。

规范运作，实现环境执法公开公正

泉州市环保局突出规范运作，坚持严格标准适用、严格制度落实，转变环境执法方式。

执法行为得到进一步规范。不仅是量罚，而且调查取证、定性、执行等方面也得到规范，提高了环保执法人员依法行政的能力和水平。特别是在调查取证方面，执法人员不仅能围绕违法构成要件进行准确取证，而且对一些用于确定量罚的事实也做了全面取证，较好地做到了处罚认定事实清楚、证据充分。比如，在办理未经同意擅自拆除、闲置陆源污染物处理设施违法案件中，取证范围包括违法主体（行业或建设项目性质）、客观行为（违法情形、次数、设施处理能力）、危害后果（污染物种类和超标倍数）等事实，量罚统一使用“公式法”，按照10万元×（超标权重A+排水权重B+违法权重C+行业权重D）/100确定罚款数额。

执法公正进一步落实。同类性质案件处理结果达到相对平衡，因人施罚、同案异罚、畸轻畸重等执法不公现象得到扭转。以晋江市、南安市环保局对两市交界地石材企业违反建设项目环保“三同时”制度的处罚为例，虽然这些石材企业的规模和违法事实基本相同，但以往两地环保局罚款数额明显不同，同案异罚造成两地间企业相互攀比、意见大，不仅影响执法，影响石材业污染整治进程，而且也影响区域间经济发展。规范处罚裁量后，基本在 3 万～6 万元（环保设施建成未验收或验收不合格）、6 万～8 万元（环保设施未建或未建成）两档实施处罚，有效避免了同案异罚。

执法效果进一步改善。公开、规范、量化、细化的自由裁量权标准，实现了阳光执法和明码标价，达到了教育相对人主动配合管理、“对号入座”接受处罚的效果，同时也使执法人员免受人情干扰，依法依规办案，防止办人情案，有利于从源头上预防和治理腐败。据统计，全市 2008 年办理环境行政处罚案件 268 起、罚款 1 036.495 万元，2009 年办理环境行政处罚案件 390 起、罚款 1 435.411 万元，没有一起案件因为量罚失当在行政复议或行政诉讼中被撤销，没有出现环境执法人员因执法不作为、乱作为被举报投诉的情况，全市环境执法力度明显加强，执法人员依法办案、从严执法的主动性明显提高。

（摘自《环境监察工作通讯》2010 年第二期）

南通市环境保护局
规制处罚裁量 规范行政执法

规制环保行政处罚自由裁量是规范环保行政执法，有效监督行政权力的一个突破口。南通市环境保护局早在 2004 年就按照《国务院关于推进依法行政纲要》的要求制定了《南通市环保局行政处罚自由裁量规定》（以下简称《裁量规定》），2007 年对《裁量规定》进行了细化，针对 100 余条常用的处罚条款，分别制定了相应的裁量规则，2008 年又根据细化的《裁量规定》制作了行政处罚自由裁量计算器，并且通过《南通市环保局行政处罚程序规定》、《案审会规则》等一系列内控制度，确保所有处罚都严格按照《局行政处罚自由裁量规定》进行裁量，经过自由裁量计算器确定的罚款额，没有任何人可以擅自变更。自《裁量规定》出台至今，南通市环保局没有一起行政处罚超越了自由裁量规定，彻底消除了执法人员行政处罚的态度罚、人情罚等枉法裁量的空间，环保行政处罚诉讼、复议零败诉，环保依法行政的水平跃上了一个新的台阶。《裁量规定》主要具有以下一些特点：

一、总则分则相结合，确保了裁量规定的生命力

《裁量规定》分总则和分则两大部分，全面考虑了共性与个性相结合的问题。总则明确了裁量的适用范围、制定的原则等裁量的基本内容，起到了规范程序、明确共性问题的作用。首先总则以相对稳定为原则，兼顾法律、法规以及执法情势的变化，明确了裁量规则修订的内部程序，以及遇到案情复杂，情节特殊的案件时，由案审会集体讨论决定裁量适用的保障程序，从而使《裁量规定》能够适应环保法律法规和不同时期环境执法要求的变化，使之更具生命力。其次总则根据环保总局《规范环境行政处罚自由裁量权若干意见》的相关原则，规定了查处所有环保违法行为应考虑的增加或者减轻的通用系数，规

定了裁量的计算方式，规定了裁量适用的审查原则，从而明确了裁量的总体适用规则。分则则是针对每一条具体法律、法规的条款，逐条对行政处罚的自由裁量进行细化、固化。总则与分则相辅相成，既克服了规则制定的刻板，又解决了总体原则伸缩性强的缺陷，使裁量规定的确定性与灵活性充分结合起来。

二、结合环保实际，科学确定裁量需考虑的相关因素

《裁量规定》以环保部《关于规范行使环境监察执法自由裁量权的指导意见》以及《主要环境违法行为行政处罚自由裁量权细化参考指南》的精神为指导，较为科学合理地确定了裁量的相关因素。裁量时需要考虑的相关因素是指与作出的行政自由裁量决定之间的内在关系而言的，与行政自由裁量的各环节或要素之间有着某种合理的关联性，它对作出上述决定的推理质量会产生至关重要的影响，只有在裁量时合理地考虑相关因素，才能推进和实现法律所体现的特定目的和政策。《裁量规定》针对每一个处罚条款，确定了适用这个条款时首先应考虑的因素，即主要因素，根据主要因素确定罚款的基数；然后确定适用条款时应考虑到的次要因素，由此确定出相对处罚基数应增加或减少的系数，通过基础与系数相结合，计算出最终相对固定的罚款额；其中次要因素分为两类，一类是适用所有环保行政处罚时都应考虑的因素，即总则中规定的通用因素，另一类是针对某一特定违法行为而设定的因素，即分则中针对具体条款的特定因素。

以对《水污染防治法》第七十一条的适用为例，首先根据建设项目类型和项目规模这两个主要因素确定罚款基数（表 1），然后根据次要因素确定罚款系数，如：建设项目未建设配套的污染防治设施的，说明其对环境的污染严重，违法者主观恶意性大，应从重处罚，系数加 1；环保部门已明确不允许建设或投入生产的，但是违法者仍一意孤行的，这种知法犯法的应从重处罚，系数加 0.5；对于已建成污染设施，能达标排放的，因为对环境的影响相对较少，应从轻处罚，罚款系数减 0.2，等等。按照上述的裁量标准设定，对一个应编制环境影响报告表，投资 400 万元，已建了污染防治设施，能达标排放，处于重点流域的建设项目违反了《水污染防治法》第七十一条最终应处以的罚款额是：10〔对照表1“应编制环境影响报告表，投资在100万～500万”得到的罚款基数〕×（1－0.2〔考虑特定因素“建了污染防治设施，能达标排放”而减少的系数〕+0.5〔考虑一般因素“属重点流域、重点区域”而增加的系数〕＝13万元〔最终的罚款额〕。通过这种细化、量化、固化环保行政处罚自由裁量的方式，在一定程度上科学合理地压缩了自由裁量权的空间，有效提高行政执法效率和水平，对深化环保廉政约束、构建和谐社会具有着重要的意义。

表1 罚款额基数确定示例

罚款基数（万元） 项目类型 / 项目规模	应填报环境影响登记表的项目	应编制环境影响报告表的项目	除第四栏外其它应编制环境影响报告书的项目	化工、印染、电镀、造纸、制革等严重污染环境的项目
100万元以下	5	6	8	10
100万～500万元	8	10	12	15
500万～3 000万元	10	13	16	20
3 000万元～1亿元	15	18	20	25
高于1亿元	20	24	26	30

三、通过严格裁量，明确法律条款适用

《裁量规定》不仅通过裁量因素细化了裁量的额度，而且通过裁量规定，明确了法律条款的适用。环保法律法规众多，对同样的环境违法行为往往有着不同的处理方式，有时甚至相互冲突。一种情况是污染防治方面的单项法律对同一行为的不同方面有着不同的规范要求，另一种情况是几个法律法规中同时对同一种违法行为有不同的处罚规定。虽然法学基本原理以及《规范环境行政处罚自由裁量权若干意见》都明确规定了法律、法规冲突时条款适用的基本原则，即“高位阶法优于低位阶法、特别法优于普通法、新法优于旧法”，但是执法者在掌握时往往无法正确掌握，或者故意忽略这一原则。因此《裁量规定》

在涉及具体条款的裁量规定中对这一原则进行了明确。如对超总量排污的行为，《水污染防治法》第七十四条规定："……责令限期治理，处应缴纳排污费数额二倍以上五倍以下的罚款。……"而《长江水污染防治条例》第四十八条则规定："超过重点水污染物排放总量控制指标排放水污染物的，……责令限期改正，处以五万元以上二十万元以下的罚款；排污单位排放污水超过规定标准的，……责令限期改正，拒不改正的，处以一万元以上五万元以下的罚款……"在这种情况下，根据下位法服从上位法原则，应该选用《水污染防治法》，因此《裁量规定》中对《水污染防治法》第七十四条进行了详细的裁量划定，明确了处罚的基数和系数，而对"《长江水污染防治条例》第四十八条"的裁量进行规定则明确表述为："超标排放水污染物的行为适用《水污染防治法》第七十四条"。从而通过自由裁量规定，明确了法律条款的适用，保障了执法的规范。

四、全面考虑，科学规范行为罚裁量

《裁量规定》不仅细化了罚款的裁量，而且细化了行为罚的裁量。根据《行政处罚法》第八条规定，行政处罚的种类除了罚款外还有责令停产停业、暂扣或者吊销许可证、暂扣或者吊销执照等行为罚。大部分行政处罚自由裁量的规定，都以规范罚款的裁量为主，少有涉及行为罚的裁量。而实际上，罚款仅是对行为人经济上的惩罚，而且一般情况下，罚款额是有限的，但限产、停产等行为罚往往会涉及当事人更为重大的利益；又有时，某种行为罚是否履行到位又直接关系到后继处罚，因此，对行为罚的裁量规范与罚款同样重要。如《水污染防治法》第七十五条第二款规定："除前款规定外，违反法律、行政法规和国务院环境保护主管部门的规定设置排污口或者私设暗管的，由县级以上地方人民政府环境保护主管部门责令限期拆除，处二万元以上十万元以下的罚款；逾期不拆除的，强制拆除，所需费用由违法者承担，处十万元以上五十万元以下的罚款；"若暗管未在规定时间内拆除将会引发更为严厉的处罚，因此合理确定拆除暗管的时间尤为重要。《裁量规定》针对暗管的不同情节规定了 3 日、5 日、7 日三种不同的拆除暗管的时间限制。从而避免了执法人员对行为罚裁量时的随意性。

五、借助电脑，固化裁量规范执法

要想较为科学合理地确定裁量的范围，裁量体系的设定势必较为复杂，因此，南通市环保局借助行政权力网上公开透明运行平台将《裁量规定》制成了行政处罚自由裁量计算器，执法人员只需通过违法行为名称，适用条款等任一种选项便可通过模糊查询查出该违法行为适用自由裁量计算器。然后根据所采集的证据选取相对应的因素，电脑即自动生成一个确定的罚款额。此时，将该计算器的界面打印出来即是一个规范的自由裁量说明。

在现场执法时，遇到疑似违法行为，执法人员可通过移动执法设备调出相关的自由裁量计算器，对照计算器里需要考虑的因素一一进行取证，此时的行政处罚自由裁量计算器则成为现场违法行为调查的取证指导，有助于执法人员提升执法效率，快速固定证据。

2008 年，《南通市环保局行政处罚自由裁量规定》被南通市人民政府向全市所有执法部门推广；2009 年，被南通市纪委评为十佳廉政好制度，它是实现环保行政权力有限性的重要手段，对于规范环保行政执法、提高行政执法效率和水平、深化环保廉政约束、构建和谐社会具有重要意义。

（摘自《环境监察工作通讯》2010 年第二期）

二、环境行政处罚相关法规

【行政拘留】

中华人民共和国
治安管理处罚法（节录）

（2005年8月28日第十届全国人民代表大会常务委员会
第十七次会议通过）

第一章 总 则

第一条 为维护社会治安秩序，保障公共安全，保护公民、法人和其他组织的合法权益，规范和保障公安机关及其人民警察依法履行治安管理职责，制定本法。

第二条 扰乱公共秩序，妨害公共安全，侵犯人身权利、财产权利，妨害社会管理，具有社会危害性，依照《中华人民共和国刑法》的规定构成犯罪的，依法追究刑事责任；尚不够刑事处罚的，由公安机关依照本法给予治安管理处罚。

第三条 治安管理处罚的程序，适用本法的规定；本法没有规定的，适用《中华人民共和国行政处罚法》的有关规定。

第四条 在中华人民共和国领域内发生的违反治安管理行为，除法律有特别规定的外，适用本法。

在中华人民共和国船舶和航空器内发生的违反治安管理行为，除法律有特别规定的外，适用本法。

第二章 处罚的种类和适用

第十条 治安管理处罚的种类分为：

（一）警告；

（二）罚款；

（三）行政拘留；

（四）吊销公安机关发放的许可证。

对违反治安管理的外国人，可以附加适用限期出境或者驱逐出境。

第十八条 单位违反治安管理的，对其直接负责的主管人员和其他直接责任人员依照本法的规定处罚。其他法律、行政法规对同一行为规定给予单位处罚的，依照其规定处罚。

第十九条 违反治安管理有下列情形之一的，减轻处罚或者不予处罚：

（一）情节特别轻微的；

（二）主动消除或者减轻违法后果，并取得被侵害人谅解的；

（三）出于他人胁迫或者诱骗的；

（四）主动投案，向公安机关如实陈述自己的违法行为的；

（五）有立功表现的。

第二十条 违反治安管理有下列情形之一的，从重处罚：

（一）有较严重后果的；

（二）教唆、胁迫、诱骗他人违反治安管理的；

（三）对报案人、控告人、举报人、证人打击报复的；

（四）六个月内曾受过治安管理处罚的。

第二十一条 违反治安管理行为人有下列情形之一，依照本法应当给予行政拘留处罚的，不执行行政拘留处罚：

（一）已满十四周岁不满十六周岁的；

（二）已满十六周岁不满十八周岁，初次违反治安管理的；

（三）七十周岁以上的；

（四）怀孕或者哺乳自己不满一周岁婴儿的。

第二十二条 违反治安管理行为在六个月内没有被公安机关发现的，不再处罚。

前款规定的期限，从违反治安管理行为发生之日起计算；违反治安管理行为有连续或者继续状态的，从行为终了之日起计算。

第三章　违反治安管理的行为和处罚

第四节　妨害社会管理的行为和处罚

第五十八条　违反关于社会生活噪声污染防治的法律规定，制造噪声干扰他人正常生活的，处警告；警告后不改正的，处二百元以上五百元以下罚款。

第四章　处罚程序

第一节　调　查

第七十七条　公安机关对报案、控告、举报或者违反治安管理行为人主动投案，以及其他行政主管部门、司法机关移送的违反治安管理案件，应当及时受理，并进行登记。

第七十八条　公安机关受理报案、控告、举报、投案后，认为属于违反治安管理行为的，应当立即进行调查；认为不属于违反治安管理行为的，应当告知报案人、控告人、举报人、投案人，并说明理由。

第七十九条　公安机关及其人民警察对治安案件的调查，应当依法进行。严禁刑讯逼供或者采用威胁、引诱、欺骗等非法手段收集证据。

以非法手段收集的证据不得作为处罚的根据。

第八十条　公安机关及其人民警察在办理治安案件时，对涉及的国家秘密、商业秘密或者个人隐私，应当予以保密。

第八十一条　人民警察在办理治安案件过程中，遇有下列情形之一的，应当回避；违反治安管理行为人、被侵害人或者其法定代理人也有权要求他们回避：

（一）是本案当事人或者当事人的近亲属的；

（二）本人或者其近亲属与本案有利害关系的；

（三）与本案当事人有其他关系，可能影响案件公正处理的。

人民警察的回避，由其所属的公安机关决定；公安机关负责人的回避，由上一级公安机关决定。

第八十二条 需要传唤违反治安管理行为人接受调查的，经公安机关办案部门负责人批准，使用传唤证传唤。对现场发现的违反治安管理行为人，人民警察经出示工作证件，可以口头传唤，但应当在询问笔录中注明。

公安机关应当将传唤的原因和依据告知被传唤人。对无正当理由不接受传唤或者逃避传唤的人，可以强制传唤。

第八十三条 对违反治安管理行为人，公安机关传唤后应当及时询问查证，询问查证的时间不得超过八小时；情况复杂，依照本法规定可能适用行政拘留处罚的，询问查证的时间不得超过二十四小时。

公安机关应当及时将传唤的原因和处所通知被传唤人家属。

第八十四条 询问笔录应当交被询问人核对；对没有阅读能力的，应当向其宣读。记载有遗漏或者差错的，被询问人可以提出补充或者更正。被询问人确认笔录无误后，应当签名或者盖章，询问的人民警察也应当在笔录上签名。

被询问人要求就被询问事项自行提供书面材料的，应当准许；必要时，人民警察也可以要求被询问人自行书写。

询问不满十六周岁的违反治安管理行为人，应当通知其父母或者其他监护人到场。

第八十五条 人民警察询问被侵害人或者其他证人，可以到其所在单位或者住处进行；必要时，也可以通知其到公安机关提供证言。

人民警察在公安机关以外询问被侵害人或者其他证人，应当出示工作证件。

询问被侵害人或者其他证人，同时适用本法第八十五条的规定。

第八十六条 询问聋哑的违反治安管理行为人、被侵害人或者其他证人，应当有通晓手语的人提供帮助，并在笔录上注明。

询问不通晓当地通用的语言文字的违反治安管理行为人、被侵害人或者其他证人，应当配备翻译人员，并在笔录上注明。

第八十七条 公安机关对与违反治安管理行为有关的场所、物品、人身可以进行检查。检查时，人民警察不得少于二人，并应当出示工作证件和县级以上人民政府公安机关开具的检查证明文件。对确有必要立即进行检查的，人民警察经出示工作证件，可以当场检查，但检查公民住所应当出示县级以上人民政府公安机关开具的检查证明文件。

检查妇女的身体，应当由女性工作人员进行。

第八十八条 检查的情况应当制作检查笔录，由检查人、被检查人和见证人签名或者盖章；被检查人拒绝签名的，人民警察应当在笔录上注明。

第八十九条 公安机关办理治安案件，对与案件有关的需要作为证据的物品，可以扣押；对被侵害人或者善意第三人合法占有的财产，不得扣押，应当予以登记。对与案件无关的物品，不得扣押。

对扣押的物品，应当会同在场见证人和被扣押物品持有人查点清楚，当场开列清单一式二份，由调查人员、见证人和持有人签名或者盖章，一份交给持有人，另一份附卷备查。

对扣押的物品，应当妥善保管，不得挪作他用；对不宜长期保存的物品，按照有关规定处理。经查明与案件无关的，应当及时退还；经核实属于他人合法财产的，应当登记后立即退还；满六个月无人对该财产主张权利或者无法查清权利人的，应当公开拍卖或者按照国家有关规定处理，所得款项上缴国库。

第九十条 为了查明案情，需要解决案件中有争议的专门性问题的，应当指派或者聘请具有专门知识的人员进行鉴定；鉴定人鉴定后，应当写出鉴定意见，并且签名。

第二节　决　定

第九十一条 治安管理处罚由县级以上人民政府公安机关决定；其中警告、五百元以下的罚款可以由公安派出所决定。

第九十二条 对决定给予行政拘留处罚的人，在处罚前已经采取强制措施限制人身自由的时间，应当折抵。限制人身自由一日，折抵行政拘留一日。

第九十三条 公安机关查处治安案件，对没有本人陈述，但其他证据能够证明案件事实的，可以作出治安管理处罚决定。但是，只有本人陈述，没有其他证据证明的，不能作出治安管理处罚决定。

第九十四条 公安机关作出治安管理处罚决定前，应当告知违反治安管理行为人作出治安管理处罚的事实、理由及依据，并告知违反治安管理行为人依法享有的权利。

违反治安管理行为人有权陈述和申辩。公安机关必须充分听取违反治安管理行为人的意见，对违反治安管理行为人提出的事实、理由和证据，应当进行复核；违反治安管理行为人提出的事实、理由或者证据成立的，公安机关应当采纳。

公安机关不得因违反治安管理行为人的陈述、申辩而加重处罚。

第九十五条 治安案件调查结束后，公安机关应当根据不同情况，分别作出以下处理：

（一）确有依法应当给予治安管理处罚的违法行为的，根据情节轻重及具体情况，作出处罚决定；

（二）依法不予处罚的，或者违法事实不能成立的，作出不予处罚决定；

（三）违法行为已涉嫌犯罪的，移送主管机关依法追究刑事责任；

（四）发现违反治安管理行为人有其他违法行为的，在对违反治安管理行为作出处罚决定的同时，通知有关行政主管部门处理。

第九十六条 公安机关作出治安管理处罚决定的，应当制作治安管理处罚决定书。决定书应当载明下列内容：

（一）被处罚人的姓名、性别、年龄、身份证件的名称和号码、住址；

（二）违法事实和证据；

（三）处罚的种类和依据；

（四）处罚的执行方式和期限；

（五）对处罚决定不服，申请行政复议、提起行政诉讼的途径和期限；

（六）作出处罚决定的公安机关的名称和作出决定的日期。

决定书应当由作出处罚决定的公安机关加盖印章。

第九十七条 公安机关应当向被处罚人宣告治安管理处罚决定书，并当场交付被处罚人；无法当场向被处罚人宣告的，应当在二日内送达被处罚人。决定给予行政拘留处罚的，应当及时通知被处罚人的家属。

有被侵害人的，公安机关应当将决定书副本抄送被侵害人。

第九十八条 公安机关作出吊销许可证以及处二千元以上罚款的治安管理处罚决定前，应当告知违反治安管理行为人有权要求举行听证；违反治安管理行为人要求听证的，公安机关应当及时依法举行听证。

第九十九条 公安机关办理治安案件的期限，自受理之日起不得超过三十日；案情重大、复杂的，经上一级公安机关批准，可以延长三十日。

为了查明案情进行鉴定的期间，不计入办理治安案件的期限。

第一百条 违反治安管理行为事实清楚，证据确凿，处警告或者二百元以下罚款的，可以当场作出治安管理处罚决定。

第一百零一条 当场作出治安管理处罚决定的，人民警察应当向违反治安管理行为人出示工作证件，并填写处罚决定书。处罚决定书应当当场交付被处罚人；有被侵害人的，并将决定书副本抄送被侵害人。

前款规定的处罚决定书，应当载明被处罚人的姓名、违法行为、处罚依据、罚款数额、时间、地点以及公安机关名称，并由经办的人民警察签名或者盖章。

当场作出治安管理处罚决定的，经办的人民警察应当在二十四小时内报所属公安机关备案。

第一百零二条 被处罚人对治安管理处罚决定不服的，可以依法申请行政复议或者提起行政诉讼。

第三节 执 行

第一百零三条 对被决定给予行政拘留处罚的人，由作出决定的公安机关送达拘留所执行。

第一百零四条 受到罚款处罚的人应当自收到处罚决定书之日起十五日内，到指定的银行缴纳罚款。但是，有下列情形之一的，人民警察可以当场收缴罚款：

（一）被处五十元以下罚款，被处罚人对罚款无异议的；

（二）在边远、水上、交通不便地区，公安机关及其人民警察依照本法的规定作出罚款决定后，被处罚人向指定的银行缴纳罚款确有困难，经被处罚人提出的；

（三）被处罚人在当地没有固定住所，不当场收缴事后难以执行的。

第一百零五条 人民警察当场收缴的罚款，应当自收缴罚款之日起二日内，交至所属的公安机关；在水上、旅客列车上当场收缴的罚款，应当自抵岸或者到站之日起二日内，交至所属的公安机关；公安机关应当自收到罚款之日起二日内将罚款缴付指定的银行。

第一百零六条 人民警察当场收缴罚款的，应当向被处罚人出具省、自治区、直辖市人民政府财政部门统一制发的罚款收据；不出具统一制发的罚款收据的，被处罚人有权拒绝缴纳罚款。

第一百零七条 被处罚人不服行政拘留处罚决定，申请行政复议、提起行政诉讼的，可以向公安机关提出暂缓执行行政拘留的申请。公安机关认为暂缓执行行政拘留不致发生社会危险的，由被处罚人或者其近亲属提出符合本法第一百零八条规定条件的担保人，或者按每日行政拘留二百元的标准交纳保证金，行政拘留的处罚决定暂缓执行。

第一百零八条 担保人应当符合下列条件：

（一）与本案无牵连；

（二）享有政治权利，人身自由未受到限制；

（三）在当地有常住户口和固定住所；

（四）有能力履行担保义务。

第一百零九条 担保人应当保证被担保人不逃避行政拘留处罚的执行。

担保人不履行担保义务，致使被担保人逃避行政拘留处罚的执行的，由公安机关对其处三千元以下罚款。

第一百一十条 被决定给予行政拘留处罚的人交纳保证金，暂缓行政拘留后，逃避行政拘留处罚的执行的，保证金予以没收并上缴国库，已经作出的行政拘留决定仍应执行。

第一百一十一条 行政拘留的处罚决定被撤销，或者行政拘留处罚开始执行的，公安机关收取的保证金应当及时退还交纳人。

第六章 附 则

第一百一十八条 本法所称以上、以下、以内，包括本数。

第一百一十九条 本法自 2006 年 3 月 1 日起施行。1986 年 9 月 5 日公布、1994 年 5 月 12 日修订公布的《中华人民共和国治安管理处罚条例》同时废止。

对违法排污行为适用行政拘留处罚问题的意见

（全国人民代表大会常务委员会法制工作委员会
2008 年 5 月 23 日　法工委复[2008]5 号）

环境保护部：

你部“关于商请解释违法排污行为适用行政拘留处罚问题的函”（环函[2008]65 号）收悉。经研究，答复如下：

依照治安管理处罚法第三十条关于对违反国家规定处置爆炸性、毒害性、放射性、腐蚀性物质或者传染病病原体等危险物质的行为给予行政拘留处罚的规定，第十八条关于“单位违反治安管理的，对其直接负责的主管人员和其他直接责任人员依照本法的规定处罚”的规定，以及水污染防治法第九十条关于“违反本法规定，构成违反治安管理行为的，依法给予治安管理处罚”的规定，排污单位违反国家规定，向水体排放、倾倒毒害性、放射性、腐蚀性物质或者传染病病原体等危险物质，构成非法处置危险物质的违反治安管理行为的，可以由公安机关对单位直接负责的主管人员和其他直接负责人员依法给予行政拘留处罚。

关于转发全国人大法工委《对违法排污行为适用行政拘留处罚问题的意见》的通知

（环境保护部 2008 年 7 月 4 日　环发[2008]62 号）

各省、自治区、直辖市环境保护局（厅），副省级城市环境保护局，新疆生产建设兵团环境保护局，解放军环境保护局：

《水污染防治法》第九十条明确规定，对违反治安管理法规的行为依法给予治安管理处罚。《治安管理处罚法》第三十条对环境管理中违反治安管理规定适用行政拘留处罚的行为做出了具体规定。为认真贯彻执行《水污染防治法》，加大环境执法力度，充分运用行政拘留的强制手段处罚恶意排污行为，全国人大常委会法工委 2008 年 5 月印发了《对违法排污行为适用行政拘留处罚问题的意见》（以下简称《意见》）。现将《意见》转发给你们，并将具体运用问题通知如下：

一、违法向水体排放或倾倒危险物质的，可以依法适用行政拘留处罚

根据《水污染防治法》、《治安管理处罚法》和《意见》的规定，排污单位违反国家规定，向水体排放、倾倒毒害性、放射性、腐蚀性物质或者传染病病原体等危险物质，构成非法处置危险物质的，可以适用行政拘留处罚。

二、案件的移送程序及证据材料

环境保护行政主管部门发现排污单位有违法向水体排放或倾倒危险物质行为的，应当依职权调查处理，凡涉嫌违反治安管理规定需要适用行政拘留处罚的，应当主动、及时与公安机关沟通，按照《公安机关办理行政案件程序规定》（公安部令第 88 号）的有关要求向公安机关移送，并将案件相关证据材料一并移送。

环境保护行政主管部门应当指定两名或者两名以上行政执法人员

组成专案组专门负责，核实情况后提出移送案件的书面报告，报经本部门主要负责人或者主持工作的负责人审批。

环境保护行政主管部门向公安机关移送涉嫌违反治安管理规定的案件，应当附有案件移送书、涉嫌违反治安管理规定依法需要适用行政拘留处罚的案件情况调查报告、涉案物品清单、有关监测报告或者鉴定结论等证据材料。环境保护行政主管部门已经对相关环境违法行为作出行政处罚决定的，应当同时移送行政处罚决定书和作出行政处罚决定的证据资料。

三、加强协调，密切配合

环境保护行政主管部门办理适用行政拘留处罚的环境违法案件，应当与公安机关密切配合，充分协调。在向公安机关移送案件后的十日内向公安机关查询受理情况，并跟踪案件办理过程。对公安机关已经受理的案件，环境保护行政主管部门应当予以配合，支持公安机关的调查工作，根据需要提供必要的监测数据和其他证据材料。在案件移送前，环境保护行政主管部门如认为必要，可以邀请公安机关派员参加相关调查工作；公安机关要求提前介入调查或者要求参加案件讨论的，环境保护行政主管部门应当给予支持和配合。

四、严肃责任追究机制

环境保护行政主管部门应充分运用行政拘留的处罚手段，切实做好适用行政拘留处罚的环境违法案件的移送工作。

对涉嫌违反治安管理规定适用行政拘留处罚的案件应当移送公安机关而不移送，致使违法人员逃脱行政拘留处罚的，应当根据《环境保护违法违纪行为处分暂行规定》（监察部、国家环境保护总局令第10号）第8条的规定，对直接责任人员给予警告、记过或者记大过处分；情节较重的，给予降级或者撤职处分；情节严重的，给予开除处分。

附件：全国人大法工委《对违法排污行为适用行政拘留处罚问题的意见》（法工委复[2008]5号）（略）

【信息公开】

政府信息公开条例

（2007年4月5日国务院令第492号发布
自2008年5月1日起施行）

第一章 总 则

第一条 为了保障公民、法人和其他组织依法获取政府信息，提高政府工作的透明度，促进依法行政，充分发挥政府信息对人民群众生产、生活和经济社会活动的服务作用，制定本条例。

第二条 本条例所称政府信息，是指行政机关在履行职责过程中制作或者获取的，以一定形式记录、保存的信息。

第三条 各级人民政府应当加强对政府信息公开工作的组织领导。

国务院办公厅是全国政府信息公开工作的主管部门，负责推进、指导、协调、监督全国的政府信息公开工作。

县级以上地方人民政府办公厅（室）或者县级以上地方人民政府确定的其他政府信息公开工作主管部门负责推进、指导、协调、监督本行政区域的政府信息公开工作。

第四条 各级人民政府及县级以上人民政府部门应当建立健全本行政机关的政府信息公开工作制度，并指定机构（以下统称政府信息公开工作机构）负责本行政机关政府信息公开的日常工作。

政府信息公开工作机构的具体职责是：

（一）具体承办本行政机关的政府信息公开事宜；

（二）维护和更新本行政机关公开的政府信息；

（三）组织编制本行政机关的政府信息公开指南、政府信息公开目录和政府信息公开工作年度报告；

（四）对拟公开的政府信息进行保密审查；

（五）本行政机关规定的与政府信息公开有关的其他职责。

第五条 行政机关公开政府信息，应当遵循公正、公平、便民的原则。

第六条 行政机关应当及时、准确地公开政府信息。行政机关发现影响或者可能影响社会稳定、扰乱社会管理秩序的虚假或者不完整信息的，应当在其职责范围内发布准确的政府信息予以澄清。

第七条 行政机关应当建立健全政府信息发布协调机制。行政机关发布政府信息涉及其他行政机关的，应当与有关行政机关进行沟通、确认，保证行政机关发布的政府信息准确一致。

行政机关发布政府信息依照国家有关规定需要批准的，未经批准不得发布。

第八条 行政机关公开政府信息，不得危及国家安全、公共安全、经济安全和社会稳定。

第二章 公开的范围

第九条 行政机关对符合下列基本要求之一的政府信息应当主动公开：

（一）涉及公民、法人或者其他组织切身利益的；

（二）需要社会公众广泛知晓或者参与的；

（三）反映本行政机关机构设置、职能、办事程序等情况的；

（四）其他依照法律、法规和国家有关规定应当主动公开的。

第十条 县级以上各级人民政府及其部门应当依照本条例第九条的规定，在各自职责范围内确定主动公开的政府信息的具体内容，并重点公开下列政府信息：

（一）行政法规、规章和规范性文件；

（二）国民经济和社会发展规划、专项规划、区域规划及相关政策；

（三）国民经济和社会发展统计信息；

（四）财政预算、决算报告；

（五）行政事业性收费的项目、依据、标准；

（六）政府集中采购项目的目录、标准及实施情况；

（七）行政许可的事项、依据、条件、数量、程序、期限以及申请行政许可需要提交的全部材料目录及办理情况；

（八）重大建设项目的批准和实施情况；

（九）扶贫、教育、医疗、社会保障、促进就业等方面的政策、措施及其实施情况；

（十）突发公共事件的应急预案、预警信息及应对情况；

（十一）环境保护、公共卫生、安全生产、食品药品、产品质量的监督检查情况。

第十一条 设区的市级人民政府、县级人民政府及其部门重点公开的政府信息还应当包括下列内容：

（一）城乡建设和管理的重大事项；

（二）社会公益事业建设情况；

（三）征收或者征用土地、房屋拆迁及其补偿、补助费用的发放、使用情况；

（四）抢险救灾、优抚、救济、社会捐助等款物的管理、使用和分配情况。

第十二条 乡（镇）人民政府应当依照本条例第九条的规定，在其职责范围内确定主动公开的政府信息的具体内容，并重点公开下列政府信息：

（一）贯彻落实国家关于农村工作政策的情况；

（二）财政收支、各类专项资金的管理和使用情况；

（三）乡（镇）土地利用总体规划、宅基地使用的审核情况；

（四）征收或者征用土地、房屋拆迁及其补偿、补助费用的发放、使用情况；

（五）乡（镇）的债权债务、筹资筹劳情况；

（六）抢险救灾、优抚、救济、社会捐助等款物的发放情况；

（七）乡镇集体企业及其他乡镇经济实体承包、租赁、拍卖等情况；

（八）执行计划生育政策的情况。

第十三条 除本条例第九条、第十条、第十一条、第十二条规定的行政机关主动公开的政府信息外，公民、法人或者其他组织还可以根据自身生产、生活、科研等特殊需要，向国务院部门、地方各级人民政府及县级以上地方人民政府部门申请获取相关政府信息。

第十四条 行政机关应当建立健全政府信息发布保密审查机制，明确审查的程序和责任。

行政机关在公开政府信息前，应当依照《中华人民共和国保守国家秘密法》以及其他法律、法规和国家有关规定对拟公开的政府信息进行审查。

行政机关对政府信息不能确定是否可以公开时，应当依照法律、法规和国家有关规定报有关主管部门或者同级保密工作部门确定。

行政机关不得公开涉及国家秘密、商业秘密、个人隐私的政府信息。但是，经权利人同意公开或者行政机关认为不公开可能对公共利益造成重大影响的涉及商业秘密、个人隐私的政府信息，可以予以公开。

第三章 公开的方式和程序

第十五条 行政机关应当将主动公开的政府信息，通过政府公报、政府网站、新闻发布会以及报刊、广播、电视等便于公众知晓的方式公开。

第十六条 各级人民政府应当在国家档案馆、公共图书馆设置政府信息查阅场所，并配备相应的设施、设备，为公民、法人或者其他组织获取政府信息提供便利。

行政机关可以根据需要设立公共查阅室、资料索取点、信息公告栏、电子信息屏等场所、设施，公开政府信息。

行政机关应当及时向国家档案馆、公共图书馆提供主动公开的政府信息。

第十七条 行政机关制作的政府信息，由制作该政府信息的行政机关负责公开；行政机关从公民、法人或者其他组织获取的政府信息，由保存该政府信息的行政机关负责公开。法律、法规对政府信息公开的权限另有规定的，从其规定。

第十八条 属于主动公开范围的政府信息，应当自该政府信息形成或者变更之日起 20 个工作日内予以公开。法律、法规对政府信息公开的期限另有规定的，从其规定。

第十九条 行政机关应当编制、公布政府信息公开指南和政府信息公开目录，并及时更新。

政府信息公开指南，应当包括政府信息的分类、编排体系、获取方式，政府信息公开工作机构的名称、办公地址、办公时间、联系电话、传真号码、电子邮箱等内容。

政府信息公开目录，应当包括政府信息的索引、名称、内容概述、生成日期等内容。

第二十条 公民、法人或者其他组织依照本条例第十三条规定向行政机关申请获取政府信息的，应当采用书面形式（包括数据电文形式）；采用书面形式确有困难的，申请人可以口头提出，由受理该申请的行政机关代为填写政府信息公开申请。

政府信息公开申请应当包括下列内容：

（一）申请人的姓名或者名称、联系方式；

（二）申请公开的政府信息的内容描述；

（三）申请公开的政府信息的形式要求。

第二十一条 对申请公开的政府信息，行政机关根据下列情况分别作出答复：

（一）属于公开范围的，应当告知申请人获取该政府信息的方式和途径；

（二）属于不予公开范围的，应当告知申请人并说明理由；

（三）依法不属于本行政机关公开或者该政府信息不存在的，应当告知申请人，对能够确定该政府信息的公开机关的，应当告知申请人该行政机关的名称、联系方式；

（四）申请内容不明确的，应当告知申请人作出更改、补充。

第二十二条 申请公开的政府信息中含有不应当公开的内容，但是能够作区分处理的，行政机关应当向申请人提供可以公开的信息内容。

第二十三条 行政机关认为申请公开的政府信息涉及商业秘密、个人隐私，公开后可能损害第三方合法权益的，应当书面征求第三方的意见；第三方不同意公开的，不得公开。但是，行政机关认为不公开可能对公共利益造成重大影响的，应当予以公开，并将决定公开的政府信息内容和理由书面通知第三方。

第二十四条 行政机关收到政府信息公开申请，能够当场答复的，应当当场予以答复。

行政机关不能当场答复的，应当自收到申请之日起 15 个工作日内予以答复；如需延长答复期限的，应当经政府信息公开工作机构负责人同意，并告知申请人，延长答复的期限最长不得超过 15 个工作日。

申请公开的政府信息涉及第三方权益的，行政机关征求第三方意见所需时间不计算在本条第二款规定的期限内。

第二十五条 公民、法人或者其他组织向行政机关申请提供与其自身相关的税费缴纳、社会保障、医疗卫生等政府信息的，应当出示有效身份证件或者证明文件。

公民、法人或者其他组织有证据证明行政机关提供的与其自身相关的政府信息记录不准确的，有权要求该行政机关予以更正。该行政机关无权更正的，应当转送有权更正的行政机关处理，并告知申请人。

第二十六条 行政机关依申请公开政府信息，应当按照申请人要求的形式予以提供；无法按照申请人要求的形式提供的，可以通过安排申请人查阅相关资料、提供复制件或者其他适当形式提供。

第二十七条 行政机关依申请提供政府信息，除可以收取检索、复制、邮寄等成本费用外，不得收取其他费用。行政机关不得通过其他组织、个人以有偿服务方式提供政府信息。

行政机关收取检索、复制、邮寄等成本费用的标准由国务院价格主管部门会同国务院财政部门制定。

第二十八条 申请公开政府信息的公民确有经济困难的，经本人申请、政府信息公开工作机构负责人审核同意，可以减免相关费用。

申请公开政府信息的公民存在阅读困难或者视听障碍的，行政机关应当为其提供必要的帮助。

第四章 监督和保障

第二十九条 各级人民政府应当建立健全政府信息公开工作考核制度、社会评议制度和责任追究制度，定期对政府信息公开工作进行考核、评议。

第三十条 政府信息公开工作主管部门和监察机关负责对行政机关政府信息公开的实施情况进行监督检查。

第三十一条 各级行政机关应当在每年3月31日前公布本行政机关的政府信息公开工作年度报告。

第三十二条 政府信息公开工作年度报告应当包括下列内容：

（一）行政机关主动公开政府信息的情况；

（二）行政机关依申请公开政府信息和不予公开政府信息的情况；

（三）政府信息公开的收费及减免情况；

（四）因政府信息公开申请行政复议、提起行政诉讼的情况；

（五）政府信息公开工作存在的主要问题及改进情况；

（六）其他需要报告的事项。

第三十三条 公民、法人或者其他组织认为行政机关不依法履行政府信息公开义务的，可以向上级行政机关、监察机关或者政府信息公开工作主管部门举报。收到举报的机关应当予以调查处理。

公民、法人或者其他组织认为行政机关在政府信息公开工作中的具体行政行为侵犯其合法权益的，可以依法申请行政复议或者提起行政诉讼。

第三十四条 行政机关违反本条例的规定，未建立健全政府信息发布保密审查机制的，由监察机关、上一级行政机关责令改正；情节严重的，对行政机关主要负责人依法给予处分。

第三十五条 行政机关违反本条例的规定，有下列情形之一的，由监察机关、上一级行政机关责令改正；情节严重的，对行政机关直接负责的主管人员和其他直接责任人员依法给予处分；构成犯罪的，依法追究刑事责任：

（一）不依法履行政府信息公开义务的；

（二）不及时更新公开的政府信息内容、政府信息公开指南和政府信息公开目录的；

（三）违反规定收取费用的；

（四）通过其他组织、个人以有偿服务方式提供政府信息的；

（五）公开不应当公开的政府信息的；

（六）违反本条例规定的其他行为。

第五章　附　则

第三十六条　法律、法规授权的具有管理公共事务职能的组织公开政府信息的活动，适用本条例。

第三十七条　教育、医疗卫生、计划生育、供水、供电、供气、供热、环保、公共交通等与人民群众利益密切相关的公共企事业单位在提供社会公共服务过程中制作、获取的信息的公开，参照本条例执行，具体办法由国务院有关主管部门或者机构制定。

第三十八条　本条例自 2008 年 5 月 1 日起施行。

环境信息公开办法（试行）

（2007年4月11日国家环境保护总局令第35号发布
自2008年5月1日起施行）

第一章 总 则

第一条 为了推进和规范环境保护行政主管部门（以下简称环保部门）以及企业公开环境信息，维护公民、法人和其他组织获取环境信息的权益，推动公众参与环境保护，依据《中华人民共和国政府信息公开条例》、《中华人民共和国清洁生产促进法》和《国务院关于落实科学发展观加强环境保护的决定》以及其他有关规定，制定本办法。

第二条 本办法所称环境信息，包括政府环境信息和企业环境信息。

政府环境信息，是指环保部门在履行环境保护职责中制作或者获取的，以一定形式记录、保存的信息。

企业环境信息，是指企业以一定形式记录、保存的，与企业经营活动产生的环境影响和企业环境行为有关的信息。

第三条 国家环境保护总局负责推进、指导、协调、监督全国的环境信息公开工作。

县级以上地方人民政府环保部门负责组织、协调、监督本行政区域内的环境信息公开工作。

第四条 环保部门应当遵循公正、公平、便民、客观的原则，及时、准确地公开政府环境信息。

企业应当按照自愿公开与强制性公开相结合的原则，及时、准确地公开企业环境信息。

第五条 公民、法人和其他组织可以向环保部门申请获取政府环境信息。

第六条　环保部门应当建立、健全环境信息公开制度。

国家环境保护总局由办公厅作为本部门政府环境信息公开工作的组织机构，各业务机构按职责分工做好本领域政府环境信息公开工作。

县级以上地方人民政府环保部门根据实际情况自行确定本部门政府环境信息公开工作的组织机构，负责组织实施本部门的政府环境信息公开工作。

环保部门负责政府环境信息公开工作的组织机构的具体职责是：

（一）组织制定本部门政府环境信息公开的规章制度、工作规则；

（二）组织协调本部门各业务机构的政府环境信息公开工作；

（三）组织维护和更新本部门公开的政府环境信息；

（四）监督考核本部门各业务机构政府环境信息公开工作；

（五）组织编制本部门政府环境信息公开指南、政府环境信息公开目录和政府环境信息公开工作年度报告；

（六）监督指导下级环保部门政府环境信息公开工作；

（七）监督本辖区企业环境信息公开工作；

（八）负责政府环境信息公开前的保密审查；

（九）本部门有关环境信息公开的其他职责。

第七条　公民、法人和其他组织使用公开的环境信息，不得损害国家利益、公共利益和他人的合法权益。

第八条　环保部门应当从人员、经费方面为本部门环境信息公开工作提供保障。

第九条　环保部门发布政府环境信息依照国家有关规定需要批准的，未经批准不得发布。

第十条　环保部门公开政府环境信息，不得危及国家安全、公共安全、经济安全和社会稳定。

第二章　政府环境信息公开

第一节　公开的范围

第十一条　环保部门应当在职责权限范围内向社会主动公开以下

政府环境信息：

（一）环境保护法律、法规、规章、标准和其他规范性文件；

（二）环境保护规划；

（三）环境质量状况；

（四）环境统计和环境调查信息；

（五）突发环境事件的应急预案、预报、发生和处置等情况；

（六）主要污染物排放总量指标分配及落实情况，排污许可证发放情况，城市环境综合整治定量考核结果；

（七）大、中城市固体废物的种类、产生量、处置状况等信息；

（八）建设项目环境影响评价文件受理情况，受理的环境影响评价文件的审批结果和建设项目竣工环境保护验收结果，其他环境保护行政许可的项目、依据、条件、程序和结果；

（九）排污费征收的项目、依据、标准和程序，排污者应当缴纳的排污费数额、实际征收数额以及减免缓情况；

（十）环保行政事业性收费的项目、依据、标准和程序；

（十一）经调查核实的公众对环境问题或者对企业污染环境的信访、投诉案件及其处理结果；

（十二）环境行政处罚、行政复议、行政诉讼和实施行政强制措施的情况；

（十三）污染物排放超过国家或者地方排放标准，或者污染物排放总量超过地方人民政府核定的排放总量控制指标的污染严重的企业名单；

（十四）发生重大、特大环境污染事故或者事件的企业名单，拒不执行已生效的环境行政处罚决定的企业名单；

（十五）环境保护创建审批结果；

（十六）环保部门的机构设置、工作职责及其联系方式等情况；

（十七）法律、法规、规章规定应当公开的其他环境信息。

环保部门应当根据前款规定的范围编制本部门的政府环境信息公开目录。

第十二条 环保部门应当建立健全政府环境信息发布保密审查机

制，明确审查的程序和责任。

环保部门在公开政府环境信息前，应当依照《中华人民共和国保守国家秘密法》以及其他法律、法规和国家有关规定进行审查。

环保部门不得公开涉及国家秘密、商业秘密、个人隐私的政府环境信息。但是，经权利人同意或者环保部门认为不公开可能对公共利益造成重大影响的涉及商业秘密、个人隐私的政府环境信息，可以予以公开。

环保部门对政府环境信息不能确定是否可以公开时，应当依照法律、法规和国家有关规定报有关主管部门或者同级保密工作部门确定。

第二节 公开的方式和程序

第十三条 环保部门应当将主动公开的政府环境信息，通过政府网站、公报、新闻发布会以及报刊、广播、电视等便于公众知晓的方式公开。

第十四条 属于主动公开范围的政府环境信息，环保部门应当自该环境信息形成或者变更之日起 20 个工作日内予以公开。法律、法规对政府环境信息公开的期限另有规定的，从其规定。

第十五条 环保部门应当编制、公布政府环境信息公开指南和政府环境信息公开目录，并及时更新。

政府环境信息公开指南，应当包括信息的分类、编排体系、获取方式，政府环境信息公开工作机构的名称、办公地址、办公时间、联系电话、传真号码、电子邮箱等内容。

政府环境信息公开目录，应当包括索引、信息名称、信息内容的概述、生成日期、公开时间等内容。

第十六条 公民、法人和其他组织依据本办法第五条规定申请环保部门提供政府环境信息的，应当采用信函、传真、电子邮件等书面形式；采取书面形式确有困难的，申请人可以口头提出，由环保部门政府环境信息公开工作机构代为填写政府环境信息公开申请。

政府环境信息公开申请应当包括下列内容：

（一）申请人的姓名或者名称、联系方式；

（二）申请公开的政府环境信息内容的具体描述；

（三）申请公开的政府环境信息的形式要求。

第十七条 对政府环境信息公开申请，环保部门应当根据下列情况分别作出答复：

（一）申请公开的信息属于公开范围的，应当告知申请人获取该政府环境信息的方式和途径；

（二）申请公开的信息属于不予公开范围的，应当告知申请人该政府环境信息不予公开并说明理由；

（三）依法不属于本部门公开或者该政府环境信息不存在的，应当告知申请人；对于能够确定该政府环境信息的公开机关的，应当告知申请人该行政机关的名称和联系方式；

（四）申请内容不明确的，应当告知申请人更改、补充申请。

第十八条 环保部门应当在收到申请之日起 15 个工作日内予以答复；不能在 15 个工作日内作出答复的，经政府环境信息公开工作机构负责人同意，可以适当延长答复期限，并书面告知申请人，延长答复的期限最长不得超过 15 个工作日。

第三章 企业环境信息公开

第十九条 国家鼓励企业自愿公开下列企业环境信息：

（一）企业环境保护方针、年度环境保护目标及成效；

（二）企业年度资源消耗总量；

（三）企业环保投资和环境技术开发情况；

（四）企业排放污染物种类、数量、浓度和去向；

（五）企业环保设施的建设和运行情况；

（六）企业在生产过程中产生的废物的处理、处置情况，废弃产品的回收、综合利用情况；

（七）与环保部门签订的改善环境行为的自愿协议；

（八）企业履行社会责任的情况；

（九）企业自愿公开的其他环境信息。

第二十条 列入本办法第十一条第一款第（十三）项名单的企业，

应当向社会公开下列信息：

（一）企业名称、地址、法定代表人；

（二）主要污染物的名称、排放方式、排放浓度和总量、超标、超总量情况；

（三）企业环保设施的建设和运行情况；

（四）环境污染事故应急预案。

企业不得以保守商业秘密为借口，拒绝公开前款所列的环境信息。

第二十一条 依照本办法第二十条规定向社会公开环境信息的企业，应当在环保部门公布名单后30日内，在所在地主要媒体上公布其环境信息，并将向社会公开的环境信息报所在地环保部门备案。

环保部门有权对企业公布的环境信息进行核查。

第二十二条 依照本办法第十九条规定自愿公开环境信息的企业，可以将其环境信息通过媒体、互联网等方式，或者通过公布企业年度环境报告的形式向社会公开。

第二十三条 对自愿公开企业环境行为信息且模范遵守环保法律法规的企业，环保部门可以给予下列奖励：

（一）在当地主要媒体公开表彰；

（二）依照国家有关规定优先安排环保专项资金项目；

（三）依照国家有关规定优先推荐清洁生产示范项目或者其他国家提供资金补助的示范项目；

（四）国家规定的其他奖励措施。

第四章 监督与责任

第二十四条 环保部门应当建立健全政府环境信息公开工作考核制度、社会评议制度和责任追究制度，定期对政府环境信息公开工作进行考核、评议。

第二十五条 环保部门应当在每年3月31日前公布本部门的政府环境信息公开工作年度报告。

政府环境信息公开工作年度报告应当包括下列内容：

（一）环保部门主动公开政府环境信息的情况；

（二）环保部门依申请公开政府环境信息和不予公开政府环境信息的情况；

（三）因政府环境信息公开申请行政复议、提起行政诉讼的情况；

（四）政府环境信息公开工作存在的主要问题及改进情况；

（五）其他需要报告的事项。

第二十六条 公民、法人和其他组织认为环保部门不依法履行政府环境信息公开义务的，可以向上级环保部门举报。收到举报的环保部门应当督促下级环保部门依法履行政府环境信息公开义务。

公民、法人和其他组织认为环保部门在政府环境信息公开工作中的具体行政行为侵犯其合法权益的，可以依法申请行政复议或者提起行政诉讼。

第二十七条 环保部门违反本办法规定，有下列情形之一的，上一级环保部门应当责令其改正；情节严重的，对负有直接责任的主管人员和其他直接责任人员依法给予行政处分：

（一）不依法履行政府环境信息公开义务的；

（二）不及时更新政府环境信息内容、政府环境信息公开指南和政府环境信息公开目录的；

（三）在公开政府环境信息过程中违反规定收取费用的；

（四）通过其他组织、个人以有偿服务方式提供政府环境信息的；

（五）公开不应当公开的政府环境信息的；

（六）违反本办法规定的其他行为。

第二十八条 违反本办法第二十条规定，污染物排放超过国家或者地方排放标准，或者污染物排放总量超过地方人民政府核定的排放总量控制指标的污染严重的企业，不公布或者未按规定要求公布污染物排放情况的，由县级以上地方人民政府环保部门依据《中华人民共和国清洁生产促进法》的规定，处十万元以下罚款，并代为公布。

第五章 附 则

第二十九条 本办法自 2008 年 5 月 1 日起施行。

【行政监察】

中华人民共和国行政监察法

（1997年5月9日第八届全国人民代表大会常务委员会第二十五次会议通过　根据2010年6月25日第十一届全国人民代表大会常务委员会第十五次会议《关于修改〈中华人民共和国行政监察法〉的决定》修正）

第一章　总　则

第一条　为了加强监察工作，保证政令畅通，维护行政纪律，促进廉政建设，改善行政管理，提高行政效能，根据宪法，制定本法。

第二条　监察机关是人民政府行使监察职能的机关，依照本法对国家行政机关及其公务员和国家行政机关任命的其他人员实施监察。

第三条　监察机关依法行使职权，不受其他行政部门、社会团体和个人的干涉。

第四条　监察工作必须坚持实事求是，重证据、重调查研究，在适用法律和行政纪律上人人平等。

第五条　监察工作应当实行教育与惩处相结合、监督检查与制度建设相结合。

第六条　监察工作应当依靠群众。监察机关建立举报制度，公民、法人或者其他组织对于任何国家行政机关及其公务员和国家行政机关任命的其他人员的违反行政纪律行为，有权向监察机关提出控告或者检举。监察机关应当受理举报并依法调查处理；对实名举报的，应当将处理结果等情况予以回复。

监察机关应当对举报事项、举报受理情况以及与举报人相关的信息予以保密，保护举报人的合法权益，具体办法由国务院规定。

第二章 监察机关和监察人员

第七条 国务院监察机关主管全国的监察工作。

县级以上地方各级人民政府监察机关负责本行政区域内的监察工作，对本级人民政府和上一级监察机关负责并报告工作，监察业务以上级监察机关领导为主。

第八条 县级以上各级人民政府监察机关根据工作需要，经本级人民政府批准，可以向政府所属部门派出监察机构或者监察人员。

监察机关派出的监察机构或者监察人员，对监察机关负责并报告工作。监察机关对派出的监察机构和监察人员实行统一管理，对派出的监察人员实行交流制度。

第九条 监察人员必须遵纪守法，忠于职守，秉公执法，清正廉洁，保守秘密。

第十条 监察人员必须熟悉监察业务，具备相应的文化水平和专业知识。

第十一条 县级以上地方各级人民政府监察机关正职、副职领导人员的任命或者免职，在提请决定前，必须经上一级监察机关同意。

第十二条 监察机关对监察人员执行职务和遵守纪律实行监督的制度。

第十三条 监察人员依法执行职务，受法律保护。

任何组织和个人不得拒绝、阻碍监察人员依法执行职务，不得打击报复监察人员。

第十四条 监察人员办理的监察事项与本人或者其近亲属有利害关系的，应当回避。

第三章 监察机关的职责

第十五条 国务院监察机关对下列机关和人员实施监察：

（一）国务院各部门及其公务员；

（二）国务院及国务院各部门任命的其他人员；

（三）省、自治区、直辖市人民政府及其领导人员。

第十六条 县级以上地方各级人民政府监察机关对下列机关和人员实施监察：

（一）本级人民政府各部门及其公务员；

（二）本级人民政府及本级人民政府各部门任命的其他人员；

（三）下一级人民政府及其领导人员。

县、自治县、不设区的市、市辖区人民政府监察机关还对本辖区所属的乡、民族乡、镇人民政府的公务员以及乡、民族乡、镇人民政府任命的其他人员实施监察。

第十七条 上级监察机关可以办理下一级监察机关管辖范围内的监察事项；必要时也可以办理所辖各级监察机关管辖范围内的监察事项。

监察机关之间对管辖范围有争议的，由其共同的上级监察机关确定。

第十八条 监察机关对监察对象执法、廉政、效能情况进行监察，履行下列职责：

（一）检查国家行政机关在遵守和执行法律、法规和人民政府的决定、命令中的问题；

（二）受理对国家行政机关及其公务员和国家行政机关任命的其他人员违反行政纪律行为的控告、检举；

（三）调查处理国家行政机关及其公务员和国家行政机关任命的其他人员违反行政纪律的行为；

（四）受理国家行政机关公务员和国家行政机关任命的其他人员不服主管行政机关给予处分决定的申诉，以及法律、行政法规规定的其他由监察机关受理的申诉；

（五）法律、行政法规规定由监察机关履行的其他职责。

监察机关按照国务院的规定，组织协调、检查指导政务公开工作和纠正损害群众利益的不正之风工作。

第四章　监察机关的权限

第十九条 监察机关履行职责，有权采取下列措施：

（一）要求被监察的部门和人员提供与监察事项有关的文件、资料、财务帐目及其他有关的材料，进行查阅或者予以复制；

（二）要求被监察的部门和人员就监察事项涉及的问题作出解释和说明；

（三）责令被监察的部门和人员停止违反法律、法规和行政纪律的行为。

第二十条 监察机关在调查违反行政纪律行为时，可以根据实际情况和需要采取下列措施：

（一）暂予扣留、封存可以证明违反行政纪律行为的文件、资料、财务帐目及其他有关的材料；

（二）责令案件涉嫌单位和涉嫌人员在调查期间不得变卖、转移与案件有关的财物；

（三）责令有违反行政纪律嫌疑的人员在指定的时间、地点就调查事项涉及的问题作出解释和说明，但是不得对其实行拘禁或者变相拘禁；

（四）建议有关机关暂停有严重违反行政纪律嫌疑的人员执行职务。

第二十一条 监察机关在调查贪污、贿赂、挪用公款等违反行政纪律的行为时，经县级以上监察机关领导人员批准，可以查询案件涉嫌单位和涉嫌人员在银行或者其他金融机构的存款；必要时，可以提请人民法院采取保全措施，依法冻结涉嫌人员在银行或者其他金融机构的存款。

第二十二条 监察机关在办理违反行政纪律案件中，可以提请有关行政部门、机构予以协助。

被提请协助的行政部门、机构应当根据监察机关提请协助办理的事项和要求，在职权范围内予以协助。

第二十三条 监察机关根据检查、调查结果，遇有下列情形之一的，可以提出监察建议：

（一）拒不执行法律、法规或者违反法律、法规以及人民政府的决定、命令，应当予以纠正的；

（二）本级人民政府所属部门和下级人民政府作出的决定、命令、指示违反法律、法规或者国家政策，应当予以纠正或者撤销的；

（三）给国家利益、集体利益和公民合法权益造成损害，需要采取补救措施的；

（四）录用、任免、奖惩决定明显不适当，应当予以纠正的；

（五）依照有关法律、法规的规定，应当给予行政处罚的；

（六）需要给予责令公开道歉、停职检查、引咎辞职、责令辞职、免职等问责处理的；

（七）需要完善廉政、勤政制度的；

（八）其他需要提出监察建议的。

第二十四条　监察机关根据检查、调查结果，遇有下列情形之一的，可以作出监察决定或者提出监察建议：

（一）违反行政纪律，依法应当给予警告、记过、记大过、降级、撤职、开除处分的；

（二）违反行政纪律取得的财物，依法应当没收、追缴或者责令退赔的。

对前款第（一）项所列情形作出监察决定或者提出监察建议的，应当按照国家有关人事管理权限和处理程序的规定办理。

第二十五条　监察机关依法作出的监察决定，有关部门和人员应当执行。监察机关依法提出的监察建议，有关部门无正当理由的，应当采纳。

第二十六条　监察机关对监察事项涉及的单位和个人有权进行查询。

第二十七条　监察机关应当依法公开监察工作信息。

第二十八条　监察机关的领导人员可以列席本级人民政府的有关会议，监察人员可以列席被监察部门的与监察事项有关的会议。

第二十九条　监察机关对控告、检举重大违法违纪行为的有功人员，可以依照有关规定给予奖励。

第五章 监察程序

第三十条 监察机关按照下列程序进行检查：

（一）对需要检查的事项予以立项；

（二）制定检查方案并组织实施；

（三）向本级人民政府或者上级监察机关提出检查情况报告；

（四）根据检查结果，作出监察决定或者提出监察建议。

重要检查事项的立项，应当报本级人民政府和上一级监察机关备案。

第三十一条 监察机关按照下列程序对违反行政纪律的行为进行调查处理：

（一）对需要调查处理的事项进行初步审查；认为有违反行政纪律的事实，需要追究行政纪律责任的，予以立案；

（二）组织实施调查，收集有关证据；

（三）有证据证明违反行政纪律，需要给予处分或者作出其他处理的，进行审理；

（四）作出监察决定或者提出监察建议。

重要、复杂案件的立案，应当报本级人民政府和上一级监察机关备案。

第三十二条 监察机关对于立案调查的案件，经调查认定不存在违反行政纪律事实的，或者不需要追究行政纪律责任的，应当予以撤销，并告知被调查单位及其上级部门或者被调查人员及其所在单位。

重要、复杂案件的撤销，应当报本级人民政府和上一级监察机关备案。

第三十三条 监察机关立案调查的案件，应当自立案之日起六个月内结案；因特殊原因需要延长办案期限的，可以适当延长，但是最长不得超过一年，并应当报上一级监察机关备案。

第三十四条 监察机关在检查、调查中应当听取被监察的部门和人员的陈述和申辩。

第三十五条 监察机关作出的重要监察决定和提出的重要监察建

议，应当报经本级人民政府和上一级监察机关同意。国务院监察机关作出的重要监察决定和提出的重要监察建议，应当报经国务院同意。

第三十六条 监察决定、监察建议应当以书面形式送达有关单位、人员。

监察机关对违反行政纪律的人员作出给予处分的监察决定，由人民政府人事部门或者有关部门按照人事管理权限执行。

人民政府人事部门或者有关部门应当将监察机关作出的给予处分的监察决定及其执行的有关材料归入受处分人员的档案。

第三十七条 有关单位和人员应当自收到监察决定或者监察建议之日起三十日内将执行监察决定或者采纳监察建议的情况通报监察机关。

第三十八条 国家行政机关公务员和国家行政机关任命的其他人员对主管行政机关作出的处分决定不服的，可以自收到处分决定之日起三十日内向监察机关提出申诉，监察机关应当自收到申诉之日起三十日内作出复查决定；对复查决定仍不服的，可以自收到复查决定之日起三十日内向上一级监察机关申请复核，上一级监察机关应当自收到复核申请之日起六十日内作出复核决定。

复查、复核期间，不停止原决定的执行。

第三十九条 监察机关对受理的不服主管行政机关处分决定的申诉，经复查认为原决定不适当的，可以建议原决定机关予以变更或者撤销；监察机关在职权范围内，也可以直接作出变更或者撤销的决定。

法律、行政法规规定由监察机关受理的其他申诉，依照有关法律、行政法规的规定办理。

第四十条 对监察决定不服的，可以自收到监察决定之日起三十日内向作出决定的监察机关申请复审，监察机关应当自收到复审申请之日起三十日内作出复审决定；对复审决定仍不服的，可以自收到复审决定之日起三十日内向上一级监察机关申请复核，上一级监察机关应当自收到复核申请之日起六十日内作出复核决定。

复审、复核期间，不停止原决定的执行。

第四十一条 上一级监察机关认为下一级监察机关的监察决定不

适当的，可以责成下一级监察机关予以变更或者撤销，必要时也可以直接作出变更或者撤销的决定。

第四十二条 上一级监察机关的复核决定和国务院监察机关的复查决定或者复审决定为最终决定。

第四十三条 对监察建议有异议的，可以自收到监察建议之日起三十日内向作出监察建议的监察机关提出，监察机关应当自收到异议之日起三十日内回复；对回复仍有异议的，由监察机关提请本级人民政府或者上一级监察机关裁决。

第四十四条 监察机关在办理监察事项中，发现所调查的事项不属于监察机关职责范围内的，应当移送有处理权的单位处理；涉嫌犯罪的，应当移送司法机关依法处理。

接受移送的单位或者机关应当将处理结果告知监察机关。

第六章 法律责任

第四十五条 被监察的部门和人员违反本法规定，有下列行为之一的，由主管机关或者监察机关责令改正，对部门给予通报批评；对负有直接责任的主管人员和其他直接责任人员依法给予处分：

（一）隐瞒事实真相、出具伪证或者隐匿、转移、篡改、毁灭证据的；

（二）故意拖延或者拒绝提供与监察事项有关的文件、资料、财务帐目及其他有关材料和其他必要情况的；

（三）在调查期间变卖、转移涉嫌财物的；

（四）拒绝就监察机关所提问题作出解释和说明的；

（五）拒不执行监察决定或者无正当理由拒不采纳监察建议的；

（六）有其他违反本法规定的行为，情节严重的。

第四十六条 泄露举报事项、举报受理情况以及与举报人相关的信息的，依法给予处分；构成犯罪的，依法追究刑事责任。

第四十七条 对申诉人、控告人、检举人或者监察人员进行报复陷害的，依法给予处分；构成犯罪的，依法追究刑事责任。

第四十八条 监察人员滥用职权、徇私舞弊、玩忽职守、泄露秘密的，依法给予处分；构成犯罪的，依法追究刑事责任。

第四十九条 监察机关和监察人员违法行使职权，侵犯公民、法人和其他组织的合法权益，造成损害的，应当依法赔偿。

第七章 附 则

第五十条 监察机关对法律、法规授权的具有公共事务管理职能的组织及其从事公务的人员和国家行政机关依法委托从事公共事务管理活动的组织及其从事公务的人员实施监察，适用本法。

第五十一条 本法自公布之日起施行。1990 年 12 月 9 日国务院发布的《中华人民共和国行政监察条例》同时废止。

中华人民共和国行政监察法实施条例

（2004年9月17日国务院令第419号发布）

第一章 总 则

第一条 根据《中华人民共和国行政监察法》（以下简称行政监察法），制定本条例。

第二条 国家行政机关和法律、法规授权的具有管理公共事务职能的组织以及国家行政机关依法委托的组织及其工勤人员以外的工作人员，适用行政监察法和本条例。

行政监察法第二条所称“国家行政机关任命的其他人员”，是指企业、事业单位、社会团体中由国家行政机关以委任、派遣等形式任命的人员。

第三条 监察机关建立举报保密制度，对举报人的有关情况予以保密，严禁泄露举报人身份或者将举报材料、举报人情况透露给被举报单位、被举报人。

监察机关对控告、检举重大违法违纪行为的有功人员可以给予奖励。奖励的条件、标准，由监察机关会同同级人民政府财政部门制定。

第四条 监察机关根据工作需要，可以在国家行政机关、企业、事业单位、社会团体中聘请特邀监察员。聘请特邀监察员的具体办法由国务院监察机关规定。

第五条 监察机关履行职责所必需的经费，列入本级财政预算。

第二章 派出的监察机构和监察人员

第六条 监察机关派出的监察机构或者监察人员对派出它的监察机关负责并报告工作，并由派出它的监察机关实行统一管理。

在实行垂直管理的国家行政机关中，监察机关派出的监察机构根据工作需要，经派出它的监察机关批准，可以向驻在部门的下属行政机构再派出监察机构或者监察人员。

第七条 派出的监察机构或者监察人员履行下列职责：

（一）检查被监察的部门在遵守和执行法律、法规和人民政府的决定、命令中的问题；

（二）受理对被监察的部门和人员违反行政纪律行为的控告、检举；

（三）调查处理被监察的部门和人员违反行政纪律的行为；

（四）受理被监察人员不服行政处分决定或者行政处分复核决定的申诉；

（五）受理被监察人员不服监察决定的申诉；

（六）督促被监察的部门建立廉政、勤政方面的规章制度；

（七）办理派出它的监察机关交办的其他事项。

第八条 派出的监察机构或者监察人员行使与派出它的监察机关相同的权限。但是，地方各级监察机关派出的监察机构或者监察人员，以及在实行垂直管理的国家行政机关中派出的监察机构向驻在部门的下属行政机构再派出的监察机构或者监察人员行使行政监察法第二十条、第二十一条规定的权限，需经派出它的监察机关或者派出它的监察机构批准。

第九条 派出的监察机构或者监察人员履行职责，适用与监察机关履行职责相同的程序。

第三章 监察机关的权限

第十条 监察机关为履行职责，有权要求被监察的部门和人员全面、如实地提供与监察事项有关的文件、资料、财务账目以及其他有关的材料。

第十一条 监察机关在调查违反行政纪律行为时，可以暂予扣留、封存能够证明违反行政纪律行为的文件、资料、财务账目以及其他有关的材料。暂予扣留、封存时应当向文件、资料、财务账目等材料的持有人出具监察通知书，对暂予扣留、封存的材料开列清单，并由各方当事人当场核对、签字。

对暂予扣留、封存的文件、资料、财务账目以及其他有关的材料，监察机关应当妥善保管，不得毁损或者用于其他目的。

第十二条 对下列与案件有关的财物，监察机关有权责令案件涉嫌单位和涉嫌人员在调查期间妥善保管，不得毁损、变卖、转移：

（一）可以证明案件情况的财物；

（二）涉嫌违反行政纪律取得的财物；

（三）变卖、转移给他人有可能影响案件调查处理的财物。

监察机关在调查贪污、贿赂、挪用公款等违反行政纪律的行为时，经县级以上人民政府监察机关领导人员批准，可以暂予扣留与贪污、贿赂、挪用公款等有关的财物。

监察机关采取前两款规定的措施，应当出具监察通知书，对有关财物开列清单，并由各方当事人当场核对、签字。

第十三条 监察机关采取行政监察法第二十条第（三）项规定的措施，应当经县级以上人民政府监察机关领导人员批准。

经调查证明违反行政纪律的被监察人员涉嫌犯罪的，监察机关应当及时将案件移送司法机关依法处理。

第十四条 行政监察法第二十条第（四）项所称“暂停有严重违反行政纪律嫌疑的人员执行职务”，是指有关机关根据监察机关的建议，暂时停止有严重违反行政纪律嫌疑的被监察人员的职务活动。

监察机关建议暂停执行职务的情形包括：

（一）有严重违反行政纪律嫌疑的被监察人员继续执行职务将造成不良影响，或者给工作造成损失的；

（二）有严重违反行政纪律嫌疑的被监察人员利用职权阻挠、干扰、破坏案件调查，或者威胁、利诱、打击报复控告人、检举人、证人、办案人员的。

监察机关建议暂停执行职务，应当制作监察通知书，并送达有关机关。有关机关应当在3日内作出是否暂停执行职务的决定。

对经调查核实不存在违反行政纪律事实或者不需要给予撤职以上行政处分的人员，监察机关应当在撤销案件或者作出行政处分决定后

3 日内书面通知有关机关解除暂停执行职务的措施，并在有关范围内宣布。

第十五条 行政监察法第二十条第（四）项所称“有关机关”，是指依法有权决定暂停有严重违反行政纪律嫌疑的被监察人员执行职务的机关。其中，对由全国人民代表大会及其常务委员会决定任命的人员暂停执行职务，由国务院决定；对由地方各级人民代表大会选举的人员暂停执行职务，由上级人民政府决定；对由地方各级人民代表大会常务委员会决定任命的人员，除对副省长、自治区副主席、副市长、副州长、副县长、副区长暂停执行职务由上级人民政府决定外，对其他人员暂停执行职务由本级人民政府决定。对上述人员以外的其他人员暂停执行职务，由其任免机关决定。

第十六条 监察机关采取行政监察法第十九条、第二十条、第二十一条所规定的措施，采取措施的条件消失后，监察机关应当及时解除措施。

第十七条 监察机关办理违法违纪案件，遇有下列情形之一的，可以提请公安机关、司法行政部门予以协助：

（一）需要向在押的犯罪嫌疑人、被执行刑罚的罪犯调查取证的；

（二）需要阻止与案件有关的人员出境的；

（三）需要协助收集、审查、判断或者认定证据的。

第十八条 监察机关办理违法违纪案件，遇有下列情形之一的，可以提请审计机关予以协助：

（一）需要对有关单位的财政、财务收支情况进行审计查证的；

（二）需要协助调查取证的。

第十九条 监察机关办理违法违纪案件，遇有下列情形之一的，可以提请税务、海关、工商行政管理、质量监督检验检疫等机关予以协助：

（一）需要协助调查取证的；

（二）需要协助收集、审查、判断或者认定证据的。

第二十条 监察机关提请公安、司法行政、审计、税务、海关、工商行政管理、质量监督检验检疫等机关予以协助，应当出具提请协助书，写明需要协助办理的事项和要求。

被提请协助的机关应当根据监察机关提请协助办理的事项和要求，在职权范围内予以协助。

第二十一条 行政监察法第二十三条第（二）项所称“本级人民政府所属部门和下级人民政府作出的决定、命令、指示违反法律、法规或者国家政策，应当予以纠正或者撤销的”情形，是指：

（一）决定、命令、指示的内容与法律、法规、规章相抵触的；

（二）决定、命令、指示的发布，超越法定职权或者违反法律、法规、规章规定的程序的。

第二十二条 行政监察法第二十三条第（三）项所称“补救措施”，是指消除影响、恢复名誉、赔礼道歉、给予赔偿等补救措施。

第二十三条 行政监察法第二十三条第（四）项所称“录用、任免、奖惩决定明显不适当，应当予以纠正的”情形，是指：

（一）被录用、任命人员明显不符合所任职务的条件，或者不符合任职回避规定的；

（二）超越权限或者违反程序作出录用、任免、奖惩决定的；

（三）奖励明显不适当，或者处分畸轻畸重的。

第二十四条 监察机关对被监察人员作出给予行政处分的监察决定，按照下列规定进行：

（一）对由本级人民代表大会及其常务委员会决定任命的本级人民政府各部门领导人员和下一级人民代表大会及其常务委员会选举或者决定任命的人民政府领导人员，拟给予警告、记过、记大过、降级处分的，监察机关应当向本级人民政府提出处分意见，经本级人民政府批准后，由监察机关下达监察决定；拟给予撤职、开除处分的，先由本级人民政府或者下一级人民政府提请同级人民代表大会罢免职务，或者向同级人民代表大会常务委员会提请免去职务或者撤销职务后，由监察机关下达监察决定；

（二）对本级人民政府任命的人员，拟给予警告、记过、记大过、降级处分的，由监察机关直接作出监察决定，报本级人民政府备案；拟给予撤职、开除处分的，监察机关应当向本级人民政府提出处分意见，经本级人民政府批准后，由监察机关下达监察决定；

（三）对本级人民政府所属各部门和下一级人民政府及其所属各部门任命的人员，拟给予行政处分的，由监察机关直接作出监察决定。其中，县级人民政府监察机关给予被监察人员开除处分的，应当报县级人民政府批准。

第二十五条 监察机关对违反行政纪律的人员作出给予行政处分的监察决定后，由人民政府人事部门或者有关部门按照人事管理权限执行，并办理有关行政处分手续。

人民政府人事部门或者有关部门应当将监察机关作出的监察决定及其执行、办理的有关材料归入受处分人员的档案，并在适当范围内宣布。

第二十六条 监察机关根据检查、调查结果，对违反行政纪律取得的财物，可以作出没收、追缴或者责令退赔的监察决定，但依法应当由其他机关没收、追缴或者责令退赔的除外。

第二十七条 有关单位和人员对监察机关依法提出的监察建议应当采纳，但认为监察建议有下列情形之一的，可以提出异议：

（一）依据的事实不存在，或者证据不足的；

（二）适用法律、法规、规章错误的；

（三）提出的程序不合法的；

（四）涉及事项超出被建议单位或者人员法定职责范围的。

对有关单位或者人员提出的异议，监察机关应当予以审查。认为异议成立的，监察机关应当收回监察建议；认为异议不成立的，书面通知有关单位或者人员执行原监察建议。

第四章 监察程序

第二十八条 行政监察的检查事项，由监察机关根据本级人民政府或者上级监察机关的部署和要求以及工作需要确定。

行政监察法第二十九条第二款所称“重要检查事项”，是指根据本级人民政府或者上级监察机关的部署和要求确定的检查事项，或者监察机关认为在本行政区域内有重大影响而需要检查的事项。

第二十九条 对违反行政纪律行为进行初步审查，应当经监察机关领导人员批准。初步审查后，应当向监察机关领导人员提出报告，对存在违反行政纪律事实并且需要追究行政纪律责任的，经监察机关领导人员批准，予以立案。

第三十条 行政监察法第三十条第二款、第三十一条第二款所称“重要、复杂案件”，是指有下列情形之一的案件：

（一）本级人民政府所属部门或者下一级人民政府违法违纪的；

（二）需要给予本级人民政府所属部门领导人员或者下一级人民政府领导人员撤职以上处分的；

（三）社会影响较大的；

（四）涉及境外的。

第三十一条 监察机关决定立案调查的，应当通知被调查单位的上级主管机关或者被调查人员所在单位，但通知后可能影响调查的，可以暂不通知。

监察机关已通知立案的，未经监察机关同意，被调查人员所在单位的上级主管机关或者所在单位不得批准被调查人员出境、辞职、办理退休手续或者对其调动、提拔、奖励、处分。

第三十二条 监察机关调查取证应当由两名以上办案人员进行，调查时应当向被调查单位和被调查人员出示证件。

第三十三条 办理监察事项的监察人员有下列情形之一的，应当自行回避，被监察人员以及与监察事项有利害关系的公民、法人或者其他组织有权要求其回避：

（一）是被监察人员的近亲属的；

（二）办理的监察事项与本人有利害关系的；

（三）与办理的监察事项有其他关系，可能影响监察事项公正处理的。

监察机关领导人员的回避由本级人民政府领导人员或者上一级监察机关领导人员决定，其他监察人员的回避由本级监察机关领导人员决定。

本级人民政府或者上一级监察机关发现监察人员有应当回避的情

形，可以直接决定该人员回避。

第三十四条 因主要涉案人员出境、失踪，或者遇到严重自然灾害等不可抗力事件，致使调查工作无法进行的，监察机关的调查可以中止。

中止调查应当经监察机关领导人员批准，并报上一级监察机关备案。经本级人民政府备案的立案案件中止调查的，应当再报本级人民政府备案。中止调查的情形消失后，监察机关应当恢复调查。自恢复调查之日起，办案期限连续计算。

第三十五条 监察机关立案调查的案件，办案期限自立案之日起算，至作出监察决定或者提出监察建议之日终止。

在调查处理过程中发现被调查人员有新的违反行政纪律事实的，办案期限应当自发现新的违反行政纪律事实之日起重新计算。

第三十六条 行政监察法第三十二条所称“特殊原因”，是指下列情形：

（一）案件发生在交通不便的边远地区的；

（二）案件涉案人员多、涉及面广、取证困难的；

（三）案件所适用的法律、法规、规章需要报请有权机关作出解释或者确认的。

第三十七条 行政监察法第三十四条所称“重要监察决定”和“重要监察建议”，是指监察机关办理重要检查事项和重要、复杂案件所作出的监察决定和提出的监察建议。

重要监察决定和重要监察建议应当报经本级人民政府和上一级监察机关同意。本级人民政府和上一级监察机关意见不一致的，由上一级监察机关报同级人民政府决定。

第三十八条 监察决定自作出之日起生效；需批准的，自批准之日起生效。

监察决定书和监察建议书可以由监察机关直接送达有关单位和人员，也可以委托其他监察机关送达。受送达人在送达回证上的签收日期为送达日期。受送达人拒绝接收或者拒绝签名、盖章的，送达人应当邀请受送达人所在单位人员到场，见证现场情况，由送达人在送达回证上记明拒收事由和日期，由送达人、见证人签名或者盖章，将监察决定书和监察建议书留在受送达人的住所或者所在单位，即视为送达。

第三十九条 对主管行政机关作出的行政处分决定或者行政处分的复核决定不服的，可以向该主管行政机关同级的监察机关提出申诉。

第四十条 监察机关复查申诉案件，认为原决定事实清楚、证据确凿、适用法律法规规章正确、定性准确、处理适当、程序合法的，予以维持。

第四十一条 监察机关复查申诉案件，认为原决定有下列情形之一的，可以在其职权范围内直接变更或者建议原决定机关变更；上一级监察机关认为下一级监察机关作出的监察决定有下列情形之一的，可以直接变更或者责令下一级监察机关变更：

（一）适用法律、法规、规章错误的；

（二）违法违纪行为的情节认定有误的；

（三）处理不适当的。

第四十二条 监察机关复查申诉案件，认为原决定有下列情形之一的，可以在其职权范围内直接撤销或者建议原决定机关撤销，决定撤销后，发回原决定机关重新作出决定；上一级监察机关认为下一级监察机关作出的监察决定有下列情形之一的，可以直接撤销或者责令下一级监察机关撤销，决定撤销后，责令下一级监察机关重新作出决定：

（一）违法违纪事实不存在，或者证据不足的；

（二）违反法定程序，影响案件公正处理的；

（三）超越职权或者滥用职权的。

第四十三条 监察机关移送案件，应当制作移送案件通知书。

接受移送的单位应当将处理结果按照监察机关移送案件通知书的要求，告知移送案件的监察机关。

第五章　附　则

第四十四条 本条例自2004年10月1日起施行。

环境保护违法违纪行为处分暂行规定

（2006年2月20日监察部令、环境保护总局第10号发布）

第一条 为了加强环境保护工作，惩处环境保护违法违纪行为，促进环境保护法律法规的贯彻实施，根据《中华人民共和国环境保护法》、《中华人民共和国行政监察法》及其他有关法律、法规，制定本规定。

第二条 国家行政机关及其工作人员、企业中由国家行政机关任命的人员有环境保护违法违纪行为，应当给予处分的，适用本规定。

法律、行政法规对环境保护违法违纪行为的处分作出规定的，依照其规定。

第三条 有环境保护违法违纪行为的国家行政机关，对其直接负责的主管人员和其他直接责任人员，以及对有环境保护违法违纪行为的国家行政机关工作人员（以下统称直接责任人员），由任免机关或者监察机关按照管理权限，依法给予行政处分。

企业有环境保护违法违纪行为的，对其直接负责的主管人员和其他直接责任人员中由国家行政机关任命的人员，由任免机关或者监察机关按照管理权限，依法给予纪律处分。

第四条 国家行政机关及其工作人员有下列行为之一的，对直接责任人员，给予警告、记过或者记大过处分；情节较重的，给予降级处分；情节严重的，给予撤职处分：

（一）拒不执行环境保护法律、法规以及人民政府关于环境保护的决定、命令的；

（二）制定或者采取与环境保护法律、法规、规章以及国家环境保护政策相抵触的规定或者措施，经指出仍不改正的；

（三）违反国家有关产业政策，造成环境污染或者生态破坏的；

（四）不按照国家规定淘汰严重污染环境的落后生产技术、工艺、设备或者产品的；

（五）对严重污染环境的企业事业单位不依法责令限期治理或者不按规定责令取缔、关闭、停产的；

（六）不按照国家规定制定环境污染与生态破坏突发事件应急预案的。

第五条 国家行政机关及其工作人员有下列行为之一的，对直接责任人员，给予警告、记过或者记大过处分；情节较重的，给予降级处分；情节严重的，给予撤职处分：

（一）在组织环境影响评价时弄虚作假或者有失职行为，造成环境影响评价严重失实，或者对未依法编写环境影响篇章、说明或者未依法附送环境影响报告书的规划草案予以批准的；

（二）不按照法定条件或者违反法定程序审核、审批建设项目环境影响评价文件，或者在审批、审核建设项目环境影响评价文件时收取费用，情节严重的；

（三）对依法应当进行环境影响评价而未评价，或者环境影响评价文件未经批准，擅自批准该项目建设或者擅自为其办理征地、施工、注册登记、营业执照、生产（使用）许可证的；

（四）不按照规定核发排污许可证、危险废物经营许可证、医疗废物集中处置单位经营许可证、核与辐射安全许可证以及其他环境保护许可证，或者不按照规定办理环境保护审批文件的；

（五）违法批准减缴、免缴、缓缴排污费的；

（六）有其他违反环境保护的规定进行许可或者审批行为的。

第六条 国家行政机关及其工作人员有下列行为之一的，对直接责任人员，给予警告、记过或者记大过处分；情节较重的，给予降级处分；情节严重的，给予撤职处分：

（一）未经批准，擅自撤销自然保护区或者擅自调整、改变自然保护区的性质、范围、界线、功能区划的；

（二）未经批准，在自然保护区开展参观、旅游活动的；

（三）开设与自然保护区保护方向不一致的参观、旅游项目的；

（四）不按照批准的方案开展参观、旅游活动的。

第七条 依法具有环境保护监督管理职责的国家行政机关及其工作人员有下列行为之一的，对直接责任人员，给予警告、记过或者记大过处分；情节较重的，给予降级处分；情节严重的，给予撤职处分：

（一）不按照法定条件或者违反法定程序，对环境保护违法行为实施行政处罚的；

（二）擅自委托环境保护违法行为行政处罚权的；

（三）违法实施查封、扣押等环境保护强制措施，给公民人身或者财产造成损害或者给法人、其他组织造成损失的；

（四）有其他违反环境保护的规定进行行政处罚或者实施行政强制措施行为的。

第八条 依法具有环境保护监督管理职责的国家行政机关及其工作人员有下列行为之一的，对直接责任人员，给予警告、记过或者记大过处分；情节较重的，给予降级或者撤职处分；情节严重的，给予开除处分：

（一）发现环境保护违法行为或者接到对环境保护违法行为的举报后不及时予以查处的；

（二）对依法取得排污许可证、危险废物经营许可证、核与辐射安全许可证等环境保护许可证件或者批准文件的单位不履行监督管理职责，造成严重后果的；

（三）发生重大环境污染事故或者生态破坏事故，不按照规定报告或者在报告中弄虚作假，或者不依法采取必要措施或者拖延、推诿采取措施，致使事故扩大或者延误事故处理的；

（四）对依法应当移送有关机关处理的环境保护违法违纪案件不移送，致使违法违纪人员逃脱处分、行政处罚或者刑事处罚的；

（五）有其他不履行环境保护监督管理职责行为的。

第九条 国家行政机关及其工作人员有下列行为之一的，对直接责任人员，给予警告、记过或者记大过处分；情节较重的，给予降级或者撤职处分；情节严重的，给予开除处分：

（一）利用职务上的便利，侵吞、窃取、骗取或者以其他手段将收缴的罚款、排污费或者其他财物据为己有的；

（二）利用职务上的便利，索取他人财物，或者非法收受他人财物，为他人谋取利益的；

（三）截留、挤占环境保护专项资金或者将环境保护专项资金挪作他用的；

（四）擅自使用、调换、变卖或者毁损被依法查封、扣押的财物的；

（五）将罚款、没收的违法所得或者财物截留、私分或者变相私分的。

第十条 国家行政机关及其工作人员为被检查单位通风报信或者包庇、纵容环境保护违法违纪行为的，对直接责任人员，给予降级或者撤职处分；致使公民、法人或者其他组织的合法权益、公共利益遭受重大损害，或者导致发生群体性事件或者冲突，严重影响社会安定的，给予开除处分。

第十一条 企业有下列行为之一的，对其直接负责的主管人员和其他直接责任人员中由国家行政机关任命的人员给予降级处分；情节较重的，给予撤职或者留用察看处分；情节严重的，给予开除处分：

（一）未依法履行环境影响评价文件审批程序，擅自开工建设，或者经责令停止建设、限期补办环境影响评价审批手续而逾期不办的；

（二）与建设项目配套建设的环境保护设施未与主体工程同时设计、同时施工、同时投产使用的；

（三）擅自拆除、闲置或者不正常使用环境污染治理设施，或者不正常排污的；

（四）违反环境保护法律、法规，造成环境污染事故，情节较重的；

（五）不按照国家有关规定制定突发事件应急预案，或者在突发事件发生时，不及时采取有效控制措施导致严重后果的；

（六）被依法责令停业、关闭后仍继续生产的；

（七）阻止、妨碍环境执法人员依法执行公务的；

（八）有其他违反环境保护法律、法规进行建设、生产或者经营行为的。

第十二条 有环境保护违法违纪行为，涉嫌犯罪的，移送司法机关依法处理。

第十三条 环境保护行政主管部门和监察机关在查处环境保护违法违纪案件中，认为属于对方职责范围内的，应当及时移送。

监察机关认为应当给予有关责任人员处分的，应当依法作出监察决定或者提出给予处分的监察建议。

第十四条 法律、法规授权的具有管理公共事务职能的组织和国家行政机关依法委托的组织及其工作人员，以及其他事业单位中由国家行政机关任命的人员有环境保护违法违纪行为，应当给予处分的，参照本规定执行。

第十五条 本规定由监察部和国家环境保护总局负责解释。

第十六条 本规定自公布之日起施行。

中华人民共和国公务员法（节录）

（2005年4月27日中华人民共和国第十届全国人民代表大会常务委员会第十五次会议通过　2005年4月27日中华人民共和国主席令第三十五号公布　自2006年1月1日起施行）

第八章　奖　励

第四十八条　对工作表现突出，有显著成绩和贡献，或者有其他突出事迹的公务员或者公务员集体，给予奖励。奖励坚持精神奖励与物质奖励相结合、以精神奖励为主的原则。

公务员集体的奖励适用于按照编制序列设置的机构或者为完成专项任务组成的工作集体。

第四十九条　公务员或者公务员集体有下列情形之一的，给予奖励：

（一）忠于职守，积极工作，成绩显著的；

（二）遵守纪律，廉洁奉公，作风正派，办事公道，模范作用突出的；

（三）在工作中有发明创造或者提出合理化建议，取得显著经济效益或者社会效益的；

（四）为增进民族团结、维护社会稳定做出突出贡献的；

（五）爱护公共财产，节约国家资财有突出成绩的；

（六）防止或者消除事故有功，使国家和人民群众利益免受或者减少损失的；

（七）在抢险、救灾等特定环境中奋不顾身，做出贡献的；

（八）同违法违纪行为作斗争有功绩的；

（九）在对外交往中为国家争得荣誉和利益的；

（十）有其他突出功绩的。

第五十条 奖励分为：嘉奖、记三等功、记二等功、记一等功、授予荣誉称号。

对受奖励的公务员或者公务员集体予以表彰，并给予一次性奖金或者其他待遇。

第五十一条 给予公务员或者公务员集体奖励，按照规定的权限和程序决定或者审批。

第五十二条 公务员或者公务员集体有下列情形之一的，撤销奖励：

（一）弄虚作假，骗取奖励的；

（二）申报奖励时隐瞒严重错误或者严重违反规定程序的；

（三）有法律、法规规定应当撤销奖励的其他情形的。

第九章 惩 戒

第五十三条 公务员必须遵守纪律，不得有下列行为：

（一）散布有损国家声誉的言论，组织或者参加旨在反对国家的集会、游行、示威等活动；

（二）组织或者参加非法组织，组织或者参加罢工；

（三）玩忽职守，贻误工作；

（四）拒绝执行上级依法作出的决定和命令；

（五）压制批评，打击报复；

（六）弄虚作假，误导、欺骗领导和公众；

（七）贪污、行贿、受贿，利用职务之便为自己或者他人谋取私利；

（八）违反财经纪律，浪费国家资财；

（九）滥用职权，侵害公民、法人或者其他组织的合法权益；

（十）泄露国家秘密或者工作秘密；

（十一）在对外交往中损害国家荣誉和利益；

（十二）参与或者支持色情、吸毒、赌博、迷信等活动；

（十三）违反职业道德、社会公德；

（十四）从事或者参与营利性活动，在企业或者其他营利性组织中兼任职务；

（十五）旷工或者因公外出、请假期满无正当理由逾期不归；

（十六）违反纪律的其他行为。

第五十四条 公务员执行公务时，认为上级的决定或者命令有错误的，可以向上级提出改正或者撤销该决定或者命令的意见；上级不改变该决定或者命令，或者要求立即执行的，公务员应当执行该决定或者命令，执行的后果由上级负责，公务员不承担责任；但是，公务员执行明显违法的决定或者命令的，应当依法承担相应的责任。

第五十五条 公务员因违法违纪应当承担纪律责任的，依照本法给予处分；违纪行为情节轻微，经批评教育后改正的，可以免予处分。

第五十六条 处分分为：警告、记过、记大过、降级、撤职、开除。

第五十七条 对公务员的处分，应当事实清楚、证据确凿、定性准确、处理恰当、程序合法、手续完备。

公务员违纪的，应当由处分决定机关决定对公务员违纪的情况进行调查，并将调查认定的事实及拟给予处分的依据告知公务员本人。公务员有权进行陈述和申辩。

处分决定机关认为对公务员应当给予处分的，应当在规定的期限内，按照管理权限和规定的程序作出处分决定。处分决定应当以书面形式通知公务员本人。

第五十八条 公务员在受处分期间不得晋升职务和级别，其中受记过、记大过、降级、撤职处分的，不得晋升工资档次。

受处分的期间为：警告，六个月；记过，十二个月；记大过，十八个月；降级、撤职，二十四个月。

受撤职处分的，按照规定降低级别。

第五十九条 公务员受开除以外的处分，在受处分期间有悔改表现，并且没有再发生违纪行为的，处分期满后，由处分决定机关解除处分并以书面形式通知本人。

解除处分后，晋升工资档次、级别和职务不再受原处分的影响。但是，解除降级、撤职处分的，不视为恢复原级别、原职务。

第十一章　交流与回避

第七十条　公务员执行公务时，有下列情形之一的，应当回避：

（一）涉及本人利害关系的；

（二）涉及与本人有本法第六十八条第一款所列亲属关系人员的利害关系的；

（三）其他可能影响公正执行公务的。

第七十一条　公务员有应当回避情形的，本人应当申请回避；利害关系人有权申请公务员回避。其他人员可以向机关提供公务员需要回避的情况。

机关根据公务员本人或者利害关系人的申请，经审查后作出是否回避的决定，也可以不经申请直接作出回避决定。

第七十二条　法律对公务员回避另有规定的，从其规定。

行政机关公务员处分条例

中华人民共和国国务院令

第 495 号

《行政机关公务员处分条例》已经 2007 年 4 月 4 日国务院第 173 次常务会议通过，现予公布，自 2007 年 6 月 1 日起施行。

总理　温家宝

二〇〇七年四月二十二日

第一章　总　则

第一条　为了严肃行政机关纪律，规范行政机关公务员的行为，保证行政机关及其公务员依法履行职责，根据《中华人民共和国公务员法》和《中华人民共和国行政监察法》，制定本条例。

第二条　行政机关公务员违反法律、法规、规章以及行政机关的决定和命令，应当承担纪律责任的，依照本条例给予处分。

法律、其他行政法规、国务院决定对行政机关公务员处分有规定的，依照该法律、行政法规、国务院决定的规定执行；法律、其他行政法规、国务院决定对行政机关公务员应当受到处分的违法违纪行为做了规定，但是未对处分幅度做规定的，适用本条例第三章与其最相类似的条款有关处分幅度的规定。

地方性法规、部门规章、地方政府规章可以补充规定本条例第三章未作规定的应当给予处分的违法违纪行为以及相应的处分幅度。除国务院监察机关、国务院人事部门外，国务院其他部门制定处分规章，应当与国务院监察机关、国务院人事部门联合制定。

除法律、法规、规章以及国务院决定外，行政机关不得以其他形式设定行政机关公务员处分事项。

第三条 行政机关公务员依法履行职务的行为受法律保护，非因法定事由，非经法定程序，不受处分。

第四条 给予行政机关公务员处分，应当坚持公正、公平和教育与惩处相结合的原则。

给予行政机关公务员处分，应当与其违法违纪行为的性质、情节、危害程度相适应。

给予行政机关公务员处分，应当事实清楚、证据确凿、定性准确、处理恰当、程序合法、手续完备。

第五条 行政机关公务员违法违纪涉嫌犯罪的，应当移送司法机关依法追究刑事责任。

第二章 处分的种类和适用

第六条 行政机关公务员处分的种类为：

（一）警告；

（二）记过；

（三）记大过；

（四）降级；

（五）撤职；

（六）开除。

第七条 行政机关公务员受处分的期间为：

（一）警告，6个月；

（二）记过，12个月；

（三）记大过，18个月；

（四）降级、撤职，24个月。

第八条 行政机关公务员在受处分期间不得晋升职务和级别，其中，受记过、记大过、降级、撤职处分的，不得晋升工资档次；受撤职处分的，应当按照规定降低级别。

第九条 行政机关公务员受开除处分的，自处分决定生效之日起，解除其与单位的人事关系，不得再担任公务员职务。

行政机关公务员受开除以外的处分，在受处分期间有悔改表现，并且没有再发生违法违纪行为的，处分期满后，应当解除处分。解除处分后，晋升工资档次、级别和职务不再受原处分的影响。但是，解除降级、撤职处分的，不视为恢复原级别、原职务。

第十条 行政机关公务员同时有两种以上需要给予处分的行为的，应当分别确定其处分。应当给予的处分种类不同的，执行其中最重的处分；应当给予撤职以下多个相同种类处分的，执行该处分，并在一个处分期以上、多个处分期之和以下，决定处分期。

行政机关公务员在受处分期间受到新的处分的，其处分期为原处分期尚未执行的期限与新处分期限之和。

处分期最长不得超过48个月。

第十一条 行政机关公务员2人以上共同违法违纪，需要给予处分的，根据各自应当承担的纪律责任，分别给予处分。

第十二条 有下列情形之一的，应当从重处分：

（一）在2人以上的共同违法违纪行为中起主要作用的；

（二）隐匿、伪造、销毁证据的；

（三）串供或者阻止他人揭发检举、提供证据材料的；

（四）包庇同案人员的；

（五）法律、法规、规章规定的其他从重情节。

第十三条 有下列情形之一的，应当从轻处分：

（一）主动交代违法违纪行为的；

（二）主动采取措施，有效避免或者挽回损失的；

（三）检举他人重大违法违纪行为，情况属实的。

第十四条 行政机关公务员主动交代违法违纪行为，并主动采取措施有效避免或者挽回损失的，应当减轻处分。

行政机关公务员违纪行为情节轻微，经过批评教育后改正的，可以免予处分。

第十五条 行政机关公务员有本条例第十二条、第十三条规定情形之一的，应当在本条例第三章规定的处分幅度以内从重或者从轻给予处分。

行政机关公务员有本条例第十四条第一款规定情形的，应当在本条例第三章规定的处分幅度以外，减轻一个处分的档次给予处分。应当给予警告处分，又有减轻处分的情形的，免予处分。

第十六条 行政机关经人民法院、监察机关、行政复议机关或者上级行政机关依法认定有行政违法行为或者其他违法违纪行为，需要追究纪律责任的，对负有责任的领导人员和直接责任人员给予处分。

第十七条 违法违纪的行政机关公务员在行政机关对其作出处分决定前，已经依法被判处刑罚、罢免、免职或者已经辞去领导职务，依法应当给予处分的，由行政机关根据其违法违纪事实，给予处分。

行政机关公务员依法被判处刑罚的，给予开除处分。

第三章 违法违纪行为及其适用的处分

第十八条 有下列行为之一的，给予记大过处分；情节较重的，给予降级或者撤职处分；情节严重的，给予开除处分：

（一）散布有损国家声誉的言论，组织或者参加旨在反对国家的集会、游行、示威等活动的；

（二）组织或者参加非法组织，组织或者参加罢工的；

（三）违反国家的民族宗教政策，造成不良后果的；

（四）以暴力、威胁、贿赂、欺骗等手段，破坏选举的；

（五）在对外交往中损害国家荣誉和利益的；

（六）非法出境，或者违反规定滞留境外不归的；

（七）未经批准获取境外永久居留资格，或者取得外国国籍的；

（八）其他违反政治纪律的行为。

有前款第（六）项规定行为的，给予开除处分；有前款第（一）项、第（二）项或者第（三）项规定的行为，属于不明真相被裹挟参加，经批评教育后确有悔改表现的，可以减轻或者免予处分。

第十九条 有下列行为之一的，给予警告、记过或者记大过处分；情节较重的，给予降级或者撤职处分；情节严重的，给予开除处分：

（一）负有领导责任的公务员违反议事规则，个人或者少数人决定重大事项，或者改变集体作出的重大决定的；

（二）拒绝执行上级依法作出的决定、命令的；

（三）拒不执行机关的交流决定的；

（四）拒不执行人民法院对行政案件的判决、裁定或者监察机关、审计机关、行政复议机关作出的决定的；

（五）违反规定应当回避而不回避，影响公正执行公务，造成不良后果的；

（六）离任、辞职或者被辞退时，拒不办理公务交接手续或者拒不接受审计的；

（七）旷工或者因公外出、请假期满无正当理由逾期不归，造成不良影响的；

（八）其他违反组织纪律的行为。

第二十条 有下列行为之一的，给予记过、记大过处分；情节较重的，给予降级或者撤职处分；情节严重的，给予开除处分：

（一）不依法履行职责，致使可以避免的爆炸、火灾、传染病传播流行、严重环境污染、严重人员伤亡等重大事故或者群体性事件发生的；

（二）发生重大事故、灾害、事件或者重大刑事案件、治安案件，不按规定报告、处理的；

（三）对救灾、抢险、防汛、防疫、优抚、扶贫、移民、救济、社会保险、征地补偿等专项款物疏于管理，致使款物被贪污、挪用，或者毁损、灭失的；

（四）其他玩忽职守、贻误工作的行为。

第二十一条 有下列行为之一的，给予警告或者记过处分；情节较重的，给予记大过或者降级处分；情节严重的，给予撤职处分：

（一）在行政许可工作中违反法定权限、条件和程序设定或者实施行政许可的；

（二）违法设定或者实施行政强制措施的；

（三）违法设定或者实施行政处罚的；

（四）违反法律、法规规定进行行政委托的；

（五）对需要政府、政府部门决定的招标投标、征收征用、城市房屋拆迁、拍卖等事项违反规定办理的。

第二十二条 弄虚作假，误导、欺骗领导和公众，造成不良后果的，给予警告、记过或者记大过处分；情节较重的，给予降级或者撤职处分；情节严重的，给予开除处分。

第二十三条 有贪污、索贿、受贿、行贿、介绍贿赂、挪用公款、利用职务之便为自己或者他人谋取私利、巨额财产来源不明等违反廉政纪律行为的，给予记过或者记大过处分；情节较重的，给予降级或者撤职处分；情节严重的，给予开除处分。

第二十四条 违反财经纪律，挥霍浪费国家资财的，给予警告处分；情节较重的，给予记过或者记大过处分；情节严重的，给予降级或者撤职处分。

第二十五条 有下列行为之一的，给予记过或者记大过处分；情节较重的，给予降级或者撤职处分；情节严重的，给予开除处分：

（一）以殴打、体罚、非法拘禁等方式侵犯公民人身权利的；

（二）压制批评，打击报复，扣压、销毁举报信件，或者向被举报人透露举报情况的；

（三）违反规定向公民、法人或者其他组织摊派或者收取财物的；

（四）妨碍执行公务或者违反规定干预执行公务的；

（五）其他滥用职权，侵害公民、法人或者其他组织合法权益的行为。

第二十六条 泄露国家秘密、工作秘密，或者泄露因履行职责掌握的商业秘密、个人隐私，造成不良后果的，给予警告、记过或者记大过处分；情节较重的，给予降级或者撤职处分；情节严重的，给予开除处分。

第二十七条 从事或者参与营利性活动，在企业或者其他营利性组织中兼任职务的，给予记过或者记大过处分；情节较重的，给予降级或者撤职处分；情节严重的，给予开除处分。

第二十八条 严重违反公务员职业道德，工作作风懈怠、工作态度恶劣，造成不良影响的，给予警告、记过或者记大过处分。

第二十九条 有下列行为之一的，给予警告、记过或者记大过处分；情节较重的，给予降级或者撤职处分；情节严重的，给予开除处分：

（一）拒不承担赡养、抚养、扶养义务的；

（二）虐待、遗弃家庭成员的；

（三）包养情人的；

（四）严重违反社会公德的行为。

有前款第（三）项行为的，给予撤职或者开除处分。

第三十条 参与迷信活动，造成不良影响的，给予警告、记过或者记大过处分；组织迷信活动的，给予降级或者撤职处分，情节严重的，给予开除处分。

第三十一条 吸食、注射毒品或者组织、支持、参与卖淫、嫖娼、色情淫乱活动的，给予撤职或者开除处分。

第三十二条 参与赌博的，给予警告或者记过处分；情节较重的，给予记大过或者降级处分；情节严重的，给予撤职或者开除处分。

为赌博活动提供场所或者其他便利条件的，给予警告、记过或者记大过处分；情节严重的，给予撤职或者开除处分。

在工作时间赌博的，给予记过、记大过或者降级处分；屡教不改的，给予撤职或者开除处分。

挪用公款赌博的，给予撤职或者开除处分。

利用赌博索贿、受贿或者行贿的，依照本条例第二十三条的规定给予处分。

第三十三条 违反规定超计划生育的，给予降级或者撤职处分；情节严重的，给予开除处分。

第四章 处分的权限

第三十四条 对行政机关公务员给予处分，由任免机关或者监察机关（以下统称处分决定机关）按照管理权限决定。

第三十五条 对经全国人民代表大会及其常务委员会决定任命的国务院组成人员给予处分，由国务院决定。其中，拟给予撤职、开除处分的，由国务院向全国人民代表大会提出罢免建议，或者向全国人民代表大会常务委员会提出免职建议。罢免或者免职前，国务院可以决定暂停其履行职务。

第三十六条 对经地方各级人民代表大会及其常务委员会选举或者决定任命的地方各级人民政府领导人员给予处分，由上一级人民政府决定。

拟给予经县级以上地方人民代表大会及其常务委员会选举或者决定任命的县级以上地方人民政府领导人员撤职、开除处分的，应当先由本级人民政府向同级人民代表大会提出罢免建议。其中，拟给予县级以上地方人民政府副职领导人员撤职、开除处分的，也可以向同级人民代表大会常务委员会提出撤销职务的建议。拟给予乡镇人民政府领导人员撤职、开除处分的，应当先由本级人民政府向同级人民代表大会提出罢免建议。罢免或者撤销职务前，上级人民政府可以决定暂停其履行职务；遇有特殊紧急情况，省级以上人民政府认为必要时，也可以对其作出撤职或者开除的处分，同时报告同级人民代表大会常务委员会，并通报下级人民代表大会常务委员会。

第三十七条 对地方各级人民政府工作部门正职领导人员给予处分，由本级人民政府决定。其中，拟给予撤职、开除处分的，由本级人民政府向同级人民代表大会常务委员会提出免职建议。免去职务前，本级人民政府或者上级人民政府可以决定暂停其履行职务。

第三十八条 行政机关公务员违法违纪，已经被立案调查，不宜继续履行职责的，任免机关可以决定暂停其履行职务。

被调查的公务员在违法违纪案件立案调查期间，不得交流、出境、辞去公职或者办理退休手续。

第五章 处分的程序

第三十九条 任免机关对涉嫌违法违纪的行政机关公务员的调查、处理，按照下列程序办理：

（一）经任免机关负责人同意，由任免机关有关部门对需要调查处理的事项进行初步调查；

（二）任免机关有关部门经初步调查认为该公务员涉嫌违法违纪，需要进一步查证的，报任免机关负责人批准后立案；

（三）任免机关有关部门负责对该公务员违法违纪事实做进一步调查，包括收集、查证有关证据材料，听取被调查的公务员所在单位的领导成员、有关工作人员以及所在单位监察机构的意见，向其他有关单位和人员了解情况，并形成书面调查材料，向任免机关负责人报告；

（四）任免机关有关部门将调查认定的事实及拟给予处分的依据告知被调查的公务员本人，听取其陈述和申辩，并对其所提出的事实、理由和证据进行复核，记录在案。被调查的公务员提出的事实、理由和证据成立的，应予采信；

（五）经任免机关领导成员集体讨论，作出对该公务员给予处分、免予处分或者撤销案件的决定；

（六）任免机关应当将处分决定以书面形式通知受处分的公务员本人，并在一定范围内宣布；

（七）任免机关有关部门应当将处分决定归入受处分的公务员本人档案，同时汇集有关材料形成该处分案件的工作档案。

受处分的行政机关公务员处分期满解除处分的程序，参照前款第（五）项、第（六）项和第（七）项的规定办理。

任免机关应当按照管理权限，及时将处分决定或者解除处分决定报公务员主管部门备案。

第四十条 监察机关对违法违纪的行政机关公务员的调查、处理，依照《中华人民共和国行政监察法》规定的程序办理。

第四十一条 对行政机关公务员违法违纪案件进行调查，应当由2名以上办案人员进行；接受调查的单位和个人应当如实提供情况。

严禁以暴力、威胁、引诱、欺骗等非法方式收集证据；非法收集的证据不得作为定案的依据。

第四十二条 参与行政机关公务员违法违纪案件调查、处理的人员有下列情形之一的，应当提出回避申请；被调查的公务员以及与案件有利害关系的公民、法人或者其他组织有权要求其回避：

（一）与被调查的公务员是近亲属关系的；

（二）与被调查的案件有利害关系的；

（三）与被调查的公务员有其他关系，可能影响案件公正处理的。

第四十三条 处分决定机关负责人的回避，由处分决定机关的上一级行政机关负责人决定；其他违法违纪案件调查、处理人员的回避，由处分决定机关负责人决定。

处分决定机关或者处分决定机关的上一级行政机关，发现违法违纪案件调查、处理人员有应当回避的情形，可以直接决定该人员回避。

第四十四条 给予行政机关公务员处分，应当自批准立案之日起6个月内作出决定；案情复杂或者遇有其他特殊情形的，办案期限可以延长，但是最长不得超过12个月。

第四十五条 处分决定应当包括下列内容：

（一）被处分人员的姓名、职务、级别、工作单位等基本情况；

（二）经查证的违法违纪事实；

（三）处分的种类和依据；

（四）不服处分决定的申诉途径和期限；

（五）处分决定机关的名称、印章和作出决定的日期。

解除处分决定除包括前款第（一）项、第（二）项和第（五）项规定的内容外，还应当包括原处分的种类和解除处分的依据，以及受处分的行政机关公务员在受处分期间的表现情况。

第四十六条 处分决定、解除处分决定自作出之日起生效。

第四十七条 行政机关公务员受到开除处分后，有新工作单位的，其本人档案转由新工作单位管理；没有新工作单位的，其本人档案转由其户籍所在地人事部门所属的人才服务机构管理。

第六章 不服处分的申诉

第四十八条 受到处分的行政机关公务员对处分决定不服的，依照《中华人民共和国公务员法》和《中华人民共和国行政监察法》的有关规定，可以申请复核或者申诉。

复核、申诉期间不停止处分的执行。

行政机关公务员不因提出复核、申诉而被加重处分。

第四十九条 有下列情形之一的，受理公务员复核、申诉的机关应当撤销处分决定，重新作出决定或者责令原处分决定机关重新作出决定：

（一）处分所依据的违法违纪事实证据不足的；

（二）违反法定程序，影响案件公正处理的；

（三）作出处分决定超越职权或者滥用职权的。

第五十条 有下列情形之一的，受理公务员复核、申诉的机关应当变更处分决定，或者责令原处分决定机关变更处分决定：

（一）适用法律、法规、规章或者国务院决定错误的；

（二）对违法违纪行为的情节认定有误的；

（三）处分不当的。

第五十一条 行政机关公务员的处分决定被变更，需要调整该公务员的职务、级别或者工资档次的，应当按照规定予以调整；行政机关公务员的处分决定被撤销的，应当恢复该公务员的级别、工资档次，按照原职务安排相应的职务，并在适当范围内为其恢复名誉。

被撤销处分或者被减轻处分的行政机关公务员工资福利受到损失的，应当予以补偿。

第七章 附 则

第五十二条 有违法违纪行为应当受到处分的行政机关公务员，在处分决定机关作出处分决定前已经退休的，不再给予处分；但是，依法应当给予降级、撤职、开除处分的，应当按照规定相应降低或者取消其享受的待遇。

第五十三条 行政机关公务员违法违纪取得的财物和用于违法违纪的财物，除依法应当由其他机关没收、追缴或者责令退赔的，由处分决定机关没收、追缴或者责令退赔。违法违纪取得的财物应当退还原所有人或者原持有人的，退还原所有人或者原持有人；属于国家财产以及不应当退还或者无法退还原所有人或者原持有人的，上缴国库。

第五十四条 对法律、法规授权的具有公共事务管理职能的事业单位中经批准参照《中华人民共和国公务员法》管理的工作人员给予处分，参照本条例的有关规定办理。

第五十五条 本条例自 2007 年 6 月 1 日起施行。1988 年 9 月 13 日国务院发布的《国家行政机关工作人员贪污贿赂行政处分暂行规定》同时废止。

【行政复议】

中华人民共和国行政复议法

（1999年4月29日第九届全国人民代表大会常务委员会第九次会议通过，2009年8月27日第十一届全国人民代表大会常务委员会第十次会议修改）

第一章　总　则

第一条　为了防止和纠正违法的或者不当的具体行政行为，保护公民、法人和其他组织的合法权益，保障和监督行政机关依法行使职权，根据宪法，制定本法。

第二条　公民、法人或者其他组织认为具体行政行为侵犯其合法权益，向行政机关提出行政复议申请，行政机关受理行政复议申请、作出行政复议决定，适用本法。

第三条　依照本法履行行政复议职责的行政机关是行政复议机关。行政复议机关负责法制工作的机构具体办理行政复议事项，履行下列职责：

（一）受理行政复议申请；

（二）向有关组织和人员调查取证，查阅文件和资料；

（三）审查申请行政复议的具体行政行为是否合法与适当，拟订行政复议决定；

（四）处理或者转送对本法第七条所列有关规定的审查申请；

（五）对行政机关违反本法规定的行为依照规定的权限和程序提出处理建议；

（六）办理因不服行政复议决定提起行政诉讼的应诉事项；

（七）法律、法规规定的其他职责。

第四条 行政复议机关履行行政复议职责，应当遵循合法、公正、公开、及时、便民的原则，坚持有错必纠，保障法律、法规的正确实施。

第五条 公民、法人或者其他组织对行政复议决定不服的，可以依照行政诉讼法的规定向人民法院提起行政诉讼，但是法律规定行政复议决定为最终裁决的除外。

第二章 行政复议范围

第六条 有下列情形之一的，公民、法人或者其他组织可以依照本法申请行政复议：

（一）对行政机关作出的警告、罚款、没收违法所得、没收非法财物、责令停产停业、暂扣或者吊销许可证、暂扣或者吊销执照、行政拘留等行政处罚决定不服的；

（二）对行政机关作出的限制人身自由或者查封、扣押、冻结财产等行政强制措施决定不服的；

（三）对行政机关作出的有关许可证、执照、资质证、资格证等证书变更、中止、撤销的决定不服的；

（四）对行政机关作出的关于确认土地、矿藏、水流、森林、山岭、草原、荒地、滩涂、海域等自然资源的所有权或者使用权的决定不服的；

（五）认为行政机关侵犯合法的经营自主权的；

（六）认为行政机关变更或者废止农业承包合同，侵犯其合法权益的；

（七）认为行政机关违法集资、征收财物、摊派费用或者违法要求履行其他义务的；

（八）认为符合法定条件，申请行政机关颁发许可证、执照、资质证、资格证等证书，或者申请行政机关审批、登记有关事项，行政机关没有依法办理的；

（九）申请行政机关履行保护人身权利、财产权利、受教育权利的法定职责，行政机关没有依法履行的；

（十）申请行政机关依法发放抚恤金、社会保险金或者最低生活保障费，行政机关没有依法发放的；

（十一）认为行政机关的其他具体行政行为侵犯其合法权益的。

第七条 公民、法人或者其他组织认为行政机关的具体行政行为所依据的下列规定不合法，在对具体行政行为申请行政复议时，可以一并向行政复议机关提出对该规定的审查申请：

（一）国务院部门的规定；

（二）县级以上地方各级人民政府及其工作部门的规定；

（三）乡、镇人民政府的规定。

前款所列规定不含国务院部、委员会规章和地方人民政府规章。规章的审查依照法律、行政法规办理。

第八条 不服行政机关作出的行政处分或者其他人事处理决定的，依照有关法律、行政法规的规定提出申诉。

不服行政机关对民事纠纷作出的调解或者其他处理，依法申请仲裁或者向人民法院提起诉讼。

第三章 行政复议申请

第九条 公民、法人或者其他组织认为具体行政行为侵犯其合法权益的，可以自知道该具体行政行为之日起六十日内提出行政复议申请；但是法律规定的申请期限超过六十日的除外。

因不可抗力或者其他正当理由耽误法定申请期限的，申请期限自障碍消除之日起继续计算。

第十条 依照本法申请行政复议的公民、法人或者其他组织是申请人。有权申请行政复议的公民死亡的，其近亲属可以申请行政复议。有权申请行政复议的公民为无民事行为能力人或者限制民事行为能力人的，其法定代理人可以代为申请行政复议。有权申请行政复议的法人或者其他组织终止的，承受其权利的法人或者其他组织可以申请行政复议。同申请行政复议的具体行政行为有利害关系的其他公民、法人或者其他组织，可以作为第三人参加行政复议。公民、法人或者其他组织对行政机关的具体行政行为不服申请行政复议的，作出具体行政行为的行政机关是被申请人。申请人、第三人可以委托代理人代为参加行政复议。

第十一条 申请人申请行政复议，可以书面申请，也可以口头申请；口头申请的，行政复议机关应当当场记录申请人的基本情况、行政复议请求、申请行政复议的主要事实、理由和时间。

第十二条 对县级以上地方各级人民政府工作部门的具体行政行为不服的，由申请人选择，可以向该部门的本级人民政府申请行政复议，也可以向上一级主管部门申请行政复议。对海关、金融、国税、外汇管理等实行垂直领导的行政机关和国家安全机关的具体行政行为不服的，向上一级主管部门申请行政复议。

第十三条 对地方各级人民政府的具体行政行为不服的，向上一级地方人民政府申请行政复议。对省、自治区人民政府依法设立的派出机关所属的县级地方人民政府的具体行政行为不服的，向该派出机关申请行政复议。

第十四条 对国务院部门或者省、自治区、直辖市人民政府的具体行政行为不服的，向作出该具体行政行为的国务院部门或者省、自治区、直辖市人民政府申请行政复议。对行政复议决定不服的，可以向人民法院提起行政诉讼；也可以向国务院申请裁决，国务院依照本法的规定作出最终裁决。

第十五条 对本法第十二条、第十三条、第十四条规定以外的其他行政机关、组织的具体行政行为不服的，按照下列规定申请行政复议：

（一）对县级以上地方人民政府依法设立的派出机关的具体行政行为不服的，向设立该派出机关的人民政府申请行政复议；

（二）对政府工作部门依法设立的派出机构依照法律、法规或者规章规定，以自己的名义作出的具体行政行为不服的，向设立该派出机构的部门或者该部门的本级地方人民政府申请行政复议；

（三）对法律、法规授权的组织的具体行政行为不服的，分别向直接管理该组织的地方人民政府、地方人民政府工作部门或者国务院部门申请行政复议；

（四）对两个或者两个以上行政机关以共同的名义作出的具体行政行为不服的，向其共同上一级行政机关申请行政复议；

（五）对被撤销的行政机关在撤销前所作出的具体行政行为不服的，向继续行使其职权的行政机关的上一级行政机关申请行政复议。

有前款所列情形之一的，申请人也可以向具体行政行为发生地的县级地方人民政府提出行政复议申请，由接受申请的县级地方人民政府依照本法第十八条的规定办理。

第十六条 公民、法人或者其他组织申请行政复议，行政复议机关已经依法受理的，或者法律、法规规定应当先向行政复议机关申请行政复议、对行政复议决定不服再向人民法院提起行政诉讼的，在法定行政复议期限内不得向人民法院提起行政诉讼。

公民、法人或者其他组织向人民法院提起行政诉讼，人民法院已经依法受理的，不得申请行政复议。

第四章 行政复议受理

第十七条 行政复议机关收到行政复议申请后，应当在五日内进行审查，对不符合本法规定的行政复议申请，决定不予受理，并书面告知申请人；对符合本法规定，但是不属于本机关受理的行政复议申请，应当告知申请人向有关行政复议机关提出。

除前款规定外，行政复议申请自行政复议机关负责法制工作的机构收到之日起即为受理。

第十八条 依照本法第十五条第二款的规定接受行政复议申请的县级地方人民政府，对依照本法第十五条第一款的规定属于其他行政复议机关受理的行政复议申请，应当自接到该行政复议申请之日起七日内，转送有关行政复议机关，并告知申请人。接受转送的行政复议机关应当依照本法第十七条的规定办理。

第十九条 法律、法规规定应当先向行政复议机关申请行政复议、对行政复议决定不服再向人民法院提起行政诉讼的，行政复议机关决定不予受理或者受理后超过行政复议期限不作答复的，公民、法人或者其他组织可以自收到不予受理决定书之日起或者行政复议期满之日起十五日内，依法向人民法院提起行政诉讼。

第二十条 公民、法人或者其他组织依法提出行政复议申请，行政复议机关无正当理由不予受理的，上级行政机关应当责令其受理；必要时，上级行政机关也可以直接受理。

第二十一条 行政复议期间具体行政行为不停止执行；但是，有下列情形之一的，可以停止执行：

（一）被申请人认为需要停止执行的；

（二）行政复议机关认为需要停止执行的；

（三）申请人申请停止执行，行政复议机关认为其要求合理，决定停止执行的；

（四）法律规定停止执行的。

第五章 行政复议决定

第二十二条 行政复议原则上采取书面审查的办法，但是申请人提出要求或者行政复议机关负责法制工作的机构认为有必要时，可以向有关组织和人员调查情况，听取申请人、被申请人和第三人的意见。

第二十三条 行政复议机关负责法制工作的机构应当自行政复议申请受理之日起七日内，将行政复议申请书副本或者行政复议申请笔录复印件发送被申请人。被申请人应当自收到申请书副本或者申请笔录复印件之日起十日内，提出书面答复，并提交当初作出具体行政行为的证据、依据和其他有关材料。申请人、第三人可以查阅被申请人提出的书面答复、作出具体行政行为的证据、依据和其他有关材料，除涉及国家秘密、商业秘密或者个人隐私外，行政复议机关不得拒绝。

第二十四条 在行政复议过程中，被申请人不得自行向申请人和其他有关组织或者个人收集证据。

第二十五条 行政复议决定作出前，申请人要求撤回行政复议申请的，经说明理由，可以撤回；撤回行政复议申请的，行政复议终止。

第二十六条 申请人在申请行政复议时，一并提出对本法第七条所列有关规定的审查申请的，行政复议机关对该规定有权处理的，应当在三十日内依法处理；无权处理的，应当在七日内按照法定程序转送有权处理的行政机关依法处理，有权处理的行政机关应当在六十日内依法处理。处理期间，中止对具体行政行为的审查。

第二十七条 行政复议机关在对被申请人作出的具体行政行为进行审查时，认为其依据不合法，本机关有权处理的，应当在三十日内依法处理；无权处理的，应当在七日内按照法定程序转送有权处理的国家机关依法处理。处理期间，中止对具体行政行为的审查。

第二十八条 行政复议机关负责法制工作的机构应当对被申请人作出的具体行政行为进行审查，提出意见，经行政复议机关的负责人同意或者集体讨论通过后，按照下列规定作出行政复议决定：

（一）具体行政行为认定事实清楚，证据确凿，适用依据正确，程序合法，内容适当的，决定维持；

（二）被申请人不履行法定职责的，决定其在一定期限内履行；

（三）具体行政行为有下列情形之一的，决定撤销、变更或者确认该具体行政行为违法；决定撤销或者确认该具体行政行为违法的，可以责令被申请人在一定期限内重新作出具体行政行为：

1. 主要事实不清、证据不足的；

2. 适用依据错误的；

3. 违反法定程序的；

4. 超越或者滥用职权的；

5. 具体行政行为明显不当的。

（四）被申请人不按照本法第二十三条的规定提出书面答复、提交当初作出具体行政行为的证据、依据和其他有关材料的，视为该具体行政行为没有证据、依据，决定撤销该具体行政行为。行政复议机关责令被申请人重新作出具体行政行为的，被申请人不得以同一的事实和理由作出与原具体行政行为相同或者基本相同的具体行政行为。

第二十九条 申请人在申请行政复议时可以一并提出行政赔偿请求，行政复议机关对符合国家赔偿法的有关规定应当给予赔偿的，在决定撤销、变更具体行政行为或者确认具体行政行为违法时，应当同时决定被申请人依法给予赔偿。申请人在申请行政复议时没有提出行政赔偿请求的，行政复议机关在依法决定撤销或者变更罚款，撤销违法集资、没收财物、征收财物、摊派费用以及对财产的查封、扣押、冻结等具体行政行为时，应当同时责令被申请人返还财产，解除对财产的查封、扣押、冻结措施，或者赔偿相应的价款。

第三十条 公民、法人或者其他组织认为行政机关的具体行政行为侵犯其已经依法取得的土地、矿藏、水流、森林、山岭、草原、荒地、滩涂、海域等自然资源的所有权或者使用权的，应当先申请行政复议；对行政复议决定不服的，可以依法向人民法院提起行政诉讼。根据国务院或者省、自治区、直辖市人民政府对行政区划的勘定、调整或者征收土地的决定，省、自治区、直辖市人民政府确认土地、矿藏、水流、森林、山岭、草原、荒地、滩涂、海域等自然资源的所有权或者使用权的行政复议决定为最终裁决。

第三十一条 行政复议机关应当自受理申请之日起六十日内作出行政复议决定；但是法律规定的行政复议期限少于六十日的除外。情况复杂，不能在规定期限内作出行政复议决定的，经行政复议机关的负责人批准，可以适当延长，并告知申请人和被申请人；但是延长期限最多不超过三十日。行政复议机关作出行政复议决定，应当制作行政复议决定书，并加盖印章。行政复议决定书一经送达，即发生法律效力。

第三十二条 被申请人应当履行行政复议决定。

被申请人不履行或者无正当理由拖延履行行政复议决定的，行政复议机关或者有关上级行政机关应当责令其限期履行。

第三十三条 申请人逾期不起诉又不履行行政复议决定的，或者不履行最终裁决的行政复议决定的，按照下列规定分别处理：

（一）维持具体行政行为的行政复议决定，由作出具体行政行为的行政机关依法强制执行，或者申请人民法院强制执行；

（二）变更具体行政行为的行政复议决定，由行政复议机关依法强制执行，或者申请人民法院强制执行。

第六章　法律责任

第三十四条　行政复议机关违反本法规定，无正当理由不予受理依法提出的行政复议申请或者不按照规定转送行政复议申请的，或者在法定期限内不作出行政复议决定的，对直接负责的主管人员和其他直接责任人员依法给予警告、记过、记大过的行政处分；经责令受理仍不受理或者不按照规定转送行政复议申请，造成严重后果的，依法给予降级、撤职、开除的行政处分。

第三十五条　行政复议机关工作人员在行政复议活动中，徇私舞弊或者有其他渎职、失职行为的，依法给予警告、记过、记大过的行政处分；情节严重的，依法给予降级、撤职、开除的行政处分；构成犯罪的，依法追究刑事责任。

第三十六条　被申请人违反本法规定，不提出书面答复或者不提交作出具体行政行为的证据、依据和其他有关材料，或者阻挠、变相阻挠公民、法人或者其他组织依法申请行政复议的，对直接负责的主管人员和其他直接责任人员依法给予警告、记过、记大过的行政处分；进行报复陷害的，依法给予降级、撤职、开除的行政处分；构成犯罪的，依法追究刑事责任。

第三十七条　被申请人不履行或者无正当理由拖延履行行政复议决定的，对直接负责的主管人员和其他直接责任人员依法给予警告、记过、记大过的行政处分；经责令履行仍拒不履行的，依法给予降级、撤职、开除的行政处分。

第三十八条　行政复议机关负责法制工作的机构发现有无正当理由不予受理行政复议申请、不按照规定期限作出行政复议决定、徇私舞弊、对申请人打击报复或者不履行行政复议决定等情形的，应当向有关行政机关提出建议，有关行政机关应当依照本法和有关法律、行政法规的规定作出处理。

第七章　附　则

第三十九条　行政复议机关受理行政复议申请，不得向申请人收取任何费用。

行政复议活动所需经费，应当列入本机关的行政经费，由本级财政予以保障。

第四十条 行政复议期间的计算和行政复议文书的送达，依照民事诉讼法关于期间、送达的规定执行。

本法关于行政复议期间有关“五日”、“七日”的规定是指工作日，不含节假日。

第四十一条 外国人、无国籍人、外国组织在中华人民共和国境内申请行政复议，适用本法。

第四十二条 本法施行前公布的法律有关行政复议的规定与本法的规定不一致的，以本法的规定为准。

第四十三条 本法自1999年10月1日起施行。1990年12月24日国务院发布、1994年10月9日国务院修订发布的《行政复议条例》同时废止。

行政复议法实施条例

（2007年5月29日国务院令第499号发布
自2007年8月1日起施行）

第一章　总　则

第一条　为了进一步发挥行政复议制度在解决行政争议、建设法治政府、构建社会主义和谐社会中的作用，根据《中华人民共和国行政复议法》（以下简称行政复议法），制定本条例。

第二条　各级行政复议机关应当认真履行行政复议职责，领导并支持本机关负责法制工作的机构（以下简称行政复议机构）依法办理行政复议事项，并依照有关规定配备、充实、调剂专职行政复议人员，保证行政复议机构的办案能力与工作任务相适应。

第三条　行政复议机构除应当依照行政复议法第三条的规定履行职责外，还应当履行下列职责：

（一）依照行政复议法第十八条的规定转送有关行政复议申请；

（二）办理行政复议法第二十九条规定的行政赔偿等事项；

（三）按照职责权限，督促行政复议申请的受理和行政复议决定的履行；

（四）办理行政复议、行政应诉案件统计和重大行政复议决定备案事项；

（五）办理或者组织办理未经行政复议直接提起行政诉讼的行政应诉事项；

（六）研究行政复议工作中发现的问题，及时向有关机关提出改进建议，重大问题及时向行政复议机关报告。

第四条　专职行政复议人员应当具备与履行行政复议职责相适应

的品行、专业知识和业务能力，并取得相应资格。具体办法由国务院法制机构会同国务院有关部门规定。

第二章　行政复议申请

第一节　申请人

第五条　依照行政复议法和本条例的规定申请行政复议的公民、法人或者其他组织为申请人。

第六条　合伙企业申请行政复议的，应当以核准登记的企业为申请人，由执行合伙事务的合伙人代表该企业参加行政复议；其他合伙组织申请行政复议的，由合伙人共同申请行政复议。

前款规定以外的不具备法人资格的其他组织申请行政复议的，由该组织的主要负责人代表该组织参加行政复议；没有主要负责人的，由共同推选的其他成员代表该组织参加行政复议。

第七条　股份制企业的股东大会、股东代表大会、董事会认为行政机关作出的具体行政行为侵犯企业合法权益的，可以以企业的名义申请行政复议。

第八条　同一行政复议案件申请人超过 5 人的，推选 1 至 5 名代表参加行政复议。

第九条　行政复议期间，行政复议机构认为申请人以外的公民、法人或者其他组织与被审查的具体行政行为有利害关系的，可以通知其作为第三人参加行政复议。

行政复议期间，申请人以外的公民、法人或者其他组织与被审查的具体行政行为有利害关系的，可以向行政复议机构申请作为第三人参加行政复议。

第三人不参加行政复议，不影响行政复议案件的审理。

第十条　申请人、第三人可以委托 1 至 2 名代理人参加行政复议。申请人、第三人委托代理人的，应当向行政复议机构提交授权委托书。授权委托书应当载明委托事项、权限和期限。公民在特殊情况下无法书面委托的，可以口头委托。口头委托的，行政复议机构应当核实并记录在卷。申请人、第三人解除或者变更委托的，应当书面报告行政复议机构。

第二节　被申请人

第十一条　公民、法人或者其他组织对行政机关的具体行政行为不服，依照行政复议法和本条例的规定申请行政复议的，作出该具体行政行为的行政机关为被申请人。

第十二条　行政机关与法律、法规授权的组织以共同的名义作出具体行政行为的，行政机关和法律、法规授权的组织为共同被申请人。

行政机关与其他组织以共同名义作出具体行政行为的，行政机关为被申请人。

第十三条　下级行政机关依照法律、法规、规章规定，经上级行政机关批准作出具体行政行为的，批准机关为被申请人。

第十四条　行政机关设立的派出机构、内设机构或者其他组织，未经法律、法规授权，对外以自己名义作出具体行政行为的，该行政机关为被申请人。

第三节　行政复议申请期限

第十五条　行政复议法第九条第一款规定的行政复议申请期限的计算，依照下列规定办理：

（一）当场作出具体行政行为的，自具体行政行为作出之日起计算；

（二）载明具体行政行为的法律文书直接送达的，自受送达人签收之日起计算；

（三）载明具体行政行为的法律文书邮寄送达的，自受送达人在邮件签收单上签收之日起计算；没有邮件签收单的，自受送达人在送达回执上签名之日起计算；

（四）具体行政行为依法通过公告形式告知受送达人的，自公告规定的期限届满之日起计算；

（五）行政机关作出具体行政行为时未告知公民、法人或者其他组织，事后补充告知的，自该公民、法人或者其他组织收到行政机关补充告知的通知之日起计算；

（六）被申请人能够证明公民、法人或者其他组织知道具体行政行为的，自证据材料证明其知道具体行政行为之日起计算。

行政机关作出具体行政行为，依法应当向有关公民、法人或者其他组织送达法律文书而未送达的，视为该公民、法人或者其他组织不知道该具体行政行为。

第十六条 公民、法人或者其他组织依照行政复议法第六条第（八）项、第（九）项、第（十）项的规定申请行政机关履行法定职责，行政机关未履行的，行政复议申请期限依照下列规定计算：

（一）有履行期限规定的，自履行期限届满之日起计算；

（二）没有履行期限规定的，自行政机关收到申请满60日起计算。

公民、法人或者其他组织在紧急情况下请求行政机关履行保护人身权、财产权的法定职责，行政机关不履行的，行政复议申请期限不受前款规定的限制。

第十七条 行政机关作出的具体行政行为对公民、法人或者其他组织的权利、义务可能产生不利影响的，应当告知其申请行政复议的权利、行政复议机关和行政复议申请期限。

第四节 行政复议申请的提出

第十八条 申请人书面申请行政复议的，可以采取当面递交、邮寄或者传真等方式提出行政复议申请。

有条件的行政复议机构可以接受以电子邮件形式提出的行政复议申请。

第十九条 申请人书面申请行政复议的，应当在行政复议申请书中载明下列事项：

（一）申请人的基本情况，包括：公民的姓名、性别、年龄、身份证号码、工作单位、住所、邮政编码；法人或者其他组织的名称、住所、邮政编码和法定代表人或者主要负责人的姓名、职务；

（二）被申请人的名称；

（三）行政复议请求、申请行政复议的主要事实和理由；

（四）申请人的签名或者盖章；

（五）申请行政复议的日期。

第二十条 申请人口头申请行政复议的，行政复议机构应当依照本条例第十九条规定的事项，当场制作行政复议申请笔录交申请人核对或者向申请人宣读，并由申请人签字确认。

第二十一条 有下列情形之一的，申请人应当提供证明材料：

（一）认为被申请人不履行法定职责的，提供曾经要求被申请人履行法定职责而被申请人未履行的证明材料；

（二）申请行政复议时一并提出行政赔偿请求的，提供受具体行政行为侵害而造成损害的证明材料；

（三）法律、法规规定需要申请人提供证据材料的其他情形。

第二十二条 申请人提出行政复议申请时错列被申请人的，行政复议机构应当告知申请人变更被申请人。

第二十三条 申请人对两个以上国务院部门共同作出的具体行政行为不服的，依照行政复议法第十四条的规定，可以向其中任何一个国务院部门提出行政复议申请，由作出具体行政行为的国务院部门共同作出行政复议决定。

第二十四条 申请人对经国务院批准实行省以下垂直领导的部门作出的具体行政行为不服的，可以选择向该部门的本级人民政府或者上一级主管部门申请行政复议；省、自治区、直辖市另有规定的，依照省、自治区、直辖市的规定办理。

第二十五条 申请人依照行政复议法第三十条第二款的规定申请行政复议的，应当向省、自治区、直辖市人民政府提出行政复议申请。

第二十六条 依照行政复议法第七条的规定，申请人认为具体行政行为所依据的规定不合法的，可以在对具体行政行为申请行政复议的同时一并提出对该规定的审查申请；申请人在对具体行政行为提出行政复议申请时尚不知道该具体行政行为所依据的规定的，可以在行政复议机关作出行政复议决定前向行政复议机关提出对该规定的审查申请。

第三章　行政复议受理

第二十七条　公民、法人或者其他组织认为行政机关的具体行政行为侵犯其合法权益提出行政复议申请，除不符合行政复议法和本条例规定的申请条件的，行政复议机关必须受理。

第二十八条　行政复议申请符合下列规定的，应当予以受理：

（一）有明确的申请人和符合规定的被申请人；

（二）申请人与具体行政行为有利害关系；

（三）有具体的行政复议请求和理由；

（四）在法定申请期限内提出；

（五）属于行政复议法规定的行政复议范围；

（六）属于收到行政复议申请的行政复议机构的职责范围；

（七）其他行政复议机关尚未受理同一行政复议申请，人民法院尚未受理同一主体就同一事实提起的行政诉讼。

第二十九条　行政复议申请材料不齐全或者表述不清楚的，行政复议机构可以自收到该行政复议申请之日起 5 日内书面通知申请人补正。补正通知应当载明需要补正的事项和合理的补正期限。无正当理由逾期不补正的，视为申请人放弃行政复议申请。补正申请材料所用时间不计入行政复议审理期限。

第三十条　申请人就同一事项向两个或者两个以上有权受理的行政机关申请行政复议的，由最先收到行政复议申请的行政机关受理；同时收到行政复议申请的，由收到行政复议申请的行政机关在 10 日内协商确定；协商不成的，由其共同上一级行政机关在 10 日内指定受理机关。协商确定或者指定受理机关所用时间不计入行政复议审理期限。

第三十一条　依照行政复议法第二十条的规定，上级行政机关认为行政复议机关不予受理行政复议申请的理由不成立的，可以先行督促其受理；经督促仍不受理的，应当责令其限期受理，必要时也可以直接受理；认为行政复议申请不符合法定受理条件的，应当告知申请人。

第四章 行政复议决定

第三十二条 行政复议机构审理行政复议案件，应当由 2 名以上行政复议人员参加。

第三十三条 行政复议机构认为必要时，可以实地调查核实证据；对重大、复杂的案件，申请人提出要求或者行政复议机构认为必要时，可以采取听证的方式审理。

第三十四条 行政复议人员向有关组织和人员调查取证时，可以查阅、复制、调取有关文件和资料，向有关人员进行询问。

调查取证时，行政复议人员不得少于 2 人，并应当向当事人或者有关人员出示证件。被调查单位和人员应当配合行政复议人员的工作，不得拒绝或者阻挠。

需要现场勘验的，现场勘验所用时间不计入行政复议审理期限。

第三十五条 行政复议机关应当为申请人、第三人查阅有关材料提供必要条件。

第三十六条 依照行政复议法第十四条的规定申请原级行政复议的案件，由原承办具体行政行为有关事项的部门或者机构提出书面答复，并提交作出具体行政行为的证据、依据和其他有关材料。

第三十七条 行政复议期间涉及专门事项需要鉴定的，当事人可以自行委托鉴定机构进行鉴定，也可以申请行政复议机构委托鉴定机构进行鉴定。鉴定费用由当事人承担。鉴定所用时间不计入行政复议审理期限。

第三十八条 申请人在行政复议决定作出前自愿撤回行政复议申请的，经行政复议机构同意，可以撤回。

申请人撤回行政复议申请的，不得再以同一事实和理由提出行政复议申请。但是，申请人能够证明撤回行政复议申请违背其真实意思表示的除外。

第三十九条 行政复议期间被申请人改变原具体行政行为的，不影响行政复议案件的审理。但是，申请人依法撤回行政复议申请的除外。

第四十条 公民、法人或者其他组织对行政机关行使法律、法规规定的自由裁量权作出的具体行政行为不服申请行政复议，申请人与被申请人在行政复议决定作出前自愿达成和解的，应当向行政复议机构提交书面和解协议；和解内容不损害社会公共利益和他人合法权益的，行政复议机构应当准许。

第四十一条 行政复议期间有下列情形之一，影响行政复议案件审理的，行政复议中止：

（一）作为申请人的自然人死亡，其近亲属尚未确定是否参加行政复议的；

（二）作为申请人的自然人丧失参加行政复议的能力，尚未确定法定代理人参加行政复议的；

（三）作为申请人的法人或者其他组织终止，尚未确定权利义务承受人的；

（四）作为申请人的自然人下落不明或者被宣告失踪的；

（五）申请人、被申请人因不可抗力，不能参加行政复议的；

（六）案件涉及法律适用问题，需要有权机关作出解释或者确认的；

（七）案件审理需要以其他案件的审理结果为依据，而其他案件尚未审结的；

（八）其他需要中止行政复议的情形。

行政复议中止的原因消除后，应当及时恢复行政复议案件的审理。

行政复议机构中止、恢复行政复议案件的审理，应当告知有关当事人。

第四十二条 行政复议期间有下列情形之一的，行政复议终止：

（一）申请人要求撤回行政复议申请，行政复议机构准予撤回的；

（二）作为申请人的自然人死亡，没有近亲属或者其近亲属放弃行政复议权利的；

（三）作为申请人的法人或者其他组织终止，其权利义务的承受人放弃行政复议权利的；

（四）申请人与被申请人依照本条例第四十条的规定，经行政复议机构准许达成和解的；

（五）申请人对行政拘留或者限制人身自由的行政强制措施不服申请行政复议后，因申请人同一违法行为涉嫌犯罪，该行政拘留或者限制人身自由的行政强制措施变更为刑事拘留的。

依照本条例第四十一条第一款第（一）项、第（二）项、第（三）项规定中止行政复议，满 60 日行政复议中止的原因仍未消除的，行政复议终止。

第四十三条 依照行政复议法第二十八条第一款第（一）项规定，具体行政行为认定事实清楚，证据确凿，适用依据正确，程序合法，内容适当的，行政复议机关应当决定维持。

第四十四条 依照行政复议法第二十八条第一款第（二）项规定，被申请人不履行法定职责的，行政复议机关应当决定其在一定期限内履行法定职责。

第四十五条 具体行政行为有行政复议法第二十八条第一款第（三）项规定情形之一的，行政复议机关应当决定撤销、变更该具体行政行为或者确认该具体行政行为违法；决定撤销该具体行政行为或者确认该具体行政行为违法的，可以责令被申请人在一定期限内重新作出具体行政行为。

第四十六条 被申请人未依照行政复议法第二十三条的规定提出书面答复、提交当初作出具体行政行为的证据、依据和其他有关材料的，视为该具体行政行为没有证据、依据，行政复议机关应当决定撤销该具体行政行为。

第四十七条 具体行政行为有下列情形之一，行政复议机关可以决定变更：

（一）认定事实清楚，证据确凿，程序合法，但是明显不当或者适用依据错误的；

（二）认定事实不清，证据不足，但是经行政复议机关审理查明事实清楚，证据确凿的。

第四十八条 有下列情形之一的，行政复议机关应当决定驳回行政复议申请：

（一）申请人认为行政机关不履行法定职责申请行政复议，行政复议机关受理后发现该行政机关没有相应法定职责或者在受理前已经履行法定职责的；

（二）受理行政复议申请后，发现该行政复议申请不符合行政复议法和本条例规定的受理条件的。

上级行政机关认为行政复议机关驳回行政复议申请的理由不成立的，应当责令其恢复审理。

第四十九条 行政复议机关依照行政复议法第二十八条的规定责令被申请人重新作出具体行政行为的，被申请人应当在法律、法规、规章规定的期限内重新作出具体行政行为；法律、法规、规章未规定期限的，重新作出具体行政行为的期限为60日。

公民、法人或者其他组织对被申请人重新作出的具体行政行为不服，可以依法申请行政复议或者提起行政诉讼。

第五十条 有下列情形之一的，行政复议机关可以按照自愿、合法的原则进行调解：

（一）公民、法人或者其他组织对行政机关行使法律、法规规定的自由裁量权作出的具体行政行为不服申请行政复议的；

（二）当事人之间的行政赔偿或者行政补偿纠纷。

当事人经调解达成协议的，行政复议机关应当制作行政复议调解书。调解书应当载明行政复议请求、事实、理由和调解结果，并加盖行政复议机关印章。行政复议调解书经双方当事人签字，即具有法律效力。

调解未达成协议或者调解书生效前一方反悔的，行政复议机关应当及时作出行政复议决定。

第五十一条 行政复议机关在申请人的行政复议请求范围内，不得作出对申请人更为不利的行政复议决定。

第五十二条 第三人逾期不起诉又不履行行政复议决定的，依照行政复议法第三十三条的规定处理。

第五章 行政复议指导和监督

第五十三条 行政复议机关应当加强对行政复议工作的领导。

行政复议机构在本级行政复议机关的领导下，按照职责权限对行政复议工作进行督促、指导。

第五十四条 县级以上各级人民政府应当加强对所属工作部门和下级人民政府履行行政复议职责的监督。

行政复议机关应当加强对其行政复议机构履行行政复议职责的监督。

第五十五条 县级以上地方各级人民政府应当建立健全行政复议工作责任制，将行政复议工作纳入本级政府目标责任制。

第五十六条 县级以上地方各级人民政府应当按照职责权限，通过定期组织检查、抽查等方式，对所属工作部门和下级人民政府行政复议工作进行检查，并及时向有关方面反馈检查结果。

第五十七条 行政复议期间行政复议机关发现被申请人或者其他下级行政机关的相关行政行为违法或者需要做好善后工作的，可以制作行政复议意见书。有关机关应当自收到行政复议意见书之日起 60 日内将纠正相关行政违法行为或者做好善后工作的情况通报行政复议机构。

行政复议期间行政复议机构发现法律、法规、规章实施中带有普遍性的问题，可以制作行政复议建议书，向有关机关提出完善制度和改进行政执法的建议。

第五十八条 县级以上各级人民政府行政复议机构应当定期向本级人民政府提交行政复议工作状况分析报告。

第五十九条 下级行政复议机关应当及时将重大行政复议决定报上级行政复议机关备案。

第六十条 各级行政复议机构应当定期组织对行政复议人员进行业务培训，提高行政复议人员的专业素质。

第六十一条 各级行政复议机关应当定期总结行政复议工作，对在行政复议工作中做出显著成绩的单位和个人，依照有关规定给予表彰和奖励。

第六章　法律责任

第六十二条　被申请人在规定期限内未按照行政复议决定的要求重新作出具体行政行为，或者违反规定重新作出具体行政行为的，依照行政复议法第三十七条的规定追究法律责任。

第六十三条　拒绝或者阻挠行政复议人员调查取证、查阅、复制、调取有关文件和资料的，对有关责任人员依法给予处分或者治安处罚；构成犯罪的，依法追究刑事责任。

第六十四条　行政复议机关或者行政复议机构不履行行政复议法和本条例规定的行政复议职责，经有权监督的行政机关督促仍不改正的，对直接负责的主管人员和其他直接责任人员依法给予警告、记过、记大过的处分；造成严重后果的，依法给予降级、撤职、开除的处分。

第六十五条　行政机关及其工作人员违反行政复议法和本条例规定的，行政复议机构可以向人事、监察部门提出对有关责任人员的处分建议，也可以将有关人员违法的事实材料直接转送人事、监察部门处理；接受转送的人事、监察部门应当依法处理，并将处理结果通报转送的行政复议机构。

第七章　附　则

第六十六条　本条例自 2007 年 8 月 1 日起施行。

环境行政复议办法

环境保护部令

第 4 号

《环境行政复议办法》已经 2008 年 11 月 21 日环境保护部 2008 年第二次部务会议通过，现予公布，自公布之日起施行。原国家环境保护总局 2006 年 12 月 27 日发布的《环境行政复议与行政应诉办法》同时废止。

环境保护部部长 周生贤

二○○八年十二月三十日

第一条 为规范环境保护行政主管部门的行政复议工作，进一步发挥行政复议制度在解决行政争议、构建社会主义和谐社会中的作用，保护公民、法人和其他组织的合法权益，依据《中华人民共和国行政复议法》《中华人民共和国行政复议法实施条例》等法律法规制定本办法。

第二条 公民、法人或者其他组织认为地方环境保护行政主管部门的具体行政行为侵犯其合法权益的，可以向该部门的本级人民政府申请行政复议，也可以向上一级环境保护行政主管部门申请行政复议。认为国务院环境保护行政主管部门的具体行政行为侵犯其合法权益的，向国务院环境保护行政主管部门提起行政复议。

环境保护行政主管部门办理行政复议案件，适用本办法。

第三条 环境保护行政主管部门对信访事项作出的处理意见，当事人不服的，依照信访条例和环境信访办法规定的复查、复核程序办理，不适用本办法。

第四条 依法履行行政复议职责的环境保护行政主管部门为环境行政复议机关。环境行政复议机关负责法制工作的机构（以下简称环境行政复议机构），具体办理行政复议事项，履行下列职责：

（一）受理行政复议申请；

（二）向有关组织和人员调查取证，查阅文件和资料；

（三）审查被申请行政复议的具体行政行为是否合法与适当，拟定行政复议决定；

（四）按照职责权限，督促行政复议申请的受理和行政复议决定的履行；

（五）处理或者转送本办法第二十九条规定的审查申请；

（六）办理行政复议法第二十九条规定的行政赔偿等事项；

（七）办理或者组织办理本部门的行政应诉事项；

（八）办理行政复议、行政应诉案件统计和重大行政复议决定备案事项；

（九）研究行政复议工作中发现的问题，及时向有关机关提出改进建议，重大问题及时向环境行政复议机关报告；

（十）法律、法规和规章规定的其他职责。

第五条 依照行政复议法和行政复议法实施条例规定申请行政复议的公民、法人或者其他组织为申请人。

同一环境行政复议案件，申请人超过 5 人的，推选 1 至 5 名代表参加行政复议。

第六条 公民、法人或者其他组织对环境保护行政主管部门的具体行政行为不服，依法申请行政复议的，作出该具体行政行为的环境保护行政主管部门为被申请人。

环境保护行政主管部门与法律、法规授权的组织以共同名义作出具体行政行为的，环境保护行政主管部门和法律、法规授权的组织为共同被申请人。环境保护行政主管部门与其他组织以共同名义作出具体行政行为的，环境保护行政主管部门为被申请人。

环境保护行政主管部门设立的派出机构、内设机构或者其他组织，未经法律、法规授权，对外以自己名义作出具体行政行为的，该环境保护行政主管部门为被申请人。

第七条 有下列情形之一的，公民、法人或者其他组织可以依照本办法申请行政复议：

（一）对环境保护行政主管部门作出的查封、扣押财产等行政强制措施不服的；

（二）对环境保护行政主管部门作出的警告、罚款、责令停止生产或者使用、暂扣、吊销许可证、没收违法所得等行政处罚决定不服的；

（三）认为符合法定条件，申请环境保护行政主管部门颁发许可证、资质证、资格证等证书，或者申请审批、登记等有关事项，环境保护行政主管部门没有依法办理的；

（四）对环境保护行政主管部门有关许可证、资质证、资格证等证书的变更、中止、撤销、注销决定不服的；

（五）认为环境保护行政主管部门违法征收排污费或者违法要求履行其他义务的；

（六）认为环境保护行政主管部门的其他具体行政行为侵犯其合法权益的。

第八条 有下列情形之一的，环境行政复议机关不予受理并说明理由：

（一）申请行政复议的时间超过了法定申请期限又无法定正当理由的；

（二）不服环境保护行政主管部门对环境污染损害赔偿责任和赔偿金额等民事纠纷作出的调解或者其他处理的；

（三）申请人在申请行政复议前已经向其他行政复议机关申请行政复议或者已向人民法院提起行政诉讼，其他行政复议机关或者人民法院已经依法受理的；

（四）法律、法规规定的其他不予受理的情形。

第九条 行政复议期间，环境行政复议机构认为申请人以外的公民、法人或者其他组织与被审查的具体行政行为有利害关系的，可以通知其作为第三人参加行政复议。

行政复议期间，申请人以外的公民、法人或者其他组织与被审查的具体行政行为有利害关系的，可以向环境行政复议机构申请作为第三人参加行政复议。

第十条 申请人、第三人可以委托 1 至 2 名代理人参加环境行政复议。

申请人、第三人委托代理人的，应当向环境行政复议机构提交由委托人签名或者盖章的书面授权委托书。授权委托书应当载明委托事项、权限和期限。公民在特殊情况下无法书面委托的，可以口头委托，说明委托事项、权限和期限，由环境行政复议机构核实并记录在卷。

委托人变更或者解除委托的，应当书面告知环境行政复议机构。

第十一条 公民、法人或者其他组织认为环境保护行政主管部门的具体行政行为侵犯其合法权益的，可以自知道该具体行政行为之日起 60 日内提出行政复议申请；但是法律规定的申请期限超过 60 日的除外。

因不可抗力或者其他正当理由耽误法定申请期限的，申请期限自障碍消除之日起继续计算。

第十二条 申请人书面申请行政复议的，可以采取当面递交、邮寄或者传真等方式提交行政复议申请书及有关材料。以传真方式提交的，应当及时补交行政复议申请书原件及有关材料，审查期限自收到行政复议申请书原件及有关材料之日起计算。

申请人口头申请的，应当由本人向环境行政复议机构当面提起，环境行政复议机构应当当场制作口头申请行政复议笔录，并由申请人核对后签字确认。

第十三条 行政复议申请书和口头申请行政复议笔录应当载明下列事项：

（一）申请人基本情况，包括：公民的姓名、性别、年龄、工作单位、住所、身份证号码、邮政编码、联系电话，法人或者其他组织的名称、住所、邮政编码、联系电话和法定代表人或者主要负责人的姓名、职务；

（二）被申请人的名称；

（三）行政复议请求，申请行政复议的主要事实和理由；

（四）申请人签名或者盖章；

（五）申请行政复议的日期。

第十四条 有下列情形之一的，申请人应当提供相应证明材料：

（一）认为被申请人不履行法定职责的，提供曾经要求被申请人履行法定职责而被申请人未履行的证明材料；

（二）申请行政复议日期超过法律、法规规定的行政复议申请期限的，提供因不可抗力或者其他正当理由耽误法定申请期限的证明材料；

（三）申请行政复议时一并提出行政赔偿请求的，提供受具体行政行为侵害而造成损害的证明材料；

（四）法律、法规规定需要申请人提供证据材料的其他情形。

第十五条 环境行政复议机关收到行政复议申请后，应当在 5 个工作日内进行审查，并分别作出如下处理：

（一）对符合行政复议法、行政复议法实施条例及本办法第七条规定、属于行政复议受理范围且提交材料齐全的行政复议申请，应当予以受理；

（二）对不符合行政复议法、行政复议法实施条例及本办法规定的行政复议申请，决定不予受理，制作不予受理行政复议申请决定书，送达申请人；

（三）对符合行政复议法、行政复议法实施条例及本办法规定，但是不属于本机关受理的行政复议申请，应当制作行政复议告知书送达申请人；申请人当面向环境行政复议机构口头提出行政复议的，可以口头告知，并制作笔录当场交由申请人确认。

错列被申请人的，环境行政复议机构应当制作行政复议告知书告知申请人变更被申请人。

第十六条 行政复议申请材料不齐全或者表述不清楚的，环境行政复议机构可以在收到该行政复议申请之日起 5 个工作日内，发出补正行政复议申请通知书，一次性告知申请人应当补正的事项及合理的补正期限。

补正申请材料所用时间不计入行政复议审理期限。申请人无正当理由逾期不补正的，视为申请人放弃行政复议申请。

第十七条 申请人依法提出行政复议申请，环境行政复议机关无正当理由不予受理的，上级环境保护行政主管部门应当责令其受理，并制作责令受理通知书，送达被责令受理行政复议的环境保护行政主管部门及申请人；必要时，上级环境保护行政主管部门可以直接受理。

第十八条 环境行政复议机构应当自受理行政复议申请之日起 7 个工作日内，制作行政复议答复通知书。行政复议答复通知书、行政复议申请书副本或者口头申请行政复议笔录复印件以及申请人提交的证据、有关材料的副本应一并送达被申请人。

第十九条 被申请人应当自收到行政复议答复通知书之日起 10 日内提出行政复议答复书，对申请人的复议请求、事实及理由进行答辩，并提交当初作出被申请复议的具体行政行为的证据、依据和其他有关材料。

被申请人无正当理由逾期未提交上述材料的，视为该具体行政行为没有证据、依据，环境行政复议机关应当制作行政复议决定书，依法撤销该具体行政行为。

第二十条 申请人、第三人可以查阅被申请人提出的书面答复和有关材料。除涉及国家秘密、商业秘密或者个人隐私外，环境行政复议机关不得拒绝，并且应当为申请人、第三人查阅有关材料提供必要条件。

申请人、第三人不得涂改、毁损、拆换、取走、增添所查阅的材料。

第二十一条 环境行政复议机构审理行政复议案件，应当由 2 名以上行政复议人员参加。

第二十二条 环境行政复议机构认为必要时，可以实地调查核实证据；对重大、复杂的案件，申请人提出要求或者环境行政复议机构认为必要时，可以采取听证的方式审理。

第二十三条 环境行政复议机构进行调查取证时，可以查阅、复制、调取有关文件和资料，向有关人员询问，必要时可以进行现场勘验。

调查取证时，环境行政复议人员不得少于 2 名，并应出示有关证件。调查结果应当制作笔录，由被调查人员和环境行政复议人员共同签字确认。

行政复议期间涉及专门事项需要鉴定、评估的，当事人可以自行委托鉴定机构进行鉴定、评估，也可以申请环境行政复议机构委托鉴定机构进行鉴定、评估。鉴定、评估费用由当事人承担。

现场勘验、鉴定及评估所用时间不计入行政复议审理期限。

第二十四条 申请人因对被申请人行使法律、法规规定的自由裁量权作出的具体行政行为不服申请行政复议，申请人与被申请人在行政复议决定作出前自愿达成和解的，应当向环境行政复议机构提交书面和解协议，和解内容不损害社会公共利益和他人合法权益的，环境行政复议机构应当准许。

第二十五条 有下列情形之一的，环境行政复议机关可以按照自愿、合法的原则进行调解：

（一）公民、法人或者其他组织对环境保护行政主管部门行使法律、法规规定的自由裁量权作出的具体行政行为不服申请行政复议的；

（二）当事人之间的行政赔偿或者行政补偿纠纷。

当事人经调解达成协议的，环境行政复议机关应当制作行政复议调解书。调解书应当载明行政复议请求、事实、理由和调解结果，并加盖环境行政复议机关印章。行政复议调解书经双方当事人签字，即具有法律效力。

调解未达成协议或者调解书生效前一方反悔的，环境行政复议机关应当及时作出行政复议决定。

第二十六条 申请人在行政复议决定作出前自愿撤回行政复议申请的，经环境行政复议机构同意后可以撤回。

申请人撤回行政复议申请的，不得再以同一事实和理由提出行政复议申请。但是，申请人能够证明撤回行政复议申请违背其真实意思表示的除外。

第二十七条 行政复议期间有下列情形之一，影响行政复议案件审理的，行政复议中止：

（一）作为申请人的自然人死亡，其近亲属尚未确定是否参加行政复议的；

（二）作为申请人的自然人丧失参加行政复议的能力，尚未确定法定代理人参加行政复议的；

（三）作为申请人的法人或者其他组织终止，尚未确定权利义务承受人的；

（四）作为申请人的自然人下落不明或者被宣告失踪的；

（五）申请人、被申请人因不可抗力，不能参加行政复议的；

（六）案件涉及法律适用问题，需要有权机关作出解释或者确认的；

（七）案件审理需要以其他案件的审理结果为依据，而其他案件尚未审结的；

（八）其他需要中止行政复议的情形。

行政复议中止的原因消除后，应当及时恢复行政复议案件的审理。

环境行政复议机构中止、恢复行政复议案件的审理，应当制作中止行政复议通知书、恢复审理通知书，告知有关当事人。

第二十八条 行政复议期间有下列情形之一的，行政复议终止：

（一）申请人要求撤回行政复议申请，环境行政复议机构准予撤回的；

（二）作为申请人的自然人死亡，没有近亲属或者其近亲属放弃行政复议权利的；

（三）作为申请人的法人或者其他组织终止，其权利义务的承受人放弃行政复议权利的；

（四）申请人与被申请人依照本办法第二十四条的规定，经行政复议机构准许达成和解的；

依照本办法第二十七条第一款第（一）项、第（二）项、第（三）项规定中止行政复议，满 60 日行政复议中止的原因仍未消除的，行政复议终止。

第二十九条 申请人在申请行政复议时，要求环境行政复议机关一并对被申请复议的具体行政行为所依据的有关规定进行审查的，或者环境行政复议机关在对被申请复议的具体行政行为进行审查时，认为其依据不合法，环境行政复议机关有权处理的，应当在 30 日内依法处理；无权处理的，应当在 7 个工作日内制作规范性文件转送函，按照法定程序转送有权处理的行政机关依法处理。

申请人在对具体行政行为提出行政复议申请时尚不知道该具体行政行为所依据的规定的，可以在环境行政复议机关作出行政复议决定前向环境行政复议机关提出对该规定的审查申请。

第三十条 行政复议期间具体行政行为不停止执行；但是有行政复议法第二十一条规定情形之一的，可以停止执行。

决定停止执行的，环境行政复议机关应当制作停止执行具体行政行为通知书，送达当事人。

第三十一条 有下列情形之一的，环境行政复议机关应当决定驳回行政复议申请，并制作驳回行政复议申请决定书，送达当事人：

（一）申请人认为环境保护行政主管部门不履行法定职责申请行政复议，环境行政复议机关受理后发现该部门没有相应法定职责或者在受理前已经履行法定职责的；

（二）受理行政复议申请后，发现该行政复议申请不符合行政复议法和行政复议法实施条例规定的受理条件的。

上级环境保护行政主管部门认为环境行政复议机关驳回行政复议申请的理由不成立的，应当责令其恢复审理。

第三十二条 环境行政复议机构应当对被申请人作出的具体行政行为进行审查，拟定行政复议决定书，报请环境行政复议机关负责人审批。行政复议决定书应当加盖印章，送达当事人。

第三十三条 环境行政复议机关应当自受理行政复议申请之日起 60 日内作出行政复议决定。情况复杂，不能在规定期限内作出行政复议决定的，经环境行政复议机关负责人批准，可以适当延长，但是延长期限最多不超过 30 日。环境行政复议机关应当制作延期审理通知书，载明延期的主要理由及期限，送达当事人。

第三十四条 被申请人应当履行行政复议决定。被申请人不履行或者无正当理由拖延履行的，环境行政复议机关应当责令其限期履行，制作责令履行行政复议决定通知书送达被申请人，并抄送申请人和第三人。

被申请人对行政复议决定有异议的，可以向环境行政复议机关提出意见，但是不停止行政复议决定的履行。

第三十五条 环境保护行政主管部门通过接受当事人的申诉、检举或者备案审查等途径，发现下级环境保护行政主管部门作出的行政复议决定违法或者明显不当的，可以责令其改正。

第三十六条 环境行政复议机关在行政复议过程中，发现被申请人或者其他下级环境保护行政主管部门的相关行政行为违法或者需要做好善后工作的，可以制作行政复议意见书。被申请人或者其他下级环境保护行政主管部门应当自收到行政复议意见书之日起 60 日内将纠正相关行政违法行为或者做好善后工作的情况通报环境行政复议机构。

第三十七条 行政复议期间环境行政复议机构发现法律、法规、规章实施中带有普遍性的问题，或者发现环境保护行政执法中存在的普遍性问题，可以制作行政复议建议书，向有关机关提出完善制度和改进行政执法的建议。

第三十八条 办结的行政复议案件应当一案一档，由承办人员按时间顺序将案件材料进行整理，立卷归档。

第三十九条 环境行政复议机关应当建立行政复议案件和行政应诉案件统计制度，并依照国务院环境保护行政主管部门有关环境统计的规定向上级环境保护行政主管部门报送本行政区的行政复议和行政应诉情况。

下级环境行政复议机关应当及时将重大行政复议决定报上级行政复议机关备案。

第四十条 环境行政复议机关应当定期总结行政复议及行政应诉工作，对在行政复议及行政应诉工作中做出显著成绩的单位和个人，依照有关规定给予表彰和奖励。

第四十一条 环境行政复议机关受理行政复议申请，不得向申请人收取任何费用。行政复议活动所需经费，应当列入本机关的行政经费，由本级财政予以保障。

第四十二条 本办法有关行政复议期间的规定，除注明 5 个工作日、7个工作日（不包含节假日）的，其他期间按自然日计算。

期间开始之日，不计算在内。期间届满的最后一日是节假日的，以节假日后的第一日为期间届满的日期。期间不包括在途时间，行政复议文书在期满前交邮的，不算过期。

第四十三条 依照民事诉讼法的规定，送达行政复议文书可以采取直接送达、留置送达、委托送达、邮寄送达、转交送达、公告送达等方式。

环境行政复议机构送达行政复议文书必须有送达回证并保存有关送达证明。

第四十四条 本办法未作规定的其他事项，适用《中华人民共和国行政复议法》、《中华人民共和国行政复议法实施条例》等有关法律法规的规定。

第四十五条 本办法自发布之日起施行。2006年12月27日原国家环境保护总局发布的《环境行政复议与行政应诉办法》同时废止。

附件：环境行政复议法律文书示范文本（略）

【行政诉讼】

中华人民共和国行政诉讼法

（1989年4月4日第七届全国人民代表大会第二次会议通过
1989年4月4日中华人民共和国主席令第16号公布
1990年10月1日起施行）

第一章 总 则

第一条 为保证人民法院正确、及时审理行政案件，保护公民、法人和其他组织的合法权益，维护和监督行政机关依法行使行政职权，根据宪法制定本法。

第二条 公民、法人或者其他组织认为行政机关和行政机关工作人员的具体行政行为侵犯其合法权益，有权依照本法向人民法院提起诉讼。

第三条 人民法院依法对行政案件独立行使审判权，不受行政机关、社会团体和个人的干涉。

人民法院设行政审判庭，审理行政案件。

第四条 人民法院审理行政案件，以事实为根据，以法律为准绳。

第五条 人民法院审理行政案件，对具体行政行为是否合法进行审查。

第六条 人民法院审理行政案件，依法实行合议、回避、公开审判和两审终审制度。

第七条 当事人在行政诉讼中的法律地位平等。

第八条 各民族公民都有用本民族语言、文字进行行政诉讼的权利。

在少数民族聚居或者多民族共同居住的地区，人民法院应当用当地民族通用的语言、文字进行审理和发布法律文书。

人民法院应当对不通晓当地民族通用的语言、文字的诉讼参与人提供翻译。

第九条 当事人在行政诉讼中有权进行辩论。

第十条 人民检议院有权对行政诉讼实行法律监督。

第二章 受案范围

第十一条 人民法院受理公民、法人和其他组织对下列具体行政行为不服提起的诉讼：

（一）对拘留、罚款、吊销许可证和执照、责令停产停业、没收财物等行政处罚不服的；

（二）对限制人身自由或者对财产的查封、扣押、冻结等行政强制措施不服的；

（三）认为行政机关侵犯法律规定的经营自主权的；

（四）认为符合法定条件申请行政机关颁发许可证和执照，行政机关拒绝颁发或者不予答复的；

（五）申请行政机关履行保护人身权、财产权的法定职责，行政机关拒绝履行或者不予答复的；

（六）认为行政机关没有依法发给抚恤金的；

（七）认为行政机关违法要求履行义务的；

（八）认为行政机关侵犯其他人身权、财产权的。除前款规定外，人民法院受理法律、法规规定可以提起诉讼的其他行政案件。

第十二条 人民法院不受理公民、法人或者其他组织对下列事项提起的诉讼：

（一）国防、外交等国家行为；

（二）行政法规、规章或者行政机关制定、发布的具有普遍约束力的决定、命令；

（三）行政机关对行政机关工作人员的奖惩、任免等决定；

（四）法律规定由行政机关最终裁决的具体行政行为。

第三章 管 辖

第十三条 基层人民法院管辖第一审行政案件。

第十四条 中级人民法院管辖下列第一审行政案件：

（一）确认发明专利权的案件、海关处理的案件；

（二）对国务院各部门或者省、自治区、直辖市人民政府所作的具体行政行为提起诉讼的案件；

（三）本辖区内重大、复杂的案件。

第十五条 高级人民法院管辖本辖区内重大、复杂的第一审行政案件。

第十六条 最高人民法院管辖全国范围内重大、复杂的第一审行政案件。

第十七条 行政案件由最初作出具体行政行为的行政机关所在地人民法院管辖。经复议的案件，复议机关改变原具体行政行为的，也可以由复议机关所在地人民法院管辖。

第十八条 对限制人身自由的行政强制措施不服提起的诉讼，由被告所在地或者原告所在地人民法院管辖。

第十九条 因不动产提起的行政诉讼，由不动产所在地人民法院管辖。

第二十条 两个以上人民法院都有管辖权的案件，原告可以选择其中一个人民法院提起诉讼。原告向两个以上有管辖权的人民法院提起诉讼的，由最先收到起诉状的人民法院管辖。

第二十一条 人民法院发现受理的案件不属于自己管辖时，应当移送有管辖权的人民法院。受移送的人民法院不得自行移送。

第二十二条 有管辖权的人民法院由于特殊原因不能行使管辖权的，由上级人民法院指定管辖。

人民法院对管辖权发生争议，由争议双方协商解决。协商不成的，报它们的共同上级人民法院指定管辖。

第二十三条 上级人民法院有权审判下级人民法院管辖的第一审行政案件，也可以把自己管辖的第一审行政案件移交下级人民法院审判。

下级人民法院对其管辖的第一审行政案件，认为需要由上级人民法院审判的，可以报请上级人民法院决定。

第四章　诉讼参加人

第二十四条　依照本法提起诉讼的公民、法人或者其他组织是原告。

有权提起诉讼的公民死亡，其近亲属可以提起诉讼。

有权提起诉讼的法人或者其他组织终止，承受其权利的法人或者其他组织可以提起诉讼。

第二十五条　公民、法人或者其他组织直接向人民法院提起诉讼的，作出具体行政行为的行政机关是被告。

经复议的案件，复议机关决定维持原具体行政行为的，作出原具体行政行为的行政机关是被告；复议机关改变原具体行政行为的，复议机关是被告。

两个以上行政机关作出同一具体行政行为的，共同作出具体行政行为的行政机关是共同被告。

由法律、法规授权的组织所作的具体行政行为，该组织是被告，由行政机关委托的组织所作的具体行政行为，委托的行政机关是被告。

行政机关被撤销的，继续行使其职权的行政机关是被告。

第二十六条　当事人一方或者双方为二人以上，因同一具体行政行为发生的行政案件，或者因同样的具体行政行为发生的行政案件、人民法院认为可以合并审理的，为共同诉讼。

第二十七条　同提起诉讼的具体行政行为有利害关系的其他公民、法人或者其他组织，可以作为第三人申请参加诉讼，或者由人民法院通知参加诉讼。

第二十八条　没有诉讼行为能力的公民，由其法定代理人代为诉讼。法定代理人互相推诿代理责任的，由人民法院指定其中一人代为诉讼。

第二十九条　当事人、法定代理人，可以委托一至二人代为诉讼。

律师、社会团体、提起诉讼的公民的近亲属或者所在单位推荐的人，以及经人民法院许可的其他公民，可以受委托为诉讼代理人。

第三十条 代理诉讼的律师，可以依照规定查阅本案有关材料，可以向有关组织和公民调查，收集证据。对涉及国家秘密和个人隐私的材料，应当依照法律规定保密。

经人民法院许可，当事人和其他诉讼代理人可以查阅本案庭审材料，但涉及国家秘密和个人隐私的除外。

第五章 证 据

第三十一条 证据有以下几种：

（一）书证；

（二）物证；

（三）视听资料；

（四）证人证言；

（五）当事人的陈述；

（六）鉴定结论；

（七）勘验笔录、现场笔录。

以上证据经法庭审查属实，才能作为定案的根据。

第三十二条 被告对作出的具体行政行为负有举证责任，应当提供作出该具体行政行为的证据和所依据的规范性文件。

第三十三条 在诉讼过程中，被告不得自行向原告和证人收集证据。

第三十四条 人民法院有权要求当事人提供或者补充证据。

人民法院有权向有关行政机关以及其他组织、公民调取证据。

第三十五条 在诉讼过程中，人民法院认为对专门性问题需要鉴定的，应当交由法定鉴定部门鉴定；没有法定鉴定部门的，由人民法院指定的鉴定部门鉴定。

第三十六条 在证据可能灭失或者以后难以取得的情况下，诉讼参加人可以向人民法院申请保全证据，人民法院也可以主动采取保全措施。

第六章　起诉和受理

第三十七条　对属于人民法院受案范围的行政案件，公民、法人或者其他组织可以先向上一级行政机关或者法律、法规规定的行政机关申请复议，对复议不服的，再向人民法院提起诉讼；也可以直接向人民法院提起诉讼。

法律、法规规定应当先向行政机关申请复议，对复议不服再向人民法院提起诉讼的，依照法律、法规的规定。

第三十八条　公民、法人或者其他组织向行政机关申请复议的，复议机关应当在收到申请书之日起两个月内作出决定，法律、法规另有规定的除外。

申请人不服复议决定的，可以在收到复议决定书之日起十五日内向人民法院提起诉讼，复议机关逾期不作决定的，申请人可以在复议期满之日起十五日内向人民法院提起诉讼。法律另有规定的除外。

第三十九条　公民、法人或者其他组织直接向人民法院提起诉讼的，应当在知道作出具体行政行为之日起三个月内提出，法律另有规定的除外。

第四十条　公民、法人或者其他组织因不可抗力或者其他特殊情况耽误法定期限的，在障碍消除后的十日内，可以申请延长期限，由人民法院决定。

第四十一条　提起诉讼应当符合下列条件：

（一）原告是认为具体行政行为侵犯其合法权益的公民、法人或者其他组织；

（二）有明确的被告；

（三）有具体的诉讼请求和事实根据；

（四）属于人民法院受案范围和受诉人民法院管辖。

第四十二条　人民法院接到起诉状，经审查，应当在七日内立案或者作出裁定不予受理。原告对裁定不服的，可以提起上诉。

第七章　审理和判决

第四十三条　人民法院应当在立案之日起五日内，将起诉状副本发送被告。被告应当在收到起诉状副本之日起十日内向人民法院提交作出具体行政行为的有关材料，并提出答辩状。人民法院应当在收到答辩状之日起五日内，将答辩状副本发送原告。

被告不提出答辩状的，不影响人民法院审理。

第四十四条　诉讼期间，不停止具体行政行为的执行。但有下列情形之一的，停止具体行政行为的执行：

（一）被告认为需要停止执行的；

（二）原告申请停止执行，人民法院认为该具体行政行为的执行会造成难以弥补的损失，并且停止执行不损害社会公共利益，裁定停止执行的；

（三）法律、法规规定停止执行的。

第四十五条　人民法院公开审理行政案件，但涉及国家秘密、个人隐私和法律另有规定的除外。

第四十六条　人民法院审理行政案件，由审判员组成合议庭，或者由审判员、陪审员组成合议庭。合议庭的成员，应当是三人以上的单数。

第四十七条　当事人认为审判人员与本案有利害关系或者有其他关系可能影响公正审判，有权申请审判人员回避。

审判人员认为自己与本案有利害关系或者有其他关系，应当申请回避。

前两款规定，适用于书记员、翻译人员、鉴定人、勘验人。

院长担任审判长时的回避，由审判委员会决定；审判人员的回避，由院长决定；其他人员的回避，由审判长决定。当事人对决定不服的，可以申请复议。

第四十八条　经人民法院两次合法传唤，原告无正当理由拒不到庭的，视为申请撤诉；被告无正当理由拒不到庭的，可以缺席判决。

第四十九条　诉讼参与人或者其他人有下列行为之一的，人民法院可以根据情节轻重，予以训诫、责令具结悔过或者处一千元以下的罚款、十五日以下的拘留；构成犯罪的，依法追究刑事责任：

（一）有义务协助执行的人，对人民法院的协助执行通知书，无故推拖、拒绝或者妨碍执行的；

（二）伪造、隐藏、毁灭证据的；

（三）指使、贿买、胁迫他人作伪证或者威胁、阻止证人作证的；

（四）隐藏、转移、变卖、毁损已被查封、扣押、冻结的财产的；

（五）以暴力、威胁或者其他方法阻碍人民法院工作人员执行职务或者扰乱人民法院工作秩序的；

（六）对人民法院工作人员、诉讼参与人、协助执行人侮辱、诽谤、诬陷，殴打或者打击报复的。

罚款、拘留须经人民法院院长批准。当事人不服的，可以申请复议。

第五十条 人民法院审理行政案件，不适用调解。

第五十一条 人民法院对行政案件宣告判决或者裁定前，原告申请撤诉的，或者被告改变其所作的具体行政行为，原告同意并申请撤诉的，是否准许，由人民法院裁定。

第五十二条 人民法院审理行政案件，以法律和行政法规、地方性法规为依据。地方性法规适用于本行政区域内发生的行政案件。

人民法院审理民族自治地方的行政案件，并以该民族自治地方的自治条例和单行条例为依据。

第五十三条 人民法院审理行政案件，参照国务院部、委根据法律和国务院的行政法规、决定、命令制定、发布的规章以及省、自治区、直辖市和省、自治区的人民政府所在地的市和经国务院批准的较大的市的人民政府根据法律和国务院的行政法规制定、发布的规章。

人民法院认为地方人民政府制定、发布的规章与国务院部、委制定、发布的规章不一致的，以及国务院部、委制定、发布的规章之间不一致的，由最高人民法院送请国务院作出解释或者裁决。

第五十四条 人民法院经过审理，根据不同情况，分别作出以下判决：

（一）具体行政行为证据确凿，适用法律、法规正确，符合法定程序的，判决维持。

（二）具体行政行为有下列情形之一的，判决撤销或者部分撤销，并可以判决被告重新作出具体行政行为：

1. 主要证据不足的；

2. 适用法律、法规错误的；

3. 违反法定程序的；

4. 超越职权的；

5. 滥用职权的。

（三）被告不履行或者拖延履行法定职责的，判决其在一定期限内履行。

（四）行政处罚显失公正的，可以判决变更。

第五十五条 人民法院判决被告重新作出具体行政行为的，被告不得以同一的事实和理由作出与原具体行政行为基本相同的具体行政行为。

第五十六条 人民法院在审理行政案件中，认为行政机关的主管人员、直接责任人员违反政纪的，应当将有关材料移送该行政机关或者其上一级行政机关或者监察、人事机关；认为有犯罪行为的，应当将有关材料移送公安、检察机关。

第五十七条 人民法院应当在立案之日起三个月内作出第一审判决。有特殊情况需要延长的，由高级人民法院批准，高级人民法院审理第一审案件需要延长的，由最高人民法院批准。

第五十八条 当事人不服人民法院第一审判决的，有权在判决书送达之日起十五日内向上一级人民法院提起上诉。当事人不服人民法院第一审裁定的，有权在裁定书送达之日起十日内向上一级人民法院提起上诉。逾期不提起上诉的，人民法院的第一审判决或者裁定发生法律效力。

第五十九条 人民法院对上诉案件，认为事实清楚的，可以实行书面审理。

第六十条 人民法院审理上诉案件，应当在收到上诉状之日起两个月内作出终审判决。有特殊情况需要延长的，由高级人民法院批准，高级人民法院审理上诉案件需要延长的，由最高人民法院批准。

第六十一条　人民法院审理上诉案件，按照下列情形，分别处理：

（一）原判决认定事实清楚，适用法律、法规正确的，判决驳回上诉，维持原判；

（二）原判决认定事实清楚，但适用法律、法规错误的，依法改判；

（三）原判决认定事实不清，证据不足，或者由于违反法定程序可能影响案件正确判决的、裁定撤销原判，发回原审人民法院重审，也可以查清事实后改判。当事人对重审案件的判决、裁定，可以上诉。

第六十二条　当事人对已经发生法律效力的判决、裁定，认为确有错误的，可以向原审人民法院或者上一级人民法院提出申诉，但判决、裁定不停止执行。

第六十三条　人民法院院长对本院已经发生法律效力的判决、裁定，发现违反法律、法规规定认为需要再审的，应当提交审判委员会决定是否再审。

上级人民法院对下级人民法院已经发生法律效力的判决、裁定，发现违反法律、法规规定的，有权提审或者指令下级人民法院再审。

第六十四条　人民检察院对人民法院已经发生法律效力的判决、裁定，发现违反法律、法规规定的，有权按照审判监督程序提出抗诉。

第八章　执　行

第六十五条　当事人必须履行人民法院发生法律效力的判决、裁定。

公民、法人或者其他组织拒绝履行判决、裁定的，行政机关可以向第一审人民法院申请强制执行，或者依法强制执行。

行政机关拒绝履行判决、裁定的，第一审人民法院可以采取以下措施：

（一）对应当归还的罚款或者应当给付的赔偿金，通知银行从该行政机关的帐户内划拨；

（二）在规定期限内不履行的，从期满之日起，对该行政机关按日处五十元至一百元的罚款；

（三）向该行政机关的上一级行政机关或者监察、人事机关提出司法建议。接受司法建议的机关，根据有关规定进行处理，并将处理情况告知人民法院；

（四）拒不履行判决、裁定，情节严重构成犯罪的，依法追究主管人员和直接责任人员的刑事责任。

第六十六条 公民、法人或者其他组织对具体行政行为在法定期限内不提起诉讼又不履行的，行政机关可以申请人民法院强制执行，或者依法强制执行。

第九章 侵权赔偿责任

第六十七条 公民、法人或者其他组织的合法权益受到行政机关或者行政机关工作人员作出的具体行政行为侵犯造成损害的，有权请求赔偿。

公民、法人或者其他组织单独就损害赔偿提出请求，应当先由行政机关解决。对行政机关的处理不服，可以向人民法院提起诉讼。

赔偿诉讼可以适用调解。

第六十八条 行政机关或者行政机关工作人员作出的具体行政行为侵犯公民、法人或者其他组织的合法权益造成损害的，由该行政机关或者该行政机关工作人员所在的行政机关负责赔偿。

行政机关赔偿损失后，应当责令有故意或者重大过失的行政机关工作人员承担部分或者全部赔偿费用。

第六十九条 赔偿费用，从各级财政列支。各级人民政府可以责令有责任的行政机关支付部分或者全部赔偿费用，具体办法由国务院规定。

第十章 涉外行政诉讼

第七十条 外国人、无国籍人、外国组织在中华人民共和国进行行政诉讼，适用本法。法律另有规定的除外。

第七十一条 外国人、无国籍人、外国组织在中华人民共和国进行行政诉讼，同中华人民共和国公民、组织有同等的诉讼权利和义务。

外国法院对中华人民共和国公民、组织的行政诉讼权利加以限制的，人民法院对该国公民、组织的行政诉讼权利，实行对等原则。

第七十二条 中华人民共和国缔结或者参加的国际条约同本法有不同规定的，适用该国际条约的规定，中华人民共和国声明保留的条款除外。

第七十三条 外国人、无国籍人、外国组织在中华人民共和国进行行政诉讼，委托律师代理诉讼的，应当委托中华人民共和国律师机构的律师。

第十一章 附 则

第七十四条 人民法院审理行政案件，应当收取诉讼费用。诉讼费用由败诉方承担，双方都有责任的由双方分担。收取诉讼费用的具体办法另行规定。

第七十五条 本法自1990年10月1日起施行。

最高人民法院关于执行《中华人民共和国行政诉讼法》若干问题的解释

（1999 年 11 月 24 日最高人民法院审判委员会第 1088 次会议通过
2000 年 3 月 8 日最高人民法院　法释[2000]8 号公布
自 2000 年 3 月 10 日起施行）

一、受案范围

第一条　公民、法人或者其他组织对具有国家行政职权的机关和组织及其工作人员的行政行为不服，依法提起诉讼的，属于人民法院行政诉讼的受案范围。

公民、法人或者其他组织对下列行为不服提起诉讼的，不属于人民法院行政诉讼的受案范围：

（一）行政诉讼法第十二条规定的行为；

（二）公安、国家安全等机关依照刑事诉讼法的明确授权实施的行为；

（三）调解行为以及法律规定的仲裁行为；

（四）不具有强制力的行政指导行为；

（五）驳回当事人对行政行为提起申诉的重复处理行为；

（六）对公民、法人或者其他组织权利义务不产生实际影响的行为。

第二条　行政诉讼法第十二条第（一）项规定的国家行为，是指国务院、中央军事委员会、国防部、外交部等根据宪法和法律的授权，以国家的名义实施的有关国防和外交事务的行为，以及经宪法和法律授权的国家机关宣布紧急状态、实施戒严和总动员等行为。

第三条　行政诉讼法第十二条第（二）项规定的“具有普遍约束力的决定、命令”，是指行政机关针对不特定对象发布的能反复适用的行政规范性文件。

第四条 行政诉讼法第十二条第（三）项规定的“对行政机关工作人员的奖惩、任免等决定”，是指行政机关作出的涉及该行政机关公务员权利义务的决定。

第五条 行政诉讼法第十二条第（四）项规定的“法律规定由行政机关最终裁决的具体行政行为”中的“法律”，是指全国人民代表大会及其常务委员会制定、通过的规范性文件。

二、管 辖

第六条 各级人民法院行政审判庭审理行政案件和审查行政机关申请执行其具体行政行为的案件。

专门人民法院、人民法庭不审理行政案件，也不审查和执行行政机关申请执行其具体行政行为的案件。

第七条 复议决定有下列情形之一的，属于行政诉讼法规定的“改变原具体行政行为”：

（一）改变原具体行政行为所认定的主要事实和证据的；

（二）改变原具体行政行为所适用的规范依据且对定性产生影响的；

（三）撤销、部分撤销或者变更原具体行政行为处理结果的。

第八条 有下列情形之一的，属于行政诉讼法第十四条第（三）项规定的“本辖区内重大、复杂的案件”：

（一）被告为县级以上人民政府，且基层人民法院不适宜审理的案件；

（二）社会影响重大的共同诉讼、集团诉讼案件；

（三）重大涉外或者涉及香港特别行政区、澳门特别行政区、台湾地区的案件；

（四）其他重大、复杂案件。

第九条 行政诉讼法第十八条规定的“原告所在地”，包括原告的户籍所在地、经常居住地和被限制人身自由地。

行政机关基于同一事实既对人身又对财产实施行政处罚或者采取

行政强制措施的，被限制人身自由的公民、被扣押或者没收财产的公民、法人或者其他组织对上述行为均不服的，既可以向被告所在地人民法院提起诉讼，也可以向原告所在地人民法院提起诉讼，受诉人民法院可一并管辖。

第十条 当事人提出管辖异议，应当在接到人民法院应诉通知之日起10日内以书面形式提出。

对当事人提出的管辖异议，人民法院应当进行审查。异议成立的，裁定将案件移送有管辖权的人民法院；异议不成立的，裁定驳回。

三、诉讼参加人

第十一条 行政诉讼法第二十四条规定的“近亲属”，包括配偶、父母、子女、兄弟姐妹、祖父母、外祖父母、孙子女、外孙子女和其他具有扶养、赡养关系的亲属。

公民因被限制人身自由而不能提起诉讼的，其近亲属可以依其口头或者书面委托以该公民的名义提起诉讼。

第十二条 与具体行政行为有法律上利害关系的公民、法人或者其他组织对该行为不服的，可以依法提起行政诉讼。

第十三条 有下列情形之一的，公民、法人或者其他组织可以依法提起行政诉讼：

（一）被诉的具体行政行为涉及其相邻权或者公平竞争权的；

（二）与被诉的行政复议决定有法律上利害关系或者在复议程序中被追加为第三人的；

（三）要求主管行政机关依法追究加害人法律责任的；

（四）与撤销或者变更具体行政行为有法律上利害关系的。

第十四条 合伙企业向人民法院提起诉讼的，应当以核准登记的字号为原告，由执行合伙企业事务的合伙人作诉讼代表人；其他合伙组织提起诉讼的，合伙人为共同原告。

不具备法人资格的其他组织向人民法院提起诉讼的，由该组织的主要负责人作诉讼代表人；没有主要负责人的，可以由推选的负责人作诉讼代表人。

同案原告为5人以上，应当推选1至5名诉讼代表人参加诉讼；在指定期限内未选定的，人民法院可以依职权指定。

第十五条 联营企业、中外合资或者合作企业的联营、合资、合作各方，认为联营、合资、合作企业权益或者自己一方合法权益受具体行政行为侵害的，均可以自己的名义提起诉讼。

第十六条 农村土地承包人等土地使用权人对行政机关处分其使用的农村集体所有土地的行为不服，可以自己的名义提起诉讼。

第十七条 非国有企业被行政机关注销、撤销、合并、强令兼并、出售、分立或者改变企业隶属关系的，该企业或者其法定代表人可以提起诉讼。

第十八条 股份企业的股东大会、股东代表大会、董事会等认为行政机关作出的具体行政行为侵犯企业经营自主权的，可以企业名义提起诉讼。

第十九条 当事人不服经上级行政机关批准的具体行政行为，向人民法院提起诉讼的，应当以在对外发生法律效力的文书上署名的机关为被告。

第二十条 行政机关组建并赋予行政管理职能但不具有独立承担法律责任能力的机构，以自己的名义作出具体行政行为，当事人不服提起诉讼的，应当以组建该机构的行政机关为被告。

行政机关的内设机构或者派出机构在没有法律、法规或者规章授权的情况下，以自己的名义作出具体行政行为，当事人不服提起诉讼的，应当以该行政机关为被告。

法律、法规或者规章授权行使行政职权的行政机关内设机构、派出机构或者其他组织，超出法定授权范围实施行政行为，当事人不服提起诉讼的，应当以实施该行为的机构或者组织为被告。

第二十一条 行政机关在没有法律、法规或者规章规定的情况下，授权其内设机构、派出机构或者其他组织行使行政职权的，应当视为委托。当事人不服提起诉讼的，应当以该行政机关为被告。

第二十二条 复议机关在法定期间内不作复议决定，当事人对原具体行政行为不服提起诉讼的，应当以作出原具体行政行为的行政机关为被告；当事人对复议机关不作为不服提起诉讼的，应当以复议机关为被告。

第二十三条 原告所起诉的被告不适格，人民法院应当告知原告变更被告；原告不同意变更的，裁定驳回起诉。

应当追加被告而原告不同意追加的，人民法院应当通知其以第三人的身份参加诉讼。

第二十四条 行政机关的同一具体行政行为涉及两个以上利害关系人，其中一部分利害关系人对具体行政行为不服提起诉讼，人民法院应当通知没有起诉的其他利害关系人作为第三人参加诉讼。

第三人有权提出与本案有关的诉讼主张，对人民法院的一审判决不服，有权提起上诉。

第二十五条 当事人委托诉讼代理人，应当向人民法院提交由委托人签名或者盖章的授权委托书。委托书应当载明委托事项和具体权限。公民在特殊情况下无法书面委托的，也可以口头委托。口头委托的，人民法院应当核实并记录在卷；被诉机关或者其他有义务协助的机关拒绝人民法院向被限制人身自由的公民核实的，视为委托成立。当事人解除或者变更委托的，应当书面报告人民法院，由人民法院通知其他当事人。

四、证 据

第二十六条 在行政诉讼中，被告对其作出的具体行政行为承担举证责任。

被告应当在收到起诉状副本之日起 10 日内提交答辩状，并提供作出具体行政行为时的证据、依据；被告不提供或者无正当理由逾期提供的，应当认定该具体行政行为没有证据、依据。

第二十七条 原告对下列事项承担举证责任：

（一）证明起诉符合法定条件，但被告认为原告起诉超过起诉期限的除外；

（二）在起诉被告不作为的案件中，证明其提出申请的事实；

（三）在一并提起的行政赔偿诉讼中，证明因受被诉行为侵害而造成损失的事实；

（四）其他应当由原告承担举证责任的事项。

第二十八条 有下列情形之一的，被告经人民法院准许可以补充相关的证据：

（一）被告在作出具体行政行为时已经收集证据，但因不可抗力等正当事由不能提供的；

（二）原告或者第三人在诉讼过程中，提出了其在被告实施行政行为过程中没有提出的反驳理由或者证据的。

第二十九条 有下列情形之一的，人民法院有权调取证据：

（一）原告或者第三人及其诉讼代理人提供了证据线索，但无法自行收集而申请人民法院调取的；

（二）当事人应当提供而无法提供原件或者原物的。

第三十条 下列证据不能作为认定被诉具体行政行为合法的根据：

（一）被告及其诉讼代理人在作出具体行政行为后自行收集的证据；

（二）被告严重违反法定程序收集的其他证据。

第三十一条 未经法庭质证的证据不能作为人民法院裁判的根据。

复议机关在复议过程中收集和补充的证据，不能作为人民法院维持原具体行政行为的根据。

被告在二审过程中向法庭提交在一审过程中没有提交的证据，不能作为二审法院撤销或者变更一审裁判的根据。

五、起诉与受理

第三十二条 人民法院应当组成合议庭对原告的起诉进行审查。符合起诉条件的，应当在 7 日内立案；不符合起诉条件的，应当在 7 日内裁定不予受理。

7 日内不能决定是否受理的，应当先予受理；受理后经审查不符合起诉条件的，裁定驳回起诉。

受诉人民法院在 7 日内既不立案，又不作出裁定的，起诉人可以向上一级人民法院申诉或者起诉。上一级人民法院认为符合受理条件的，应予受理；受理后可以移交或者指定下级人民法院审理，也可以自行审理。

前三款规定的期限，从受诉人民法院收到起诉状之日起计算；因起诉状内容欠缺而责令原告补正的，从人民法院收到补正材料之日起计算。

第三十三条 法律、法规规定应当先申请复议，公民、法人或者其他组织未申请复议直接提起诉讼的，人民法院不予受理。

复议机关不受理复议申请或者在法定期限内不作出复议决定，公民、法人或者其他组织不服，依法向人民法院提起诉讼的，人民法院应当依法受理。

第三十四条 法律、法规未规定行政复议为提起行政诉讼必经程序，公民、法人或者其他组织既提起诉讼又申请行政复议的，由先受理的机关管辖；同时受理的，由公民、法人或者其他组织选择。公民、法人或者其他组织已经申请行政复议，在法定复议期间内又向人民法院提起诉讼的，人民法院不予受理。

第三十五条 法律、法规未规定行政复议为提起行政诉讼必经程序，公民、法人或者其他组织向复议机关申请行政复议后，又经复议机关同意撤回复议申请，在法定起诉期限内对原具体行政行为提起诉讼的，人民法院应当依法受理。

第三十六条 人民法院裁定准许原告撤诉后，原告以同一事实和理由重新起诉的，人民法院不予受理。

准予撤诉的裁定确有错误，原告申请再审的，人民法院应当通过审判监督程序撤销原准予撤诉的裁定，重新对案件进行审理。

第三十七条 原告或者上诉人未按规定的期限预交案件受理费，又不提出缓交、减交、免交申请，或者提出申请未获批准的，按自动撤诉处理。在按撤诉处理后，原告或者上诉人在法定期限内再次起诉或者上诉，并依法解决诉讼费预交问题的，人民法院应予受理。

第三十八条 人民法院判决撤销行政机关的具体行政行为后，公民、法人或者其他组织对行政机关重新作出的具体行政行为不服向人民法院起诉的，人民法院应当依法受理。

第三十九条 公民、法人或者其他组织申请行政机关履行法定职责，行政机关在接到申请之日起 60 日内不履行的，公民、法人或者其他组织向人民法院提起诉讼，人民法院应当依法受理。法律、法规、规章和其他规范性文件对行政机关履行职责的期限另有规定的，从其规定。

公民、法人或者其他组织在紧急情况下请求行政机关履行保护其人身权、财产权的法定职责，行政机关不履行的，起诉期间不受前款规定的限制。

第四十条 行政机关作出具体行政行为时，没有制作或者没有送达法律文书，公民、法人或者其他组织不服向人民法院起诉的，只要能证明具体行政行为存在，人民法院应当依法受理。

第四十一条 行政机关作出具体行政行为时，未告知公民、法人或者其他组织诉权或者起诉期限的，起诉期限从公民、法人或者其他组织知道或者应当知道诉权或者起诉期限之日起计算，但从知道或者应当知道具体行政行为内容之日起最长不得超过 2 年。

复议决定未告知公民、法人或者其他组织诉权或者法定起诉期限的，适用前款规定。

第四十二条 公民、法人或者其他组织不知道行政机关作出的具体行政行为内容的，其起诉期限从知道或者应当知道该具体行政行为内容之日起计算。对涉及不动产的具体行政行为从作出之日起超过 20 年、其他具体行政行为从作出之日起超过 5 年提起诉讼的，人民法院不予受理。

第四十三条 由于不属于起诉人自身的原因超过起诉期限的，被耽误的时间不计算在起诉期间内。因人身自由受到限制而不能提起诉讼的，被限制人身自由的时间不计算在起诉期间内。

六、审理与判决

第四十四条 有下列情形之一的，应当裁定不予受理；已经受理的，裁定驳回起诉：

（一）请求事项不属于行政审判权限范围的；

（二）起诉人无原告诉讼主体资格的；

（三）起诉人错列被告且拒绝变更的；

（四）法律规定必须由法定或者指定代理人、代表人为诉讼行为，未由法定或者指定代理人、代表人为诉讼行为的；

（五）由诉讼代理人代为起诉，其代理不符合法定要求的；

（六）起诉超过法定期限且无正当理由的；

（七）法律、法规规定行政复议为提起诉讼必经程序而未申请复议的；

（八）起诉人重复起诉的；

（九）已撤回起诉，无正当理由再行起诉的；

（十）诉讼标的为生效判决的效力所羁束的；

（十一）起诉不具备其他法定要件的。

前款所列情形可以补正或者更正的，人民法院应当指定期间责令补正或者更正；在指定期间已经补正或者更正的，应当依法受理。

第四十五条 起诉状副本送达被告后，原告提出新的诉讼请求的，人民法院不予准许，但有正当理由的除外。

第四十六条 有下列情形之一的，人民法院可以决定合并审理：

（一）两个以上行政机关分别依据不同的法律、法规对同一事实作出具体行政行为，公民、法人或者其他组织不服向同一人民法院起诉的；

（二）行政机关就同一事实对若干公民、法人或者其他组织分别作出具体行政行为，公民、法人或者其他组织不服分别向同一人民法院起诉的；

（三）在诉讼过程中，被告对原告作出新的具体行政行为，原告不服向同一人民法院起诉的；

（四）人民法院认为可以合并审理的其他情形。

第四十七条 当事人申请回避，应当说明理由，在案件开始审理时提出；回避事由在案件开始审理后知道的，应当在法庭辩论终结前提出。

被申请回避的人员，在人民法院作出是否回避的决定前，应当暂停参与本案的工作，但案件需要采取紧急措施的除外。

对当事人提出的回避申请，人民法院应当在 3 日内以口头或者书面形式作出决定。

申请人对驳回回避申请决定不服的，可以向作出决定的人民法院申请复议一次。复议期间，被申请回避的人员不停止参与本案的工作。对申请人的复议申请，人民法院应当在 3 日内作出复议决定，并通知复议申请人。

第四十八条 人民法院对于因一方当事人的行为或者其他原因，可能使具体行政行为或者人民法院生效裁判不能或者难以执行的案件，可以根据对方当事人的申请作出财产保全的裁定；当事人没有提出申请的，人民法院在必要时也可以依法采取财产保全措施。

人民法院审理起诉行政机关没有依法发给抚恤金、社会保险金、最低生活保障费等案件，可以根据原告的申请，依法书面裁定先予执行。

当事人对财产保全或者先予执行的裁定不服的，可以申请复议。复议期间不停止裁定的执行。

第四十九条 原告或者上诉人经合法传唤，无正当理由拒不到庭或者未经法庭许可中途退庭的，可以按撤诉处理。

原告或者上诉人申请撤诉，人民法院裁定不予准许的，原告或者上诉人经合法传唤无正当理由拒不到庭，或者未经法庭许可而中途退庭的，人民法院可以缺席判决。

第三人经合法传唤无正当理由拒不到庭，或者未经法庭许可中途退庭的，不影响案件的审理。

第五十条 被告在一审期间改变被诉具体行政行为的，应当书面告知人民法院。

原告或者第三人对改变后的行为不服提起诉讼的，人民法院应当就改变后的具体行政行为进行审理。

被告改变原具体行政行为，原告不撤诉，人民法院经审查认为原具体行政行为违法的，应当作出确认其违法的判决；认为原具体行政行为合法的，应当判决驳回原告的诉讼请求。

原告起诉被告不作为，在诉讼中被告作出具体行政行为，原告不撤诉的，参照上述规定处理。

第五十一条 在诉讼过程中，有下列情形之一的，中止诉讼：

（一）原告死亡，须等待其近亲属表明是否参加诉讼的；

（二）原告丧失诉讼行为能力，尚未确定法定代理人的；

（三）作为一方当事人的行政机关、法人或者其他组织终止，尚未确定权利义务承受人的；

（四）一方当事人因不可抗力的事由不能参加诉讼的；

（五）案件涉及法律适用问题，需要送请有权机关作出解释或者确认的；

（六）案件的审判须以相关民事、刑事或者其他行政案件的审理结果为依据，而相关案件尚未审结的；

（七）其他应当中止诉讼的情形。

中止诉讼的原因消除后，恢复诉讼。

第五十二条 在诉讼过程中，有下列情形之一的，终结诉讼：

（一）原告死亡，没有近亲属或者近亲属放弃诉讼权利的；

（二）作为原告的法人或者其他组织终止后，其权利义务的承受人放弃诉讼权利的。

因本解释第五十一条第一款第（一）、（二）、（三）项原因中止诉讼满 90 日仍无人继续诉讼的，裁定终结诉讼，但有特殊情况的除外。

第五十三条 复议决定维持原具体行政行为的，人民法院判决撤销原具体行政行为，复议决定自然无效。

复议决定改变原具体行政行为错误，人民法院判决撤销复议决定时，应当责令复议机关重新作出复议决定。

第五十四条 人民法院判决被告重新作出具体行政行为，被告重新作出的具体行政行为与原具体行政行为的结果相同，但主要事实或者主要理由有改变的，不属于行政诉讼法第五十五条规定的情形。

人民法院以违反法定程序为由，判决撤销被诉具体行政行为的，行政机关重新作出具体行政行为不受行政诉讼法第五十五条规定的限制。

行政机关以同一事实和理由重新作出与原具体行政行为基本相同的具体行政行为，人民法院应当根据行政诉讼法第五十四条第（二）项、第五十五条的规定判决撤销或者部分撤销，并根据行政诉讼法第六十五条第三款的规定处理。

第五十五条 人民法院审理行政案件不得加重对原告的处罚，但利害关系人同为原告的除外。

人民法院审理行政案件不得对行政机关未予处罚的人直接给予行政处罚。

第五十六条 有下列情形之一的，人民法院应当判决驳回原告的诉讼请求：

（一）起诉被告不作为理由不能成立的；

（二）被诉具体行政行为合法但存在合理性问题的；

（三）被诉具体行政行为合法，但因法律、政策变化需要变更或者废止的；

（四）其他应当判决驳回诉讼请求的情形。

第五十七条 人民法院认为被诉具体行政行为合法，但不适宜判决维持或者驳回诉讼请求的，可以作出确认其合法或者有效的判决。

有下列情形之一的，人民法院应当作出确认被诉具体行政行为违法或者无效的判决：

（一）被告不履行法定职责，但判决责令其履行法定职责已无实际意义的；

（二）被诉具体行政行为违法，但不具有可撤销内容的；

（三）被诉具体行政行为依法不成立或者无效的。

第五十八条 被诉具体行政行为违法，但撤销该具体行政行为将会给国家利益或者公共利益造成重大损失的，人民法院应当作出确认被诉具体行政行为违法的判决，并责令被诉行政机关采取相应的补救措施；造成损害的，依法判决承担赔偿责任。

第五十九条 根据行政诉讼法第五十四条第（二）项规定判决撤销违法的被诉具体行政行为，将会给国家利益、公共利益或者他人合法权益造成损失的，人民法院在判决撤销的同时，可以分别采取以下方式处理：

（一）判决被告重新作出具体行政行为；

（二）责令被诉行政机关采取相应的补救措施；

（三）向被告和有关机关提出司法建议；

（四）发现违法犯罪行为的，建议有权机关依法处理。

第六十条 人民法院判决被告重新作出具体行政行为，如不及时重新作出具体行政行为，将会给国家利益、公共利益或者当事人利益造成损失的，可以限定重新作出具体行政行为的期限。

人民法院判决被告履行法定职责，应当指定履行的期限，因情况特殊难以确定期限的除外。

第六十一条 被告对平等主体之间民事争议所作的裁决违法，民事争议当事人要求人民法院一并解决相关民事争议的，人民法院可以一并审理。

第六十二条 人民法院审理行政案件，适用最高人民法院司法解释的，应当在裁判文书中援引。 人民法院审理行政案件，可以在裁判文书中引用合法有效的规章及其他规范性文件。

第六十三条 裁定适用于下列范围：

（一）不予受理；

（二）驳回起诉；

（三）管辖异议；

（四）终结诉讼；

（五）中止诉讼；

（六）移送或者指定管辖；

（七）诉讼期间停止具体行政行为的执行或者驳回停止执行的申请；

（八）财产保全；

（九）先予执行；

（十）准许或者不准许撤诉；

（十一）补正裁判文书中的笔误；

（十二）中止或者终结执行；

（十三）提审、指令再审或者发回重审；

（十四）准许或者不准许执行行政机关的具体行政行为；

（十五）其他需要裁定的事项。

对第（一）、（二）、（三）项裁定，当事人可以上诉。

第六十四条 行政诉讼法第五十七条、第六十条规定的审限，是指从立案之日起至裁判宣告之日止的期间。鉴定、处理管辖争议或者异议以及中止诉讼的时间不计算在内。

第六十五条 第一审人民法院作出判决和裁定后，当事人均提起上诉的，上诉各方均为上诉人。

诉讼当事人中的一部分人提出上诉，没有提出上诉的对方当事人为被上诉人，其他当事人依原审诉讼地位列明。

第六十六条 当事人提出上诉，应当按照其他当事人或者诉讼代表人的人数提出上诉状副本。

原审人民法院收到上诉状，应当在 5 日内将上诉状副本送达其他当事人，对方当事人应当在收到上诉状副本之日起 10 日内提出答辩状。

原审人民法院应当在收到答辩状之日起 5 日内将副本送达当事人。

原审人民法院收到上诉状、答辩状，应当在 5 日内连同全部案卷和证据，报送第二审人民法院。已经预收诉讼费用的，一并报送。

第六十七条 第二审人民法院审理上诉案件，应当对原审人民法院的裁判和被诉具体行政行为是否合法进行全面审查。

当事人对原审人民法院认定的事实有争议的，或者第二审人民法院认为原审人民法院认定事实不清楚的，第二审人民法院应当开庭审理。

第六十八条 第二审人民法院经审理认为原审人民法院不予受理或者驳回起诉的裁定确有错误，且起诉符合法定条件的，应当裁定撤销原审人民法院的裁定，指令原审人民法院依法立案受理或者继续审理。

第六十九条 第二审人民法院裁定发回原审人民法院重新审理的行政案件，原审人民法院应当另行组成合议庭进行审理。

第七十条 第二审人民法院审理上诉案件，需要改变原审判决的，应当同时对被诉具体行政行为作出判决。

第七十一条 原审判决遗漏了必须参加诉讼的当事人或者诉讼请求的，第二审人民法院应当裁定撤销原审判决，发回重审。

原审判决遗漏行政赔偿请求，第二审人民法院经审查认为依法不应当予以赔偿的，应当判决驳回行政赔偿请求。

原审判决遗漏行政赔偿请求，第二审人民法院经审理认为依法应当予以赔偿的，在确认被诉具体行政行为违法的同时，可以就行政赔偿问题进行调解；调解不成的，应当就行政赔偿部分发回重审。

当事人在第二审期间提出行政赔偿请求的，第二审人民法院可以进行调解；调解不成的，应当告知当事人另行起诉。

第七十二条 有下列情形之一的，属于行政诉讼法第六十三条规定的“违反法律、法规规定”：

（一）原判决、裁定认定的事实主要证据不足；

（二）原判决、裁定适用法律、法规确有错误；

（三）违反法定程序，可能影响案件正确裁判；

（四）其他违反法律、法规的情形。

第七十三条 当事人申请再审，应当在判决、裁定发生法律效力后2年内提出。

当事人对已经发生法律效力的行政赔偿调解书，提出证据证明调解违反自愿原则或者调解协议的内容违反法律规定的，可以在2年内申请再审。

第七十四条 人民法院接到当事人的再审申请后，经审查，符合再审条件的，应当立案并及时通知各方当事人；不符合再审条件的，予以驳回。

第七十五条 对人民检察院按照审判监督程序提出抗诉的案件，人民法院应当再审。

人民法院开庭审理抗诉案件时，应当通知人民检察院派员出庭。

第七十六条 人民法院按照审判监督程序再审的案件，发生法律效力的判决、裁定是由第一审人民法院作出的，按照第一审程序审理，所作的判决、裁定，当事人可以上诉；发生法律效力的判决、裁定是由第二审人民法院作出的，按照第二审程序审理，所作的判决、裁定是发生法律效力的判决、裁定；上级人民法院按照审判监督程序提审的，按照第二审程序审理，所作的判决、裁定是发生法律效力的判决、裁定。

人民法院审理再审案件，应当另行组成合议庭。

第七十七条 按照审判监督程序决定再审的案件，应当裁定中止原判决的执行；裁定由院长署名，加盖人民法院印章。

上级人民法院决定提审或者指令下级人民法院再审的，应当作出裁定，裁定应当写明中止原判决的执行；情况紧急的，可以将中止执行的裁定口头通知负责执行的人民法院或者作出生效判决、裁定的人民法院，但应当在口头通知后10日内发出裁定书。

第七十八条 人民法院审理再审案件，认为原生效判决、裁定确有错误，在撤销原生效判决或者裁定的同时，可以对生效判决、裁定的内容作出相应裁判，也可以裁定撤销生效判决或者裁定，发回作出生效判决、裁定的人民法院重新审判。

第七十九条 人民法院审理二审案件和再审案件，对原审法院受理、不予受理或者驳回起诉错误的，应当分别情况作如下处理：

（一）第一审人民法院作出实体判决后，第二审人民法院认为不应当受理的，在撤销第一审人民法院判决的同时，可以发回重审，也可以进行驳回起诉；

（二）第二审人民法院维持第一审人民法院不予受理裁定错误的，再审法院应当撤销第一审、第二审人民法院裁定，指令第一审人民法院受理；

（三）第二审人民法院维持第一审人民法院驳回起诉裁定错误的，再审法院应当撤销第一审、第二审人民法院裁定，指令第一审人民法院审理。

第八十条 人民法院审理再审案件，发现生效裁判有下列情形之一的，应当裁定发回作出生效判决、裁定的人民法院重新审理：

（一）审理本案的审判人员、书记员应当回避而未回避的；

（二）依法应当开庭审理而未经开庭即作出判决的；

（三）未经合法传唤当事人而缺席判决的；

（四）遗漏必须参加诉讼的当事人的；

（五）对与本案有关的诉讼请求未予裁判的；

（六）其他违反法定程序可能影响案件正确裁判的。

第八十一条 再审案件按照第一审程序审理的，适用行政诉讼法第五十七条规定的审理期限。

再审案件按照第二审程序审理的，适用行政诉讼法第六十条规定的审理期限。

第八十二条 基层人民法院申请延长审理期限，应当直接报请高级人民法院批准，同时报中级人民法院备案。

七、执 行

第八十三条 对发生法律效力的行政判决书、行政裁定书、行政赔偿判决书和行政赔偿调解书，负有义务的一方当事人拒绝履行的，对方当事人可以依法申请人民法院强制执行。

第八十四条 申请人是公民的，申请执行生效的行政判决书、行政裁定书、行政赔偿判决书和行政赔偿调解书的期限为 1 年，申请人是行政机关、法人或者其他组织的为 180 日。

申请执行的期限从法律文书规定的履行期间最后一日起计算；法律文书中没有规定履行期限的，从该法律文书送达当事人之日起计算。

逾期申请的，除有正当理由外，人民法院不予受理。

第八十五条 发生法律效力的行政判决书、行政裁定书、行政赔偿判决书和行政赔偿调解书，由第一审人民法院执行。

第一审人民法院认为情况特殊需要由第二审人民法院执行的，可以报请第二审人民法院执行；第二审人民法院可以决定由其执行，也可以决定由第一审人民法院执行。

第八十六条 行政机关根据行政诉讼法第六十六条的规定申请执行其具体行政行为，应当具备以下条件：

（一）具体行政行为依法可以由人民法院执行；

（二）具体行政行为已经生效并具有可执行内容；

（三）申请人是作出该具体行政行为的行政机关或者法律、法规、规章授权的组织；

（四）被申请人是该具体行政行为所确定的义务人；

（五）被申请人在具体行政行为确定的期限内或者行政机关另行指定的期限内未履行义务；

（六）申请人在法定期限内提出申请；

（七）被申请执行的行政案件属于受理申请执行的人民法院管辖。

人民法院对符合条件的申请，应当立案受理，并通知申请人；对不符合条件的申请，应当裁定不予受理。

第八十七条 法律、法规没有赋予行政机关强制执行权，行政机关申请人民法院强制执行的，人民法院应当依法受理。

法律、法规规定既可以由行政机关依法强制执行，也可以申请人民法院强制执行，行政机关申请人民法院强制执行的，人民法院可以依法受理。

第八十八条 行政机关申请人民法院强制执行其具体行政行为，应当自被执行人的法定起诉期限届满之日起 180 日内提出。逾期申请的，除有正当理由外，人民法院不予受理。

第八十九条 行政机关申请人民法院强制执行其具体行政行为，由申请人所在地的基层人民法院受理；执行对象为不动产的，由不动产所在地的基层人民法院受理。

基层人民法院认为执行确有困难的，可以报请上级人民法院执行；上级人民法院可以决定由其执行，也可以决定由下级人民法院执行。

第九十条 行政机关根据法律的授权对平等主体之间民事争议作出裁决后，当事人在法定期限内不起诉又不履行，作出裁决的行政机关在申请执行的期限内未申请人民法院强制执行的，生效具体行政行为确定的权利人或者其继承人、权利承受人在 90 日内可以申请人民法院强制执行。

享有权利的公民、法人或者其他组织申请人民法院强制执行具体行政行为，参照行政机关申请人民法院强制执行具体行政行为的规定。

第九十一条 行政机关申请人民法院强制执行其具体行政行为，应当提交申请执行书、据以执行的行政法律文书、证明该具体行政行为为合法的材料和被执行人财产状况以及其他必须提交的材料。

享有权利的公民、法人或者其他组织申请人民法院强制执行的，人民法院应当向作出裁决的行政机关调取有关材料。

第九十二条 行政机关或者具体行政行为确定的权利人申请人民法院强制执行前，有充分理由认为被执行人可能逃避执行的，可以申请人民法院采取财产保全措施。后者申请强制执行的，应当提供相应的财产担保。

第九十三条 人民法院受理行政机关申请执行其具体行政行为的案件后，应当在 30 日内由行政审判庭组成合议庭对具体行政行为的合法性进行审查，并就是否准予强制执行作出裁定；需要采取强制执行措施的，由本院负责强制执行非诉行政行为的机构执行。

第九十四条 在诉讼过程中，被告或者具体行政行为确定的权利人申请人民法院强制执行被诉具体行政行为，人民法院不予执行，但不及时执行可能给国家利益、公共利益或者他人合法权益造成不可弥补的损失的，人民法院可以先予执行。后者申请强制执行的，应当提供相应的财产担保。

第九十五条 被申请执行的具体行政行为有下列情形之一的，人民法院应当裁定不准予执行：

（一）明显缺乏事实根据的；

（二）明显缺乏法律依据的；

（三）其他明显违法并损害被执行人合法权益的。

第九十六条 行政机关拒绝履行人民法院生效判决、裁定的，人民法院可以依照行政诉讼法第六十五条第三款的规定处理，并可以参照民事诉讼法第一百零二条的有关规定，对主要负责人或者直接责任人员予以罚款处罚。

八、其　他

第九十七条 人民法院审理行政案件，除依照行政诉讼法和本解释外，可以参照民事诉讼的有关规定。

第九十八条 本解释自发布之日起施行，最高人民法院《关于贯彻执行〈中华人民共和国行政诉讼法〉若干问题的意见（试行）》同时废止；最高人民法院以前所作的司法解释以及与有关机关联合发布的规范性文件，凡与本解释不一致的，按本解释执行。

关于行政诉讼证据若干问题的规定

（2002年6月4日由最高人民法院审判委员会第1224次会议通过 2002年7月24日最高人民法院公布 自2002年10月1日起施行）

一、举证责任分配和举证期限

第一条 根据行政诉讼法第三十二条和第四十三条的规定，被告对作出的具体行政行为负有举证责任，应当在收到起诉状副本之日起十日内，提供据以作出被诉具体行政行为的全部证据和所依据的规范性文件。被告不提供或者无正当理由逾期提供证据的，视为被诉具体行政行为没有相应的证据。

被告因不可抗力或者客观上不能控制的其他正当事由，不能在前款规定的期限内提供证据的，应当在收到起诉状副本之日起十日内向人民法院提出延期提供证据的书面申请。人民法院准许延期提供的，被告应当在正当事由消除后十日内提供证据。逾期提供的，视为被诉具体行政行为没有相应的证据。

第二条 原告或者第三人提出其在行政程序中没有提出的反驳理由或者证据的，经人民法院准许，被告可以在第一审程序中补充相应的证据。

第三条 根据行政诉讼法第三十三条的规定，在诉讼过程中，被告及其诉讼代理人不得自行向原告和证人收集证据。

第四条 公民、法人或者其他组织向人民法院起诉时，应当提供其符合起诉条件的相应的证据材料。

在起诉被告不作为的案件中，原告应当提供其在行政程序中曾经提出申请的证据材料。但有下列情形的除外：

（一）被告应当依职权主动履行法定职责的；

（二）原告因被告受理申请的登记制度不完备等正当事由不能提供相关证据材料并能够作出合理说明的。

被告认为原告起诉超过法定期限的，由被告承担举证责任。

第五条 在行政赔偿诉讼中，原告应当对被诉具体行政行为造成损害的事实提供证据。

第六条 原告可以提供证明被诉具体行政行为违法的证据。原告提供的证据不成立的，不免除被告对被诉具体行政行为合法性的举证责任。

第七条 原告或者第三人应当在开庭审理前或者人民法院指定的交换证据之日提供证据。因正当事由申请延期提供证据的，经人民法院准许，可以在法庭调查中提供。逾期提供证据的，视为放弃举证权利。

原告或者第三人在第一审程序中无正当事由未提供而在第二审程序中提供的证据，人民法院不予接纳。

第八条 人民法院向当事人送达受理案件通知书或者应诉通知书时，应当告知其举证范围、举证期限和逾期提供证据的法律后果，并告知因正当事由不能按期提供证据时应当提出延期提供证据的申请。

第九条 根据行政诉讼法第三十四条第一款的规定，人民法院有权要求当事人提供或者补充证据。

对当事人无争议，但涉及国家利益、公共利益或者他人合法权益的事实，人民法院可以责令当事人提供或者补充有关证据。

二、提供证据的要求

第十条 根据行政诉讼法第三十一条第一款第（一）项的规定，当事人向人民法院提供书证的，应当符合下列要求：

（一）提供书证的原件，原本、正本和副本均属于书证的原件。提供原件确有困难的，可以提供与原件核对无误的复印件、照片、节录本；

（二）提供由有关部门保管的书证原件的复制件、影印件或者抄录件的，应当注明出处，经该部门核对无异后加盖其印章；

（三）提供报表、图纸、会计帐册、专业技术资料、科技文献等书证的，应当附有说明材料；

（四）被告提供的被诉具体行政行为所依据的询问、陈述、谈话类笔录，应当有行政执法人员、被询问人、陈述人、谈话人签名或者盖章。

法律、法规、司法解释和规章对书证的制作形式另有规定的，从其规定。

第十一条 根据行政诉讼法第三十一条第一款第（二）项的规定，当事人向人民法院提供物证的，应当符合下列要求：

（一）提供原物。提供原物确有困难的，可以提供与原物核对无误的复制件或者证明该物证的照片、录像等其他证据；

（二）原物为数量较多的种类物的，提供其中的一部分。

第十二条 根据行政诉讼法第三十一条第一款第（三）项的规定，当事人向人民法院提供计算机数据或者录音、录像等视听资料的，应当符合下列要求：

（一）提供有关资料的原始载体。提供原始载体确有困难的，可以提供复制件；

（二）注明制作方法、制作时间、制作人和证明对象等；

（三）声音资料应当附有该声音内容的文字记录。

第十三条 根据行政诉讼法第三十一条第一款第（四）项的规定，当事人向人民法院提供证人证言的，应当符合下列要求：

（一）写明证人的姓名、年龄、性别、职业、住址等基本情况；

（二）有证人的签名，不能签名的，应当以盖章等方式证明；

（三）注明出具日期；

（四）附有居民身份证复印件等证明证人身份的文件。

第十四条 根据行政诉讼法第三十一条第一款第（六）项的规定，被告向人民法院提供的在行政程序中采用的鉴定结论，应当载明委托人和委托鉴定的事项、向鉴定部门提交的相关材料、鉴定的依据和使用的科学技术手段、鉴定部门和鉴定人鉴定资格的说明，并应有鉴定人的签名和鉴定部门的盖章。通过分析获得的鉴定结论，应当说明分析过程。

第十五条 根据行政诉讼法第三十一条第一款第（七）项的规定，被告向人民法院提供的现场笔录，应当载明时间、地点和事件等内容，并由执法人员和当事人签名。当事人拒绝签名或者不能签名的，应当注明原因。有其他人在现场的，可由其他人签名。法律、法规和规章对现场笔录的制作形式另有规定的，从其规定。

第十六条 当事人向人民法院提供的在中华人民共和国领域外形成的证据，应当说明来源，经所在国公证机关证明，并经中华人民共和国驻该国使领馆认证，或者履行中华人民共和国与证据所在国订立的有关条约中规定的证明手续。

当事人提供的在中华人民共和国香港特别行政区、澳门特别行政区和台湾地区内形成的证据，应当具有按照有关规定办理的证明手续。

第十七条 当事人向人民法院提供外文书证或者外国语视听资料的，应当附有由具有翻译资质的机构翻译的或者其他翻译准确的中文译本，由翻译机构盖章或者翻译人员签名。

第十八条 证据涉及国家秘密、商业秘密或者个人隐私的，提供人应当作出明确标注，并向法庭说明，法庭予以审查确认。

第十九条 当事人应当对其提交的证据材料分类编号，对证据材料的来源、证明对象和内容作简要说明，签名或者盖章，注明提交日期。

第二十条 人民法院收到当事人提交的证据材料，应当出具收据，注明证据的名称、份数、页数、件数、种类等以及收到的时间，由经办人员签名或者盖章。

第二十一条 对于案情比较复杂或者证据数量较多的案件，人民法院可以组织当事人在开庭前向对方出示或者交换证据，并将交换证据的情况记录在卷。

三、调取和保全证据

第二十二条 根据行政诉讼法第三十四条第二款的规定，有下列情形之一的，人民法院有权向有关行政机关以及其他组织、公民调取证据：

（一）涉及国家利益、公共利益或者他人合法权益的事实认定的；

（二）涉及依职权追加当事人、中止诉讼、终结诉讼、回避等程序性事项的。

第二十三条 原告或者第三人不能自行收集，但能够提供确切线索的，可以申请人民法院调取下列证据材料：

（一）由国家有关部门保存而须由人民法院调取的证据材料；

（二）涉及国家秘密、商业秘密、个人隐私的证据材料；

（三）确因客观原因不能自行收集的其他证据材料。

人民法院不得为证明被诉具体行政行为的合法性，调取被告在作出具体行政行为时未收集的证据。

第二十四条 当事人申请人民法院调取证据的，应当在举证期限内提交调取证据申请书。

调取证据申请书应当写明下列内容：

（一）证据持有人的姓名或者名称、住址等基本情况；

（二）拟调取证据的内容；

（三）申请调取证据的原因及其要证明的案件事实。

第二十五条 人民法院对当事人调取证据的申请，经审查符合调取证据条件的，应当及时决定调取；不符合调取证据条件的，应当向当事人或者其诉讼代理人送达通知书，说明不准许调取的理由。当事人及其诉讼代理人可以在收到通知书之日起三日内向受理申请的人民法院书面申请复议一次。

人民法院应当在收到复议申请之日起五日内作出答复。人民法院根据当事人申请，经调取未能取得相应证据的，应当告知申请人并说明原因。

第二十六条 人民法院需要调取的证据在异地的，可以书面委托证据所在地人民法院调取。受托人民法院应当在收到委托书后，按照委托要求及时完成调取证据工作，送交委托人民法院。受托人民法院不能完成委托内容的，应当告知委托的人民法院并说明原因。

第二十七条 当事人根据行政诉讼法第三十六条的规定向人民法

院申请保全证据的，应当在举证期限届满前以书面形式提出，并说明证据的名称和地点、保全的内容和范围、申请保全的理由等事项。

当事人申请保全证据的，人民法院可以要求其提供相应的担保。

法律、司法解释规定诉前保全证据的，依照其规定办理。

第二十八条 人民法院依照行政诉讼法第三十六条规定保全证据的，可以根据具体情况，采取查封、扣押、拍照、录音、录像、复制、鉴定、勘验、制作询问笔录等保全措施。

人民法院保全证据时，可以要求当事人或者其诉讼代理人到场。

第二十九条 原告或者第三人有证据或者有正当理由表明被告据以认定案件事实的鉴定结论可能有错误，在举证期限内书面申请重新鉴定的，人民法院应予准许。

第三十条 当事人对人民法院委托的鉴定部门作出的鉴定结论有异议申请重新鉴定，提出证据证明存在下列情形之一的，人民法院应予准许：

（一）鉴定部门或者鉴定人不具有相应的鉴定资格的；

（二）鉴定程序严重违法的；

（三）鉴定结论明显依据不足的；

（四）经过质证不能作为证据使用的其他情形。

对有缺陷的鉴定结论，可以通过补充鉴定、重新质证或者补充质证等方式解决。

第三十一条 对需要鉴定的事项负有举证责任的当事人，在举证期限内无正当理由不提出鉴定申请、不预交鉴定费用或者拒不提供相关材料，致使对案件争议的事实无法通过鉴定结论予以认定的，应当对该事实承担举证不能的法律后果。

第三十二条 人民法院对委托或者指定的鉴定部门出具的鉴定书，应当审查是否具有下列内容：

（一）鉴定的内容；

（二）鉴定时提交的相关材料；

（三）鉴定的依据和使用的科学技术手段；

（四）鉴定的过程；

（五）明确的鉴定结论；

（六）鉴定部门和鉴定人鉴定资格的说明；

（七）鉴定人及鉴定部门签名盖章。

前款内容欠缺或者鉴定结论不明确的，人民法院可以要求鉴定部门予以说明、补充鉴定或者重新鉴定。

第三十三条 人民法院可以依当事人申请或者依职权勘验现场。

勘验现场时，勘验人必须出示人民法院的证件，并邀请当地基层组织或者当事人所在单位派人参加。当事人或其成年亲属应当到场，拒不到场的，不影响勘验的进行，但应当在勘验笔录中说明情况。

第三十四条 审判人员应当制作勘验笔录，记载勘验的时间、地点、勘验人、在场人、勘验的经过和结果，由勘验人、当事人、在场人签名。

勘验现场时绘制的现场图，应当注明绘制的时间、方位、绘制人姓名和身份等内容。

当事人对勘验结论有异议的，可以在举证期限内申请重新勘验，是否准许由人民法院决定。

四、证据的对质辨认和核实

第三十五条 证据应当在法庭上出示，并经庭审质证。未经庭审质证的证据，不能作为定案的依据。

当事人在庭前证据交换过程中没有争议并记录在卷的证据，经审判人员在庭审中说明后，可以作为认定案件事实的依据。

第三十六条 经合法传唤，因被告无正当理由拒不到庭而需要依法缺席判决的，被告提供的证据不能作为定案的依据，但当事人在庭前交换证据中没有争议的证据除外。

第三十七条 涉及国家秘密、商业秘密和个人隐私或者法律规定的其他应当保密的证据，不得在开庭时公开质证。

第三十八条 当事人申请人民法院调取的证据，由申请调取证据的当事人在庭审中出示，并由当事人质证。

人民法院依职权调取的证据，由法庭出示，并可就调取该证据的情况进行说明，听取当事人意见。

第三十九条 当事人应当围绕证据的关联性、合法性和真实性，针对证据有无证明效力以及证明效力大小，进行质证。

经法庭准许，当事人及其代理人可以就证据问题相互发问，也可以向证人、鉴定人或者勘验人发问。

当事人及其代理人相互发问，或者向证人、鉴定人、勘验人发问时，发问的内容应当与案件事实有关联，不得采用引诱、威胁、侮辱等语言或者方式。

第四十条 对书证、物证和视听资料进行质证时，当事人应当出示证据的原件或者原物。但有下列情况之一的除外：

（一）出示原件或者原物确有困难并经法庭准许可以出示复制件或者复制品；

（二）原件或者原物已不存在，可以出示证明复制件、复制品与原件、原物一致的其他证据。

视听资料应当当庭播放或者显示，并由当事人进行质证。

第四十一条 凡是知道案件事实的人，都有出庭作证的义务。有下列情形之一的，经人民法院准许，当事人可以提交书面证言：

（一）当事人在行政程序或者庭前证据交换中对证人证言无异议的；

（二）证人因年迈体弱或者行动不便无法出庭的；

（三）证人因路途遥远、交通不便无法出庭的；

（四）证人因自然灾害等不可抗力或者其他意外事件无法出庭的；

（五）证人因其他特殊原因确实无法出庭的。

第四十二条 不能正确表达意志的人不能作证。

根据当事人申请，人民法院可以就证人能否正确表达意志进行审查或者交由有关部门鉴定。必要时，人民法院也可以依职权交由有关部门鉴定。

第四十三条 当事人申请证人出庭作证的，应当在举证期限届满前提出，并经人民法院许可。人民法院准许证人出庭作证的，应当在开庭审理前通知证人出庭作证。

当事人在庭审过程中要求证人出庭作证的，法庭可以根据审理案件的具体情况，决定是否准许以及是否延期审理。

第四十四条 有下列情形之一，原告或者第三人可以要求相关行政执法人员作为证人出庭作证：

（一）对现场笔录的合法性或者真实性有异议的；

（二）对扣押财产的品种或者数量有异议的；

（三）对检验的物品取样或者保管有异议的；

（四）对行政执法人员的身份的合法性有异议的；

（五）需要出庭作证的其他情形。

第四十五条 证人出庭作证时，应当出示证明其身份的证件。法庭应当告知其诚实作证的法律义务和作伪证的法律责任。

出庭作证的证人不得旁听案件的审理。法庭询问证人时，其他证人不得在场，但组织证人对质的除外。

第四十六条 证人应当陈述其亲历的具体事实。证人根据其经历所作的判断、推测或者评论，不能作为定案的依据。

第四十七条 当事人要求鉴定人出庭接受询问的，鉴定人应当出庭。鉴定人因正当事由不能出庭的，经法庭准许，可以不出庭，由当事人对其书面鉴定结论进行质证。

鉴定人不能出庭的正当事由，参照本规定第四十一条的规定。

对于出庭接受询问的鉴定人，法庭应当核实其身份、与当事人及案件的关系，并告知鉴定人如实说明鉴定情况的法律义务和故意作虚假说明的法律责任。

第四十八条 对被诉具体行政行为涉及的专门性问题，当事人可以向法庭申请由专业人员出庭进行说明，法庭也可以通知专业人员出庭说明。必要时，法庭可以组织专业人员进行对质。

当事人对出庭的专业人员是否具备相应专业知识、学历、资历等专业资格等有异议的，可以进行询问。由法庭决定其是否可以作为专业人员出庭。

专业人员可以对鉴定人进行询问。

第四十九条 法庭在质证过程中，对与案件没有关联的证据材料，应予排除并说明理由。

法庭在质证过程中，准许当事人补充证据的，对补充的证据仍应进行质证。

法庭对经过庭审质证的证据，除确有必要外，一般不再进行质证。

第五十条 在第二审程序中，对当事人依法提供的新的证据，法庭应当进行质证；当事人对第一审认定的证据仍有争议的，法庭也应当进行质证。

第五十一条 按照审判监督程序审理的案件，对当事人依法提供的新的证据，法庭应当进行质证；因原判决、裁定认定事实的证据不足而提起再审所涉及的主要证据，法庭也应当进行质证。

第五十二条 本规定第五十条和第五十一条中的“新的证据”是指以下证据：

（一）在一审程序中应当准予延期提供而未获准许的证据；

（二）当事人在一审程序中依法申请调取而未获准许或者未取得，人民法院在第二审程序中调取的证据；

（三）原告或者第三人提供的在举证期限届满后发现的证据。

五、证据的审核认定

第五十三条 人民法院裁判行政案件，应当以证据证明的案件事实为依据。

第五十四条 法庭应当对经过庭审质证的证据和无需质证的证据进行逐一审查和对全部证据综合审查，遵循法官职业道德，运用逻辑推理和生活经验，进行全面、客观和公正地分析判断，确定证据材料与案件事实之间的证明关系，排除不具有关联性的证据材料，准确认定案件事实。

第五十五条 法庭应当根据案件的具体情况，从以下方面审查证据的合法性：

（一）证据是否符合法定形式；

（二）证据的取得是否符合法律、法规、司法解释和规章的要求；

（三）是否有影响证据效力的其他违法情形。

第五十六条 法庭应当根据案件的具体情况，从以下方面审查证据的真实性：

（一）证据形成的原因；

（二）发现证据时的客观环境；

（三）证据是否为原件、原物，复制件、复制品与原件、原物是否相符；

（四）提供证据的人或者证人与当事人是否具有利害关系；

（五）影响证据真实性的其他因素。

第五十七条 下列证据材料不能作为定案依据：

（一）严重违反法定程序收集的证据材料；

（二）以偷拍、偷录、窃听等手段获取侵害他人合法权益的证据材料；

（三）以利诱、欺诈、胁迫、暴力等不正当手段获取的证据材料；

（四）当事人无正当事由超出举证期限提供的证据材料；

（五）在中华人民共和国领域以外或者在中华人民共和国香港特别行政区、澳门特别行政区和台湾地区形成的未办理法定证明手续的证据材料；

（六）当事人无正当理由拒不提供原件、原物，又无其他证据印证，且对方当事人不予认可的证据的复制件或者复制品；

（七）被当事人或者他人进行技术处理而无法辨明真伪的证据材料；

（八）不能正确表达意志的证人提供的证言；

（九）不具备合法性和真实性的其他证据材料。

第五十八条 以违反法律禁止性规定或者侵犯他人合法权益的方法取得的证据，不能作为认定案件事实的依据。

第五十九条 被告在行政程序中依照法定程序要求原告提供证据，原告依法应当提供而拒不提供，在诉讼程序中提供的证据，人民法院一般不予采纳。

第六十条 下列证据不能作为认定被诉具体行政行为合法的依据：

（一）被告及其诉讼代理人在作出具体行政行为后或者在诉讼程序中自行收集的证据；

（二）被告在行政程序中非法剥夺公民、法人或者其他组织依法享有的陈述、申辩或者听证权利所采用的证据；

（三）原告或者第三人在诉讼程序中提供的、被告在行政程序中未作为具体行政行为依据的证据。

第六十一条 复议机关在复议程序中收集和补充的证据，或者作出原具体行政行为的行政机关在复议程序中未向复议机关提交的证据，不能作为人民法院认定原具体行政行为合法的依据。

第六十二条 对被告在行政程序中采纳的鉴定结论，原告或者第三人提出证据证明有下列情形之一的，人民法院不予采纳：

（一）鉴定人不具备鉴定资格；

（二）鉴定程序严重违法；

（三）鉴定结论错误、不明确或者内容不完整。

第六十三条 证明同一事实的数个证据，其证明效力一般可以按照下列情形分别认定：

（一）国家机关以及其他职能部门依职权制作的公文文书优于其他书证；

（二）鉴定结论、现场笔录、勘验笔录、档案材料以及经过公证或者登记的书证优于其他书证、视听资料和证人证言；

（三）原件、原物优于复制件、复制品；

（四）法定鉴定部门的鉴定结论优于其他鉴定部门的鉴定结论；

（五）法庭主持勘验所制作的勘验笔录优于其他部门主持勘验所制作的勘验笔录；

（六）原始证据优于传来证据；

（七）其他证人证言优于与当事人有亲属关系或者其他密切关系的证人提供的对该当事人有利的证言；

（八）出庭作证的证人证言优于未出庭作证的证人证言；

（九）数个种类不同、内容一致的证据优于一个孤立的证据。

第六十四条 以有形载体固定或者显示的电子数据交换、电子邮件以及其他数据资料，其制作情况和真实性经对方当事人确认，或者以公证等其他有效方式予以证明的，与原件具有同等的证明效力。

第六十五条 在庭审中一方当事人或者其代理人在代理权限范围内对另一方当事人陈述的案件事实明确表示认可的，人民法院可以对该事实予以认定。但有相反证据足以推翻的除外。

第六十六条 在行政赔偿诉讼中，人民法院主持调解时当事人为达成调解协议而对案件事实的认可，不得在其后的诉讼中作为对其不利的证据。

第六十七条 在不受外力影响的情况下，一方当事人提供的证据，对方当事人明确表示认可的，可以认定该证据的证明效力；对方当事人予以否认，但不能提供充分的证据进行反驳的，可以综合全案情况审查认定该证据的证明效力。

第六十八条 下列事实法庭可以直接认定：

（一）众所周知的事实；

（二）自然规律及定理；

（三）按照法律规定推定的事实；

（四）已经依法证明的事实；

（五）根据日常生活经验法则推定的事实。

前款（一）、（三）、（四）、（五）项，当事人有相反证据足以推翻的除外。

第六十九条 原告确有证据证明被告持有的证据对原告有利，被告无正当事由拒不提供的，可以推定原告的主张成立。

第七十条 生效的人民法院裁判文书或者仲裁机构裁决文书确认的事实，可以作为定案依据。但是如果发现裁判文书或者裁决文书认定的事实有重大问题的，应当中止诉讼，通过法定程序予以纠正后恢复诉讼。

第七十一条 下列证据不能单独作为定案依据：

（一）未成年人所作的与其年龄和智力状况不相适应的证言；

（二）与一方当事人有亲属关系或者其他密切关系的证人所作的对该当事人有利的证言，或者与一方当事人有不利关系的证人所作的对该当事人不利的证言；

（三）应当出庭作证而无正当理由不出庭作证的证人证言；

（四）难以识别是否经过修改的视听资料；

（五）无法与原件、原物核对的复制件或者复制品；

（六）经一方当事人或者他人改动，对方当事人不予认可的证据材料；

（七）其他不能单独作为定案依据的证据材料。

第七十二条 庭审中经过质证的证据，能够当庭认定的，应当当庭认定；不能当庭认定的，应当在合议庭合议时认定。

人民法院应当在裁判文书中阐明证据是否采纳的理由。

第七十三条 法庭发现当庭认定的证据有误，可以按照下列方式纠正：

（一）庭审结束前发现错误的，应当重新进行认定；

（二）庭审结束后宣判前发现错误的，在裁判文书中予以更正并说明理由，也可以再次开庭予以认定；

（三）有新的证据材料可能推翻已认定的证据的，应当再次开庭予以认定。

六、附 则

第七十四条 证人、鉴定人及其近亲属的人身和财产安全受法律保护。

人民法院应当对证人、鉴定人的住址和联系方式予以保密。

第七十五条 证人、鉴定人因出庭作证或者接受询问而支出的合理费用，由提供证人、鉴定人的一方当事人先行支付，由败诉一方当事人承担。

第七十六条 证人、鉴定人作伪证的，依照行政诉讼法第四十九条第一款第（二）项的规定追究其法律责任。

第七十七条 诉讼参与人或者其他人有对审判人员或者证人、鉴定人、勘验人及其近亲属实施威胁、侮辱、殴打、骚扰或者打击报复等妨碍行政诉讼行为的，依照行政诉讼法第四十九条第一款第（三）项、第（五）项或者第（六）项的规定追究其法律责任。

第七十八条 对应当协助调取证据的单位和个人，无正当理由拒不履行协助义务的，依照行政诉讼法第四十九条第一款第（五）项的规定追究其法律责任。

第七十九条 本院以前有关行政诉讼的司法解释与本规定不一致的，以本规定为准。

第八十条 本规定自 2002 年 10 月 1 日起施行。2002 年 10 月 1 日尚未审结的一审、二审和再审行政案件不适用本规定。

本规定施行前已经审结的行政案件，当事人以违反本规定为由申请再审的，人民法院不予支持。

本规定施行后按照审判监督程序决定再审的行政案件，适用本规定。

【行政赔偿】

中华人民共和国国家赔偿法

（1994年5月12日第八届全国人民代表大会常务委员会第七次会议通过　1994年5月12日中华人民共和国第23号主席令公布）

第一章　总　则

第一条　为保障公民、法人和其他组织享有依法取得国家赔偿的权利，促进国家机关依法行使职权，根据宪法，制定本法。

第二条　国家机关和国家机关工作人员违法行使职权侵犯公民、法人和其他组织的合法权益造成损害的，受害人有依照本法取得国家赔偿的权利。

国家赔偿由本法规定的赔偿义务机关履行赔偿义务。

第二章　行政赔偿

第一节　赔偿范围

第三条　行政机关及其工作人员在行使行政职权时有下列侵犯人身权情形之一的，受害人有取得赔偿的权利：

（一）违法拘留或者违法采取限制公民人身自由的行政强制措施的；

（二）非法拘禁或者以其他方法非法剥夺公民人身自由的；

（三）以殴打等暴力行为或者唆使他人以殴打等暴力行为造成公民身体伤害或者死亡的；

（四）违法使用武器、警械造成公民身体伤害或者死亡的；

（五）造成公民身体伤害或者死亡的其他违法行为。

第四条 行政机关及其工作人员在行使行政职权时有下列侵犯财产权情形之一的，受害人有取得赔偿的权利：

（一）违法实施罚款、吊销许可证和执照、责令停产停业、没收财物等行政处罚的；

（二）违法对财产采取查封、扣押、冻结等行政强制措施的；

（三）违反国家规定征收财物、摊派费用的；

（四）造成财产损害的其他违法行为。

第五条 属于下列情形之一的，国家不承担赔偿责任：

（一）行政机关工作人员与行使职权无关的个人行为；

（二）因公民、法人和其他组织自己的行为致使损害发生的；

（三）法律规定的其他情形。

第二节 赔偿请求人和赔偿义务机关

第六条 受害的公民、法人或者其他组织有权要求赔偿。

受害的公民死亡，其继承人和其他有扶养关系的亲属有权要求赔偿。

受害的法人或者其他组织终止，承受其权利的法人或者其他组织有权要求赔偿。

第七条 行政机关及其工作人员行使行政职权侵犯公民、法人和其他组织的合法权益造成损害的，该行政机关为赔偿义务机关。

两个以上行政机关共同行使行政职权时侵犯公民、法人和其他组织的合法权益造成损害的，共同行使行政职权的行政机关为共同赔偿义务机关。

法律、法规授权的组织在行使授予的行政权力时侵犯公民、法人和其他组织的合法权益造成损害的，被授权的组织为赔偿义务机关。

受行政机关委托的组织或者个人在行使受委托的行政权力时侵犯公民、法人和其他组织的合法权益造成损害的，委托的行政机关为赔偿义务机关。

赔偿义务机关被撤销的，继续行使其职权的行政机关为赔偿义务机关；没有继续行使其职权的行政机关的，撤销该赔偿义务机关的行政机关为赔偿义务机关。

第八条 经复议机关复议的，最初造成侵权行为的行政机关为赔偿义务机关，但复议机关的复议决定加重损害的，复议机关对加重的部分履行赔偿义务。

第三节 赔偿程序

第九条 赔偿义务机关对依法确认有本法第三条、第四条规定的情形之一的，应当给予赔偿。

赔偿请求人要求赔偿应当先向赔偿义务机关提出，也可以在申请行政复议和提起行政诉讼时一并提出。

第十条 赔偿请求人可以向共同赔偿义务机关中的任何一个赔偿义务机关要求赔偿，该赔偿义务机关应当先予赔偿。

第十一条 赔偿请求人根据受到的不同损害，可以同时提出数项赔偿要求。

第十二条 要求赔偿应当递交申请书，申请书应当载明下列事项：

（一）受害人的姓名、性别、年龄、工作单位和住所，法人或者其他组织的名称、住所和法定代表人或者主要负责人的姓名、职务；

（二）具体的要求、事实根据和理由；

（三）申请的年、月、日。

赔偿请求人书写申请书确有困难的，可以委托他人代书；也可以口头申请，由赔偿义务机关记入笔录。

第十三条 赔偿义务机关应当自收到申请之日起两个月内依照本法第四章的规定给予赔偿；逾期不予赔偿或者赔偿请求人对赔偿数额有异议的，赔偿请求人可以自期间届满之日起三个月内向人民法院提起诉讼。

第十四条 赔偿义务机关赔偿损失后，应当责令有故意或者重大过失的工作人员或者受委托的组织或者个人承担部分或者全部赔偿费用。

对有故意或者重大过失的责任人员，有关机关应当依法给予行政处分；构成犯罪的，应当依法追究刑事责任。

第三章　刑事赔偿

第一节　赔偿范围

第十五条　行使侦查、检察、审判、监狱管理职权的机关及其工作人员在行使职权时有下列侵犯人身权情形之一的，受害人有取得赔偿的权利：

（一）对没有犯罪事实或者没有事实证明有犯罪重大嫌疑的人错误拘留的；

（二）对没有犯罪事实的人错误逮捕的；

（三）依照审判监督程序再审改判无罪，原判刑罚已经执行的；

（四）刑讯逼供或者以殴打等暴力行为或者唆使他人以殴打等暴力行为造成公民身体伤害或者死亡的；

（五）违法使用武器、警械造成公民身体伤害或者死亡的。

第十六条　行使侦查、检察、审判、监狱管理职权的机关及其工作人员在行使职权时有下列侵犯财产权情形之一的，受害人有取得赔偿的权利：

（一）违法对财产采取查封、扣押、冻结、追缴等措施的；

（二）依照审判监督程序再审改判无罪，原判罚金、没收财产已经执行的。

第十七条　属于下列情形之一的，国家不承担赔偿责任：

（一）因公民自己故意作虚伪供述，或者伪造其他有罪证据被羁押或者被判处刑罚的；

（二）依照刑法第十四条、第十五条规定不负刑事责任的人被羁押的；

（三）依照刑事诉讼法第十一条规定不追究刑事责任的人被羁押的；

（四）行使国家侦查、检察、审判、监狱管理职权的机关的工作人员与行使职权无关的个人行为；

（五）因公民自伤、自残等故意行为致使损害发生的；

（六）法律规定的其他情形。

第二节 赔偿请求人和赔偿义务机关

第十八条 赔偿请求人的确定依照本法第六条的规定。

第十九条 行使国家侦查、检察、审判、监狱管理职权的机关及其工作人员在行使职权时侵犯公民、法人和其他组织的合法权益造成损害的，该机关为赔偿义务机关。

对没有犯罪事实或者没有事实证明有犯罪重大嫌疑的人错误拘留的，作出拘留决定的机关为赔偿义务机关。

对没有犯罪事实的人错误逮捕的，作出逮捕决定的机关为赔偿义务机关。

再审改判无罪的，作出原生效判决的人民法院为赔偿义务机关。二审改判无罪的，作出一审判决的人民法院和作出逮捕决定的机关为共同赔偿义务机关。

第三节 赔偿程序

第二十条 赔偿义务机关对依法确认有本法第十五条、第十六条规定的情形之一的，应当给予赔偿。

赔偿请求人要求确认有本法第十五条、第十六条规定情形之一的，被要求的机关不予确认的，赔偿请求人有权申诉。

赔偿请求人要求赔偿，应当先向赔偿义务机关提出。

赔偿程序适用本法第十条、第十一条、第十二条的规定。

第二十一条 赔偿义务机关应当自收到申请之日起两个月内依照本法第四章的规定给予赔偿；逾期不予赔偿或者赔偿请求人对赔偿数额有异议的，赔偿请求人可以自期间届满之日起三十日内向其上一级机关申请复议。

赔偿义务机关是人民法院的，赔偿请求人可以依照前款规定向其上一级人民法院赔偿委员会申请作出赔偿决定。

第二十二条 复议机关应当自收到申请之日起两个月内作出决定。

赔偿请求人不服复议决定的，可以在收到复议决定之日起三十日内向复议机关所在地的同级人民法院赔偿委员会申请作出赔偿决定；复议机关逾期不作决定的，赔偿请求人可以自期间届满之日起三十日内向复议机关所在地的同级人民法院赔偿委员会申请作出赔偿决定。

第二十三条 中级以上的人民法院设立赔偿委员会，由人民法院三名至七名审判员组成。

赔偿委员会作赔偿决定，实行少数服从多数的原则。

赔偿委员会作出的赔偿决定，是发生法律效力的决定，必须执行。

第二十四条 赔偿义务机关赔偿损失后，应当向有下列情形之一的工作人员追偿部分或者全部赔偿费用：

（一）有本法第十五条第（四）、（五）项规定情形的；

（二）在处理案件中有贪污受贿，徇私舞弊，枉法裁判行为的。

对有前款第（一）、（二）项规定情形的责任人员，有关机关应当依法给予行政处分；构成犯罪的，应当依法追究刑事责任。

第四章 赔偿方式和计算标准

第二十五条 国家赔偿以支付赔偿金为主要方式。

能够返还财产或者恢复原状的，予以返还财产或者恢复原状。

第二十六条 侵犯公民人身自由的，每日的赔偿金按照国家上年度职工日平均工资计算。

第二十七条 侵犯公民生命健康权的，赔偿金按照下列规定计算：

（一）造成身体伤害的，应当支付医疗费，以及赔偿因误工减少的收入。减少的收入每日的赔偿金按照国家上年度职工日平均工资计算，最高额为国家上年度职工年平均工资的五倍；

（二）造成部分或者全部丧失劳动能力的，应当支付医疗费，以及残疾赔偿金，残疾赔偿金根据丧失劳动能力的程度确定，部分丧失劳动能力的最高额为国家上年度职工年平均工资的十倍，全部丧失劳动能力的为国家上年度职工年平均工资的二十倍。造成全部丧失劳动能力的，对其扶养的无劳动能力的人，还应当支付生活费；

（三）造成死亡的，应当支付死亡赔偿金、丧葬费，总额为国家上年度职工年平均工资的二十倍。对死者生前扶养的无劳动能力的人，还应当支付生活费。

前款第（二）、（三）项规定的生活费的发放标准参照当地民政部门有关生活救济的规定办理。被扶养的人是未成年人的，生活费给付至十八周岁止；其他无劳动能力的人，生活费给付至死亡时止。

第二十八条 侵犯公民、法人和其他组织的财产权造成损害的，按照下列规定处理：

（一）处罚款、罚金、追缴、没收财产或者违反国家规定征收财物、摊派费用的，返还财产；

（二）查封、扣押、冻结财产的，解除对财产的查封、扣押、冻结，造成财产损坏或者灭失的，依照本条第（三）、（四）项的规定赔偿；

（三）应当返还的财产损坏的，能够恢复原状的恢复原状，不能恢复原状的，按照损害程度给付相应的赔偿金；

（四）应当返还的财产灭失的，给付相应的赔偿金；

（五）财产已经拍卖的，给付拍卖所得的价款；

（六）吊销许可证和执照、责令停产停业的，赔偿停产停业期间必要的经常性费用开支；

（七）对财产权造成其他损害的，按照直接损失给予赔偿。

第二十九条 赔偿费用，列入各级财政预算，具体办法由国务院规定。

第五章　其他规定

第三十条 赔偿义务机关对依法确认有本法第三条第（一）、（二）项、第十五条第（一）、（二）、（三）项情形之一，并造成受害人名誉权、荣誉权损害的，应当在侵权行为影响的范围内，为受害人消除影响，恢复名誉，赔礼道歉。

第三十一条 人民法院在民事诉讼、行政诉讼过程中，违法采取对妨害诉讼的强制措施、保全措施或者对判决、裁定及其他生效法律文书执行错误，造成损害的，赔偿请求人要求赔偿的程序，适用本法刑事赔偿程序的规定。

第三十二条 赔偿请求人请求国家赔偿的时效为两年，自国家机关及其工作人员行使职权时的行为被依法确认为违法之日起计算，但被羁押期间不计算在内。

赔偿请求人在赔偿请求时效的最后六个月内，因不可抗力或者其他障碍不能行使请求权的，时效中止。从中止时效的原因消除之日起，赔偿请求时效期间继续计算。

第三十三条 外国人、外国企业和组织在中华人民共和国领域内要求中华人民共和国国家赔偿的，适用本法。

外国人、外国企业和组织的所属国对中华人民共和国公民、法人和其他组织要求该国国家赔偿的权利不予保护或者限制的，中华人民共和国与该外国人、外国企业和组织的所属国实行对等原则。

第六章 附 则

第三十四条 赔偿请求人要求国家赔偿的，赔偿义务机关、复议机关和人民法院不得向赔偿请求人收取任何费用。

对赔偿请求人取得的赔偿金不予征税。

第三十五条 本法自1995年1月1日起施行。

【刑法】

中华人民共和国刑法（节录）

（1979年7月1日第五届全国人民代表大会第二次会议通过，
1997年3月14日第八届全国人民代表大会第五次会议修订）
[本刑法内容已经根据1999年12月25日中华人民共和国刑法修正案，2001年8月31日中华人民共和国刑法修正案（二），2001年12月29日中华人民共和国刑法修正案（三），2002年12月28日中华人民共和国刑法修正案（四），2005年2月28日中华人民共和国刑法修正案（五），2006年6月29日中华人民共和国刑法修正案（六），2009年2月28日中华人民共和国刑法修正案（七）修正]

第二编　分　则

第三章　破坏社会主义市场经济秩序罪

第二节　走私罪

第一百五十五条　下列行为，以走私罪论处，依照本节的有关规定处罚：

（一）直接向走私人非法收购国家禁止进口物品的，或者直接向走私人非法收购走私进口的其他货物、物品，数额较大的；

（二）在内海、领海运输、收购、贩卖国家禁止进出口物品的，或者运输、收购、贩卖国家限制进出口货物、物品，数额较大，没有合法证明的；

（三）逃避海关监管将境外固体废物运输进境的。

第六章　妨害社会管理秩序罪

第六节　破坏环境资源保护罪

第三百三十八条　违反国家规定，向土地、水体、大气排放、倾倒或者处置有放射性的废物、含传染病病原体的废物、有毒物质或者其他危险废物，造成重大环境污染事故，致使公私财产遭受重大损失或者人身伤亡的严重后果的，处三年以下有期徒刑或者拘役，并处或者单处罚金；后果特别严重的，处三年以上七年以下有期徒刑，并处罚金。

第三百三十九条　违反国家规定，将境外的固体废物进境倾倒、堆放、处置的，处五年以下有期徒刑或者拘役，并处罚金；造成重大环境污染事故，致使公私财产遭受重大损失或者严重危害人体健康的，处五年以上十年以下有期徒刑，并处罚金；后果特别严重的，处十年以上有期徒刑，并处罚金。

未经国务院有关主管部门许可，擅自进口固体废物用作原料，造成重大环境污染事故，致使公私财产遭受重大损失或者严重危害人体健康的，处五年以下有期徒刑或者拘役，并处罚金；后果特别严重的，处五年以上十年以下有期徒刑，并处罚金。

以原料利用为名，进口不能用作原料的固体废物的，依照本法第一百五十五条的规定定罪处罚。

第三百四十条　违反保护水产资源法规，在禁渔区、禁渔期或者使用禁用的工具、方法捕捞水产品，情节严重的，处三年以下有期徒刑、拘役、管制或者罚金。

第三百四十一条　非法猎捕、杀害国家重点保护的珍贵、濒危野生动物的，或者非法收购、运输、出售国家重点保护的珍贵、濒危野生动物及其制品的，处五年以下有期徒刑或者拘役，并处罚金；情节严重的，处五年以上十年以下有期徒刑，并处罚金；情节特别严重的，处十年以上有期徒刑，并处罚金或者没收财产。

违反狩猎法规，在禁猎区、禁猎期或者使用禁用的工具、方法进行狩猎，破坏野生动物资源，情节严重的，处三年以下有期徒刑、拘役、管制或者罚金。

第三百四十二条 违反土地管理法规，非法占用耕地改作他用，数量较大，造成耕地大量毁坏的，处五年以下有期徒刑或者拘役，并处或者单处罚金。

第三百四十三条 违反矿产资源法的规定，未取得采矿许可证擅自采矿的，擅自进入国家规划矿区、对国民经济具有重要价值的矿区和他人矿区范围采矿的，擅自开采国家规定实行保护性开采的特定矿种，经责令停止开采后拒不停止开采，造成矿产资源破坏的，处三年以下有期徒刑、拘役或者管制，并处或者单处罚金；造成矿产资源严重破坏的，处三年以上七年以下有期徒刑，并处罚金。

违反矿产资源法的规定，采取破坏性的开采方法开采矿产资源，造成矿产资源严重破坏的，处五年以下有期徒刑或者拘役，并处罚金。

第三百四十四条 违反森林法的规定，非法采伐、毁坏珍贵树木的，处三年以下有期徒刑、拘役或者管制，并处罚金；情节严重的，处三年以上七年以下有期徒刑，并处罚金。

第三百四十五条 盗伐森林或者其他林木，数量较大的，处三年以下有期徒刑、拘役或者管制，并处或者单处罚金；数量巨大的，处三年以上七年以下有期徒刑，并处罚金；数量特别巨大的，处七年以上有期徒刑，并处罚金。

违反森林法的规定，滥伐森林或者其他林木，数量较大的，处三年以下有期徒刑、拘役或者管制，并处或者单处罚金；数量巨大的，处三年以上七年以下有期徒刑，并处罚金。

以牟利为目的，在林区非法收购明知是盗伐、滥伐的林木，情节严重的，处三年以下有期徒刑、拘役或者管制，并处或者单处罚金；情节特别严重的，处三年以上七年以下有期徒刑，并处罚金。

盗伐、滥伐国家级自然保护区内的森林或者其他林木的，从重处罚。

第三百四十六条 单位犯本节第三百三十八条至第三百四十五条规定之罪的，对单位判处罚金，并对其直接负责的主管人员和其他直接责任人员，依照本节各该条的规定处罚。

第九章　渎职罪

第四百零八条　负有环境保护监督管理职责的国家机关工作人员严重不负责任，导致发生重大环境污染事故，致使公私财产遭受重大损失或者造成人身伤亡的严重后果的，处三年以下有期徒刑或者拘役。

最高人民法院关于审理环境污染刑事案件具体应用法律若干问题的解释

（2006年6月26日最高人民法院审判委员会第1391次会议通过
2006年7月21日最高人民法院公告公布　法释[2006]4号
自2006年7月28日起施行）

为依法惩治有关环境污染犯罪行为，根据刑法有关规定，现就审理这类刑事案件具体应用法律的若干问题解释如下：

第一条　具有下列情形之一的，属于刑法第三百三十八条、第三百三十九条和第四百零八条规定的“公私财产遭受重大损失”：

（一）致使公私财产损失三十万元以上的；

（二）致使基本农田、防护林地、特种用途林地五亩以上，其他农用地十亩以上，其他土地二十亩以上基本功能丧失或者遭受永久性破坏的；

（三）致使森林或者其他林木死亡五十立方米以上，或者幼树死亡二千五百株以上的。

第二条　具有下列情形之一的，属于刑法第三百三十八条、第三百三十九条和第四百零八条规定的“人身伤亡的严重后果”或者“严重危害人体健康”：

（一）致使一人以上死亡、三人以上重伤、十人以上轻伤，或者一人以上重伤并且五人以上轻伤的；

（二）致使传染病发生、流行或者人员中毒达到《国家突发公共卫生事件应急预案》中突发公共卫生事件分级Ⅲ级情形，严重危害人体健康的；

（三）其他致使“人身伤亡的严重后果”或者“严重危害人体健康”的情形。

第三条 具有下列情形之一的，属于刑法第三百三十八条、第三百三十九条规定的“后果特别严重”：

（一）致使公私财产损失一百万元以上的；

（二）致使水源污染、人员疏散转移达到《国家突发环境事件应急预案》中突发环境事件分级Ⅱ级以上情形的；

（三）致使基本农田、防护林地、特种用途林地十五亩以上，其他农用地三十亩以上，其他土地六十亩以上基本功能丧失或者遭受永久性破坏的；

（四）致使森林或者其他林木死亡一百五十立方米以上，或者幼树死亡七千五百株以上的；

（五）致使三人以上死亡、十人以上重伤、三十人以上轻伤，或者三人以上重伤并十人以上轻伤的；

（六）致使传染病发生、流行达到《国家突发公共卫生事件应急预案》中突发公共卫生事件分级Ⅱ级以上情形的；

（七）其他后果特别严重的情形。

第四条 本解释所称“公私财产损失”，包括污染环境行为直接造成的财产损毁、减少的实际价值，为防止污染扩大以及消除污染而采取的必要的、合理的措施而发生的费用。

第五条 单位犯刑法第三百三十八条、第三百三十九条规定之罪的，定罪量刑标准依照刑法和本解释的有关规定执行。

最高人民检察院关于渎职侵权犯罪案件立案标准的规定（节录）

（2005年12月29日最高人民检察院第十届检察委员会第四十九次会议通过　2006年7月26日最高人民检察院公告公布　高检发释字[2006]2号　自公布之日起施行）

根据《中华人民共和国刑法》、《中华人民共和国刑事诉讼法》和其他法律的有关规定，对国家机关工作人员渎职和利用职权实施的侵犯公民人身权利、民主权利犯罪案件的立案标准规定如下：

一、渎职犯罪案件

（一）滥用职权案（第三百九十七条）

滥用职权罪是指国家机关工作人员超越职权，违法决定、处理其无权决定、处理的事项，或者违反规定处理公务，致使公共财产、国家和人民利益遭受重大损失的行为。

涉嫌下列情形之一的，应予立案：

1. 造成死亡1人以上，或者重伤2人以上，或者重伤1人、轻伤3人以上，或者轻伤5人以上的；

2. 导致10人以上严重中毒的；

3. 造成个人财产直接经济损失10万元以上，或者直接经济损失不满10万元，但间接经济损失50万元以上的；

4. 造成公共财产或者法人、其他组织财产直接经济损失20万元以上，或者直接经济损失不满20万元，但间接经济损失100万元以上的；

5. 虽未达到3、4两项数额标准，但3、4两项合计直接经济损失20万元以上，或者合计直接经济损失不满20万元，但合计间接经济损失 100 万元以上的；

6．造成公司、企业等单位停业、停产 6 个月以上，或者破产的；

7．弄虚作假，不报、缓报、谎报或者授意、指使、强令他人不报、缓报、谎报情况，导致重特大事故危害结果继续、扩大，或者致使抢救、调查、处理工作延误的；

8．严重损害国家声誉，或者造成恶劣社会影响的；

9．其他致使公共财产、国家和人民利益遭受重大损失的情形。

国家机关工作人员滥用职权，符合刑法第九章所规定的特殊渎职罪构成要件的，按照该特殊规定追究刑事责任；主体不符合刑法第九章所规定的特殊渎职罪的主体要件，但滥用职权涉嫌前款第 1 项至第 9 项规定情形之一的，按照刑法第 397 条的规定以滥用职权罪追究刑事责任。

（二）玩忽职守案（第三百九十七条）

玩忽职守罪是指国家机关工作人员严重不负责任，不履行或者不认真履行职责，致使公共财产、国家和人民利益遭受重大损失的行为。

涉嫌下列情形之一的，应予立案：

1．造成死亡 1 人以上，或者重伤 3 人以上，或者重伤 2 人、轻伤 4 人以上，或者重伤 1 人、轻伤 7 人以上，或者轻伤 10 人以上的；

2．导致 20 人以上严重中毒的；

3．造成个人财产直接经济损失 15 万元以上，或者直接经济损失不满 15 万元，但间接经济损失 75 万元以上的；

4．造成公共财产或者法人、其他组织财产直接经济损失 30 万元以上，或者直接经济损失不满 30 万元，但间接经济损失 150 万元以上的；

5．虽未达到 3、4 两项数额标准，但 3、4 两项合计直接经济损失 30 万元以上，或者合计直接经济损失不满 30 万元，但合计间接经济损失 150 万元以上的；

6．造成公司、企业等单位停业、停产 1 年以上，或者破产的；

7．海关、外汇管理部门的工作人员严重不负责任，造成 100 万美元以上外汇被骗购或者逃汇 1 000 万美元以上的；

8．严重损害国家声誉，或者造成恶劣社会影响的；

9．其他致使公共财产、国家和人民利益遭受重大损失的情形。

国家机关工作人员玩忽职守，符合刑法第九章所规定的特殊渎职罪构成要件的，按照该特殊规定追究刑事责任；主体不符合刑法第九章所规定的特殊渎职罪的主体要件，但玩忽职守涉嫌前款第1项至第9项规定情形之一的，按照刑法第 397 条的规定以玩忽职守罪追究刑事责任。

（三）故意泄露国家秘密案（第三百九十八条）

故意泄露国家秘密罪是指国家机关工作人员或者非国家机关工作人员违反保守国家秘密法，故意使国家秘密被不应知悉者知悉，或者故意使国家秘密超出了限定的接触范围，情节严重的行为。

涉嫌下列情形之一的，应予立案：

1．泄露绝密级国家秘密 1 项（件）以上的；

2．泄露机密级国家秘密 2 项（件）以上的；

3．泄露秘密级国家秘密 3 项（件）以上的；

4．向非境外机构、组织、人员泄露国家秘密，造成或者可能造成危害社会稳定、经济发展、国防安全或者其他严重危害后果的；

5．通过口头、书面或者网络等方式向公众散布、传播国家秘密的；

6．利用职权指使或者强迫他人违反国家保守秘密法的规定泄露国家秘密的；

7．以牟取私利为目的泄露国家秘密的；

8．其他情节严重的情形。

（四）过失泄露国家秘密案（第三百九十八条）

过失泄露国家秘密罪是指国家机关工作人员或者非国家机关工作人员违反保守国家秘密法，过失泄露国家秘密，或者遗失国家秘密载体，致使国家秘密被不应知悉者知悉或者超出了限定的接触范围，情节严重的行为。

涉嫌下列情形之一的，应予立案：

1．泄露绝密级国家秘密 1 项（件）以上的；

2．泄露机密级国家秘密 3 项（件）以上的；

3．泄露秘密级国家秘密4项（件）以上的；

4．违反保密规定，将涉及国家秘密的计算机或者计算机信息系统与互联网相连接，泄露国家秘密的；

5．泄露国家秘密或者遗失国家秘密载体，隐瞒不报、不如实提供有关情况或者不采取补救措施的；

6．其他情节严重的情形。

（十七）国家机关工作人员签订、履行合同失职被骗案（第四百零六条）

国家机关工作人员签订、履行合同失职被骗罪是指国家机关工作人员在签订、履行合同过程中，因严重不负责任，不履行或者不认真履行职责被诈骗，致使国家利益遭受重大损失的行为。

涉嫌下列情形之一的，应予立案：

1．造成直接经济损失30万元以上，或者直接经济损失不满30万元，但间接经济损失150万元以上的；

2．其他致使国家利益遭受重大损失的情形。

（十八）违法发放林木采伐许可证案（第四百零七条）

违法发放林木采伐许可证罪是指林业主管部门的工作人员违反森林法的规定，超过批准的年采伐限额发放林木采伐许可证或者违反规定滥发林木采伐许可证，情节严重，致使森林遭受严重破坏的行为。

涉嫌下列情形之一的，应予立案：

1．发放林木采伐许可证允许采伐数量累计超过批准的年采伐限额，导致林木被超限额采伐10立方米以上的；

2．滥发林木采伐许可证，导致林木被滥伐20立方米以上，或者导致幼树被滥伐1 000株以上的；

3．滥发林木采伐许可证，导致防护林、特种用途林被滥伐5立方米以上，或者幼树被滥伐200株以上的；

4．滥发林木采伐许可证，导致珍贵树木或者国家重点保护的其他树木被滥伐的；

5．滥发林木采伐许可证，导致国家禁止采伐的林木被采伐的；

6．其他情节严重，致使森林遭受严重破坏的情形。

林业主管部门工作人员之外的国家机关工作人员，违反森林法的规定，滥用职权或者玩忽职守，致使林木被滥伐 40 立方米以上或者幼树被滥伐 2 000 株以上，或者致使防护林、特种用途林被滥伐 10 立方米以上或者幼树被滥伐 400 株以上，或者致使珍贵树木被采伐、毁坏 4 立方米或者 4 株以上，或者致使国家重点保护的其他植物被采伐、毁坏后果严重的，或者致使国家严禁采伐的林木被采伐、毁坏情节恶劣的，按照刑法第 397 条的规定以滥用职权罪或者玩忽职守罪追究刑事责任。

（十九）环境监管失职案（第四百零八条）

环境监管失职罪是指负有环境保护监督管理职责的国家机关工作人员严重不负责任，不履行或者不认真履行环境保护监管职责导致发生重大环境污染事故，致使公私财产遭受重大损失或者造成人身伤亡的严重后果的行为。

涉嫌下列情形之一的，应予立案：

1．造成死亡 1 人以上，或者重伤 3 人以上，或者重伤 2 人、轻伤 4 人以上，或者重伤 1 人、轻伤 7 人以上，或者轻伤 10 人以上的；

2．导致 30 人以上严重中毒的；

3．造成个人财产直接经济损失 15 万元以上，或者直接经济损失不满 15 万元，但间接经济损失 75 万元以上的；

4．造成公共财产、法人或者其他组织财产直接经济损失 30 万元以上，或者直接经济损失不满 30 万元，但间接经济损失 150 万元以上的；

5．虽未达到 3、4 两项数额标准，但 3、4 两项合计直接经济损失 30 万元以上，或者合计直接经济损失不满 30 万元，但合计间接经济损失 150 万元以上的；

6．造成基本农田或者防护林地、特种用途林地 10 亩以上，或者基本农田以外的耕地 50 亩以上，或者其他土地 70 亩以上被严重毁坏的；

7．造成生活饮用水地表水源和地下水源严重污染的；

8．其他致使公私财产遭受重大损失或者造成人身伤亡严重后果的情形。

三、附　则

（一）本规定中每个罪案名称后所注明的法律条款系《中华人民共和国刑法》的有关条款。

（二）本规定所称“以上”包括本数；有关犯罪数额“不满”，是指已达到该数额百分之八十以上的。

（三）本规定中的“国家机关工作人员”，是指在国家机关中从事公务的人员，包括在各级国家权力机关、行政机关、司法机关和军事机关中从事公务的人员。在依照法律、法规规定行使国家行政管理职权的组织中从事公务的人员，或者在受国家机关委托代表国家行使职权的组织中从事公务的人员，或者虽未列入国家机关人员编制但在国家机关中从事公务的人员，在代表国家机关行使职权时，视为国家机关工作人员。在乡（镇）以上中国共产党机关、人民政协机关中从事公务的人员，视为国家机关工作人员。

（四）本规定中的“直接经济损失”，是指与行为有直接因果关系而造成的财产损毁、减少的实际价值；“间接经济损失”，是指由直接经济损失引起和牵连的其他损失，包括失去的在正常情况下可以获得的利益和为恢复正常的管理活动或者挽回所造成的损失所支付的各种开支、费用等。

有下列情形之一的，虽然有债权存在，但已无法实现债权的，可以认定为已经造成了经济损失：（1）债务人已经法定程序被宣告破产，且无法清偿债务；（2）债务人潜逃，去向不明；（3）因行为人责任，致使超过诉讼时效；（4）有证据证明债权无法实现的其他情况。

直接经济损失和间接经济损失，是指立案时确已造成的经济损失。移送审查起诉前，犯罪嫌疑人及其亲友自行挽回的经济损失，以及由司法机关或者犯罪嫌疑人所在单位及其上级主管部门挽回的经济损失，不予扣减，但可作为对犯罪嫌疑人从轻处理的情节考虑。

（五）本规定中的“徇私舞弊”，是指国家机关工作人员为徇私情、私利，故意违背事实和法律，伪造材料，隐瞒情况，弄虚作假的行为。

（六）本规定自公布之日起施行。本规定发布前有关人民检察院直接受理立案侦查的国家机关工作人员渎职和利用职权实施的侵犯公民人身权利、民主权利犯罪案件的立案标准，与本规定有重复或者不一致的，适用本规定。

对于本规定施行前发生的国家机关工作人员渎职和利用职权实施的侵犯公民人身权利、民主权利犯罪案件，按照《最高人民法院、最高人民检察院关于适用刑事司法解释时间效力问题的规定》办理。

【案件移送】

行政执法机关移送涉嫌犯罪案件的规定

中华人民共和国国务院令

第310号

《行政执法机关移送涉嫌犯罪案件的规定》已经2001年7月4日国务院第42次常务会议通过，现予公布，自公布之日起施行。

总理 朱镕基

二〇〇一年七月九日

第一条 为了保证行政执法机关向公安机关及时移送涉嫌犯罪案件，依法惩罚破坏社会主义市场经济秩序罪、妨害社会管理秩序罪以及其他罪，保障社会主义建设事业顺利进行，制定本规定。

第二条 本规定所称行政执法机关，是指依照法律、法规或者规章的规定，对破坏社会主义市场经济秩序、妨害社会管理秩序以及其他违法行为具有行政处罚权的行政机关，以及法律、法规授权的具有管理公共事务职能、在法定授权范围内实施行政处罚的组织。

第三条 行政执法机关在依法查处违法行为过程中，发现违法事实涉及的金额、违法事实的情节、违法事实造成的后果等，根据刑法关于破坏社会主义市场经济秩序罪、妨害社会管理秩序罪等罪的规定和最高人民法院、最高人民检察院关于破坏社会主义市场经济秩序罪、妨害社会管理秩序罪等罪的司法解释以及最高人民检察院、公安部关于经济犯罪案件的追诉标准等规定，涉嫌构成犯罪，依法需要追究刑事责任的，必须依照本规定向公安机关移送。

第四条 行政执法机关在查处违法行为过程中，必须妥善保存所收集的与违法行为有关的证据。

行政执法机关对查获的涉案物品，应当如实填写涉案物品清单，并按照国家有关规定予以处理。对易腐烂、变质等不宜或者不易保管的涉案物品，应当采取必要措施，留取证据；对需要进行检验、鉴定的涉案物品，应当由法定检验、鉴定机构进行检验、鉴定，并出具检验报告或者鉴定结论。

第五条 行政执法机关对应当向公安机关移送的涉嫌犯罪案件，应当立即指定 2 名或者 2 名以上行政执法人员组成专案组专门负责，核实情况后提出移送涉嫌犯罪案件的书面报告，报经本机关正职负责人或者主持工作的负责人审批。

行政执法机关正职负责人或者主持工作的负责人应当自接到报告之日起 3 日内作出批准移送或者不批准移送的决定。决定批准的，应当在 24 小时内向同级公安机关移送；决定不批准的，应当将不予批准的理由记录在案。

第六条 行政执法机关向公安机关移送涉嫌犯罪案件，应当附有下列材料：

（一）涉嫌犯罪案件移送书；

（二）涉嫌犯罪案件情况的调查报告；

（三）涉案物品清单；

（四）有关检验报告或者鉴定结论；

（五）其他有关涉嫌犯罪的材料。

第七条 公安机关对行政执法机关移送的涉嫌犯罪案件，应当在涉嫌犯罪案件移送书的回执上签字；其中，不属于本机关管辖的，应当在 24 小时内转送有管辖权的机关，并书面告知移送案件的行政执法机关。

第八条 公安机关应当自接受行政执法机关移送的涉嫌犯罪案件之日起 3 日内，依照刑法、刑事诉讼法以及最高人民法院、最高人民检察院关于立案标准和公安部关于公安机关办理刑事案件程序的规定，对所移送的案件进行审查。认为有犯罪事实，需要追究刑事责任，依法决定立案的，应当书面通知移送案件的行政执法机关；认为没有犯罪事实，或者犯罪事实显著轻微，不需要追究刑事责任，依法不予立案的，应当说明理由，并书面通知移送案件的行政执法机关，相应退回案卷材料。

第九条 行政执法机关接到公安机关不予立案的通知书后，认为依法应当由公安机关决定立案的，可以自接到不予立案通知书之日起 3 日内，提请作出不予立案决定的公安机关复议，也可以建议人民检察院依法进行立案监督。

作出不予立案决定的公安机关应当自收到行政执法机关提请复议的文件之日起 3 日内作出立案或者不予立案的决定，并书面通知移送案件的行政执法机关。移送案件的行政执法机关对公安机关不予立案的复议决定仍有异议的，应当自收到复议决定通知书之日起 3 日内建议人民检察院依法进行立案监督。

公安机关应当接受人民检察院依法进行的立案监督。

第十条 行政执法机关对公安机关决定不予立案的案件，应当依法作出处理；其中，依照有关法律、法规或者规章的规定应当给予行政处罚的，应当依法实施行政处罚。

第十一条 行政执法机关对应当向公安机关移送的涉嫌犯罪案件，不得以行政处罚代替移送。

行政执法机关向公安机关移送涉嫌犯罪案件前已经作出的警告，责令停产停业，暂扣或者吊销许可证、暂扣或者吊销执照的行政处罚决定，不停止执行。

依照行政处罚法的规定，行政执法机关向公安机关移送涉嫌犯罪案件前，已经依法给予当事人罚款的，人民法院判处罚金时，依法折抵相应罚金。

第十二条 行政执法机关对公安机关决定立案的案件，应当自接到立案通知书之日起 3 日内将涉案物品以及与案件有关的其他材料移交公安机关，并办结交接手续；法律、行政法规另有规定的，依照其规定。

第十三条 公安机关对发现的违法行为，经审查，没有犯罪事实，或者立案侦查后认为犯罪事实显著轻微，不需要追究刑事责任，但依法应当追究行政责任的，应当及时将案件移送同级行政执法机关，有关行政执法机关应当依法作出处理。

第十四条 行政执法机关移送涉嫌犯罪案件，应当接受人民检察院和监察机关依法实施的监督。

任何单位和个人对行政执法机关违反本规定，应当向公安机关移送涉嫌犯罪案件而不移送的，有权向人民检察院、监察机关或者上级行政执法机关举报。

第十五条 行政执法机关违反本规定，隐匿、私分、销毁涉案物品的，由本级或者上级人民政府，或者实行垂直管理的上级行政执法机关，对其正职负责人根据情节轻重，给予降级以上的行政处分；构成犯罪的，依法追究刑事责任。

对前款所列行为直接负责的主管人员和其他直接责任人员，比照前款的规定给予行政处分；构成犯罪的，依法追究刑事责任。

第十六条 行政执法机关违反本规定，逾期不将案件移送公安机关的，由本级或者上级人民政府，或者实行垂直管理的上级行政执法机关，责令限期移送，并对其正职负责人或者主持工作的负责人根据情节轻重，给予记过以上的行政处分；构成犯罪的，依法追究刑事责任。

行政执法机关违反本规定，对应当向公安机关移送的案件不移送，或者以行政处罚代替移送的，由本级或者上级人民政府，或者实行垂直管理的上级行政执法机关，责令改正，给予通报；拒不改正的，对其正职负责人或者主持工作的负责人给予记过以上的行政处分；构成犯罪的，依法追究刑事责任。

对本条第一款、第二款所列行为直接负责的主管人员和其他直接责任人员，分别比照前两款的规定给予行政处分；构成犯罪的，依法追究刑事责任。

第十七条 公安机关违反本规定，不接受行政执法机关移送的涉嫌犯罪案件，或者逾期不作出立案或者不予立案的决定的，除由人民检察院依法实施立案监督外，由本级或者上级人民政府责令改正，对其正职负责人根据情节轻重，给予记过以上的行政处分；构成犯罪的，依法追究刑事责任。

对前款所列行为直接负责的主管人员和其他直接责任人员，比照前款的规定给予行政处分；构成犯罪的，依法追究刑事责任。

第十八条 行政执法机关在依法查处违法行为过程中，发现贪污贿赂、国家工作人员渎职或者国家机关工作人员利用职权侵犯公民人身权利和民主权利等违法行为，涉嫌构成犯罪的，应当比照本规定及时将案件移送人民检察院。

第十九条 本规定自公布之日起施行。

关于环境保护行政主管部门移送涉嫌环境犯罪案件的若干规定

（2007 年 5 月 17 日国家环境保护总局、公安部、最高人民检察院发布 环发[2007]78 号）

一、为规范环境保护行政主管部门及时向公安机关和人民检察院移送涉嫌环境犯罪案件，依法惩罚污染环境的犯罪行为，防止以罚代刑，依据《中华人民共和国刑法》、《中华人民共和国刑事诉讼法》、《行政执法机关移送涉嫌犯罪案件的规定》及有关规定，特制定本规定。

二、本规定所称环境犯罪案件，主要是指涉及以下罪名的案件：

（一）走私废物罪（刑法第 152 条）；

（二）重大环境污染事故罪（刑法第 338 条）；

（三）非法处置进口的固体废物罪（刑法第 339 条第一款）；

（四）擅自进口固体废物罪（刑法第 339 条第二款）；

（五）滥用职权罪（刑法第 397 条）；

（六）玩忽职守罪（刑法第 397 条）；

（七）环境监管失职罪（刑法第 408 条）；

（八）其他涉及环境的犯罪。

三、县级以上环境保护行政主管部门在依法查处环境违法行为过程中，发现违法事实涉及的公私财产损失数额、人身伤亡和危害人体健康的后果、走私废物的数量、造成环境破坏的后果及其他违法情节等，涉嫌构成犯罪，依法需要追究刑事责任的，应当依法向公安机关移送。

县级以上环境保护行政主管部门在依法查处环境违法行为过程中，认为本部门工作人员触犯《刑法》第九章有关条款规定，涉嫌渎职等职务犯罪，依法需要追究刑事责任的，应当依法向人民检察院移送；发现其他国家机关工作人员涉嫌有关环境保护渎职等职务犯罪线索的，也应当将有关材料移送相应的人民检察院。

四、环境保护行政主管部门在查处环境违法行为的过程中，应当收集并妥善保存下列有关证据资料：

（一）环境违法行为调查报告；

（二）调查记录或询问笔录；

（三）环境监测报告或者鉴定结论；

（四）现场检查时的音像资料；

（五）其他可以保存的实物证据和其他证据资料。

对环境违法行为已经作出行政处罚决定的，应当同时移送行政处罚决定书和作出行政处罚决定的证据资料。

五、环境保护行政主管部门在查处环境违法行为的过程中，发现有符合移送条件的案件，应当立即指定两名或者两名以上行政执法人员组成专案组专门负责，核实情况后提出移送案件的书面报告，报经本部门正职负责人或者主持工作的负责人审批。

收到报告的负责人应当自接到报告之日起三个工作日内作出是否批准移送的决定。决定批准的，法制工作机构应当在二个工作日内办理向同级公安机关或者人民检察院移送手续；决定不批准的，应当将不予批准的理由记录在案。

对涉嫌环境犯罪的案件，依法应当给予暂扣或吊销许可证、责令停产停业等行政处罚的，环境保护行政主管部门应当依法给予行政处罚或者提请人民政府给予行政处罚。但是，不得以行政处罚代替案件移送。

六、环境保护行政主管部门向公安机关或者人民检察院移送涉嫌环境犯罪案件，应当附有下列材料：

（一）涉嫌环境犯罪案件移送书；

（二）涉嫌环境犯罪案件情况的调查报告；

（三）涉案物品清单；

（四）有关监测报告或者鉴定结论；

（五）其他有关涉嫌犯罪的材料。

七、公安机关应当在环境保护行政主管部门移送的涉嫌环境犯罪案件移送书的回执上签字。其中，对不属于本机关管辖的，应当在24小时内转送有管辖权的机关，并书面通知移送案件的环境保护行政主管部门。

公安机关应当自接受移送案件之日起三日内，依法对所移送的案件进行审查，作出立案或者不予立案决定，书面通知移送案件的环境保护行政主管部门；决定不予立案的，应当说明理由并同时退回案卷材料。

公安机关违反国家有关规定，不接受环境保护行政主管部门移送的涉嫌环境犯罪案件，或者逾期不作出立案或者不予立案决定的，环境保护行政主管部门可以报告本级或者上级人民政府依法责令改正。

八、环境保护行政主管部门应当在向公安机关移送案件后的十日内向公安机关查询立案情况。对公安机关不予立案通知书有异议的，环境保护行政主管部门应当自收到不予立案通知书之日起的三日内，提请作出不予立案决定的公安机关复议，也可以建议人民检察院依法进行立案监督。

作出不予立案决定的公安机关应当自收到环境保护行政主管部门提请复议申请之日起三日内作出复议决定并书面通知提出行政复议申请的环境保护行政主管部门；环境保护行政主管部门对公安机关不予立案的复议决定仍有异议的，应当自收到复议决定通知书之日起三日内建议人民检察院依法进行立案监督。

九、环境保护行政主管部门对公安机关决定不予立案的案件，应当依法作出处理。其中，依照有关法律、法规或者规章的规定应当给予行政处罚的，应当依法实施行政处罚；被退回的移送案件的有关责任人员属于国家行政机关任命的人员的，应当将案件移送有管辖权的监察部门处理。

十、人民检察院对环境保护行政主管部门移送的涉嫌环境监管失职等有关环境保护渎职等职务犯罪的案件或者案件线索，应当及时进行审查，决定是否立案。对决定立案的，应当及时将立案情况通知移送单位；对决定不予立案的，应当制作不予立案通知书，写明不予立案的原因和法律依据，送达移送案件的环境保护行政主管部门，并退还有关材料。

十一、环境保护行政主管部门对人民检察院不予立案的决定有异议的，可以在收到不予立案通知之日起五日内，要求作出不予立案决定的人民检察院复议，人民检察院应当自收到复议申请之日起三十日内作出复议决定。

人民检察院决定不立案，或者在立案后经侦查认为不需要追究刑事责任，作出撤销或不起诉决定的案件，认为应当追究党纪政纪责任的，应当提出检察建议连同有关材料一起移送相应单位的纪检监察部门处理，并通知移送案件的环境保护行政主管部门。

十二、环境保护行政主管部门对公安机关或者人民检察院已经立案的涉嫌环境犯罪案件，应当予以配合，支持公安机关或者人民检察院的侦查和调查工作，根据需要提供必要的监测数据和其他证据材料。

对环境保护行政主管部门正在办理的涉嫌环境犯罪的案件，必要时，环境保护行政主管部门可以邀请公安机关、人民检察院派员参加相关调查工作。

公安机关、人民检察院对环境保护行政主管部门正在办理的涉嫌环境犯罪的案件要求提前介入调查和侦查或者要求参加案件讨论的，环境保护行政主管部门应当给予支持和配合。

十三、环境保护行政主管部门违反本规定，对涉嫌环境犯罪的案件应当移送公安机关或者人民检察院而不移送，或者以行政处罚代替移送的，上级环境保护行政主管部门应当向当地人民政府通报，建议有关人民政府责令改正，通报批评，并对其正职负责人或者主持工作的负责人根据情节轻重，给予记过以上的行政处分；构成犯罪的，依法追究刑事责任。